HARTMUT BÄREND

„... damit sie errettet werden!“

Herausgegeben von der SMD – Netzwerk von Christen in Schule, Hochschule und akademischer Berufswelt

www.smd.org

Die Deutsche Bibliothek verzeichnet diese Publikation in der Deutschen Nationalbibliografie; detaillierte bibliografische Daten sind im Internet über www.d-nb.de abrufbar.

Umschlaggestaltung: spoon design, Olaf Johannson
Umschlagabbildung: Bruno van der Kraan/unsplash.com.
Alle anderen Bilder sind dem SMD-Archiv entnommen.
Lektorat: Christian Enders, SMD
Satz und Herstellung: Edition Wortschatz

ISBN 978-3-943362-88-6, Bestell-Nummer 588 988

Edition Wortschatz Neudorf bei Luhe
www.edition-wortschatz.de

EDITION WORTSCHATZ

„... damit sie errettet werden!“

EINE REISE DURCH DIE GESCHICHTE DER SMD

Aufgezeichnet von Hartmut Bärend

Inhalt

Anhang

Vorwort der SMD-Vorsitzenden

„Sehr geehrter Herr Kommilitone! Da ich Sie leider nicht angetroffen habe, erlaube ich mir, Ihnen einige Druckschriften zurückzulassen. Besonders verweise ich auf unsere Veranstaltung am ...“

So sollten SMDlerinnen und SMDler in den 1950er-Jahren ihre Besuchskarten formulieren, wenn sie beim Verteilen der Semesterprogramme in Wohnheimen einen Studierenden nicht persönlich einladen konnten. In einer Mitarbeiterhilfe zu „Werbebesuchen“ findet sich außerdem ein Verhaltenskodex.[1] Wir mögen darüber schmunzeln. Unser SMD-Alltag sieht heute anders aus als vor 50, 60 oder 70 Jahren. 2024 wird die SMD 75 Jahre alt. Viele Äußerlichkeiten haben sich im Laufe der Zeit geändert, doch eines ist immer gleich geblieben: der Auftrag, Schülerinnen und Schüler, Studierende und Akademiker zu Jesus Christus einzuladen, „damit sie errettet werden“. Dieser Zielgedanke, dieses „Mission Statement“, wurde in der Frühphase der SMD formuliert und 1951 in den Richtlinien niedergeschrieben. Er gilt bis heute.

„... damit sie errettet werden“ ist auch der Titel dieses Buches. Schon immer gab es Menschen, die mit diesem Teilsatz aus den SMD-Richtlinien gerungen oder sich so sehr daran gestört haben, dass sie die SMD verließen. 2007 hat Hartmut Bärend auf der Herbstkonferenz zu diesem Thema gesprochen und auf den Punkt gebracht, worum es geht: „Damit wir in den Himmel kommen, muss hier auf Erden noch etwas geklärt werden, nämlich die Frage, ob wir uns diese Rettungstat gefallen lassen. Wie auch immer Gott will und wirkt: Von uns ist die Entscheidung des

1 Vgl. Mitteilungen Nr. 11, 1959, S. 3

Glaubens gefordert [...] Es gibt zwar sicher viele Wege, die nach Rom führen, aber nur einen, der in den Himmel führt, und der heißt Jesus."[2]

Nun hat Hartmut Bärend ein Buch vorgelegt, an dem er nach seinem Ausscheiden aus dem Rat der SMD 2017 zu arbeiten begonnen hat. Mehrere Jahre hat er akribisch die Akten studiert, mit Zeitzeugen gesprochen, Material zusammengetragen und ausgewertet. So intensiv hat sich vor ihm wohl keiner mit der SMD-Geschichte befasst. Die SMD ist Hartmut Bärend darum zu großem Dank verpflichtet. Ich bin begeistert von dieser Zeitreise durch die Geschichte. Hartmut Bärend schreibt mit großer Sachkenntnis und aus historisch-theologischer Perspektive – zugleich auch so lebendig und nahbar, dass es sich anfühlt, als würde man an die Hand genommen und zu den interessantesten Schauplätzen der SMD-Geschichte geführt. Immer wieder scheint dabei auch die gesamtgesellschaftliche Lage in Deutschland durch. Somit geht es auch um die jüngere Kirchengeschichte mit Schwerpunkt Entwicklung von Mission und Evangelisation nach 1945. An vielen Stellen schreibt Hartmut Bärend als Zeitzeuge, der die SMD über Jahrzehnte aus eigenem Erleben kennt. Natürlich war er nicht überall in der SMD zu Hause und kennt nicht alle Arbeitszweige gleich gut. Doch er erhebt auch nicht den Anspruch, ein vollständiges Geschichtskompendium vorzulegen.

Dieses Buch erscheint zur Herbstkonferenz 2023 und damit gewissermaßen am Vorabend des Jubiläumsjahres. Ich lade alle Leserinnen und Leser herzlich dazu ein, sich mit dem Buch auf eine Zeitreise durch die Geschichte der SMD zu begeben. So können wir dem nachspüren, was die SMD in 75 Jahren lebendig und bei ihrer Berufung gehalten hat. Ich bin davon überzeugt, dass dieser Blick zurück für die Gestaltung der SMD von heute und morgen von großer Bedeutung ist.

Susanne Terborg, Vorsitzende der SMD
Juni 2023

2 SMD-Transparent 4_2007, S. 5.

Zur Einführung

Immer schon hatte ich große Freude an der Geschichte. Ob es die Arbeitsstelle war, in der ich tätig war, ob es ein Urlaubsort war, den ich besuchte, oder ob es die eigene Lebensgeschichte war – immer wollte ich wissen, wo das alles herkam, welche Geschichte hinter allem stand. Und das nicht aus nostalgischen Gründen, sondern aus der Einsicht, dass ich aus der Geschichte lernen kann. Denn wir alle sind nur Teil einer großen Geschichte, sind nur Staffelläufer, die einen Stab übernommen haben, um ihn an andere weiterzugeben. Unsere Zeit ist immer nur Zwischenzeit zwischen dem, was war und dem, was kommt. Wenn ich aus der Geschichte lernen möchte, dann, um zu begreifen, aus welcher Geschichte ich komme und wie es weitergehen kann. Ich kann lernen, wofür ich dankbar sein kann und was sich nicht wiederholen sollte. Es macht Sinn, geschichtlich zu denken und zu leben. Auch wenn wir im Heute leben, können wir die Geschichte nicht abstreifen, aus der wir kommen.

„Wer geschichtslos lebt, wird auch bald gesichtslos“, hat der Berliner Theologieprofessor Otto A. Dilschneider einmal gesagt.[3] Recht hat er. Es lohnt sich, sich mit der Geschichte zu beschäftigen, der eigenen und der von anderen. Wir lernen dabei, wo wir herkommen, und können in den Bahnen dessen bleiben, was uns geprägt hat. Für uns Christinnen und Christen heißt das: Es ist wichtig, die eigene Berufung kennenzulernen oder wiederzuentdecken. Denn „ein Werk ist unüberwindlich, wenn es in

---

3 Otto A. Dilschneider, Die Geistvergessenheit der Theologie, in: ThLZ 86 (1961), S. 261.

den Bahnen seiner Berufung bleibt." Auch das ist ein goldenes Wort, das mein Leben mitgeprägt hat.

Darum nun also dieses Buch! Als ich zum ersten Male die drei Buchstaben SMD las, das war etwa im Jahre 1963, hatte ich keine Ahnung, was dahinterstecken könnte. Aber dann bin ich immer wieder auf die SMD gestoßen, im Studium, in den Jahren des Dienstes und danach im Ruhestand. Die Arbeit hat mich fasziniert; ich war und bin sehr beeindruckt von dem großen Engagement gerade der vielen jungen Menschen und staune immer wieder, mit welcher Freude sie die Botschaft von Jesus Christus weitergeben und zu ihm einladen. Als ich 2011 – nach vielen Jahren für mich ganz unerwartet – in das leitende Gremium der SMD, in den Rat, berufen wurde und sechs Jahre intensiv mitgearbeitet habe, wuchs der Wunsch bei mir, eine Geschichte der SMD zu schreiben, von den Anfängen bis heute. Die gab es nämlich noch nicht. Als ich darüber mit Gernot Spies sprach, traf ich auf großes, waches Interesse. Auch er hatte sich schon lange mit der Geschichte der SMD befasst, hatte aber natürlich in seinem Amt als Generalsekretär nicht die Zeit, sie gründlich aufzuschreiben. So wird es auch anderen gegangen sein, die die Arbeit mitgetragen haben. Ich hätte es auch nicht gewagt in der Zeit meines aktiven Dienstes.

Nun aber, im Ruhestand, war die Zeit gekommen, dass ich mir das zutraute, und mit dem Einverständnis und sogar mit der Bitte der Leitung der SMD habe ich mich gerne an die Arbeit gemacht. Es war nicht einfach, geeignete Quellen zu finden, gerade, was die Anfänge der SMD anbelangt. Reiches Material findet sich erst im Laufe der späteren Jahre und Jahrzehnte. Vieles war für mich Pionierarbeit, aber gerade das hat mich auch gereizt. So habe ich vier Jahre lang intensiv geforscht und geschürft, um die Geschichte der SMD von ihren Anfängen her nachzuzeichnen. Leitend war der Wunsch, die ursprüngliche Berufung der Arbeit kennenzulernen und zu sehen, wie sie durchgehalten worden ist.

Mir lag nicht daran, ein streng wissenschaftliches Werk vorzulegen. Das können andere tun und werden es hoffentlich tun. Ich kann nicht anders, als mit Herzblut zu schreiben. Das bedeutet, dass auch meine herzliche Verbundenheit mit der SMD und mein eigenes missionarisches

Engagement mit anklingen kann. Dennoch soll dieses Buch nicht nur ein Erlebnisbericht über die SMD sein. Mir waren und sind sorgfältige Quellenarbeit und nachprüfbare Ergebnisse wichtig; darum auch die vielen Anmerkungen. Das Buch ist irgendwie eine Mischung geworden aus historisch-theologischer Arbeit und persönlicher Betroffenheit. Dabei war mir wichtig, dass der Stil zum Weiterlesen anregt.

Ich hatte nun das Glück, mit Christian Enders, dem Leiter der SMD-Kommunikationsabteilung, nicht nur einen kompetenten Journalisten, sondern auch einen ausgewiesenen Historiker an meiner Seite zu haben, dem ich besonders herzlich für seine Mitarbeit danke. Mit seiner fachkundigen Hilfe und seiner Gründlichkeit hat er viel zum Gelingen des Ganzen beigetragen. Er hatte ja auch die ganze Lektoratsarbeit zu leisten. Ebenso danke ich Gernot Spies; auch er hat sich mit großer Sorgfalt meiner Texte angenommen und wichtige Kommentierungen eingebracht.

Mein Dank gehört auch den Professoren Michael Herbst und Martin Weyer-Menkhoff, ebenso dem Gemeindepfarrer Paul-Ulrich Lenz. Sie haben mir wichtige Hinweise gegeben, z.T. auch grundsätzlicher Art. Ihre kritischen und dabei immer wohlmeinenden und ermutigenden Anmerkungen haben dazu beigetragen, dass dieses Buch so geworden ist, wie es ist. Nicht zu vergessen sind auch die, die das Buch in verschiedenen Lesungen auf Schreibfehler durchgesehen haben. Auch ihnen danke ich herzlich für ihre Mühe. Alle zusammen gaben und geben mir die Zuversicht, dass ich mit meinen Entdeckungen und Erkennt-

Redaktionstreffen im Juli 2022 in Berlin: Christian Enders, Hartmut und Felicitas Bärend, Gernot Spies

nissen bei der Sache geblieben bin und dass das Buch auch historischen Ansprüchen genügen kann.

Es ist nun meine Hoffnung, dass das Buch gern und viel gelesen wird, damit die SMD weiter im Rahmen ihrer Berufung bleibt und aus ihrer Geschichte lernen kann. Manche Äußerungen aus den vergangenen Jahren wirken so, als wären sie gerade erst geschrieben worden. Über der Lektüre des Buches möge Dankbarkeit über Gottes Treue zu dieser Arbeit wachsen, die ja im nächsten Jahr 75 Jahre alt wird. Aber auch Demut wird reifen angesichts der Wahrnehmung, dass unsere Zeit heute, die wir so wichtig nehmen, nur eine Etappe ist zwischen gestern und morgen. Über allem, in allem und durch alles wirkt „Jesus Christus, der Herr, der derselbe ist, gestern, heute und in Ewigkeit“ (Hebr 13,8). Er macht Mut und gibt Kraft zum Weitergehen, zum missionarischen Zeugnis, zur lebendigen Gemeinschaft.

Hartmut Bärend, 26. April 2023

1. Die Anfänge – „Nun erst recht!"

1945 Kapitulation. Stunde Null in Deutschland. Zerstörung überall. Schreckliches Elend. Ruinenlandschaften in den Städten. Tief resignative Gefühle bei denen, die es anders erwartet hatten. Tiefe Trauer bei denen, die einen oder mehrere liebe Menschen verloren hatten. Aber auch dankbare Gefühle bei denen, die einfach froh waren, dass sie noch lebten. Verzweiflung und Aufbruch. Enttäuschung und Neubeginn. Mit nichts anfangen und trotzdem losgehen. An einem dieser Endpunkte spielte sich das Leben ab. Oder zwischendrin.

Ja, so etwa war die Lage damals in Deutschland. Irgendwo dazwischen sind auch meine Gefühle, wenn ich an die Zeit damals denke, die ich ja nur als kleiner Junge erlebt habe. Von meiner Generation konnte noch nicht viel ausgehen. Wir waren noch wie ahnende Halbschlafende. Aber die ältere Generation, die Generation meines Vaters und meiner Mutter, die war dran. Die hatte zu entscheiden, wie sie sich zu dieser schrecklichen Wirklichkeit verhalten wollte. Mein Vater selbst ist, wie so viele neben ihm, umgekommen. Aber andere hatten überlebt. Für die war jetzt der Augenblick der Entscheidung gekommen.

Entscheidungen nach dem Krieg

Das galt auch für Christen[4] damals. Viele sind im Krieg geblieben. Aber die, die davongekommen waren, die haben sich entweder resigniert

---

4 Die SMD hat seit ihrer Gründung in ihren Veröffentlichungen in aller Regel das generische Maskulinum verwendet, in der herkömmlichen Auffassung, dass dieses geschlechtsneutral zu verstehen ist. An diesen Sprachgebrauch orientiert sich auch dieses Buch – insbesondere bei Verwendung bestimmter Ausdrücke in ihrem historischen Kontext (z. B. „Studentenarbeit"). Wenn hier im Sinne der

zurückgezogen, oder aber sie haben eine bewusste Entscheidung getroffen: Nun erst recht, haben sie gedacht und gesagt. Nachdem sich das NS-Regime in nichts aufgelöst hatte, wollten sie weitergeben, was fest war, was ein stabiles Fundament bedeutete. Und das war ihnen der christliche Glaube, genauer, die Anbindung an Jesus Christus als Fels in der Brandung, als einziger Trost im Leben und im Sterben, als Retter und Erlöser. Sie haben es nicht so formuliert, wie es nur wenig später Gustav Heinemann (1899–1976) gesagt hat, aber sie haben danach gelebt. Gustav Heinemann, Bundespräsident in den Jahren 1969–1974, hat 1950 den unglaublich treffenden Satz gesagt: „Die Herren dieser Welt gehen, unser Herr kommt!"[5] Das war es, was die weitergeben wollten, die schon vor dem Krieg an Jesus geglaubt hatten, den Krieg miterlebt hatten und nun vor der äußeren und inneren Ruinenlandschaft in Deutschland standen.

Viele von ihnen hatten in den Kriegsjahren die Schule oder das Studium abbrechen müssen, weil sie noch an die Front oder 1945 zum Volkssturm eingezogen wurden. Aber nun konnte es wieder losgehen. Allmählich kam unter strenger Kontrolle der Alliierten das Schulwesen wieder in Gang. Die ersten Universitäten wurden wieder eröffnet. Die total zerstörte Infrastruktur wurde langsam geflickt, sodass Straßen- und Schienenverkehr wieder möglich wurde. Und damit konnten auch die, die die Schule oder das Studium im Krieg unterbrechen mussten, sich wieder einschreiben. Was für ein Gefühl muss das gewesen sein!

Kleine Anfänge der SMD

Damit beginnt auch die Geschichte der SMD, der Studentenmission in Deutschland. Es waren Einzelpersonen, mit denen alles anfing. Sie waren an verschiedenen Universitäten immatrikuliert, sie konnten wieder studieren, aber sie wollten nicht nur studieren, als sei nichts geschehen. Diese Einzelpersonen, einfach Christen, die Jesus Christus dienen woll-

besseren Lesbarkeit von „Christen", „Schülern", „Mitarbeitern" etc. die Rede ist, sind immer Frauen und Männer gleichermaßen gemeint.

5 Aus einem Vortrag von Gustav Heinemann auf dem Kirchentag 1950 in Essen.

ten, trugen die schreckliche Erfahrung der Naziherrschaft und des Krieges in und mit sich und beschlossen: So darf es niemals mehr werden! Für die elementare Sinnfrage, die damals überall aufbrach, war Jesus Christus für sie die einzig sinnvolle Antwort. So haben sie missionarische Angebote gemacht, einfach so, per Anschlag am schwarzen Brett oder durch persönliche Einladung. Sie haben andere Studenten zu sich nach Hause eingeladen und begonnen, mit ihnen die Bibel zu lesen. Junge Menschen, Studierende verschiedener Fakultäten, kamen zum Glauben. Kleine Bibelkreise entstanden.

Und dann ging es weiter. Auch wenn es noch keine digitalen Möglichkeiten gab, keine sozialen Netzwerke, so haben diese einzelnen Christen plötzlich wahrgenommen, dass an anderen Universitäten in Deutschland ähnliche kleine Aufbrüche passiert waren. Und so kam man zueinander, ganz allmählich. Ein kleines Netzwerk entstand. Die SMD war geboren, auch wenn sie zu diesem Zeitpunkt noch keinen Namen hatte.

2. Die Wurzeln – Vorbereiteter Boden

Natürlich hatte es auch Impulse von außen gegeben, von denen noch die Rede sein wird. Aber so schlicht und persönlich wird es am Anfang gewesen sein. Einzelne Christenmenschen haben den Mut besessen, in schwersten Zeiten zu Jesus einzuladen. Und die Leute haben zugehört und beherzigt, was ihnen gesagt wurde.

Aber da ist noch etwas anderes. Diese Einzelnen haben ja ihre Geschichte mitgebracht, ihre eigene Glaubensgeschichte. Die meisten waren nicht erst 1945 Christen geworden. Sie hatten ihren Christusglauben schon vor dem Krieg gehabt – oder im Krieg gewonnen, ja, auch das hat es gegeben. Wie viele junge Menschen haben nach dem Krieg Theologie studiert, weil ihnen der christliche Glaube als Trost und Kraftquelle groß geworden war, sodass sie nun weitergeben wollten, was ihnen selbst geschenkt worden war!

Aber viele hatten ihren Glauben schon vorher gehabt. Und so hat die SMD auch ihre Vorgeschichte. Sie gehört wesentlich dazu. Es ist ein Problem unserer Zeit, dass der Tiefenblick in die Geschichte kleingeschrieben wird. Alles lebt im Heute. Die Postmoderne ist immer noch aktuell: Die Vergangenheit ist out, die Zukunft verhangen, alles Gewicht hat die Gegenwart. Mit einer solchen Haltung schneiden wir uns die Wurzeln ab, von denen wir ja herkommen. So sollte es in der SMD nicht sein. Darum gab es immer wieder dankbare Rückblicke in der SMD, gerade bei den Jubiläen. Dazu soll auch dieses Buch dienen. Der Blick in die Geschichte, hin zu den Wurzeln, führt zu einem Herz voller Dankbarkeit. Denn erst dieser Tiefenblick lässt wirklich erkennen, wie wunderbar Gott durch die Jahrzehnte geführt hat, trotz aller Veränderungen und Umbrüche.

Die Wurzeln der SMD liegen in den letzten beiden Jahrzehnten des 19. Jahrhunderts. Merkwürdig, dass sich gerade in dieser Zeit Studierende zusammenfanden, um selbstständig, d. h. auch ohne Anleitung durch einen Geistlichen, die Bibel zu lesen. Es waren ja Jahre, in denen der christliche Glaube nur formal eine Rolle spielte. Das Deutsche Reich war gerade erst entstanden; die sogenannten Gründerjahre waren gezeichnet von einem starken Glauben an die eigene Kraft und die Machbarkeit aller Dinge. Der in den Sechzigerjahren einflussreiche Historiker Golo Mann beschrieb die Epoche mit den Worten: *„Materielle Bereicherung, der öde Kampf der Interessen, die Glaubenslosigkeit trotz allen christlichen Geredes, die Vergottung des Erfolgs stehen im Vordergrund."*[6]

Jugendbewegung

Erschreckende und ziemlich modern klingende Worte sind das! Aber es gab auch anderes. Junge Menschen standen auf und wollten diese hohle und leere Wirklichkeit nicht mehr. Sie waren bewegt von der Suche nach der Wahrheit und protestierten gegen „Klassendünkel und leere Traditionen"[7]. Sie übten Selbstdisziplin und gestalteten ihr Leben mit Wandern, Singen, Sport und Lagerfeuer. Sie wollten den neuen Menschen schaffen. Die „Jugendbewegung" entstand; auf dem „Hohen Meißner" wurde diese Ausrichtung mit einem denkwürdigen Treffen 1913 festgemacht.[8] Tragisch war dann aber, dass diese jungen Menschen voller Begeisterung in den Ersten Weltkrieg zogen; damit geriet das „Lagerfeuer in das Feuer von 1914 bis 1918"[9].

---

6 Golo Mann, Geschichte des 19. und 20. Jahrhunderts, S. 547 (gefunden bei Käte Brandt, Steine gab's und immer Brot, 75 Jahre MBK, Bad Salzuflen 1994, S. 11).

7 Käte Brandt, ebd.

8 Vgl. Johannes Jürgensen, Vom Jünglingsverein zur Aktionsgruppe. Kleine Geschichte der Evangelischen Jugendarbeit, Gütersloh 1980, S. 37ff.

9 A. a. O., S. 12.

Deutsche Christliche Studentenvereinigung (DCSV)[10]

Aber es gab auch andere junge Menschen. Die wollten auch den neuen Menschen, aber sie wollten ihn durch den Glauben an Jesus Christus, der am Kreuz für die Sünde der Menschen gestorben ist und all denen neues Leben schenkt, die ihn als ihren Herrn und Heiland annehmen. Diese jungen Christen trafen sich zum Bibellesen und zum Gebet. Und sie erzählten weiter, was sie durch Christus erfahren hatten. Eine starke Bedeutung für diese andere Jugendbewegung hatte damals der Offizier und Jurastudent Eduard Graf von Pückler.[11] Er gab sein Studium auf und wurde im Jahr 1878 Stadtmissionar in Berlin. Er kümmerte sich um die Proletarier, aber auch um die gebildete Jugend. Er erlebte Erweckung unter Studenten. Eine visionäre Losung wurde in diesen Jahren geboren: „Deutschlands studentische Jugend für Christus."[12]

Andere traten neben ihn, wie Graf Lüttichau oder Freiherr von Starck. Sie und viele andere kamen aus der neu entstandenen Gemeinschaftsbewegung; auch amerikanische Studentenkonferenzen hatte es schon gegeben, und der Funke war übergesprungen auf Deutschland. So fand 1890 die erste „Konferenz zur Vertiefung christlichen Lebens und Anregung christlichen Werkes unter der studierenden Jugend Deutschlands" statt.[13] 1896 wurde dann in Großalmerode bei Kassel die „Deutsche Christliche Studentenvereinigung" (DCSV) aus der Taufe gehoben, mit ihrer eindeutigen missionarischen Zielsetzung.[14] Langsam entstanden Studentengruppen an den Universitäten. Im Jahre 1903 gab es schon 20 Studentenkreise mit ca. 300 Mitgliedern. Immer ging es inhaltlich um Bibelstudium,

---

10 Vgl. hierzu Ulrich Wever, Die Deutsche Christliche Studentenvereinigung (DCSV), in: Dynamis 26, Sondernummer 1961/62, S. 2–4; vor allem aber: Karl Kupisch, Studenten entdecken die Bibel. Die Geschichte der Deutschen Christlichen Studentenvereinigung DCSV, Hamburg 1964.

11 Vgl. K. Kupisch, a. a. O., S.24ff.

12 Vgl. U. Wever, a. a. O., S. 2.

13 Vgl. zu dieser Konferenz K. Kupisch, a. a. O., S. 29ff.

14 Vgl. K. Kupisch, a. a. O., S. 41ff.

Gebet und um Evangelisation. Erster Reisesekretär (1900–1905) war übrigens der später sehr bekannte Theologieprofessor Karl Heim.[15] [16]

---

15 Karl Heim (1874–1958) war evangelischer Theologe mit großem Einfluss auf die DCSV und später auch auf die SMD. Er studierte Theologie in Tübingen, zum Glauben fand er durch die Verkündigung von Elias Schrenk im Jahre 1893. Seine Promotion schloss er 1896 ab. Er wurde 1897 Vikar in Giengen an der Brenz, von 1900 bis 1905 wirkte er als erster Reisesekretär der DCSV. Danach wurde er Konviktsinspektor in Halle/Saale. In Halle kam es im Jahre 1907 auch zu einer ersten Begegnung mit dem damaligen Theologiestudenten Erich Schnepel, daraus erwuchs eine lebenslange Freundschaft. Im Jahre 1914 wurde Heim als Professor für Systematische Theologie nach Münster berufen. Der Erste Weltkrieg verhinderte seine weitere Tätigkeit dort. In den Jahren 1914–1918 war er Militärpfarrer. 1920 übernahm Heim dann den Lehrstuhl für Systematische Theologie in Tübingen und behielt ihn bis zu seiner Emeritierung im Jahre 1939. Karl Heim war fast so etwas wie ein Universaltheologe. Seine reichen Werke zeigen eine große Weite, die gegründet war in der biblischen Christusbotschaft. Theologisch stand er in der Tradition u. a. von Martin Kähler. In den 30er Jahren stand er der Bekennenden Kirche nahe, war aber nie Mitglied. Er fühlte sich lebenslang der DCSV verbunden. Die SMD sah er als eine Art Nachfolger der DCSV an und hat sie nach Kräften unterstützt. Besonders Evangelisation und Apologetik lagen ihm am Herzen. Darum hat die Ev. Hochschule Tabor einen Karl-Heim-Lehrstuhl für Evangelisation und Apologetik eingerichtet; Inhaber ist momentan Prof. Dr. Matthias Clausen, der zugleich mit einer halben Stelle als theologischer Referent am Institut für Glaube und Wissenschaft wirkt (Fundort u. a. Wikipedia „Karl Heim“). Vgl. auch K. Kupisch, a. a. O., S. 84.

16 Karl Heim hat auch international gewirkt, vgl. die Ausführungen des langjährigen Generalsekretärs der InterVarsity Fellowship, Douglas Johnson, in seinem Buch „A brief history of the International Fellowship of Evangelical Students“, Lausanne, 1964. Er schreibt (S. 59): “He (Karl Heim) had been one of the enthusiastic early members of the former Deutsche Christliche Studentenvereinigung.” Und dann, zwischen den Weltkriegen, hat sich sein Engagement nicht geändert: “Through a mutual senior friend, who constantly passed between the German and British universities, Professor Heim had come to know the Evangelical Unions in the British universities and sent messages of encouragement.” Aber nicht nur das: Karl Heim war einer der beiden deutschen Delegierten bei der ersten Weltkonferenz des christlichen Studentenbundes nach dem Ersten Weltkrieg in Peking im Jahr 1922 (vgl. seine Lebenserinnerungen „Ich gedenke der vorigen Zeiten. Erinnerungen aus acht Jahrzehnten”, Hamburg 1957, S. 142ff).

Die DCSV tat über viele Jahre einen gesegneten Dienst an den Universitäten. Allerdings gab es auch schon bald in der DCSV Tendenzen zu mehr Breitenwirkung, zu mehr Offenheit zur Welt. Die „klassische" DCSV war in den 30er-Jahren kaum noch zu erkennen; auch ein Generationenproblem trat hinzu. Außerdem wurden in der dann folgenden NS-Zeit freie christliche Werke immer mehr behindert und schließlich verboten. So geschah es auch mit der DCSV im Jahre 1938. Nur die verfasste Kirche konnten die Nazis nicht unterkriegen. Darum schlossen sich freie Träger gern der Kirche an und wurden mehr und mehr ein Teil von ihnen. Die DCSV verband sich mit den Studenten der Bekennenden Kirche (BK) und konnte so ihre Arbeit trotz großer Einschränkungen weiterführen. Aber der missionarische Geist des Anfangs war mehr und mehr verflogen. „Dialektiker und Pietisten"[17] (M. Fischer) verbanden sich miteinander, ebenso wie Glieder der verfassten Kirche und der Freikirchen.

Evangelische Studentengemeinde (ESG)

Aus der DCSV entwickelten sich die Vorläufer der Evangelischen Studentengemeinde (ESG), Studentenpfarrer wurden berufen, die Arbeit ging weiter, weil es ja eine kirchliche Arbeit war. Aber die DCSV wurde damit eben Teil der in ihrem Hauptstrom immer eher liberalen Kirche. Das freie Werk DCSV mit all seinen Freiheiten und Impulsen war am Ende, und das blieb auch nach dem Zweiten Weltkrieg so. Die missionarische Stoßrichtung der Studentenarbeit musste durch neue Träger wiederbelebt werden.

Nach 1945 war das Chaos groß, auch das soziale Elend. Die Volkskirchen haben in diesen Jahren eine gewaltige soziale Aufbauleistung vollbracht; außerdem mussten sie ihre Identität entweder wiedergewinnen oder neu entdecken. Sie hatten gar keinen Raum für Mission in Deutschland. Aber auch das andere trifft zu: Damals waren ja die meisten Deut-

17 In: Martin Fischer, Entwicklungslinien der Christlichen Studentenbewegung 1920–1950, erschienen 1951.

schen noch getauft, und das bedeutete für viele Kirchenleute – übrigens auch heute noch – dass man sich um ihren Glauben nicht mehr so sehr sorgen müsste. Der westfälische Präses Hans Thimme hat erst Jahre später einmal gesagt: „Eine Kirche, die Kinder tauft, muss evangelisieren.“[18] Solch ein Satz hätte in den Anfangsjahren nach 1945 sicher kaum eine Rolle gespielt. Das Thema „missionierende Kirche“, das heute so viele Menschen bewegt, war damals einfach nicht dran.

Aufbrüche nach 1945

Aber der Heilige Geist wirkt, wo er will! Wunderbarerweise sind damals viele geistbewegte neue missionarische Bewegungen entstanden, so wie das Werk „Jugend für Christus“, die Fackelträgerarbeit[19], das Missionswerk Neues Leben, das Rüstzentrum Krelingen und viele andere. Die Volksmission konnte ihre Arbeit wieder aufnehmen, als freies Werk in der Kirche, zunächst als „Arbeitsgemeinschaft für Volksmission“, ab 1971 dann als „Arbeitsgemeinschaft Missionarische Dienste“ (AMD). Die Deutsche Evangelische Allianz (DEA) konnte wieder arbeiten, ebenso wie die Jugendverbände CVJM und EC. War die verfasste Kirche sehr mit der sozialen Not der Menschen, auch mit sich selbst, beschäftigt, so haben diese freien Träger stellvertretend für die Kirche den missionarischen Dienst am deutschen Volk getan, einem Volk, das sich angesichts der erfahrenen riesigen Enttäuschungen und Verletzungen nach neuer Sinnfüllung sehnte.[20]

---

18 So in einem Vortrag vor der EKD-Synode 1980 zum Thema „Missionarisches Jahr 1980“.

19 Der Gründer und langjährige Leiter der Missionsgemeinschaft der Fackelträger, Major W. Ian Thomas, war nach Kriegsende britischer Stadtkommandant in Velbert. Mit ihm fing alles an mit der Fackelträgerarbeit in Deutschland und weltweit.

20 Vgl. hierzu Hartmut Bärend, Wie der Blick zurück die Gemeinde nach vorn bringen kann. Ein Gang durch die Geschichte der kirchlichen Volksmission, Neukirchen 2011 (BEG-Praxis), S. 87ff.

Aber eben auch Studenten! Da war es ein Segen, dass es nach dem schrecklichen Krieg Menschen an den Universitäten gab, die ihren frischen oder schon lebenslangen Glauben in die Waagschale warfen, damit andere zum Glauben kommen. Damit sind wir bei der SMD. Sie hat sozusagen die Erstberufung der DCSV wieder aufgenommen und weitergeführt. Dies brachte auch Karl Heim in einem Grußwort an die SMD im Jahre 1953 zum Ausdruck: *„Ich habe mich herzlich über die Bewegung gefreut, die jetzt wieder neu erwacht ist, und die das Ziel hat, unter den deutschen Studenten mit allem Ernst Mission zu treiben. Denn es ist ja kein Zweifel, dass eine christliche Bewegung nur solange lebendig ist und etwas für die Welt bedeutet, als dieses Feuer der ersten Liebe in ihr brennt. Nur solange gleicht sie einem Feuerherd, dessen Funken auch auf ihre Umgebung übersprühen und ansteckend weiterwirken.“*[21] An der Geschichte der DCSV kann man sehen, wie reich eine Arbeit ist, wenn sie ihrer Berufung treu bleibt, wie arm und verwechselbar sie aber wird, wenn sie diese Berufung aufgibt. Präses Paul Humburg, einer der Großen der DCSV, hat in den 30er-Jahren gesagt: „Ein Werk ist dann unüberwindlich, wenn es in den Bahnen seiner Berufung bleibt.“[22] Wie recht er hatte. Das gilt auch für heute.

Freies Werk und verfasste Kirche

Aber auch etwas anderes muss man sehen: Wenn ein freies missionarisches Werk ganz von der Kirche übernommen wird, dann ist damit zu rechnen, dass die missionarische Stoßkraft immer mehr zurückweicht. Das ist meine lange und auch bittere Lebenserfahrung mit meiner Kirche, die ich liebe, an der ich aber auch gerade deswegen leide. Die Freiheit und Eigenständigkeit des freien Werkes darf nie zu einer totalen Abhängigkeit und Einordnung in das Ganze der verfassten Kirche führen. Nur dann, wenn die Volkskirchen wirklich mit Leidenschaft und bis in die Einzelge-

21 Unser Auftrag, Nr. 11, Dezember 1953, S. 1.

22 Das Zitat ist mündlich überliefert.

meinden hinein den missionarischen Auftrag als zentrale Aufgabe wahrnehmen, kann das freie Werk seinen Dienst aufkündigen.

Aber das geschieht noch lange nicht, trotz aller Absichtserklärungen seit der Leipziger EKD-Missionssynode von 1999. Mission besteht eben nicht einfach nur darin, dass Menschen in die Nähe eines immer liebenden Gottes gebracht werden. Sondern Mission ist Evangelisation, Ruf zur Umkehr hin zu Christus am Kreuz, der allein vor der Verlorenheit errettet und neues Leben schenkt. Mission redet nicht von „billiger Gnade" (D. Bonhoeffer), sondern von der durch Christus teuer erkauften Gnade! Gott sei Dank hat die DCSV dieses Anliegen in ihrer Aufbruchszeit zu ihrer Herzensberufung gemacht – und auch die SMD hat eben diese Überzeugungen in ihren Richtlinien in Worte gekleidet.

Wurzeln der Schülerarbeit[23]

Aber hier soll auch von den Wurzeln der Schülerarbeit die Rede sein. Wieder gehen wir zurück ans Ende des 19. Jahrhunderts, in die Gründerjahre, die ja schon als sehr glaubensarm, materiell orientiert und egoistisch beschrieben worden sind.

Es ist zum Staunen, was gerade in dieser Zeit an geistlichen Aufbrüchen zu verzeichnen war. Ja, der Heilige Geist weht, wo er will, und hat gerade damals starke Akzente in Deutschland gesetzt. Schon im Jahre 1851 war der deutsche CVJM entstanden, und fast zur gleichen Zeit legte Johann Hinrich Wichern die Grundlagen für die neuzeitliche Diakonie, die sich damals ausdrücklich als diakonisch-missionarische Arbeit verstand. Als das missionarische Feuer in der Diakonie zurückging und auch die verfasste Kirche kaum noch Akzente setzte, kam es zu neuen geistlichen Aufbrüchen, nun neben der Kirche, in den 70er- bis 90er-Jahren des 19. Jahrhunderts. In Berlin begründete Adolf Stöcker 1875 die Berliner

23 Vgl. zum ganzen Abschnitt Wilfried Ahrens, Grundlagen der Schülerarbeit, in: Rechenschaft geben von unserer Hoffnung. Festschrift zum 50-jährigen Bestehen der SMD, Marburg 1999, S. 179ff. Siehe außerdem: Markus Ocker, Wenn Jugendarbeit „zur Schule geht": Zum Auftrag von evangelischer Jugendarbeit in einer sich verändernden Schulwelt, Gießen 2019.

Stadtmission, in der dann bald der schon erwähnte Graf von Pückler tätig wurde. Im Jahr 1886 wurde in Bonn die Evangelistenschule Johanneum eingeweiht, eine Ausbildungsstätte, die heute noch im Segen arbeitet. Ihr erster Direktor war D. Theodor Christlieb (1833–1889). Langsam entwickelte sich aber auch (vor allem durch entsprechende Aufbrüche in den USA beeinflusst) das große pietistische Netzwerk der deutschen Gemeinschaftsbewegung, heute gern kurz mit „Gnadau“ beschrieben. Der Name „Gnadau“ (ein Ort bei Magdeburg) weist zurück auf eine denkwürdige Pfingstkonferenz der Gemeinschaftsleute im Jahre 1888, die den Anstoß gab für die Gründung der Gnadauer Gemeinschaftsbewegung 1897 in Berlin. Auch hier spielte Eduard Graf von Pückler als langjähriger Vorsitzender eine entscheidende Rolle. In diesem Kontext entstand auch der Deutsche EC-Verband, die pietistisch geprägte und zur Gemeinschaftsbewegung gehörende missionarische Jugendarbeit mit der Losung „Entschieden für Christus“.[24]

Eine Bewegung entsteht

Und bei alledem kamen nicht nur die Studenten, sondern auch die Schülerinnen und Schüler ins Blickfeld. Es ist wohl der Initiative dreier junger Männer zu verdanken, nämlich des Theologen Willi Weigle und der Brüder Mockert, dass im Jahre 1883 ein erstes „Bibelkränzchen“ am Elberfelder Gymnasium im heutigen Wuppertal gegründet wurde. Aber auch Graf von Pückler hatte nicht nur die Welt der Studenten, sondern auch die der Schüler im Blick. Die DCSV wirkte eben auch in den Schülerbereich hinein. Pückler gründete im Jahr 1884 ein „Komitee für Bibelkränzchen auf höheren Schulen“. Schüler begannen, selbstständig die Bibel zu lesen, und das bald nicht nur in Wuppertal, sondern auch an anderen Schulen in Deutschland. Eine Bewegung entstand, die BK-Arbeit (Bund

---

24 Vgl. zum Ganzen Hartmut Bärend, Wie der Blick zurück die Gemeinde nach vorn bringen kann, a. a. O., S. 25ff.

für Bibelkränzchen).[25] 1890 wurde ein erster Reisesekretär angestellt. Im Jahr 1913 gab es dann schon 290 Bibelkränzchen mit 12.000 Mitgliedern.[26]

Man mag die Formulierung Bibel-Kränzchen heute belächeln, aber eigentlich ist damit etwas sehr Ernsthaftes gemeint. Junge Menschen haben damals bewusst einen Kranz um die Bibel gelegt und Gottes Wort damit die Ehre erwiesen, die ihm zukommt.[27] Sie haben aber auch einen emanzipatorischen Schritt getan, weg von der reinen Belehrung durch die Geistlichen, hin zum selbständigen Umgang mit der Heiligen Schrift. Es bildete sich ein mündiges und sprachfähiges Laienchristentum heraus, das dann über Jahrzehnte hinweg Menschen befähigte, Rechenschaft zu geben von der Hoffnung, die in ihnen geweckt worden war (1Petr 3,15). Im Jahre 1919 wurde in Leipzig der Bund der Deutschen Mädchen-Bibelkreise (MBK) gegründet, eine Arbeit mit gleicher Zielsetzung wie die des Bundes für Bibelkreise (BK) für Jungen. Interessanterweise kam ein starker Anstoß zur Entstehung der MBK-Arbeit aus der Arbeit christlicher Studentinnen. Denn 1905 gründeten einige Studentinnen während der DCSV-Konferenz in Wernigerode die „Deutsche Christliche Vereinigung studierender Frauen“ (DCSVF).[28] Eine der Leiterinnen der jungen

25 Im Jahr 1915 wurde der Begriff „Bibelkränzchen“ durch „Bibelkreis“ unter Beibehaltung der Abkürzung „BK“ ersetzt.

26 Vgl. Johannes Jürgensen, a. a. O., S.31f.

27 Möglicherweise steht bei den „Kränzchen“ auch Martin Luther im Hintergrund: Im Jahre 1535 schrieb er für seinen guten Freund Meister Peter Beskendorf auf dessen Wunsch einen Brief: „Eine einfältige Weise zu beten für einen guten Freund“ und schrieb darin, wie er selbst es mit dem Umgang mit der Bibel und mit dem Beten hielte. Darin kommt der Abschnitt vor: „Und (ich) mache aus einem jeglichen Gebot ein vierfach gedrehtes Kränzlein: Ich nehme nämlich jedes Gebot zum ersten als eine Lehre an, wie es das ja wirklich an sich ist, und bedenke, was unser Herr Gott darin so ernstlich von mir fordert. Zum zweiten mache ich eine Danksagung draus, zum dritten eine Beichte, zum vierten ein Gebet.“ Zitiert nach: Luther Deutsch, Hrsg. K. Aland, Band 6, Stuttgart 1966 S. 364f.

28 Noch im gleichen Jahr wird die Arbeit unter Schülerinnen aufgenommen. Vor Eintritt in das Studium sollen diese vor Gefahren und Irrwegen gewarnt werden.

Bewegung, Nelly Lutz, schrieb damals wegweisende Sätze im Blick auf die Berufung der MBK-Arbeit. Da heißt es: „Seit 1905 haben wir uns hier und dort als kleine Kreise junger Mädchen um die Bibel zusammengeschlossen in stiller Andacht und Freude. Ein Kreis wusste kaum vom andern; noch viel weniger sprach man von uns in der Öffentlichkeit. Nur ein geheimer Segen wirkte sich aus daheim im Elternhaus, im Umgang mit den Mitmenschen und in der Arbeit. Wir waren „Stille im Lande". Unterdessen ist der Kampf entbrannt um die deutsche Jugend, und vor allem der Weltkrieg hat uns gezeigt, welch weittragende Bedeutung aller Arbeit an der Jugend zukommt. Können wir noch abseits stehen bleiben? Dürfen wir fernerhin unsere Aufgabe darin sehen, in der Verborgenheit zu wirken? Brennt nicht unsere Seele, wenn wir es täglich sehen und erleben, wie mancherlei geistige Strömungen der Jugend ihre Ziele vorhalten – fern ab von Christus – und um sie werben, wie die Jugend selbst allerlei Irrlichtern nachjagt und dem Abgrund entgegentaumelt? Müssen wir nicht eintreten in diesen Kampf um unserer Jugend willen und um unseres Herrn Christus willen, dem die Jugend gehört?"[29]

Beide Bewegungen, der BK und die MBK, konnten bis 1934 eine gesegnete, deutschlandweite Arbeit tun. Die MBK-Arbeit unterhielt sogar ab 1924 eine eigene Bibelschule, die junge Frauen dazu qualifizierte, in Kirchengemeinden als Gemeindehelferinnen tätig zu sein. Und ab 1925 ließen sich Frauen aus diesem Werk nach Ostasien rufen, nach Japan, China und später auch nach Indien.[30]

Das Jahr 1934 wurde dann aber ein Schicksalsjahr für die christliche Schülerarbeit in Deutschland. Beide Werke, die BK-Arbeit und die MBK-Arbeit mussten sich selbst auflösen, um nicht in die Hitlerjugend inte-

„Jede gläubige Studentin soll eine Missionarin in ihrer Einflusssphäre sein.", siehe J. Jürgensen, a. a. O., S. 49.

29 Aus: MBK-Leiterinnenhilfe Januar 1919, S. 2.

30 Vgl. zum MBK: Käte Brandt, Steine gab's und immer Brot, 75 Jahre-MBK-Geschichte und Geschichten, Bad Salzuflen, 1994.

griert zu werden.[31] Damit war eine geordnete Schülerarbeit nicht mehr möglich; eine Weiterarbeit ging nur unter dem Dach der Großkirche, ähnlich wie es bei der DCSV war.[32] Da haben dann zwar auch noch Freizeiten stattgefunden, aber ausdrücklich nur mit der Erlaubnis, Bibelarbeit zu treiben. Sonstige jugendliche Freizeitarbeit wurde von der Gestapo verboten; die Angst vor ihr fuhr immer mit zu den Freizeiten. Die Gestapo wusste natürlich nicht, dass es gerade die Arbeit mit der Bibel und das Leben aus ihr war, was damals durchtrug und dies auch ursprünglich der Auftrag und die Berufung dieser Werke war. So wurde kräftig und mit großem Zuspruch Bibelarbeit gemacht. Im Unterschied zu vielen heutigen Tendenzen wurde die Bibel damals für ungezählte junge Menschen eine Quelle der Lebenskraft und Wegweisung in einer zunehmend verunsicherten Zeit.

Schülerarbeit und Kirche nach dem Zweiten Weltkrieg

Aber vieles war nicht mehr möglich, wurde auch durch die Kriegsjahre immer schwieriger. Erst nach dem Kriege eröffneten sich wieder neue Möglichkeiten für eine evangelische Schülerarbeit. Aber da standen die, die vorher in der Schülerarbeit gestanden hatten, vor einer großen Frage. Sollten sie die Arbeit nun wieder als freies Werk neu beginnen oder aber als kirchliche Arbeit fortsetzen? Die BK-Arbeit entschied sich für den Weg in der verfassten Kirche. Die MBK-Arbeit blieb oder wurde wieder neu freies Werk, aber nun ohne Mitgliedschaft, im Unterschied zu CVJM und EC, die wieder, wie vor dem Krieg, als Verbandsarbeiten weiterwirkten. BK und MBK waren der Meinung, man dürfe nicht mehr wie früher freier Träger bleiben, mit Abzeichen, Wimpeln und Mitgliedschaft. Einige dieser Werke waren im Hitlerreich umgekippt und hatten sich der NS-Ideologie angeschlossen. Das sollte nicht mehr sein, darum

---

31 Vgl. Johannes Jürgensen, a. a. O., S. 79ff.

32 „Der Bund gibt euch frei und entlässt euch aus den bündischen Formen einer festgefügten Jungenschaft …" (Zitat aus dem „grauen Brief" des Reichswarts Udo Smidt 1934), in: Johannes Jürgensen, a. a. O., S. 80.

war man davon überzeugt, dass es nun darum gehen konnte, als Teil der Jungen Gemeinde der Evangelischen Kirche seinen Weg fortzusetzen.[33]

Das waren beeindruckende Beschlüsse, aber sie fruchteten nicht. Die BK-Arbeit entwickelte sich nie mehr wie vor dem Krieg und bestand nur noch in Resten fort; die MBK-Arbeit war zwar noch jahrzehntelang recht lebendig am Werk, nun nicht mehr von Leipzig, sondern von Bad Salzuflen aus. Aber die fehlende Mitgliedschaft und damit die sehr lockere Verbindlichkeit machten es zunehmend schwieriger, die Identität der Arbeit durchzuhalten. Ich habe die damalige Entscheidung in all meinen Jahren als Direktor im MBK oft bedauert, trotz aller Freude und Dankbarkeit darüber, was in der zweiten Hälfte des 20. Jahrhunderts durch die MBK-Arbeit wachsen konnte. Es war und ist wie in der Studentenarbeit: Je mehr sich ein freies missionarisches Werk in die verfasste Kirche integriert, desto mehr besteht die Gefahr der Pluralisierung und damit der Verdunstung der missionarischen Leidenschaft.

Jedenfalls ist eins klar: Eine bundesweit wirksame missionarische Schülerarbeit gab es nach dem Krieg nicht mehr, ähnlich wie bei den Studenten. Ein Vakuum war entstanden, das die SMD-Schülerarbeit von den 50er-Jahren an mehr und mehr ausfüllen konnte. Nicht nur ich bin der Überzeugung, dass die SMD, geistlich gesehen, die Nachfolge der BK- und MBK-Arbeit angetreten hat – wobei die Verwandtschaft der SMD mit der MBK-Arbeit wesentlich stärker war. Die MBK-Arbeit ist bis heute eine missionarische Jugendarbeit geblieben, nur ist sie keine Schülerarbeit mehr, und sie kann auch nicht mehr bundesweit arbeiten.

So ist nun die Tür weit auf für die weitere Beschreibung der SMD-Arbeit. Aber nur der kann die Tür auftun und hindurchgehen, der vorher

---

33 Vgl. Johannes Jürgensen, a. a. O., S. 97: „Viele Verbände verzichten auf eine ausdrückliche Mitgliedschaft. Die Evangelische Jugend soll Gemeindejugend sein. Und wenn die alten Verbandszentralen zu Rüstzeiten und Jugendtreffen einladen, dann verstehen sie dies als Dienst an der Jugend, die ihre Heimat in der Gemeinde haben soll. Dort sollen sie zum Gottesdienst gehen und praktische Aufgaben übernehmen. Besonders die weibliche Jugendarbeit hat diesen Standpunkt nachdrücklich vertreten, unter der männlichen der BK."

die Räume erkundet, in denen vorbereitet worden ist, was nun nach 1945 durch mutige Frauen und Männer möglich wurde. Ich habe versucht, diese Räume wenigstens kenntlich zu machen. Die SMD-Arbeit ist durch Einzelne entstanden. Aber diese Einzelnen sind gesegnete Ableger derer gewesen, die vor ihnen gewesen sind. Damit sind sie auch Teil eines großen Staffellaufs, der weit vor ihnen begonnen hat und mit ihnen seine Fortsetzung findet. Die Übersicht über das Ganze hat nur der lebendige Herr und Gott, der zu dem Werk der SMD seine Gnade gegeben hat und weiter bereithält.

3. Auf dem Weg zur Gründung der SMD Eine Zelle und die andere

Aber wie war das nun? Was wissen wir Genaueres von den Anfängen nach 1945?[34] Auf jeden Fall eins: Die, die damals anfingen, wussten nicht viel oder auch gar nichts von einer missionarischen Studentenarbeit vor dem Krieg, auch nichts von der DCSV. Wir können es nur so sagen: Gott hat das Elend unter der Studentenschaft angesehen, die Sinnleere vieler ehemaliger Kriegsteilnehmer nach 1945, die Orientierungsnöte, die Zukunftsängste in Deutschland. Geleitet von seinem Geist sind junge oder auch schon ältere gläubige Menschen bewegt worden, sich auf die Studierenden ihrer Zeit zu konzentrieren, um ihnen das weiterzugeben, was sie in ihrem Leben als tragfähig erlebt hatten, das Evangelium von dem lebendigen Christus. So entstanden kleine Studentengruppen, fast zur gleichen Zeit an unterschiedlichen Universitäten, ohne voneinander zu wissen. Was konnte man auch wissen, in einer Zeit, in der jede Infrastruktur in Deutschland zerbrochen war und wo man auch nicht von ferne etwas von einer digitalen Welt ahnen konnte?

Einzelne Zellen

Einige Details sind aber doch aus jenen Jahren überliefert:

34 Vgl. zu den Anfängen Hans Rohrbach, Studenten begegnen der Wahrheit. Die Studentenmission in Deutschland, Entstehung, Weg und Ziel, Marburg 1959; Bodo Volkmann, Erweckung in der Zeit des Umbruchs, in: Rechenschaft geben von unserer Hoffnung, Festschrift zum 50-jährigen Bestehen der SMD, Marburg 1999, S. 41ff; Martin Philipp, autobiographischer Überblick über die Anfänge der Arbeit (unveröffentlichter Vortrag).

In den Gründungsjahren trugen Studierende nicht nur Anzug oder Sommerkleid, sie siezten sich auch.

- Da war in **Marburg 1945** ein leitender Mitarbeiter im Deutschen Gemeinschaftsdiakonieverband: Pastor Karl-Friedrich Hering hatte eigentlich schon genug zu tun, aber er sah die Not der Jugend nach dem Krieg und gründete in seinem Haus einen Bibelkreis für junge Menschen. Auch Studenten waren dabei, wie z. B. **Fritz Laubach** (*1926), der später noch wichtig für die Entwicklung der SMD wurde. Er fand in diesem Kreis zum Glauben und entdeckte für sich eine Berufung zur Arbeit unter Studenten. Viele Jahre später, in den Jahren 1983–1990, war er Vorsitzender der Deutschen Evangelischen Allianz (DEA).

- In **Göttingen** wurde eine Baptistengemeinde zur Geburtshelferin. In dieser Gemeinde entstand im Jahr 1946 der Göttinger Studentenkreis, dem sich nach und nach auch junge Menschen aus anderen christlichen Prägungen anschlossen. Zu diesem Kreis gehörten u. a. **Hanswalter Giesekus** (1922–2017) und **Bodo Volkmann** (1929–

2022), beide später gewichtige Persönlichkeiten in ihrem Beruf und in der SMD.

- In **Mainz** entstand eine missionarische Studentengruppe innerhalb der ESG. Ja, auch das hat es gegeben, und nicht nur hier. Auseinandersetzungen zwischen ESG und SMD kamen erst Jahre später. Diesen Mainzer „Kleinkreis 3" leitete übrigens **Rudolf Affemann**, der später allerdings aus inhaltlichen Gründen die SMD verlassen hat. Er wurde in seinem Beruf ein gefragter, deutschlandweit bekannter Psychotherapeut.

- In **Bonn** studierte **Ernst Schrupp** (1915–2005) Theologie. Er war Soldat gewesen, war verwundet worden und hatte in dieser Zeit eine Bekehrung erlebt. Von da an war er leidenschaftlich bemüht, die Nachricht von Jesus Christus unter Studenten bekannt zu machen. So sammelte er in Bonn einen missionarischen Studentenkreis. Ernst Schrupp wurde einer der wichtigsten Pioniere für die SMD. Später leitete er die Bibelschule Wiedenest. Er wurde nicht nur zum Mitbegründer der SMD, sondern auch der Arbeitsgemeinschaft Evangelikaler Missionen (AEM) und des Evangeliums-Rundfunks (ERF).[35]

35 Ernst Schrupp wurde am 6. April 1915 in Beyenburg bei Wuppertal geboren. Er starb am 19. Februar 2005 in Schwelm. Er absolvierte vor dem Zweiten Weltkrieg eine kaufmännische Ausbildung. Während des Krieges wurde er schwer verwundet. Nach seiner Genesung – so berichtete Schrupp in seinen Lebenserinnerungen – gelobte er, Gott sein weiteres Leben zur Verfügung zu stellen. Er studierte evangelische Theologie und wurde bereits 1948 als Dozent an die Bibelschule Wiedenest berufen. Im Jahre 1959 übernahm er auch deren Leitung, die er bis zum Jahr 1980 innehatte. „Sein Wunsch war es" – so die Bibelschule Wiedenest in einem Nachruf – „die Einheit unter Christen zu stärken, um den gemeinsamen Missionsauftrag wirkungsvoll und glaubwürdig zu vertreten." Ein besonderes Interesse Ernst Schrupps galt auch der Geschichte und der Gegenwart des Volkes Israel. Vgl. seine Autobiographie „Leben ist Bewegung. Erfahrungen, Erkenntnisse, Konsequenzen eines Zeitzeugen", Wuppertal 1999.

- Auch in **Münster** entstand ein missionarischer Studentenkreis innerhalb der ESG. **Ruth Schiefer, Doris Offermann** und **Bernhard Popkes** gehörten diesem Kreis an und wurden dann auch weiter wichtig für die Entstehung und Entwicklung der SMD. Frau Dr. Offermann war in den 1970er-Jahren Vorstandsmitglied in der MBK-Arbeit.

- Ähnliche Aufbrüche gab es auch in **Wuppertal** – und wer weiß, wo noch überall in Deutschland.

- In **Bethel** lief es wieder ganz anders. Dort studierte **Martin Philipp** (1921–2022), später auch einer der prägenden Persönlichkeiten der SMD, in den Jahren 1945–1947 Theologie. Er hat die Anfänge in Bethel selbst in einem ungemein spannenden Bericht vor Jahren persönlich vorgetragen und auch schriftlich niedergelegt.[36] Demnach stellt sich die Entwicklung in Bethel so dar: Wie Ernst Schrupp und viele andere hatte Martin Philipp im Krieg zum lebendigen Glauben an Jesus gefunden und sehnte sich danach, den Kommilitonen seinen Glauben zu bekennen. Er betete um einen Bundesgenossen, der mit ihm gemeinsam anfangen könnte, und fand ihn, einen vom EC geprägten Theologiestudenten, der die gleiche Sehnsucht hatte wie er. Nach Wochen entstand ein Kreis, der allerdings noch nicht die rechte missionarische Leidenschaft entwickelte. Der Grund dafür zeigte sich schnell. Es waren noch zu viele belastende Erfahrungen aus dem Krieg da, die die jungen Leute lähmten. Erst intensive Beichtgespräche bereiteten den Boden für einen missionarischen Aufbruch. Schultern wurden frei, Lasten konnten bei Jesus abgeladen werden, Raum für Neues war geschaffen. Nur ging es danach nicht in den Bereich der Hochschule: Der Kreis wusste sich

---

36 Bis heute unveröffentlicht! Der für die Darstellung der Anfänge höchst wichtige Vortrag liegt mir vor und wird im Folgenden immer wieder verwendet. Vgl. aber auch den sehr viel kürzeren Bericht von Martin und Ruth Philipp über die Anfänge der SMD in: SMD-Transparent, Juni 1996.

zum Dienst unter Flüchtlingen berufen; es entwickelte sich eine Art Bahnhofsmission. Die Studenten gingen immer wieder zum Bahnhof in Bielefeld und nahmen sich der Vertriebenen an, die in großer Zahl dort ankamen. Sie boten Bahnhofsandachten an, waren für Seelsorge da und bildeten sogar einmal in der Woche einen Chor im Wartesaal. Schwierigkeiten gab es dabei genug, aber es waren gesegnete Zeiten, die ihnen viel bedeutet haben. Sie haben sich mit Sicherheit auch auf die spätere Arbeit mit Studenten ausgewirkt.

Was können wir aus diesen Anfängen festhalten?

- Wie schon gesagt: Von organisatorischer Vorbereitung war bei allem keine Spur! Aber auch die völlig spontanen Anfänge glichen sich nicht. Mal ging die Initiative von einem Studenten aus, mal war es ein Pfarrer, mal eine Gemeinde, mal ein freies Werk, mal wurde eine Evangelische Studentengemeinde (ESG) wichtig. Gottes Geist wirkt, wo er will. Das ist wichtig: Gottes Geist lässt sich nicht zähmen oder in seiner Wirksamkeit voraussagen. Wenn er einen neuen Aufbruch will, dann geht er seine Wege. Die Aufgabe der Menschen ist es, ihm gut zuzuhören und ihn zu erbitten. Organisationsstrukturen und strategische Anleitungen für missionarischen Gemeindeaufbau schaffen noch keine Erweckung.

- Damit zum Zweiten: In allen diesen Anfängen spielte das Gebet eine entscheidende Rolle. Das hat sich Gott sei Dank in der SMD bis heute durchgetragen und darf nie verloren gehen. Es zeigte sich: Da, wo Menschen um Erweckung, um einen neuen geistlichen Aufbruch gebetet haben, da tat sich etwas – bis heute. Der Heilige Geist lässt sich nicht zwingen, aber erbitten.

- Ein Drittes: Die, die den Anfang gemacht hatten, wussten gar nicht, wie es weitergehen sollte. Sie haben sich führen lassen, Schritt für Schritt. Das tröstet: Menschen, die eine Erweckung erleben, müssen nicht schon am Anfang wissen, wo das hingeht. Die Strukturen kommen früh genug. Geistesleitung ist gefragt, die Organisation ergibt sich dann sowieso.

- Viertens: An einem Ort spielte die Beichte eine starke Rolle. Aber das gilt nicht nur für Bethel, sondern für jeden Aufbruch. Christen können eine noch so starke missionarische Sehnsucht haben: Die eigene innere Reinigung gehört dazu. Das ist die Erfahrung der großen Erweckungsbewegungen in Deutschland, dass sie mit Buße und Vergebung einhergingen. Die Losung „O Heiliger Geist, kehr bei uns ein! O Heiliger Geist, kehr bei uns aus!" ist eine gute Losung für die missionarische Praxis. Das haben die Geschwister damals gelernt und beherzigt.

- Fünftens: Überall, wo solche neuen geistlichen Zellen entstanden, entwickelte sich auch eine große Liebe zur Bibel. Der Umgang mit der Bibel wurde zum Zentrum der Arbeit. Wir können durchaus sagen, dass die SMD eine Bibelbewegung war und noch heute ist.

- Weiter: Es ist oft einer, dem Gott die Last und Lust einer bestimmten Berufung auferlegt. Gott sucht sich Einzelne aus, die dann andere dazu gewinnen. So war das bei Martin Philipp, bei Ernst Schrupp und bei vielen anderen. Das kann auch heute Einzelnen Mut machen. Denn an diesem Auswahlprinzip Gottes hat sich nichts geändert.

- Schließlich: Im Rückblick wird deutlich, dass die meisten dieser damals 20- bis 30-jährigen Studentinnen und Studenten, diese so jungen Pioniere der missionarischen Hochschularbeit, Geschichte geschrieben haben. Gott hat sie weiter beansprucht und gesegnet. Sich in der Jugendzeit rufen zu lassen, hat prägende Bedeutung für das ganze Leben.

Vernetzungen

Irgendwann in diesen Jahren kam es dann zu Begegnungen hinüber und herüber. Auch wenn noch viele Zugverbindungen gestört, Brücken abgebrochen und Straßen teilweise unpassierbar waren: Trotzdem haben sich Menschen getroffen, vielleicht intensiver als das heute der Fall ist. So wird z. B. die Nachricht, dass in Bonn ein missionarischer Kreis unter Studenten entstanden ist, schnell nach Wuppertal gekommen sein. Ernst Schrupp hatte ja in Bonn studiert, war aber in der Nähe von Wuppertal geboren und aufgewachsen. Er war auch einer von denen, die das Bemühen um Netzwerke regelrecht betrieben haben; vielleicht war er überhaupt der Vorreiter! Er wusste um den Wert von Synergieeffekten. Und er hatte schon früh eine Vision für eine missionarische Studentenarbeit in ganz Deutschland, und das konnte sich nur entwickeln auf dem Wege über regionale und überregionale Begegnungen.

So lud Schrupp im Frühjahr 1948 zu einer Studentenfreizeit nach Bad Homburg ein. Auch Oberschüler waren geladen. Eine erste größere Tagung für Studenten fand dann im gleichen Jahr im Oktober in Wuppertal statt. Das Thema lautete bezeichnenderweise: „Der lebendige Christus heute."[37] Denn die Leute suchten ja nach Sinn in ihrem Leben, nachdem so viel zerbrochen war, gerade bei jungen Leuten. Da konnte die Botschaft von Jesus Christus viele Herzen erreichen.

Auch diese Nachricht blieb nicht nur in Wuppertal! Immerhin konnten von dieser Tagung schon Vorträge gedruckt und weitergegeben werden, und das in einer Auflage von 5.000 Exemplaren. Eine ungemein wichtige Rolle spielte dabei Rolf Brockhaus, Inhaber des gleichnamigen R. Brockhaus-Verlages. Ohne Aussicht auf irgendeinen Verdienst übernahm er die Drucklegung dieser und vieler anderer Schriften. Gott sei Dank hat dieser selbstlose Dienst für eine noch sehr kleine und im Aufbau befindliche Arbeit nicht zum Ruin seiner Firma geführt. Vielmehr hat sein Verlag viele Jahre lang unter seiner Leitung, später dann unter der Leitung seines Sohnes Ulrich Brockhaus, eigenständig und im Segen für viele arbeiten

37 Vgl. E. Schrupp a. a. O., S. 61.

können. Auch heute sprechen der Name und Verlag weiter für Qualität, auch wenn die Eigenständigkeit aus wirtschaftlichen Gründen aufgegeben werden musste.

Internationale Impulse: Die IFES

Es ist wirklich wahr: Gott führt auf wunderbaren Wegen, und er führt Menschen zusammen, die sich vorher nie gekannt hatten und sich eigentlich auch nie kennenlernen konnten. Es gab ja schon lange christliche Studentenarbeiten in der weiten Welt, vor allem in England und in den USA, aber auch in Skandinavien, in der Schweiz und anderswo. So fanden auch schon lange internationale Studentenkonferenzen statt.[38] Die erste nach dem Ende des Zweiten Weltkrieges fand 1946 in Oxford statt. Einer der Teilnehmer war der Deutsch-Amerikaner John Bolton, Industrieller in den USA, später enger Freund von Billy Graham. Der hatte bei seinen Verwandtenbesuchen in Deutschland von den missionarischen Aufbrüchen unter Studenten gehört und berichtete davon in Oxford. Eine intensive Fürbitte für eine Erweckung unter Studenten in Deutschland war die Folge. Damit wurden also diese kleinen Zellen in Marburg, Wuppertal, Münster usw. bei dieser großen Konferenz vor Gott getragen. Was für ein Wunder – und was hat das nicht alles bewirkt, bis heute! Im Jahr 1947 wurde dann die International Fellowship of Evangelical Students (IFES) als Dachverband nationaler christlicher Studentenbewegungen gegründet.[39]

Sechs Jahre später (1953) wurde die SMD als Vollmitglied aufgenommen. Natürlich nicht sofort! Man muss sich das einmal vorstellen, wie das damals war. Deutschland hatte den Krieg angezettelt und verloren!

---

38 Zuletzt vor dem Zweiten Weltkrieg im Jahr 1939 auch noch mit einem Vertreter der inzwischen verbotene DCSV. Vgl. Pete Lowman, The Day of His Power, InterVarsity Press, England, 1983, S. 70f.

39 Vgl. zu Auftrag, Ziel und Verbreitung der IFES in den 50er Jahren des 20. Jahrhunderts einen (nicht mit Namen gekennzeichneten) hilfreichen Artikel in: Unser Auftrag, Zeitschrift der Studentenmission in Deutschland, Juni 1955, S. 28ff.

Die Nazis hatten geprahlt mit ihrer Macht, hatten von einem Tausendjährigem Reich geträumt und ein ganzes Volk mit einer braunen Blut- und Bodenideologie geimpft. Nun war das alles zerbrochen. Die USA und England waren Siegermächte, die kurz zuvor noch gegen die Deutschen Krieg führten. Viel berechtigtes Misstrauen schlug Deutschen entgegen, wenn es zu Begegnungen kam. Ich habe selbst noch etwas davon mitbekommen, als ich 1957, also zehn Jahre nach der Konferenz in Oxford, per Anhalter in England unterwegs war. Gern wurde ich mitgenommen, aber kaum kam heraus, dass ich Deutscher war, erstarrte manches Gesicht. Tiefe lange Gespräche im Auto waren die Folge. Da wurde mir schon als jungem Menschen deutlich, was wir Deutsche auch den Engländern angetan haben. Das Vertrauen zueinander musste erst langsam wieder wachsen, und es wuchs am schnellsten da, wo sich Christen trafen und die Versöhnungsbotschaft Jesu Christi in Anspruch nahmen.

Hans Bürki und Ernst Schrupp

Aber es gab noch einen weiteren Impuls von außen. Der Schweizer Pädagoge Dr. Hans Bürki (1925–2002)[40], ein höchst kreativer Pioniergeist, der für das weitere Wachsen der SMD-Bewegung unglaublich viel getan hat, war als Student und zugleich Deutschlehrer am Wheaton-College in der Nähe von Chicago in den USA tätig. Wenn man bedenkt, dass er erst Anfang 20 war, dann zeigt das schon seine ungewöhnliche Laufbahn. Er leitete in diesem in der evangelikalen Welt hochgeschätzten College, in dem auch Billy Graham wenige Jahre zuvor studiert und sein Examen abgelegt hat, einen Gebetskreis. Offenbar hatte ihm Gott damals schon

40 Die Bedeutung von Hans Bürki für die Entstehung der SMD beschreibt auch Douglas Johnson, a. a. O. S.79ff. Überhaupt findet sich in seinem Buch ein kurzer Abriss zur Entstehung der SMD, vgl. a. a. O., S. 80f, in dem Johnson auch die Bedeutung von Ernst Schrupp herausstreicht: „He was able in a very short time, to influence many students". Er schreibt auch, dass die IFES es zeitweise durch finanzielle Unterstützung ermöglicht hat, dass er „as a full time worker amongst German students" wirken konnte (80).

Deutschland aufs Herz gelegt. Jedenfalls wurde in der Fürbitte besonders an Deutschland gedacht und damit die Hoffnung verbunden, dass in diesem schuldbeladenen, kriegsgeschüttelten Volk junge Menschen heranwachsen, die Jesus Christus als ihren Heiland bekennen und nicht wie die Generation davor der Versuchung erliegen, „Herren dieser Welt" nachzulaufen. Aber nicht nur das, Hans Bürki schrieb einen Brief an viele Christen in Deutschland, vor allem an Lehrer und Studierende, und rief sie zur Entwicklung einer missionarischen Schüler- und Studentenarbeit auf.

Er selbst hatte schon als Student im Jahre 1944 in Küsnacht bei Zürich eine erste Bibelgruppe an einer Mittelschule gegründet. Dem folgten weitere Bibelgruppengründungen in der Schweiz, sodass Bürki bereits im Jahre 1946 einen ersten Schülertag in Brugg durchführen konnte, bei dem Vertreter von elf Gruppen zusammenkamen. Hans Bürki wurde dann 1949, mit 24 Jahren, erster hauptamtlicher Mitarbeiter und später auch Generalsekretär der neu gegründeten Vereinigten Bibelgruppen in der Schweiz (VBG). So liegt es nahe, dass ihm eine entsprechende missionarische Arbeit auch in Deutschland am Herzen lag.

Auch Ernst Schrupp bekam diesen Brief von Hans Bürki aus Amerika und nahm sofort Kontakt mit ihm auf.[41] Da hatten sich die Richtigen gefunden! Es war der Anfang einer langen und tiefen Freundschaft. Im Jahre 1948 sind sich die beiden in Wuppertal zum ersten Male begegnet, nach der Rückkehr von Hans Bürki aus den USA. Bei dieser Begegnung waren auch gleich Schüler und Studenten in Deutschland im Blick. Hans Bürki hat dann etwas sehr Perspektivisches getan: Er hat im selben Jahr in den Semesterferien fast 300 (!) Schüler und Studenten aus Deutschland zu missionarischen Freizeiten in die Schweiz eingeladen. Auf vier Jugendherbergen verteilt, konnten die jungen Deutschen wochenlang im Schweizer Jura leben, Gemeinschaft erfahren und vor allem Gottes Wort hören. Das muss man sich erst einmal vorstellen! Was für ein Erleben muss das für die jungen Deutschen gewesen sein: Zum ersten Male in der

---

41 E. Schrupp, a. a. O., S. 60.

Schweiz, in einem Land, in dem kein Krieg gehaust hatte, in dem es genug zu essen und zu trinken gab, in dem die Städte und Dörfer keine Zerstörung erlebt hatten, in dem die Infrastruktur in Ordnung war. Ich kann es mir deshalb wirklich anschaulich vorstellen, weil ich in diesen Jahren mit meiner Familie in der Mark Brandenburg bei der Großmutter sozusagen von der Hand in den Mund lebte. So manches Mal haben wir Kinder auf die Bitte der Großmutter hin die abgeernteten Felder in der Umgebung abgesucht, um noch ein paar Ähren zu finden, damit etwas Brot gebacken werden konnte… Ja, so und ähnlich werden es auch viele andere junge Deutsche in diesen Jahren erlebt haben. Und nun dieser Kontrast! Es müssen in diesem Sommer 1948 äußerlich, aber auch innerlich sehr bewegende Freizeiten gewesen sein. Die Menschen, die danach darüber berichtet haben, fanden fast nur Superlative. Viele von den Teilnehmenden sind zum Glauben gekommen. Dieses Erleben brachte enormen Schwung in die frisch entstandene Bewegung in Deutschland.

Im selben Jahr und ebenfalls in der Schweiz, genauer gesagt in Lausanne, fand die erste Studentenkonferenz der 1947 gegründeten IFES statt. Auch an dieser Konferenz haben junge Menschen aus Deutschland teilgenommen und zu Hause von diesem großen Erleben berichtet.

Zentrale Studientagungen in Deutschland und der Schweiz

Dass in diesem Jahr so viele Schüler und Studenten einen missionarischen Aufbruch erlebten und den Weg in die Schweiz fanden, lag vor allem an der Initiative von Ernst Schrupp: Er hatte, wie bereits angesprochen, im Frühjahr 1948 zu einer Konferenz für Schüler und Studenten nach Bad Homburg eingeladen, die stark besucht war und ein großes Echo fand. Bei dieser Konferenz wurde bereits überlegt, wie eine eigenständige missionarische Schüler- und Studentenarbeit in Deutschland aufgebaut werden könnte. Zu Pfingsten dann ging ein erster „Studenten- und Schüler-Rundbrief“ von Ernst Schrupp ins Land, mit einem ähnlichen Anliegen wie es vorher Hans Bürki aus Amerika formuliert hatte. Der Funke war übergesprungen! In Ausgabe 4 dieser Rundbriefe verwandte Schrupp übrigens zum ersten Male die Bezeichnung „Studenten- und Schülermission“ (SSM).[42]

Vom 28. bis 31. Oktober 1948 fand dann in Wuppertal die große Schüler- und Studententagung mit 500 Teilnehmenden statt, unter der Losung „Der lebendige Christus heute“. Hier sind mit Sicherheit auch schon die geistlichen Erfahrungen eingeflossen, die viele aus diesem Kreis in der Schweiz gemacht hatten. Hans Bürki war als Referent in Wuppertal dabei. Diese Tagung muss eine Schlüsseltagung für alles Kommende gewesen sein. Morgens wurde regelmäßig Bibelarbeit gehalten, nachmittags berichteten Zeitzeugen von ihren Erfahrungen mit geistlichen Aufbrüchen in der ganzen Welt. Abends wurden dann evangelistische Vorträge gehalten. Ernst Schrupp, der eingeladen hatte und auch die geistliche Leitung übernommen hatte, sagte schon in seiner Einführung zum Tagungsthema, worum es in diesen Tagen gehen sollte. Der heutige Leser staunt, was damals alles ungeschminkt und direkt von der Bibel her gesagt werden konnte, ohne dass es dazu besonderer Anmarschwege oder Vereinfachungen bedurfte.

So beendet Schrupp seine Einführungsrede mit den gedankenschweren Sätzen: *„Dieser Jesus Christus – der Weg, die Wahrheit und das Leben – will als der ‚Christus für uns‘ (Rechtfertigung) der ‚Christus in uns‘ (Heiligung) sein, um als der ‚Christus durch uns‘ auch das Heil der andern zu werden (Mission). Allein an ihn und sein Wort wollen wir uns in diesen Tagen und hinfort halten – im Bewusstsein, dass aller Irrtum und alle Schwärmerei nur daher kommen, weil wir die Schriften nicht kennen bzw. nicht gelten lassen, noch die Kraft Gottes.“*[43] Wunderbar knapp entfaltet Ernst Schrupp die Bedeutung Jesu Christi für uns, in uns und durch uns und bringt damit schon einen kapitalen Beitrag zum Tagungsthema „Der lebendige Christus heute“.

42 Rundbrief Nr. 4 vom 11.2.1949.

43 Ernst Schrupp, Einführung in das Tagungsthema „Der lebendige Christus – heute“, in: Der lebendige Christus – heute. Studenten- und Schülertagung in Wuppertal, Wuppertal 1948, S.6.

Ungemein hilfreich und auch heute noch spannend zu lesen, ist auch der Beitrag, den Hans Bürki bei dieser Tagung im Herbst 1948 gegeben hat. Er beschreibt, was er in den letzten beiden Jahren erlebt hat. Als seine Hauptlosung gibt er aus: „Denn die Liebe Christi drängt uns" (2Kor 5,13f). Und wie sie ihn gedrängt hat, erfährt der Zuhörer und Leser unmittelbar: Bürki berichtet, dass er schon bei der großen Studententagung in Oxford im Jahre 1946 dabei war und gestaunt hat, dass dort intensiv für eine Erweckung in Deutschland gebetet wurde. Dabei erzählt er auch von einem norwegischen Pfarrer, ich zitiere aus seinem Vortrag: *„Ein Professor aus Norwegen gab einen Bericht, dass wir einige Minuten stille werden sollten und der Studenten gedenken, die von Deutschen ermordet worden waren. Seine Frau und sein Sohn waren in Norwegen umgekommen. Dann hat dieser Mensch gebetet. Er hat gebetet mit der Liebe, die uns also drängt: ‚Herr, öffne uns die Türen nach Deutschland und sei gnädig!' Dieses Bild hat in meinem Herzen gebrannt seither, und es war der Ruf für mich, weiterzuarbeiten, damit der Herr mich gebrauchen könne für seinen Dienst."*[44]

Aber auch von anderen Begegnungen berichtet Bürki, und immer wieder geht es um das Gebet. Bürki war kurz zuvor, wie ja schon berichtet, im Wheaton College bei Chicago. Er hatte dort als Deutschlehrer unterrichtet. Da, so erzählt er, kamen Studenten zu ihm, die für Deutschland beten wollten: *„Es ist jetzt genau ein Jahr her, am 21. Oktober 1947. Sieben Studenten kamen auf mein Zimmer, um für Deutschland zu beten, für die deutschen Lehrer, Studenten und Schüler ... Wir wussten nicht, was wir beten sollten. Gott hat es uns gesagt ... Jede Woche sind wir dann so zusammengekommen. An einem Abend waren wir 600 Studenten, die möglichst viel wissen wollten, um beten zu können für Deutschland ... Als Antwort für unsere Gebete sind uns 200 Adressen von gläubigen Lehrern in Deutschland zugeschickt worden, denen wir sagten, dass wir sie liebten*

44 Hans Bürki, Erweckung unter den Studenten aller Völker (Erlebnisbericht eines Studenten-Evangelisten), in: Der lebendige Christus – heute, S. 12f.

mit der Liebe Christi. Wir haben Antworten erhalten, die unsere Herzen aufjubeln ließen."[45]

Soweit der O-Ton von Hans Bürki. Wir können ahnen, welche Intensität und Leidenschaft diese Tage in Wuppertal prägten. Vor allem aber zwei Schwerpunkte lassen sich aus diesen Zitaten erkennen, und sie durchzogen die ganze Tagung. Das war zum einen die Leidenschaft, zu Jesus als dem lebendigen Herrn zu rufen und von ihm alle Kraft zu erwarten. Zum anderen war das der Geist des Gebets. Wir können gar nicht in der Tiefe ermessen, was die treuen Gebete der Freunde aus England, Amerika, Skandinavien und wo sonst her damals für die Entwicklung in Deutschland bedeutet haben. Jedenfalls haben sie dazu geführt, dass Gott dieses schuldbeladene Volk nicht hat verkommen lassen. Es sind dadurch Werke wie die SMD entstanden, die bis heute im Segen wirken.

So entstand allmählich eine Bewegung, man darf wohl sogar sagen, eine Erweckung, denn viele kamen bei den Freizeiten und Tagungen dieser Jahre zum Glauben. Und die Bewegung entstand ohne bewusste Anknüpfung an Organisationsstrukturen aus früherer Zeit. Die waren, wie schon angesprochen, zumeist gar nicht bekannt.[46] Es waren Einzelne, die eine Vision hatten, eine Vision für eine „Jugend für Christus". Die, die diese Vision ausriefen, gehörten überwiegend zu der Generation junger Menschen, die Tod und Orientierungslosigkeit schon früh kennenlernen mussten und in diesen Jahren Christen geworden waren. Sie wussten, dass nur die Beziehung zum lebendigen Jesus Christus vor neuen ideologischen Verirrungen bewahren und eine neue Lebensperspektive vermitteln kann, darum ihre heiße Leidenschaft für die Mission unter Schülern und Studenten! Die Organisation mit ihren Strukturen kam erst später,

---

45 A. a. O., S. 13f.

46 Erst Jahre später entdecken SMD-Mitarbeiter den Reichtum der DCSV und erkennen die eigene Arbeit als Weiterführung der DCSV-Arbeit. Da wurden dann auch Beiträge aus der Zeit der DCSV abgedruckt und als wegweisend auch für die Zeit der 50er beschrieben. Vgl. den Artikel von Johannes Schneider mit dem Titel „Wo stehen wir?" in: Unser Auftrag, 9/1952, S. 7f, aber auch die Ausführungen von Günter Dulon in der gleichen Ausgabe auf S. 14.

und sie war – bis zum heutigen Tage – nie bestimmend für die Arbeit. Da, wo die Geistesleitung im Zentrum steht und damit das Hören auf Gottes Wort und das Gebet, kann es nicht zu verkrusteten Strukturen kommen, die dazu führen, dass eine Arbeit allmählich stirbt.

Und darum noch einmal das Thema der Tagung in Wuppertal: Die Losung „Der lebendige Christus heute!" prägte die Tage in Wuppertal, aber auch die Jahre davor und danach. Für uns Heutige mag das nicht mehr so ganz verständlich sein. Viele Christen sind es eher gewohnt, mit vielen aktuellen Themen aufzuwarten und dann das Evangelium einfließen zu lassen, in der Hoffnung, dass sich die Studierenden irgendwie ansprechen lassen. Oder sie beschränken sich in ihren Äußerungen in Sachen Glauben auf Gott. Aber diese allgemeine Rede von Gott ist es noch nicht. Damals war es genug, die biblische Botschaft von Jesus Christus, dem für uns gekreuzigten und auferstandenen Herrn, zu entfalten. Die große Leere dieser Jahre, der Zerbruch alles dessen, was bisher galt, und die Ratlosigkeit im Blick auf die Zukunft schufen eine ganz neue Hörbereitschaft im Blick auf die unmittelbare und unverfälschte Botschaft von Jesus, dem Herrn der Welt. Der Heilige Geist Gottes machte es dann möglich, dass Menschen sich für Jesus öffneten, dass Zuversicht und neuer Mut zum Leben im Glauben geweckt wurden.

Ich bin überzeugt davon, dass es auch heute entscheidend darauf ankommt, sich nicht in langen Vorreden zu ergehen und nicht in allgemeiner Weise von Gott zu sprechen, um Menschen mit dem Evangelium zu erreichen. Wir haben „nur" die eine Botschaft: Jesus ist für uns ans Kreuz gegangen, er ist auferstanden, er lebt! Diese Nachricht war damals, in einer Zeit großer Zerrissenheit, das große Thema. Daran hat sich nichts geändert. Auch unsere Welt ist voller Unruhe, Unsicherheit und Orientierungslosigkeit.

4. Das Gründungsjahr 1949
Eine Vision wird wahr

Aber nun ging alles sehr schnell auf die Gründung der SMD zu. Im Sommersemester 1949 besuchte C. Stacey Woods, Generalsekretär der frisch gegründeten IFES, Deutschland. Hans Bürki wird den Besuch mit vorbereitet haben. Jedenfalls traf Woods mit Ernst Schrupp zusammen und verschaffte sich mit seiner Hilfe einen umfassenden Eindruck von dem, was in der studentischen Jugend Deutschlands an missionarischen Aufbrüchen zu verzeichnen war. Und das war viel! Immer wieder kam es zu internationalen Kontakten und Tagungen. So fand im August 1949 in Ballaigues in der Schweiz ein IFES-Schulungskurs statt, der vier Wochen lang dauerte und an dem auch ca. 40 deutsche Studierende teilnahmen. Einige von ihnen haben hier sogar schon an einem ersten Versuch für verbindliche Richtlinien einer künftigen Studentenmission in Deutschland gefeilt.[47] Ein Zehn-Punkte-Papier haben sie erarbeitet mit dem Titel „Vorläufige Richtlinien für die Mitarbeiter".

SMDler in den 50er-Jahren, u. a. Hans-Günter Langenbach (2. v. l.)

47 Vgl. hierzu B. Volkmann, Erweckung in der Zeit des Umbruchs, a. a. O., S. 47.

Unterschrieben haben Bernhard Popkes, Hermann Neef, Günter Dulon und Fritz Laubach, alles Männer, die später bekannt wurden und viel für den weiteren Weg der SMD getan haben.

Nun war eigentlich alles bereit: Missionarische Studentengruppen in Deutschland waren entstanden, die auch schon Verbindung miteinander aufgenommen hatten. Sie waren bereits in dem so wichtigen internationalen Gesamtgefüge bekannt und als Gäste geschätzt. Jetzt fehlte nur noch, dass das Ganze, das gewachsen war, eine organisatorische und theologische Mitte bekam.

Auf dem Wege zu festen Verabredungen

Das war auch deshalb nötig, weil in dieser Zeit schon mancher lokale Konflikt mit Vertretern der Evangelischen Studentengemeinde (ESG) entstanden war. Die ESG hatte sich nach Kriegsende schnell wieder konstituiert und wurde stark von den Landeskirchen getragen. Viele aus dieser Arbeit hatten kein Verständnis für die besondere missionarische Ausrichtung der neu entstandenen Studentengruppen an verschiedenen Universitäten. Sie vertraten die Meinung, dass Menschen, die als Kinder getauft worden sind, keine missionarische Ansprache mehr brauchten. Deshalb wurde es immer dringlicher, dass die jungen missionarischen Gruppen ein klares Leitbild und eine, wenn auch bescheidene, so aber doch erkennbare Organisationsstruktur bekamen.

Und das vollzog sich bei einem ersten Mitarbeitertreffen in einem evangelischen Freizeitheim in Kloppenheim bei Wiesbaden vom 23. bis 25. Oktober 1949. Da trafen sich alle, die bis dahin ehrenamtlich in den verschiedenen Gruppen Verantwortung für die missionarische Studentenarbeit übernommen hatten. 23 Personen waren anwesend; fast alle waren noch Studenten und strebten unterschiedliche Berufe an, wobei auffällig ist, wie viele von ihnen Theologie studiert haben.

Es wurde ein wichtiges Zusammentreffen: Da rang man über Richtlinien, die die theologischen Grundlagen der Arbeit darstellen sollten, und einigte sich auf eine vorläufige Basis. Da fand man einen gemeinsamen Namen: „Studentenmission in Deutschland" (SMD) sollte die neue Bewegung heißen. Da entstand ein studentischer Mitarbeiterausschuss;

Günter Dulon, Fritz Laubach und Uli Wever – die „Gründungsväter" der SMD waren größtenteils sehr jung.

auch ein Bruderrat wurde schon angedacht. Schließlich beauftragte man den Theologiestudenten Günter Dulon mit der Leitung einer neu zu bildenden Geschäftsstelle. An seiner Seite sollten Fritz Laubach und Ulrich Wever tätig werden – alle zunächst ehrenamtlich neben ihrem Studium.

Theologische Probleme

Das war in Kurzform das Ergebnis dieser folgenreichen Mitarbeiterbesprechung. Schon aus diesen kurzen Sätzen lässt sich ablesen, dass hier große Entscheidungen gefallen waren. Aber es war auch manches schmerzlich, was da verhandelt wurde. Darum hier noch etwas ausführlicher:

- Im Blick auf die theologischen Leitlinien kam es zu harten Auseinandersetzungen, vor allem im Blick auf zwei Themenbereiche. Zum einen war da die Frage, ob die Bibel Gottes Wort „ist" oder nur „enthält". Bei der ersten Deutung wurde die Gefahr der Verbalinspiration gesehen, bei der zweiten mehr die Gefahr der Verwässerung. Zum andern war da die Frage, wer das Werk der Errettung tut: Ist das Gottes Werk allein oder auch Konsequenz missionarischer Bemühung durch die Zeugen des Glaubens? Auch hier waren zwei Deutungen möglich: Ist die Rettung aus und vor der Verlorenheit

„nur" Werk Gottes, dann kann das auf menschlicher Seite zu Passivität führen. Wenn doch Gott sowieso alles tut, warum soll ich dann noch missionarisch aktiv werden? Auf der anderen Seite: Hängt die Errettung des Menschen auch vom Zeugnis des Missionars ab, predigt er also, *damit* Menschen gerettet werden, dann, so sahen es vor allem die sogenannten Barthianer[48], droht die Gefahr des Selbstruhms und des Aktivismus. Die unterschiedlichen Sichtweisen zu diesen Fragen führten in Kloppenheim zu so großen Spannungen, dass einzelne Teilnehmer der Tagung abreisten und sich von der gerade erst im Entstehen begriffenen SMD trennten. Sie vertraten rigoros die Sicht, dass die Bibel Gottes Wort nur „enthält". Ebenso exklusiv legten sie Wert darauf, dass die Bekehrung allein Gottes Werk sei. Diese Trennungen waren schmerzlich, aber leider unvermeidlich: Es musste eine biblisch begründete und allseits akzeptierte Einigung über die Richtlinien geben, damit die SMD wirklich arbeiten konnte. Wären von Anfang an unterschiedliche Deutungen nebeneinander stehen geblieben, dann hätte das der Verwirrung Tür und Tor geöffnet.

- Aber auch der Name „Studentenmission in Deutschland" enthält eine Botschaft, die erst bewusst werden musste. Jahrelang waren Schülerarbeit und Studentenarbeit gemeinsam betrieben worden, aber nun merkten die Verantwortlichen, dass eine Begrenzung unvermeidlich war: Die Kraft und die Zeit fehlten, um beides miteinander weiterzuführen. So ist die Verantwortung für die Schülerarbeit in Kloppenheim aufgegeben worden, jedenfalls für die nächsten Jahre. Erst mehrere Jahre später entstand die Schülerarbeit in der SMD neu und steht wie die Studentenarbeit heute in schöner Blüte.

48 Eine damals typische Bezeichnung für Theologen, die die Theologie von Karl Barth vertreten wollten. Ob sie wirklich für das kämpften, was Barth wichtig war, sei dahingestellt.

- Für alle schmerzlich war, dass Ernst Schrupp während der Tagung in Kloppenheim mitteilte, dass er nicht weiter wie bisher für die SMD tätig sein könnte. Er hatte einen Ruf als Dozent an die Bibelschule Wiedenest bekommen; dafür brauchte er alle Kraft. Er war in den vergangenen drei Jahren der Motor und wohl auch Vater der jungen Bewegung gewesen und hatte sich als ehrenamtlicher Leiter ungemein eingesetzt. Er war weiter bereit, im neu gegründeten Bruderrat mitzuwirken, aber die Leitung wollte er abgeben. Es war an der Zeit, dass andere das Ruder übernahmen. Darum kam nun Günter Dulon in die Verantwortung.

- Die Bildung eines „Studentischen Mitarbeiterausschusses" war eine klare Entscheidung. Schon bis dahin waren die Leitung und Ausrichtung der Arbeit ganz in studentischer Hand gewesen. Das sollte auch so bleiben; dieser Ausschuss bekam hohe Kompetenz. Der neu gebildete Bruderrat sollte „nur" ein Beratungsgremium werden, das sich aus älteren, schon in verschiedenen Ämtern befindlichen Männern und Frauen zusammensetzte.

Was die Richtlinien anbelangte, so wurde in Kloppenheim sehr darum gerungen, zu einem von allen akzeptierten Text zu kommen. Das ist trotz großer Bemühung nicht gelungen. Die auf der IFES-Tagung in der Schweiz erarbeiteten Thesen fanden keine Mehrheit. So wurden als Kompromiss theologische Leitsätze übernommen, die Ernst Schrupp entworfen hatte. Sie galten als eine Art einstweilige Arbeitsbasis für die Mitarbeiter. Mit großer Mehrheit wurden sie begrüßt und beschlossen. Da sie für die Weiterentwicklung der Richtlinien entscheidende Bedeutung haben, seien sie hier niedergelegt:

„Als Studentenmission wissen wir uns von Jesus Christus, unserem Herrn, gerufen und beauftragt, die volle und freie Heilsbotschaft von der Rettung des Menschen durch Jesus Christus und die Herausrufung der Gemeinde Jesu Christi unter der Jugend in Deutschland in Wort und Tat zu verkündigen. In unserem Auftrag wissen wir uns an die Autorität der ganzen Heiligen Schrift gebunden, die wir als Wort Gottes anerkennen.

Unser Auftrag führt uns in erster Linie zur studierenden Jugend, jedoch auch zur Jugend in den Notständen unserer Zeit, für die wir uns mitverantwortlich wissen. Die Mitarbeit in unserer Mission grenzen wir konfessionell nicht ab, sondern wir rufen jeden dazu auf, der sich in gleicher Weise von Gott zu diesem Dienst beauftragt weiß. Der Dienst besteht vornehmlich in missionarisch-seelsorgerlicher Arbeit, in gemeinschaftlichem Beten und Erforschen der Heiligen Schrift, in Evangelisation, Freizeiten und tätiger Hilfe. Die örtlichen Missionsgruppen schließen sich überörtlich zur Studentenmission in Deutschland (SMD) zusammen. Die Zusammenarbeit mit der Gemeinde, der wir uns verantwortlich wissen, suchen wir jeweils durch brüderliche Aussprache zu klären.“[49]

Die Gründung der SMD

Damit war eine theologische Grundlage gelegt. Und auch, wenn hier manches noch offen war – die Arbeit konnte losgehen. Günter Dulon ging ans Werk. Er gehörte, wie viele andere, zur Generation der Kriegsteilnehmer und war erst 1947 bei einer Evangelisation zum Glauben gekommen. Aber er war bereit, auch wenn er noch mitten im Studium war, die Leitung der Zentralstelle zu übernehmen. Die wurde aus strategischen und persönlichen Gründen in Marburg eingerichtet, in der Sybelstraße 14a. Das Wort „Zentralstelle“ kann dabei durchaus missverstanden werden: Damals war das gerade mal die Studentenbude von Günter Dulon …

So ist das Jahr 1949 das Geburtsjahr der SMD. Es ist gleichzeitig das Gründungsjahr der Bundesrepublik Deutschland und der DDR. Was mit der SMD wie in einem Mikrokosmos in den vier Jahren nach dem Ende des Zweiten Weltkriegs entstand, bildete sich sozusagen im Makrokosmos in Deutschland insgesamt heraus. Es war die Zeit der Neugründungen oder auch der Wiedererrichtung von Strukturen, die vor dem Krieg bestanden hatten. In den ersten Jahren nach Kriegsende war da vor allem Chaos

49 Vgl. bei B. Volkmann, Erweckung in der Zeit des Umbruchs, in: Rechenschaft geben von unserer Hoffnung. Festschrift zum 50-jährigen Bestehen der SMD, Marburg 1999, S. 49f.

und das Leben mit dem Nötigsten. Allmählich richteten sich die Häupter wieder auf, der Blick ging nach vorn, für viele, Gott sei Dank, auch nach oben. Das gilt vornehmlich für Menschen in diesem Land, die damals an der Basis lebten und die missionarische Leidenschaft im Herzen hatten, diesen Jesus zu verkündigen, der gekommen ist, „nicht um sich dienen zu lassen, sondern um zu dienen und sein Leben zur Erlösung für viele zu geben“ (Mk 10,45). Im Jahre 1949 hat es auch andere Neugründungen gegeben. So ist in diesem Jahr auch die Deutsche Evangelistenkonferenz entstanden. Und der Deutsche Evangelische Kirchentag (DEKT) fand als Wiederbelebung der vor dem Krieg so wichtig gewordenen „Evangelischen Wochen“ zum ersten Male im Jahre 1949 statt. Die Evangelische Kirche insgesamt hatte in diesen Jahren einen starken volksmissionarischen Aufbruch zu verzeichnen.[50]

50 Vgl. hierzu Hartmut Bärend, Wie der Blick zurück die Gemeinde nach vorn bringen kann. Ein Gang durch die Geschichte der kirchlichen Volksmission, Neukirchen-Vluyn, 2011, S. 87ff.

5. Zeitansage: Die 50er-Jahre „Wir sind wieder wer"

Bevor es mit der SMD in die 50er-Jahre geht, weite ich den Horizont und frage: Wie war dieses Jahrzehnt, in das hinein die SMD das Evangelium verkündete? Vermutlich lässt sich diese Zeit in der Tat als große Aufbruchszeit, aber auch als Zeit großer innerer Leere beschreiben.

Zum einen der Aufbruch[51]: Die Fünfzigerjahre waren Aufbruchsjahre nach den Schrecken der Naziherrschaft, des Weltkrieges und auch der Nachkriegszeit. Endlich konnte es losgehen, politisch, wirtschaftlich, gesellschaftlich, zumindest im Westen Deutschlands und in Berlin-West: Die Blockade Berlins von 1948 bis 1949 war überstanden, die Währungsreform hatte die D-Mark gebracht und der Wirtschaft im Westen Deutschlands starke Impulse gegeben. Die Gründung der Bundesrepublik Deutschland 1949 hatte die Besatzungszeit abgelöst, der amerikanische Marschall-Plan hatte der Wirtschaft neuen Schwung gebracht.

Es kam das Wirtschaftswunder, das der damalige deutsche Wirtschaftsminister Ludwig Erhard mit der Einführung der freien und sozialen Marktwirtschaft ungemein gefördert hat. Es wurde gebaut, geplant, verreist, gekauft. Es war eine zukunftsträchtige Zeit. Es kam „das Wunder von Bern": die Fußballweltmeisterschaft von 1954 mit dem Sieg der deutschen Mannschaft, der kräftig dazu beitrug, dass die Deutschen ein neues Selbstwertgefühl entwickelten. Es kam auch die lange umstrittene Ent-

51 Vgl. hierzu Hartmut Bärend, wie der Blick zurück die Gemeinde nach vorn bringen kann. Ein Gang durch die Geschichte der kirchlichen Volksmission, Neukirchen, 2011, S. 103ff.

scheidung für die Bundeswehr und der Eintritt in das transatlantische Bündnis NATO. „Wir sind wieder wer", so hieß es damals in der Bundesrepublik.

Das war allerdings nur die eine Seite Deutschlands. Im Osten lagen die Dinge ganz anders. Auf dem Boden der ehemaligen sowjetischen Besatzungszone entstand ebenfalls 1949 die Deutsche Demokratische Republik (DDR), ein neuer Staat in totaler Abhängigkeit von der Sowjetunion. Der DDR half kein Marshall-Plan, und die Unterstützung durch die UdSSR war fast ausschließlich ideologisch ausgerichtet, aber nicht wirtschaftlich. Der Aufbruch, den der Westen Deutschlands zu verzeichnen hatte, ließ sich im Osten nicht bewerkstelligen, zumal der Blick auf die Bundesrepublik auch stets getrübt war durch ideologische Vorurteile. Insofern haben die beiden deutschen Staaten, wie sie später genannt wurden, völlig unterschiedliche Entwicklungen genommen. Menschen wie ich, die beide Staatsformen und beide gesellschaftlichen Entwicklungen im Laufe des Lebens kennengelernt haben, wissen, wie sich das anfühlte. Zumal dann, wenn sie – wie ich ab 1956 – in Berlin-West gewohnt haben.

Was aber den Westen anbelangte, so wurde „Aufbruch" großgeschrieben. Doch es gab auch etwas ganz anderes: die innere Leere! Es war so viel zerbrochen! Wilhelm Brauer, damals in der Berliner Stadtmission leitend tätig, schreibt in einem Beitrag für „Unser Auftrag" im Sommer 1952: „*Wir stehen am Ende jener hochgemuten Weltanschauung des Idealismus, da man – von Babylon bis zu Hegel und seinen Anhängern – auf die verschiedensten Fähigkeiten des Menschen vertraute … anstelle des proklamierten Übermenschen erlebten wir den Untermenschen … Wir können nach diesen bitteren Erkenntnissen vom letzten Zerbruch des Idealismus nicht mehr zurück.*"[52] Und wenig später schreibt er: „*Nachdem Idealismus wie Materialismus gescheitert sind, weil beide auf die Fähigkeit des Menschen vertrauten, bleibt uns nur der Untergang im Nihilismus – oder aber die persönliche Entscheidung für den, der die Weltverwandlung als Sieger*

52 Wilhelm Brauer, Lebendige Hoffnung, in: Unser Auftrag, R. Brockhaus, Wuppertal, Juni 1952.

verwirklichen kann. Möge die akademische Jugend jene Entscheidung ihrer Väter wiedergutmachen, die durch den Abfall der Gebildeten vom Glauben ein ganzes Volk verführte."[53]

Ich glaube, dass Brauer das Lebensgefühl dieser Jahre richtig getroffen hat. Es war die Zeit des aufkommenden Nihilismus; man las Jean Paul Sartre und Albert Camus. Eine merkwürdige Spannung: Zum einen war da ein ungeheurer neuer Lebenswille und Elan zum Aufbruch, auf der anderen Seite die innere Leere, nachdem so viel zerstört worden war. Hier konnte die SMD mit dem Evangelium von Jesus einladend und befreiend wirken. Die Mitte konnte neu besetzt werden, nun nicht mehr von einer den Menschen verherrlichenden Ideologie, sondern von Jesus Christus.

Dass es aber doch nicht einfach war, lag auch daran, dass die Generation der 50er-Jahre eben aufgrund der Erfahrungen der jüngsten Vergangenheit skeptisch und illusionslos war. 1957 erschien das Buch des Soziologen Helmut Schelsky mit dem Titel „Die skeptische Generation". Es erlebte bis zum Jahre 1975 sieben Auflagen[54]. Er beschreibt die Jugend der Zeit als ideologisch desillusioniert und dem Praktischen zugewandt. Aber schon 1951 schreibt der Italiener Flavio de Scalzi einen Aufsatz in „Unser Auftrag" mit dem Titel *„Der Student von heute, illusionslos und suchend."* Er sieht das nicht nur als ein deutsches Phänomen an: *„Illusionslos, kritisch, skeptisch nach außen und im Herzen sich selbst uneingestanden fragend nach unvergänglichen Werten, so ist der Pariser, der Deutsche, der Schweizer, so sind die meisten. Man muss nur ihre Sprache verstehen. Ich bin skeptisch heißt: Ich möchte glauben; aber ich wage es nicht. Warum soll gerade Christus der einzige Weg zu Gott sein? Bedeutet: Ich flüchte vor dem Totalitätsanspruch des Absoluten, den ich suche, in die bequeme Nichtverpflichtung, die mir nicht hilft.*"[55]

---

53 Ebd.

54 Helmut Schelsky, Die skeptische Generation. Eine Soziologie der deutschen Jugend, Düsseldorf 1957.

55 In: Unser Auftrag, Juni 1951, S. 2.

Es ist eine Freude, den Unterlagen der SMD aus dieser Zeit zu entnehmen, wie viele junge Menschen sich gerade in diesen Jahren und im Kontext dieser Zeitströmungen dem Evangelium öffneten und Jesus Christus als Herrn ihres Lebens annahmen. So schreibt Günter Dulon im Jahr 1952: *„Es ist uns wohl noch nicht recht zum Bewusstsein gekommen, wieviel es bedeutet, dass in einer Zeit, da die Existenz Gottes allgemein angezweifelt oder religiös vergeistigt wird, an unsere deutschen Universitäten ein klarer Ruf für Jesus ergeht.“*[56] Natürlich gab es daneben auch eine starke Ablehnungsfront. Dennoch kann man sagen, dass diese 50er-Jahre für die SMD, auch für die Mission in Deutschland überhaupt, fruchtbare Jahre waren, vor allem zu Anfang des Jahrzehnts. Viele der damals beobachteten Zeitströmungen lassen sich fast 1:1 auf unsere Zeit übertragen. Aber davon wird später die Rede sein.

56 In: Unser Auftrag, Dezember 1952, S.10.

6. Inhaltliche und strukturelle Klärungen Was Halt gibt

Wie ging es nun weiter mit der SMD? Eine erste große Universitätsevangelisation konnte schon 1949 in Marburg durchgeführt werden. Auch hier stand Christus durch das Thema „Christus – Idee oder Realität?" im Zentrum. Referenten waren Hans Bürki und Erich Schnepel (1893–1986), Pfarrer in Großalmerode in Hessen und viele Jahre lang enger Freund und Förderer der SMD-Arbeit. Beiden bin ich in meiner Heidelberger Studentenzeit noch begegnet. Hans Bürki wirkte damals immer noch und mit großem Zulauf als Referent bei Universitätsevangelisationen, in Heidelberg 1964. Erich Schnepel konnte ich ebenfalls 1964 bei einer Studentenfreizeit in der Nähe Heidelbergs erleben. Beide haben sich mir sehr eingeprägt.

Hans Bürki

Aber neben großen Evangelisationen ging es um die Festigung und Weiterentwicklung dessen, was schon entstanden war. Günter Dulon hat mit großem persönlichen Einsatz die verschiedenen Gruppen besucht, Freizeiten organisiert und Rundbriefe versandt. Auf den Freizeiten wurden viele Studierende mit dem Evangelium erreicht und trugen bei zum Wachstum der bestehenden Gruppen. Aber je mehr Möglichkeiten, desto mehr Arbeit und desto mehr Belastung. So schreibt Günter Dulon in einem Rundbrief vom Januar 1952: *„In allen Berichten und Gruppen kam zum Ausdruck, dass Aufgaben und Anforderungen ständig wachsen. Die Gruppen vergrößern sich,* *und es entstehen neue kleine Kreise. Um der vermehrten Nachfrage zu entsprechen, muss die Freizeitarbeit erweitert werden ... Es fehlen uns aber die geeigneten Mitarbeiter. Solange uns der Herr nicht ganz im Dienst stehende Brüder schenkt, sind die älteren Mitarbeiter mit ihren Erfahrungen unentbehrlich.*“[57]

Voller Hörsaal bei der ersten großen Evangelisation 1949 an der Uni Marburg.

Langsam weitete sich die Arbeit der SMD aus. Als zunehmend wichtige Aufgabe kam die Schulung der Mitarbeiter hinzu. Günter Dulon hat auch hier stark gewirkt; die organisatorischen Aufgaben in der Geschäftsstelle und den Schriftverkehr übernahmen Fritz Laubach[58] und Ulrich

57 In: Unser Auftrag, Nachrichtenblatt der Studenten-Mission in Deutschland, Rundbrief, R. Brockhaus-Verlag Januar 1952.

58 Fritz Laubach wurde 1926 im niedersächsischen Lüchow geboren. Während seiner Zeit als Kriegsgefangener fiel der Entschluss, Theologie zu studieren. Er studierte zunächst in Marburg, 1948 wechselte er an die Universität in Tübingen. Er promovierte im Jahr 1955. Von 1955 bis 1959 arbeitete er als Pastor in der Freien evangelischen Gemeinde in Siegen-Geisweid. Von 1959 bis 1966 war er Dozent am Theologischen Seminar Ewersbach. Im Jahr 1966 wurde Laubach in die Leitung der Freien evangelischen Gemeinde in Norddeutschland berufen. Zeitgleich wurde er Pastor der FeG Hamburg-Holstenwall. 1968 wurde er Vorsitzender der „Stiftung Elim“, heute „Stiftung FeG in Norddeutschland“, die während seiner Amtszeit grundlegend erneuert wurde. Von 1977 bis zu seinem Ruhestand im Jahr 1991 war Laubach der Leiter der Diakonie. Von 1984 bis 1991 war er Vorsitzender der Deutschen Evangelischen Allianz. Mit seinem 1972 erschienenen Buch „Aufbruch der Evangelikalen“ setzte sich der Begriff „evangelikal“ aus dem angloamerikanischen Sprachraum in der deutschsprachigen Welt durch. Deutschlandweit bekannt wurde er auch durch seine biblischen Kommentare,

Wever. Diese drei ehrenamtlichen Mitarbeiter bildeten den Kern der wachsenden Mitarbeiterschaft und sorgten dafür, dass die Zentralstelle in Marburg überall im Land bekannt und genutzt wurde. Bis Sommer 1952 war das nur die Studentenbude von Günter Dulon. Aber wie das damals so war: Man hatte nicht viel, aber man machte viel daraus. Vor allem: Es waren Aufbruchsjahre, in denen vergrabene Kräfte frei wurden und viele offene Türen da waren.

Die Richtlinien

Um nun in diesen bewegten Zeiten auskunftsfähig zu sein, brauchten die Mitarbeiterinnen und Mitarbeiter der SMD eine klare Glaubensgrundlage. An solchen Richtlinien war ja schon seit Sommer 1949 gearbeitet worden. Auch im Rahmen der Gründungssitzung in Kloppenheim 1949 wurden sie diskutiert, aber nicht verabschiedet. Stattdessen half der kurze Text von Ernst Schrupp (s. o.) zu einer ersten Verständigung. Aber Anfang der 50er-Jahre ging das nicht mehr. Im Herbst 1952 wurden, nach intensiven Vorarbeiten, die Richtlinien bei der Mitarbeiterbesprechung vom 25. bis 28. Oktober offiziell verabschiedet: *„Die Richtlinien, die bereits auf der letzten Besprechung in Tübingen den Mitarbeitern zur Unterschrift vorlagen, sind inzwischen nochmals nach stilistischen Gesichtspunkten durchgesehen worden, die jetzige Fassung fand auf dieser Tagung eindeutige Zustimmung.“*[59]

Sie lehnen sich an Formulierungen an, die schon die Deutsche Evangelische Allianz und die IFES gefunden haben,[60] und zeigen die enge Verbundenheit der SMD mit diesen Einrichtungen. Bis heute wurden nur kleine Veränderungen vorgenommen. Die Richtlinien sind nach wie vor gültig und müssen auch von allen mitgetragen werden, die in der SMD

die im Rahmen der „Wuppertaler Studienbibel“ (Brockhaus-Verlag) erschienen sind. Zum Ganzen vgl. Wikipedia „Fritz Laubach“.

59 In: Unser Auftrag, ebd. S. 15.

60 Die meisten der Aussagen der Richtlinien sind nahezu wörtlich dem Bekenntnis der IFES entnommen worden.

mitarbeiten wollen. Sie sind im Anhang dieses Buches vollständig abgedruckt.

Es tut einer Arbeit gut, wenn sie ein festes theologisches und geistliches Fundament hat, von dem sie ausgehen und auf das sie sich immer wieder berufen kann. So schreibt Günter Dulon in diesem Zusammenhang: *„Die vergangenen Semester führten sowohl bei den örtlichen Gruppen als auch bei der überörtlichen Arbeit zu einer Klärung der inneren Grundlinie. Mit diesem Prozess festigte sich zugleich unsere Bewegung in ihrem missionarischen Anliegen.“*[61] Und es spricht für die Arbeit der SMD, dass sie von diesem Bekenntnis nie abgerückt ist, auch wenn sich seit 1952 viel verändert hat. Aber wenn auch viele der Formulierungen schwere theologische Kost sind, so bilden sie doch den Kern der Arbeit und lassen sich jederzeit konkretisieren. Bis zum heutigen Tage kann niemand bei der SMD verantwortlich mitarbeiten, der nicht diese Richtlinien auch für sich persönlich anerkannt hat. Hier liegt das Geheimnis für den Fortbestand und das Aufblühen der Arbeit von damals bis heute!

Allerdings sei auch erwähnt, dass in den 50er-Jahren eine Art Kurzform der Glaubensgrundlagen der SMD veröffentlicht wurde. Es war den damaligen Verantwortlichen wichtig, auch in wenigen Sätzen mitzuteilen, was der Kern des Bekenntnisses ist. Im Unterschied zu den Richtlinien, die nur für die Mitarbeitenden bestimmt waren, sollte die Kurzform eine breite Öffentlichkeit erreichen. Die Sätze lauten:

„Wir bezeugen, dass Gott seinen Sohn gesandt hat, um uns durch seinen stellvertretenden Tod am Kreuz und seine leibliche Auferstehung zu erlösen,

dass der Herr uns durch Bekehrung und Wiedergeburt neues Leben gegeben und seiner Gemeinde hinzugetan hat,

dass er uns durch seinen Geist bis zu seiner Wiederkunft leitet und in das Verständnis der Heiligen Schrift einführt.

61 In: Unser Auftrag, Dezember 1952, S. 11.

Wir bezeugen aufgrund unserer Bindung an den Herrn Jesus Christus, dass die Heilige Schrift von Gottes Geist eingegeben ist, und erkennen sie als die Autorität in unserem Glaubensleben an.

Wir bezeugen, dass Gott uns nach seiner Verheißung mit allem versorgt, was wir in seinem Dienst benötigen und von ihm erbitten."[62]

Aufnahme in die IFES

Im Sommer des Jahres 1952 führte die IFES ihre Jahreskonferenz zum ersten Mal in Deutschland durch, und zwar auf dem Heiligenberg in Jugenheim an der Bergstraße. 150 Personen aus 46 Nationen nahmen teil – was für eine großartige ökumenische Weite! Martin Philipp berichtet in einem unveröffentlichten Vortrag, dass es eine wunderbare Zeit war. Wunderbar für die deutschen Teilnehmenden war sicher vor allem, dass es nun immer mehr in Richtung Aufnahme der SMD als Vollmitglied in die IFES ging. Viele der Teilnehmer kamen ja aus Ländern, die nur sieben Jahre zuvor noch Kriegsgegner Deutschlands waren. Da ist es nur zu verständlich, dass sie Zeit brauchten, um all das Schreckliche zu verarbeiten und dem Geist der Versöhnung Raum zu geben. Aber jetzt war es fast schon so weit. Im Oktober 1952 heißt es in einem Bericht über die Mitarbeiterbesprechung: „*Es wurde beschlossen, den seit langem erwogenen Anschluss der SMD an die internationale Studentenmission nunmehr offiziell zu vollziehen. Da wir fast schon seit Beginn unserer Bewegung mit Geschwistern von der internationalen Studentenmission aus vielen Ländern herzliche Gemeinschaft haben, ergab sich dieser Schritt organisch aus unserer eigenen Entwicklung heraus.*"[63]

Es dauerte dann noch ein Jahr: Bei der nächsten Konferenz der IFES in Locarno im Jahre 1953 wurde die SMD einstimmig aufgenommen. Seitdem hat die SMD ihren festen Platz in dieser großen internationalen Gemeinschaft und bringt sich auf vielfältige Weise darin ein.

---

62 In: Unser Auftrag, 14/1956, S. 21.

63 In: Unser Auftrag, 9/1952, S. 15.

Was in diesem Jahr 1952 noch wichtig war: Günter Dulon, der sich seit 1948 unglaublich intensiv in die SMD eingebracht hat, verließ die Arbeit, um in den USA weiterzustudieren. Durch die Vermittlung des schon erwähnten John Bolton bekam er die Möglichkeit, sein Studium am Fuller Theological Seminar in Pasadena in Kalifornien fortzusetzen. Diese Entwicklung wird ihm damals jeder gegönnt haben: Günter Dulon war ja nach wie vor Theologiestudent; er hat aber ehrenamtlich fast eine Art Fulltime-Job in der SMD absolviert. Nun konnte es endlich auch mit seiner eigenen Ausbildung weitergehen. In Pasadena hat Dulon sein Studium abgeschlossen.

Zentralstelle und Vereinsgründung

Martin Philipp

Nach Günter Dulon war die Zeit reif für die ersten zwei hauptamtlichen Mitarbeiter: Fritz Laubach und Martin Philipp wurden 1952 als Vollzeit-Mitarbeiter in der SMD tätig. Sie waren auch schon zuvor für die Arbeit unterwegs, aber das ging nur im Rahmen der verfügbaren Zeit. Nun hatten sie ihr Theologiestudium abgeschlossen und konnte sich ganz der SMD widmen. Und zu den ersten Hauptamtlichen der SMD kam nun auch eine neue Verortung! Es konnte mit der Studentenbude von Günter Dulon ja nicht weitergehen, zumal er gar nicht mehr da war. Da ergab sich unerwartet eine großartige Möglichkeit: Die Stadtmission Marburg hatte ein wunderschön über der Lahn gelegenes und großzügig geschnittenes Haus in der Reitgasse 5 und wollte eine Etage vermieten. Auch wenn es eine Menge anderer Interessenten gab, bekam die SMD den Zuschlag für die Räumlichkeiten im Erdgeschoss. Damit hatte die SMD einen Saal mit Platz für 150 Personen (!), eine herrliche Terrasse und etliche kleinere Räume, und dabei sogar auch bescheidene Wohnräume für Martin Philipp und Fritz Laubach. Allmählich kamen die Möbel dazu, und – was für ein Wunder –

Zentralstelle Reitgasse 5 in der Marburger Oberstadt

gleich zwei Öfen wurden gespendet, die auch dringend nötig waren. Und die Miete betrug eine symbolische Summe nahe Null.[64]

Schließlich sei an dieser Stelle angesprochen, dass im Jahr 1952 auch der Mainzer Mathematikprofessor Dr. Hans Rohrbach zur SMD fand. Er war ursprünglich mit der Evangelischen Studentengemeinde (ESG) verbunden, konnte aber die theologische Entwicklung dort nicht mehr gutheißen. Er wurde später der erste Vorsitzende in der SMD (1968–1974) und hat die SMD ungemein bereichert und den Bruderrat nachhaltig geprägt![65]

---

64 Aus den Unterlagen geht hervor, dass eine erste Veranstaltung schon Mitte Februar 1952 im Saal der neuen Zentralstelle stattgefunden hat. Demnach war der englische Major Ian Thomas, Gründer und langjähriger Leiter der Fackelträgerbewegung, der erste Prediger, der in diesem Saal gesprochen und junge Menschen zu Jesus eingeladen hat. Vgl. Unser Auftrag, 8/1952, S. 16 („Wir bauen einen Saal"). In diesem Zusammenhang lohnt auch der werbende Beitrag von Uli Wever über das englische Schloss Capernwray Hall, den Hauptsitz der Fackelträger, vgl. Unser Auftrag 8/1952, S. 22.

65 Hans Rohrbach wurde am 6.12.1903 in Berlin geboren. Nach dem Abitur 1921 studierte er an der Universität Berlin Mathematik, Physik und Philosophie. Nach 1927 war er dort Assistent am Mathematischen Seminar. 1932 promovierte er zum Dr. phil., 1937 erfolgte seine Habilitation. 1942 wurde er o. Professor an der Deutschen Universität in Prag. Nach dem Krieg führte ihn und seine Frau Rose, geb. Gadebusch, der Weg in die ESG, dann aber bald in die SMD. Von 1951 bis zu seiner Emeritierung war er Ordinarius für Mathematik an der Universität Mainz; 1966/67 war er auch der Rektor der Universität. 1977 zog das Ehepaar Rohrbach nach Bischofsheim/Rhön. Neben mathematischer Fachliteratur veröffentlichte Rohrbach zahlreiche Bücher und Schriften zu naturwissenschaftlich-theologischen Themen. Er starb am 19.12.1993 in Haselbach. Beerdigt wurde er auf dem Hauptfriedhof in Mainz. Vgl. Haus Rohrbach/Wikipedia, Google, letzte Bearbeitung 16.5.2020.

Am 31. August 1952 fand anlässlich der Einweihung der neuen Zentralstelle eine Feier in den neuen Räumen statt, an der viele Freunde teilnahmen, auch aus dem Ausland, wie John Bolton und Hans Bürki. Verschiedene Ansprachen wurden gehalten, wobei besonders John Bolton die Zuhörer erfreute: Er hat aufgezeigt, wie lange schon Geschwister aus dem Ausland für das Wachstum der missionarischen Arbeit unter den Studenten in Deutschland gebetet hatten. Ebenfalls wurde während dieser Feier herausgestellt, dass das Haus in der Reitgasse 5 ja vor dem Krieg der DCSV gehörte und dass die SMD hier nun eine alte Tradition fortsetzte. Schließlich: Bei dieser Veranstaltung wurde Günter Dulon mit großem Dank verabschiedet.

Noch Weiteres aus diesem Jahr 1952: Die SMD gründete im Oktober des Jahres im Rahmen der Mitarbeiterbesprechung einen eingetragenen Verein, denn nur auf diesem Wege konnte die Gemeinnützigkeit erreicht werden, ohne die Spenden steuerlich nicht abzugsfähig waren. So heißt es in „Unser Auftrag“: *„In Anbetracht der Ausweitung der SMD-Arbeit scheint es nicht mehr angemessen, die Verantwortung gegenüber den Behörden insbesondere gegenüber dem Finanzamt einem einzelnen Studenten aufzuerlegen. Daher wurde die Zentralstelle zu einem Verein SMD e. V. mit zehn Mitgliedern konstituiert und beim Marburger Amtsgericht in das Vereinsregister eingetragen.“*[66]

So waren die notwendigen Voraussetzungen erfüllt, damit die Arbeit nachhaltig wirksam bleiben konnte: Die SMD hatte Richtlinien beschlossen, hatte nun auch einen Hauptamtlichen, eine wirkliche Zentralstelle und einen Verein (e. V.). Es ist erstaunlich, dass in diesem Jahr so vieles zusammenkam, was der gesunden Entwicklung der Arbeit dienen konnte. Ohne die ordnende und führende Hand des lebendigen Gottes lässt sich das alles nicht verstehen. Aber das war es und das möge auch so bleiben: Eine Arbeit, die sich der Führung Gottes überlässt, kann Wunder über Wunder erleben.

66 In: Unser Auftrag, 9/1952, S. 15.

Das Ringen mit der ESG

Leider gab es in den Anfangsjahren der SMD immer wieder Angriffe gegen die Arbeit, wobei die von innen kommenden viel schmerzlicher waren als die von außen. Es war klar, dass die Betonung der Einzigartigkeit Jesu Christi und damit das reformatorische „Christus allein" auf Widerstand stoßen musste. Nicht von ungefähr hat schon Jesus selbst die Frage der Jünger des Johannes, ob er der Messias sei, nicht nur deutlich bejaht, sondern gleich hinzugefügt: „Selig ist, wer sich nicht an mir ärgert",[67] wörtlich: „Selig ist, wem ich kein Skandal bin." Der Ruf zu Jesus und die Einladung zu ihm als dem einzigen Retter aus und vor der Verlorenheit des Menschen war zu allen Zeiten ein Skandal für die, die sich nicht rufen lassen wollten. Bis heute ist das Christentum die Religion, die am meisten unter Verfolgung zu leiden hat. Die Welt will den Anspruch nicht, dass Jesus der einzige Weg zu Gott ist. Das alles kann aber nicht dazu führen, dass die christliche Gemeinde den Anspruch des Evangeliums abschwächt und eine verkappte Allversöhnungslehre anbietet, die nur noch von Gottes alle umgreifender Liebe spricht und statt der Mission nur noch den Dialog als salonfähig ansieht.

Also, Angriffe von außen gab es immer und wird es immer geben. Aber schlimmer sind die von innen. So hat die SMD, kaum dass sie entstanden war, viele Angriffe ertragen müssen, vorwiegend von der ESG. Die ESG war sozusagen als Notbehelf im Dritten Reich entstanden, weil nur durch eine Anbindung an die verfasste Kirche erreicht werden konnte, dass die DCSV mit ihrer Organisationsstruktur nicht völlig gleichgeschaltet wurde und damit aufgegeben werden musste. Nach dem Krieg hielt die evangelische Studentenschaft diese Bindung aufrecht. Die ESG wurde von den Gliedkirchen der EKD als ihre eigene Studentengemeinde anerkannt und gefördert. Da passte es natürlich nicht, dass es neben der ESG eine zweite überwiegend evangelische Studentengemeinde geben könnte, zumal die Richtlinien, die nun überall bekannt wurden, von manchem Studentenpfarrer als geradezu unerträglich angesehen wurden.

67 Mt 11,6.

Dabei hatte es ja an mehreren Orten ganz friedlich angefangen. Die werdenden SMD-Gruppen waren nach 1945 an mehreren Universitäten Teil der ESG; die Gruppen kamen gut miteinander aus. Aber so blieb es nicht: Die ESG hatte den Anspruch, dass alle evangelischen Studenten in der ESG sein müssten. Das Ortsgemeindeprinzip wurde auf die Hochschulebene übertragen: So wie in der Ortsgemeinde alle Evangelischen zu der Ortskirche gehören sollten, so sollte es auch an der Universität sein. Das war mehr als zehn Jahre lang vorherrschende Erwartung, die sicher auch durch viele Kirchenleitungen abgesichert war.

Die SMD wurde als unerlaubte Konkurrenz empfunden; das Existenzrecht wurde ihr abgesprochen. Insbesondere Studentenpfarrer haben die SMD regelrecht bekämpft und den Verantwortlichen gedroht. So berichtet Martin Philipp, dass ihm von Studentenpfarrern angedroht worden ist, dass er keine Gemeindepfarrstelle bekommen würde, wenn er hauptamtlich in der SMD tätig werden sollte. Es gab schlichtweg viel Wut darüber, dass es die SMD gab. Bodo Volkmann, der über viele Jahre im Vorstand der SMD war und für die Arbeit unschätzbare Dienste geleistet hat[68], schreibt in einem Bericht über das Verhältnis der SMD zur ESG: *„Ein bekannter Pfarrer rief bei einem Besuch in Marburg im Hinblick auf die SMD öffentlich in den Saal: ‚Wenn ich hier am Ort wäre, dann würde ich euch zusammenprügeln.‘ Worauf Günter Dulon aufstand und erklärte: ‚Herr Pfarrer, bei uns wird nicht geprügelt.‘“*[69] Aber er berichtet

68 Bodo Volkmann ist im Jahr 1929 in Berlin geboren. Mit 26 Jahren war er Privatdozent für Mathematik und ab 1964 Professor am Lehrstuhl für Mathematik in Stuttgart. In diesen Jahren lehrte er auch immer wieder im Ausland, so in Princeton, Salt Lake City, Los Angeles und Honolulu. Vortragsreisen führten ihn aber auch nach Asien, Afrika und Osteuropa. Von 1967 bis 1971 war er Vorsitzender der IFES. Im Jahr 1994 ging er in den Ruhestand. Er gehörte zu den Gründern der SMD und hat viele Jahre im Vorstand und im Bruderrat Verantwortung übernommen. Bodo Volkmann ist am 18. August 2022 im Alter von 92 Jahren heimgerufen worden.

69 Bodo Volkmann, Erweckung in der Zeit des Umbruchs, in: Rechenschaft geben von unserer Hoffnung. Festschrift zum 50-jährigen Bestehen der SMD, Marburg 1999, S. 57.

auch davon, dass der der SMD sehr zugetane Tübinger Professor Otto Michel in den Nachkriegsjahren einen Ruf nach Erlangen hatte und dringend vom württembergischen Landesbischof Haug gebeten wurde, doch zu bleiben. Daraufhin verlangte Michel die Errichtung eines Instituts für Kirche und Judentum, die Professur für einen ihm verbundenen Kollegen in Tübingen und das Ende des Kampfes gegen die SMD.[70] „Unter diesen Bitten ist die dritte die schwerste“, habe der Bischof geantwortet.[71] Otto Michel ist geblieben, das Problem für die SMD war vielleicht in Württemberg ausgeräumt, aber noch lange nicht in anderen Teilen der Evangelischen Kirche.[72]

Aber es war nicht nur die Konkurrenz an sich, sondern da waren gravierende Unterschiede in der Lehre. Die SMD-Gruppen wurden oft als Pietisten beschimpft. Dabei ist der Pietismus eine hoch geachtete Phase der Kirchengeschichte, und die Anliegen des Pietismus, die vor allem Johann Jakob Spener verbreitet hatte, wurden und werden durchaus gewürdigt. Aber eben als Aussagen einer Epoche der Kirchengeschichte!

---

70 Einen hervorragenden Einblick bietet im Blick auf die Lage in Tübingen Jonathan Schilling in seinem Aufsatz: Mission als Grenzscheide. Studentengemeinde und Studentenmission in den Fünfzigerjahren am Beispiel Tübingens, in: Kirchliche Zeitgeschichte 33 (2020) 2, S. 399–420.

71 Ebd. S. 56.

72 Otto Michel wurde 1903 in Wuppertal geboren. Er studierte Theologie in Tübingen (u. a. bei A. Schlatter) und Halle. 1929 promovierte er zum Thema „Paulus und seine Bibel“ und wurde im gleichen Jahr Studentenpfarrer in Halle. 1934 wurde er Pfarrer in Lüdenscheid, ab 1935 gehörte er zur Bekennenden Kirche. Ab 1939 war er Lehrstuhlvertreter in Tübingen; ab 1946 wirkte er dort als o. Prof. für Neues Testament bis zu seiner Emeritierung 1971. Im Jahr 1957 gründete er das Institutum Judaicum in Tübingen und beförderte den jüdisch-christlichen Dialog. Dabei hatte er engen Kontakt mit Martin Buber und Pinchas Lapide. Michel gehörte zu den großen Förderern der SMD im Hochschulbereich. Auch die Gründung des Albrecht-Bengel-Hauses in Tübingen Ende der 60er Jahre hat er wesentlich begleitet. Seine Kommentare zum Römerbrief und zum Hebräerbrief sind Standardwerke geworden. Theologisch gehörte er zu einer eher konservativ-heilsgeschichtlichen Richtung. Die existentiale Interpretation des Neuen Testaments durch Rudolf Bultmann lehnte er ab.

Dass sie bindende Bedeutung für die Kirche auch nach 1945 haben könnten, wurde und wird auch immer wieder heute abgewiesen. Die Bibel als das Wort Gottes und damit als verbindliche Richtschnur, der persönliche Glaube an Jesus, das Kreuz Christi und sein stellvertretender Sühnetod, die leibhaftige Auferstehung Jesu, die Heiligung der Christen, die Wiederkunft Christi – alle diese zentralen theologischen Aussagen, die sich ja auch in den Richtlinien der SMD finden, standen auf dem Prüfstand und wurden weithin abgelehnt oder anders interpretiert.

Das kam auch dadurch zustande oder wurde gefördert, weil inzwischen die Theologie von Rudolf Bultmann immer mehr Raum gegriffen hatte. Bultmann, Professor für Neues Testament in Marburg, hatte schon Anfang der 40er-Jahre seinen berühmten Aufsatz von der Entmythologisierung des Neuen Testaments geschrieben[73]. Da hatte er regelrecht aufgeräumt mit bestimmten Aussagen der Bibel oder auch des Glaubensbekenntnisses. Dem modernen Menschen, so Bultmann, seien Jungfrauengeburt, Wunder, Engel usw. nicht mehr zuzumuten. Das seien Mythen, die ausgemerzt oder aber anders interpretiert werden müssten. Gerade die Wundergeschichten des Neuen Testaments dürfe man nicht mehr wörtlich verstehen, sondern müsse sie interpretieren. So kam Bultmann zu seinem Lebenswerk, der Aufgabe der existentialen Interpretation biblischer Texte. Bei den Existentialen griff er auf philosophische Erkenntnisse vor allem von Martin Heidegger zurück.

Noch bis in meine eigene Studienzeit hinein wirkte sich diese theologische Schule, die sich überall verbreitet hatte, aus. Ich selbst wollte im dritten Semester Theologie alles hinwerfen, nachdem uns in Berlin auf Schritt und Tritt im Fach Neues Testament von Legendenbildungen berichtet wurde und wir zwischen „echten" und „unechten" Jesusworten unterscheiden sollten. Dabei ging es zwischen den Bultmann-Schülern durchaus streitbar zu, weil der eine (z.B. Günter Bornkamm) mit

73 Rudolf Bultmann, Neues Testament und Mythologie. Das Problem der Entmythologisierung der neutestamentlichen Verkündigung (1941), in: H.W. Bartsch (Hg.): Kerygma und Mythos, Band 1, Hamburg, 1948, 4. Aufl. 1960, S. 15–48.

mehr „echten" Jesusworten rechnete als andere, die wie Bultmann selbst daran festhielten, dass das meiste, was Jesus gesagt haben soll, eben „nur" Gemeindebildung sei. Ich kann sagen, dass mir die SMD in meiner Heidelberger Zeit hier wesentlich geholfen hat: Während wir innerhalb der Unterrichtszeiten immer wieder die Aufgabe hatten, neutestamentliche Texte eher zu sezieren, fand ich in der SMD viele Menschen, die täglich daraus lebten. Gott sei Dank bin ich dann zu einer sogenannten „zweiten Naivität" (Helmut Thielicke) vorgedrungen und kann die Bibel wieder als Gottes Wort an mich und für mich lesen.[74]

Für die SMD damals waren diese Entwicklungen belastend, wobei die Thesen der Bultmannschule eher wenig bis gar nicht in die SMD-Gruppen eingedrungen sind. Jedenfalls ist davon in den Unterlagen nicht viel zu lesen. Aber der massive Widerstand der Studentenpfarrer kam mit Sicherheit auch aus diesen für sie damals und für viele auch noch heute gültigen theologischen Strömungen, zu denen Aussagen wie die in den Richtlinien der SMD überhaupt nicht passten. Nur am Rande sei bemerkt, dass sich der Einfluss der Bultmann-Schule natürlich nicht nur bei den Studentenpfarrern gezeigt hat. Vor allem in den 60er-Jahren hat es über diese Fragen schwere Auseinandersetzungen innerhalb der verfassten Kirche gegeben. Die Bekenntnisbewegung „Kein anderes Evangelium" entstand und widersetzte sich unter großer Beteiligung der Öffentlichkeit den offensichtlich liberalen Strömungen in der Kirche. Daneben gab es auch etliche Veröffentlichungen, so wie die Schrift von Gerhard Bergmann mit dem Titel „Alarm um die Bibel", die für großes Aufsehen sorgten. Nur, wie gesagt, die SMD als Ganze scheint vor diesen zerreißenden Auseinandersetzungen bewahrt worden zu sein. Auffassungen wie die von Rudolf Bultmann lagen „von den unseren so weit entfernt, dass sich

74 Vgl. hierzu auch den Aufsatz von Klaus Haacker, Die Geburt der Theologischen Beiträge aus einer Vertrauenskrise zwischen Theologie und Gemeinde, in: Theologische Beiträge 5/Okt. 2020, S. 301ff.

eigentlich in der Praxis kaum Berührungspunkte ergaben, außer dass jede Seite von der anderen wusste und vor ihr warnte."[75]

Nach all den Kämpfen des Anfangs wurde es zwischen SMD und ESG stiller und auch entspannter. Beide Seiten nahmen zur Kenntnis, dass man doch irgendwie nebeneinander leben müsse. Doch erst im Jahr 1964 kam es zu einer Art Vertrag zwischen ESG und SMD. Bodo Volkmann beschreibt diese Sitzung, die er aufseiten der SMD zu leiten hatte, sehr konkret.[76] Demnach kamen am 8. und 9. Mai 1964 im Dominikanerkloster in Frankfurt Delegationen aus SMD und ESG zusammen, insgesamt zwölf Personen. Aufseiten der ESG hatte Generalsekretär Pfarrer Heinrich Konstantin („Heiko") Rohrbach die Leitung, für die SMD war es Bodo Volkmann, gemeinsam mit dem damaligen Generalsekretär Pfarrer Dr. Hans-Heinz Damm, von dem noch die Rede sein wird. Pikanterweise war Bodo Volkmann mit Heiko Rohrbach verwandt: Rohrbach war der Vetter der Frau von Bodo Volkmann. Ob das bei den Verhandlungen eine Rolle gespielt hat, ist nicht zu belegen. Aber fest steht, dass es in Frankfurt zu einer Verabredung kam, die seitdem auch nicht mehr angefochten wurde.

Heftig gerungen wurde dabei vor allem um zwei Punkte: Zum einen verlangte die ESG, dass die SMD bekennen soll, dass sie gegen die Einheit der Glaubenden im Sinne von Johannes 17 verstoßen hat, denn die ESG sah sich ja als einzig legitime evangelische Vertretung in der deutschen Studentenschaft. Die SMD wiederum verlangte, dass die ESG ihre Unabhängigkeit akzeptiere und sich nicht weiter in die inneren Angelegenheiten der SMD einmische. Beide Seiten suchten nach Kompromissen, und sie fanden sie. So lauten die entscheidenden Sätze:

1) *„ESGiD und SMD stellen fest, dass sie einander zurzeit als zwei in Glaubensbasis, Arbeitsweise und Zielsetzung unterschiedliche Bewegungen gegenüberstehen. Die ESG leitet aus ihrem Selbstverständnis, wie es in ihrer Ordnung formuliert ist, keinen Anspruch ab, alle evangelisch*

75 B. Volkmann, a. a. O., S. 58.

76 A. a. O., S. 58f.

getauften Studenten und Studentengruppen als ihr gehörig anzusehen. Die SMD versteht ihre Richtlinien nicht als eine Formulierung, an der sich Christsein oder Nichtchristsein entscheidet. (...)

3) *Weil beide Bewegungen sich in ihrer Arbeit auf den Namen Jesus Christus und das Wort von der Versöhnung berufen und um diese Berufung nicht unglaubwürdig werden zu lassen, einigen sie sich über folgende praktische Absprachen:*

   a) *Beide Bewegungen empfehlen ihren örtlichen Gruppen, zur Klärung von Spannungen und Missverständnissen sich an die beiderseitigen Leitungen bzw. Geschäftsstellen zu wenden, statt die dringend für die eigenen Aufgaben benötigten Kräfte unnötig durch Grundsatzgespräche auf örtlicher Ebene zu beeinträchtigen. (...)*

   c) *Wenn Gespräche zwischen ESG und SMD stattfinden, sollten sie vorrangig dem gegenseitigen Kennenlernen und Verstehen, aber auch der redlichen Kritik aneinander dienen. (...)*

4) *Beide Bewegungen wollen in Zukunft bemüht sein, ein gutes Verhältnis zu bewahren, ohne sich wechselseitig an inneren Angelegenheiten zu beteiligen. (...)*

Öffentliche negative Äußerungen über den Glaubensstand oder die Wissenschaftlichkeit von Vertretern der jeweils anderen Bewegung in deren Abwesenheit sollen vermieden werden. (...)

ESG und SMD sehen auch in diesen Vereinbarungen ein Zeichen ihrer Zerrissenheit. Sie erblicken darin ein Bild der Zerrissenheit der Kirche, unter der sie leiden und die die Einheit des Zeugnisses für den einen Herrn immer wieder infrage zu stellen droht. Sie sehen sich aufgerufen zu vermehrtem Gebet um die Einheit derer, die Jesus Christus angehören. Sie hoffen darauf, dass ihre getrennten Wege durch die Barmherzigkeit Gottes in der Einheit des Heiligen Geistes wieder zueinander finden.“[77]

---

77 Ebd. S. 59f.

7. Ausweitung der Arbeit „Ins Wasser fällt ein Stein…“

Wir gehen zurück und stehen im Jahr 1953, einem übrigens für Deutschland dramatischen Jahr. Am 17. Juni 1953 fand in der ehemaligen DDR der große Arbeiteraufstand gegen die Staatsmacht statt, der dann von sowjetischen Truppen blutig niedergeschlagen wurde. Bis zum Jahre 1990 war dieser Tag als „Tag der deutschen Einheit“ ein arbeitsfreier Gedenktag; heute wissen nur noch wenige, was an diesem Tag geschehen ist, an dem zum ersten und bis 1989 letzten Male ein großer Volksaufstand die DDR ins Wanken brachte.

Geistliche Standortbestimmungen

In der SMD, die ja damals ausschließlich im Westen Deutschlands und in Berlin-West arbeitete, wird dieses Ereignis seinen Niederschlag gefunden haben, auch wenn ich in der Literatur dazu nichts gefunden habe. Aber das Jahr 1953 war für den Leiter der SMD, Martin Philipp, offenbar aus einem anderen Grund sehr wichtig. Er sah da die Zeit gekommen, um mehr nach innen Rechenschaft zu geben über die seit 1948/1949 in der SMD getane Arbeit. In einem Beitrag für die Zeitschrift „Unser Auftrag“[78] kommt Martin Philipp zu Aussagen, die auch heute noch aktuell sind:

- Erstens: Dankbar wird festgestellt, dass die SMD immer noch in erkennbarem Segen arbeitet. Offenbar, so Martin Philipp, kann Gott die Arbeit für die Ausbreitung der guten Nachricht immer noch brauchen. Aber er stellt die bange Frage, die viele langgediente

78 Unser Auftrag, Dezember 1953, S. 9f.

„Deutschlands studierende Jugend für Jesus!" Das war die Losung der DCSV, und das galt nach Ulrich Wever auch für die SMD Anfang der 50er-Jahre.

Christen sich immer wieder und auch heute noch stellen: Werden die jungen Menschen, die zum Glauben gefunden haben, auch mündige Christen werden und bleiben? Philipp warnt vor zu schnellem Reden von Bekehrung und Wiedergeburt, gleichzeitig stellt er aber mit Freude fest, dass etliche junge Christen ehrenamtliche Mitarbeiter in der SMD geworden sind oder ihren Platz in einer örtlichen Gemeinde gefunden haben.

- Zum Zweiten stellt Martin Philipp die große Frage, ob der Geist der Erweckung auch noch in der Arbeit lebendig ist. Mit den Worten *„Wir haben seit langem bewusst um eine Erweckung gebetet. Sind wir wach?"*, stellt er die Herzensfrage für jede christliche Gruppe. Es geht ja so schnell mit dem Erkalten der Leidenschaft, mit dem Verglühen der ersten Liebe! Dass das nicht geschehen möge, ist das Herzensanliegen dieses Beitrags.

- In dem Zusammenhang kommt Philipp auf einen dritten Punkt zu sprechen und damit auf ein Thema, das die ganze Geschichte der SMD durchzieht und wohl auch durchziehen muss. Pointiert betont Philipp: „Unser Auftrag ist Pioniermission und nicht Gemeindebildung." Und er setzt fort: *„Wenn ein Kommilitone für den Herrn Jesus gefunden wird, dann sollten wir ihm helfen, dass er in eine örtliche Gemeinde als geistliche Heimat hineinfindet. Hat er dort Fuß gefasst, so können andere unseren Dienst an ihm fortsetzen."*[79]

- Schließlich ist es Martin Philipp sehr wichtig, dass die SMD keine „große tote Organisation" wird. Er weiß um die Notwendigkeit, auch Organisatorisches zu regeln, und bemerkt selbstkritisch, dass ihm selbst die organisatorischen Dinge weniger am Herzen liegen. Deshalb schlägt er vor, diese Dinge auf mehrere Schultern zu verteilen, damit der Leiter frei ist für seinen eigentlichen Auftrag.

Es ist mir wichtig, diese Überlegungen hier ausführlicher darzustellen. Es sind Herzensanliegen, die sicher jeden Leiter umtreiben, wenn er mit Leidenschaft dazu rufen will, geistlich wach und missionarisch lebendig zu bleiben. Noch einmal Martin Philipp in dem angesprochenen Aufsatz: *„Eins gilt uns allen: Wir müssen echte Missionare sein, bevollmächtigte Boten unseres Herrn, geübte Kämpfer mit geistlichen Waffen. Der Auftrag*

---

79 Das mag damals so möglich gewesen sein, aber auf Dauer ließ sich diese Erwartung nicht umsetzen. Örtliche Gemeinden, die jungen Christen Nahrung und Heimat sein und geben konnten, wurden seltener, die Mobilität der Studenten dazu auch größer. So blieb und bleibt es auch für die SMD eine nicht abzuweisende Frage, wie und wo für die Jungbekehrten eine geistliche Heimat angeboten werden kann. Die damit erkennbare Spannung hat sich vor allem in den 70er Jahren zu einer großen Herausforderung für die SMD entwickelt. Aber davon später.

ist gegeben. Wer führt ihn aus?"[80] Das bleiben auch für uns wichtige Überlegungen und Anfragen.

Ähnlich eindrucksvoll äußert sich Ulrich Wever im Jahr 1954 zu grundlegenden Fragen der SMD. In diesem Jahr hat er die Verantwortung der Zentralstelle der SMD übernommen. In seinem vielleicht auch deshalb fast programmatischen Aufsatz zum Thema „Die Studentenmission in Deutschland"[81] legt er wichtige Schneisen zum Verständnis von Auftrag und Dienst der SMD:

- Zum einen stellt Wever fest, dass der Name „Studentenmission in Deutschland" umstritten ist. Er könnte den Eindruck vermitteln, dass es niemand anderen gäbe außer der SMD, der unter Studenten missionieren würde. Das ist sicher nicht der Fall. Aber, so Wever: Diese Bezeichnung ist anstößig und herausfordernd, weil sie die Aufgabe der Mission als Hauptaufgabe herausstreicht. Die SMD ist davon überzeugt, *„dass sich jeder Mensch, auch jeder Student, bekehren und in persönlicher Entscheidung die zugesprochene Vergebung durch Jesus Christus empfangen muss, um nicht verloren zu gehen."*[82]

- Deshalb muss die SMD auch das M beibehalten. Denn *„weil Christus so entscheidend in unser Leben eingegriffen, weil er ihm nicht nur einen neuen Sinn, sondern überhaupt erstmalig d e n Sinn gegeben hat, deshalb genügt es uns nicht, dies und jenes zu tun und daneben auch noch zu missionieren. Das persönliche und gemeinsame Zeugnis von Jesus Christus scheint uns wichtiger als alles andere."*[83]

- Damit wird auch deutlich, dass die SMD niemals Gemeinde oder Gemeindeersatz sein kann. Es geht darum, Studierende zum Glau-

80 A. a. O., S. 10

81 In: Unser Auftrag Oktober 1954, S.3–5.

82 A. a. O., S. 3.

83 Ebd.

ben an Jesus einzuladen, ihnen dann aber den Weg in eine Ortsgemeinde zu ebnen, in der sie im Glauben weiterwachsen können.

- Die Losung der SMD ist die alte Losung der DCSV: „Deutschlands studierende Jugend für Jesus!“ Dieser Impuls war der eigentliche Anstoß für den Beginn der SMD in der Nachkriegszeit, weil in der Tat damals keine andere Bewegung erkennbar war, die sich diese Aufgabe zum Ziel gesetzt hätte. An dieser herausfordernden Losung hat sich nichts geändert.

Es ist gut und sinnvoll, dass damals erneut bewusst gemacht wurde, wozu die SMD da ist und wozu nicht. Mit seinen Akzenten hat Ulrich Wever für seine Dienstzeit in der SMD an das Erbe der Pioniere erinnert und deutlich gemacht, dass wohl die Methoden der Mission sich ändern können, nicht aber der Auftrag.

Ganz eindeutig kommt dabei und nicht nur an dieser Stelle heraus, was dann auch alle kommenden Zeiten der SMD prägen wird: Die SMD ist nicht Gemeinde, auch wenn sie Studierenden immer wieder ein Stück geistliche Heimat vermittelt. Entscheidend bleibt der Ruf in die Nachfolge und da insbesondere der Ruf zum missionarischen Zeugnis von Jesus Christus, um Studierende zum Glauben an ihn einzuladen. Damit wird auch klar, dass sich die SMD weder landeskirchlich noch freikirchlich einordnen lässt und verrechnen lassen will. Das Thema Taufe spielt in der Arbeit keine Rolle. Sie soll nicht im Rahmen der SMD vollzogen werden, sondern im Rahmen einer kirchlichen Handlung geschehen. Auch die Feier des Abendmahls gehört nicht zwingend zu den geistlichen Angeboten der SMD. Damit erspart sich die Arbeit auch die sonst unumgänglichen theologischen Debatten im Blick auf Tauf- und Abendmahlsverständnis. Zur Überzeugung der SMD von Anfang an gehört auch, dass das Werk ein Spendenwerk ist und bleibt und auch nicht teilweise auf kirchliche Zuschüsse angewiesen ist. Die SMD lässt sich mit alledem eher als eine Wesensäußerung der Evangelischen Allianz verstehen. Auch wenn sie kein direktes Werk der Evangelischen Allianz in Deutschland (EAD) ist, so gehört die SMD doch zu den Werken, die auf Basis der Allianz arbeiten und sich mit ihr verbunden fühlen.[84] Nur sehr selten hat sich die SMD zur Mitgliedschaft in andere Vereinigungen bereitgefunden. Damit behielt sie ihre Unabhängigkeit und Freiheit für die Entfaltung der eigenen Berufung. Am besten zu beschreiben ist die SMD meines Erachtens als freies christliches Werk in unserem Land.[85]

Solche Klärungen braucht jede geistliche Arbeit von Zeit zu Zeit, damit die Berufung nicht aus dem Blickfeld gerät und die Arbeit verwechselbar wird. Jede neue Generation steht unmittelbar vor dem Herrn. Sie weiß um das Erbe der Vorgänger, aber sie bekommt den Auftrag wieder ganz neu zugesprochen, – oder aber der Auftrag ist nicht mehr so da wie bislang. Bisher hat die SMD Gott sei Dank an ihrer Berufung festgehalten und sie erneut bestätigt bekommen.[86]

Organisationsstruktur[87]

Auch wenn die Leitung der SMD damals immer wieder betonte, dass Strukturfragen und damit auch organisatorische Dinge eher zweitrangig sind und allein der missionarische Auftrag entscheidend ist, so ließ sich nicht verhindern, dass auch solche Themen bearbeitet werden mussten. Und das ging auch nicht anders – ja, das geht überhaupt nicht anders. Man kann es nicht nur bei der SMD nachverfolgen. Es gilt auch für andere Werke und Verbände: Aufbruchszeiten haben es oft mit viel Spontaneität zu tun, mit enormer Dynamik. Nur kann es nicht beim Aufbruch blei-

---

84 In der Struktur der EAD werden diese Werke als „Kategorie II“ bezeichnet. Es gibt insgesamt drei verschiedene Kategorien, siehe www.ead.de.

85 Vgl. hierzu meinen Artikel im Evangelischen Lexikon für Theologie und Gemeinde, Band 3, Wuppertal, S. 2150–2151 zum Thema „Werke, Freie“.

86 Vgl. hierzu Ulrich Wever, Dritte Generation SMD, in: Unser Auftrag, Juni 1955, S. 3ff. Wie wichtig Wever dieser Beitrag war, sieht man daran, dass er ihn im Jahre 1959 in der „Antenne (Mitteilungen)“ erneut veröffentlicht hat, vgl. U. Wever, Wo steht die SMD heute?, in: Antenne, Mitteilungen der SMD, Mai 1959, S.3f.

87 Vgl. zum Ganzen Hans Rohrbach, Studenten begegnen der Wahrheit, Marburg 1959, S. 48ff.

ben: Irgendwann braucht eine Arbeit erkennbare und abrufbare Organisationsstrukturen. Wichtig ist nur, dass Strukturfragen geistliches Leben nicht einengen oder sogar verhindern.

Schon bei der Gründungsversammlung im Jahr 1949 in Kloppenheim waren Strukturfragen deutlich im Blick. Dort wurde ein fünf- bis sechsköpfiger Mitarbeiterausschuss gebildet, der die Leitung der Arbeit innehaben sollte. Daneben entwickelte sich die schon vorher bestehende Mitarbeiterbesprechung weiter, die zweimal jährlich tagte und auch inhaltliche Akzente setzte. Ab 1951 wurde die Besprechung im Herbst durch einen öffentlichen Programmteil ergänzt, aus dem die heute noch quicklebendige Herbstkonferenz (Heko) entstand. Zur Mitarbeiterbesprechung waren je zwei Personen aus einer Studentengruppe eingeladen. Im Blick war damals auch schon der Bruderrat. Hier sollten sich ältere erfahrene Brüder versammeln, als Beratungskreis für den ausschließlich aus Studenten bestehenden Mitarbeiterausschuss.[88] In Aktion trat dieser Bruderrat im Jahr 1952.

Als die Arbeit weiterwuchs, ergab sich, dass der Planung und Vernetzung der Arbeit mehr Raum gegeben werden musste. So wurde im Jahr 1955 ein Hauptausschuss gegründet, der dem Mitarbeiterausschuss übergeordnet war. Hier kamen die leitenden Vertreter der einzelnen Arbeitsgebiete

Der Bruderrat setzte sich aus „älteren Semestern" zusammen und stand der jungen SMD als Beratungsgremium zur Seite.

88 Siehe die Ausführungen im Protokoll der Mitarbeiterbesprechung in Kloppenheim 1949 (liegt hektographiert im Archiv der SMD vor).

wie Studentenmission, Schülermission und Akademikergemeinschaft, aber auch die Verantwortlichen für den Reisedienst, die Finanzen und die Literaturarbeit zusammen. Der Hauptausschuss wurde das eigentliche Leitungsgremium der SMD; der Bruderrat stand nach wie vor als Beratungsgremium zur Seite.

Bald aber konnte der Hauptausschuss die Fülle der Arbeit nicht mehr allein bewältigen, deshalb wurde der Bruderrat gebeten, stärker in die Verantwortung für die Gesamtarbeit einzutreten. Im Jahr 1956 übernahm ein „erweiterter Bruderrat" die Gesamtleitung und Verantwortung der SMD. Der Bruderrat setzte sich aus den bisherigen Mitgliedern des Bruderrates, den Mitgliedern des Hauptausschusses und einigen weiteren Vertretern der Arbeitsbereiche zusammen. Aus diesem Bruderrat heraus wurde ein Vorstand gewählt. Damit hatte sich die Arbeit eine Organisationsstruktur gegeben, die sich bis heute bewährt hat. Denn auch heute leitet der Rat zusammen mit dem Vorstand die SMD im Gegenüber und im Miteinander mit den Hauptamtlichen.

Personelle Veränderungen

In dem oben angesprochenen Aufsatz aus dem Jahre 1953 teilte Martin Philipp mit, dass Fritz Laubach aus der Mitarbeit in der SMD ausscheiden wird. Die beiden hatten ja bisher als Tandem gearbeitet und sich offenbar auch immer wieder abgewechselt: Mal war der eine unterwegs und der andere stärker auf die Zentralstelle konzentriert, mal war es umgekehrt. Man spürt es den Worten von Philipp ab, wie schwer es ihm gefallen ist, Fritz Laubach gehen zu lassen. Aber so war es nun; Fritz Laubach musste sich um seinen eigenen beruflichen Werdegang kümmern und tat das auch.

Im Jahr 1954 trat Ulrich Wever immer mehr ins Blickfeld. Wie es mit Martin Philipp weiterging, lässt sich aus den mir vorliegenden Unterlagen nicht entnehmen. Er muss in diesem Jahr oder etwas später auch aus der Leitungsverantwortung ausgeschieden sein. Sein Name findet sich dann unter den Mitgliedern des Bruderrates. Er war später jahrelang Pfarrer in Großalmerode.

Aber auch Ulrich Wever war ja schon in den Anfängen dabei. Jetzt hatte er die Verantwortung für die Zentralstelle übernommen und trat auch literarisch immer mehr in Erscheinung. Neben ihm wurde 1954 Eva-Maria Marschall (später: Eva-Maria Semmelroth) als Reisesekretärin für die Studentenarbeit tätig. Beide haben sich stark in die Arbeit der SMD eingebracht. Ulrich Wever blieb der Leitung der Zentralstelle bis Ende 1959 erhalten.

Im Blick auf Eva-Maria Marschall darf ein schweres Erleben nicht unerwähnt bleiben: Sie musste etwas erleben, was sich tief in das SMD-Gedächtnis eingebrannt hat. Es zeigt, dass die raue Wirklichkeit dieser Jahre in beiden Teilen Deutschlands auch an der SMD nicht vorbeiging. Bei einem Besuch in der damaligen DDR wurde Eva-Maria Marschall am 17. Oktober 1957 in Dresden völlig überraschend von Mitgliedern der Staatssicherheit verhaftet. Ebenso erging es Gerd Möhlmann, einem in der SMD-Gruppe Berlin tätigen Studenten. Er wurde am Brandenburger Tor festgenommen. Beiden wurde vorgeworfen, sie hätten SMD-Gruppen in der DDR gründen wollen. Obwohl die SMD sich über alle Jahre hinweg politisch neutral verhalten hatte, wurde sie schon länger verdächtigt, staatsfeindliche Umtriebe voranzutreiben. Es war bekannt, dass die SMD in Berlin-West Freizeiten organisiert und auch Studenten aus der DDR dazu eingeladen hatte. So war offenbar der Verdacht entstanden, nun sollten SMD-Gruppen auch auf dem Boden der DDR gegründet werden. Die SMD-Zeitschrift „Unser Auftrag“ wurde als Hetzschrift bezeichnet. Viele der Vorwürfe wurden später fallen gelassen. Dennoch musste Eva-Maria Marschall nach ihrer Festnahme zehn lange Monate im Gefängnis bleiben. Ebenso traf es Gerd Möhlmann. Konrad Heining, ein dritter Festgenommener und Bürger der DDR, wurde zu fünf Monaten Gefängnis auf Bewährung verurteilt. Offenbar war das Gericht der

Eva-Maria Marschall

Meinung, er könne jetzt beweisen, „dass man auch als aufrechter Christ in der DDR voll seinen Platz ausfüllen könne."[89]

Der Schock wird Eva-Maria Marschall noch Jahre begleitet haben. Dennoch hat sie ihren Dienst als Reisesekretärin der SMD noch bis 1968 fortgesetzt (mit kurzer Unterbrechung in den Jahren 1959 und 1960). Später hat sie jahrelang, bis Anfang der 90er-Jahre, im Vorstand und im Bruderrat der SMD gewirkt.[90] In der zweiten Hälfte der 50er-Jahre bekam Eva-Maria Marschall weitere Kollegen als Reisesekretäre an die Seite. In den Mitteilungen[91] im Dezember 1958 wird berichtet, dass der Bruderrat inzwischen zwölf Planstellen vorgesehen habe, von denen fünf noch zu besetzen seien. So stark hatte sich die Arbeit also ausgeweitet! Gleichzeitig wird in dem Blatt intensiv um Spenden gebeten, denn natürlich mussten die neuen hauptamtlichen Kräfte auch bezahlt werden. Weiter wurde Vikar Ingfried Woyke aus Westfalen berufen, vor allem wohl, um in der Zentralstelle Ulrich Wever zu entlasten. Inzwischen muss sich auch Günter Dulon wieder eingefunden haben, nachdem er sein Studium in den USA beendet hatte.

Doch 1959 muss es im Blick auf den Personalbestand der Zentralstelle eine richtige Krise gegeben haben. Denn fast gleichzeitig verließen Ende des Jahres die wichtigsten Mitarbeiter ihre Arbeit. Günter Dulon folgte einem Ruf an die Bibelschule Wiedenest, Eva-Maria Marschall wurde Religionslehrerin in Marburg, um mehr Zeit für ihren kranken Vater zu haben. Gertrud Tabler stand vor ihrem 2. Theologischen Examen und stieg aus der Arbeit aus, Ingfried Woyke wurde Gemeindepfarrer in

89 Die diesbezügliche Gerichtsverhandlung fand am 7.2.1958 im Stadtgericht Berlin statt. Archivunterlagen zu diesen Vorgängen sind bei der SMD vorhanden und konnten von mir eingesehen werden.

90 Vgl. zur Biografie von Eva-Maria Semmelroth: Käte Brandt, Frauen in der SMD, in: Rechenschaft geben von unserer Hoffnung. Festschrift zum 50jähigen Bestehen der SMD, Marburg 1999, S. 82.

91 Die Zeitschrift trug 1957 und 1958 nur den Namen „Antenne", der ab Nr. 6 (Dezember 1958) um den Titel „Mitteilungen" ergänzt wurde. In diesem Buch werden die Titel „Mitteilungen" und „Antenne" daher synonym verwendet.

Lüdenscheid. Aber auch Ulrich Wever sah andere Ziele vor sich: Er hatte einen Ruf zur Mitarbeit bei der IFES und folgte ihr auch im Jahre 1960.

Der Vorstand reagierte darauf mit einem Schreiben an die SMD-Freunde.[92] Er erinnert daran, dass die Arbeit in den Anfängen ausschließlich von Ehrenamtlichen getan worden sei, und dass es deshalb keinen Grund zur Resignation gebe. Dennoch spricht er auch von Fragen nach eigener Schuld, was auch immer damit gemeint sein könnte. Auch das Wort „Krise" wird gebraucht, sodass Vermutungen bleiben, dass es irgendein Problem gegeben haben könnte, das zu diesem plötzlichen Ausscheiden fast aller Mitarbeiter der Geschäftsstelle im Jahr 1959/60 geführt haben könnte.[93]

Monate später klingt alles schon wieder viel freundlicher. Die Ausscheidenden Ulrich Wever und Günter Dulon werden mit viel Dank verabschiedet.[94] Und es wird mitgeteilt, dass ein neuer Geschäftsführer gefunden worden ist: An die Stelle von Ulrich Wever trat Dr. Hans-Heinz Damm, den sich Ulrich Wever wohl ausdrücklich als Nachfolger gewünscht hatte.[95] Auch er ist offenbar schon seit zehn Jahren der SMD verbunden. Zwar findet sich in der mir vorliegenden Literatur dazu

---

92 Mitteilungen 11/1959, S. 1f.

93 Ulrich Wever schreibt in seinem Abschiedsbrief an den Bruderrat (11.8.1959): „Der von mir inzwischen gefasste Entschluss, aus dem vollzeitlichen Dienst der SMD auszuscheiden, ist nicht zuletzt der Überzeugung erwachsen, dass damit der SMD in ihrer gegenwärtigen Führungskrise und zu Beginn einer gründlichen Neubesinnung am besten gedient ist."

94 Mitteilungen 11/1959, S. 11.

95 Offenbar hat es im ersten Halbjahr 1960 keine Ausgabe der Antenne (Mitteilungen) gegeben. Stattdessen wurde am 24.6.1960 ein Rundbrief versandt an die Mitarbeiter und Freunde der SMD. In diesem Brief findet sich unter der Rubrik „Zentralstelle" die Mitteilung über die Anstellung von Hans-Heinz Damm. Dort wird ihm auch der Titel „Generalsekretär" zugeteilt, m. E. zum ersten Male in der Geschichte der SMD. Im Dezember 1960 erscheint dann wieder eine Ausgabe der Mitteilungen (13/1960). Hier wird nun auf S. 2 von Prof. Rohrbach und Karl Sundermeier offiziell mitgeteilt, dass Hans-Heinz Damm seinen Dienst begonnen hat.

nichts, aber es hat sicher viele gegeben, die in all den Jahren mitgewirkt haben, ohne dass sie literarisch besonders hervorgetreten wären. Neu berufen wird für den Reisedienst auch Werner Penkazki, den Hans Bürki empfohlen hatte. Mit Dank wird auch der Justizreferendar Hans-Günter Langenbach erwähnt: Er hat im Übergang von Ulrich Wever zu Hans-Heinz Damm als Geschäftsführer die Arbeit in der Zentralstelle verantwortet. Eben dieser Hans-Günter Langenbach wurde dann einige Jahre später sehr wichtig für die SMD. Ebenfalls mit Dank wird berichtet, dass Eva-Maria Marschall ihren Dienst in der SMD wieder aufgenommen hat.

Insgesamt hat dieser starke Personalwechsel der Arbeit der SMD vor Ort offenbar nicht geschadet. Hans Rohrbach und Karl Sundermeier schreiben für den Vorstand der SMD im gleichen Zusammenhang: „Es warten neue und wichtige Aufgaben auf unsere Sekretäre, vor allem ein weiterer Besuchsdienst bei den über 20 Hochschulgruppen und den etwa 600 Jungakademikern.“[96]

Schülermission[97]

Die Schülerarbeit, oder wie sie damals hieß, die Schülermission, war nie aus dem Blickfeld geraten, auch wenn sie im Jahr 1949 vorläufig aufgegeben werden musste. Den Verantwortlichen der SMD war jederzeit bewusst, dass eine Studentenarbeit ohne eine entsprechende Schülerarbeit nicht wirklich organisch ist. Darum hat es auch in den Anfängen der 50er-Jahre immer wieder Tagungen gegeben, bei denen Schüler willkommen waren – und die sie auch genutzt haben. Aber in den Jahren des Aufbruchs waren Kraft und Geld nur für die Entwicklung der Studentenarbeit da. Als da aber die notwendigen Klärungen erfolgt waren und auch mehr Mittel zur Verfügung standen, konnte sich die SMD wieder stärker der Schülerarbeit zuwenden. Das begann im Jahr 1954. Offenbar war es da schon möglich und sinnvoll, jemanden für die Schülermission ein-

96 Mitteilungen 13/1960, S. 2.

97 Vgl. hierzu auch Maria Stettner, Missionarische Schülerarbeit, München 1999, S. 99ff.

In den Jahren 1954–1960 gab es eine lebendige und intensive Arbeit unter Schülerinnen und Schülern. Hier eine Jungengruppe.

zustellen. Schon im April dieses Jahres berichtet Ulrich Wever in einem Schreiben an die Freunde und Mitarbeiter: „Wir gehen in das Sommersemester mit einem Reisesekretär, einer Reisesekretärin, einem Leiter der Zentralstelle mit Sekretärin, und dazu wird die uns angeschlossene Arbeit der Schülermission nun erstmalig von einem vollzeitlichen Mitarbeiter mit seiner Frau übernommen und ausgebaut."[98] Es wird auch schnell deutlich, um wen es sich handelt: Martin Philipp berichtet, dass der pfälzische Vikar Arnold Bittlinger mit seiner Frau Ilse 1954 in diesen Dienst berufen worden ist[99]. Beide sind allerdings nur kurz in dieser Arbeit tätig gewesen; die pfälzische Heimatkirche holte Arnold Bittlinger zurück, um ihn auf leitende Aufgaben in dieser Kirche vorzubereiten. Er wurde 1961 Leiter des Volksmissionarischen Amtes der Pfälzischen Kirche. Landes-

98 Hektographiertes Schreiben im Archiv der SMD, S. 1.

99 Martin Philipp, Zur Lage der SMD, in: Unser Auftrag, Oktober 1954, S. 12f.

weit wurde er dann dadurch bekannt, dass er nach einer USA-Reise im gleichen Jahr von besonderen geistgewirkten Aufbrüchen im Westen der USA berichtete. Diese Erfahrungen brachte er nachhaltig in Deutschland ein; er ist sozusagen der Vater der deutschen „Geistlichen Gemeinde-Erneuerung" (GGE) geworden.[100]

In den Jahren 1954–1960 hat es aber eine ausgesprochen lebendige und intensive Arbeit unter Schülerinnen und Schülern gegeben. So kurz Arnold Bittlinger und seine Frau auch nur in der SMD wirken konnten, so nachhaltig war doch ihr Dienst. Danach trat die Theologiestudentin und spätere Vikarin Gertrud Tabler in die Arbeit ein. Sie hat sich mit unglaublicher Leidenschaft und Tatkraft für die Schülermission eingesetzt.

Wie vielfältig und bewegend sich diese Schülermission schon in der zweiten Hälfte der 50er-Jahre entwickelt hat, lässt sich aus den reichen und regelmäßigen Informationen in den „Mitteilungen" dieser Jahre entnehmen. So heißt es z. B. in der Ausgabe im Dezember 1958: „In jedem Jahr erhalten wir mehr Anmeldungen für unsere Schülerfreizeiten. Oft haben die Schüler keine Ahnung, um was es eigentlich bei diesen Freizeiten geht. Viele von ihnen kommen aus gottfernen Elternhäusern. Dass manch einer in den Tagen der Freizeit den Herrschaftsanspruch Jesu begreift und sich ihm ausliefert, ist uns immer wieder ein Wunder und ein Beweis von der Wirksamkeit des Heiligen Geistes."[101] Im Folgenden wird dann ausführlich aus Freizeiten berichtet, so von Freizeiten in Ofterschwang im Allgäu, in Moscia/Schweiz, in Luxemburg und in England. Also auch das gab es damals schon, die internationale Färbung der Schülerfreizeiten, die später dann ein großes Gewicht bekommen sollten.

Für Gertrud Tabler war vor allem die Nacharbeit wichtig. Was sie dazu schreibt, gilt auch noch heute: „An der örtlichen Nacharbeit entscheidet es sich, ob die Freizeitdienste wirklich zum Segen oder zum Verhäng-

---

100 Zum Einzelnen vgl. Hartmut Bärend, Wie der Blick zurück die Gemeinde nach vorn bringen kann, a. a. O., S. 168ff.

101 In: Mitteilungen 1. Jahrgang, Nr. 6, Dezember 1958, S. 7.

nis werden. Hier entscheidet es sich auch, ob wir wirklich verantwortlich unsere Arbeit tun oder nur die Kinder zur Bekehrung führen und dann verhungern und zu geistlichen Krüppeln werden lassen ... Es genügt u. U. ein offenes Haus, wohin die Schüler einmal eingeladen werden und wo sie Menschen begegnen, die mit ihnen beten und Bibel lesen, die ihnen auch Fragen beantworten und ihnen helfen können, in einer örtlichen Gemeinde heimisch zu werden. Aus allen Teilen der Bundesrepublik liegen Anschriften von Schülern und Schülerinnen bei uns vor. Wir rufen dringend nach Mitarbeitern, die sich in ihren Heimatorten der jungen Menschen annehmen. Bitte erkennt eure Verantwortung und meldet euch!“[102]

Ja, das bleibt eine zentrale Aufgabe! Ich weiß auch nicht, wo ich heute stehen würde, wenn ich nicht nach meiner Bekehrung durch die Fackelträgerarbeit im Jahr 1956 gleich einen EC-Kreis gefunden hätte, der mich mit großer Offenheit aufgenommen hat.

In der gleichen Ausgabe der Mitteilungen wird dann auch noch angekündigt, dass im kommenden Jahr 1959 acht weitere Schülerfreizeiten stattfinden werden, u. a. auch in Schleswig-Holstein in Verbindung mit dem MBK-Schleswig-Holstein. Mit Leidenschaft wird dazu aufgerufen, sich als Mitarbeiter zur Verfügung zu stellen: „Wer auf der Herbstkonferenz in Marburg war und die Berichte über die Freizeiten gehört hat, kann bestätigen, dass alle, die auf Schülerfreizeiten mitgeholfen haben, nicht nur von der Arbeit und Freude berichteten, sondern auch von dem Segen, den sie selbst durch diesen Dienst empfangen haben.“[103]

Gertrud Tabler musste dann im Jahr 1960 aus der Arbeit aussteigen. Sie hat es selbst sehr bedauert, aber sie musste sich auf das Zweite Theologische Examen vorbereiten. An ihrer Stelle hat Eva-Maria Marschall ab 1960 noch manchen wertvollen Dienst für die Schülerarbeit getan, nachdem sie – nach einer Pflegephase für ihren Vater – wieder in die Arbeit der SMD eingestiegen war. Kein Zweifel, es waren blühende Jahre in der

102 Ebd.

103 A. a. O., S. 8.

Schülerarbeit, nur leider konnte sie danach bis zum Jahr 1966 nur noch sporadisch getan werden. Es fehlten einfach die Kräfte und die Mitarbeiter. Aber den Verantwortlichen der Studentenarbeit war und blieb ungemein wichtig, neben den Studierenden auch die Schülerinnen und Schüler der Oberschulen im Blick zu behalten, um sie mit dem Evangelium zu erreichen.

Die Akademikergemeinschaft in Deutschland (AGD)

Aber nicht nur die Schüler waren immer wieder im Blick, auch die Jungakademiker. Schon seit Jahren wurden in den Veröffentlichungen der SMD die „älteren Brüder" genannt, sozusagen als Hoffnungsträger für die Übernahme von leitender Verantwortung innerhalb der SMD und als Ratgeber für die Studierenden. Wer waren diese älteren Brüder – und natürlich auch Schwestern? Sie hatten ihre Examina bestanden und wurden beruflich tätig. Viele von ihnen fanden in Ortsgemeinden ihre geistliche Heimat, andere in freien Werken und Verbänden. Wieder andere sind leider ganz abgekommen und auch nicht wiederaufgetaucht. Viele aber suchten nach Abschluss des Studiums außerhalb einer verfassten Kirche eine geistliche Heimat und taten sich innerhalb der SMD zusammen, um weiter Leben zu teilen und im Glauben zu wachsen. Sehr klar hat das im Rückblick Bodo Volkmann beschrieben: *„Nicht an jedem Ort findet ein Jungakademiker … eine Gemeinde mit biblischer Verkündigung und echtem, geistlichem Leben. Oft haben Jungakademiker darüber geklagt, dass in den Gemeinden kaum jemand aus ihrer Altersgruppe zu sehen sei und vor allem vermissten sie mitunter die ihnen vertrauten geistlichen Lebensformen des gemeinsamen, freien Gebetes, des gemeinsamen Bibelstudiums, des gemeinsamen missionarischen Wirkens und der intensiven gegenseitigen Seelsorge. So kam es, dass leider manche nach ihrem Studium geistlich einsam wurden und sich nach der besonders herzlichen Gemeinschaft zurücksehnten, die sie von der SMD-Gruppe her gewohnt* *waren. Aus dieser Erkenntnis heraus wurde 1953 die Akademikergemeinschaft der SMD gegründet.*"[104]

Es ist ja auch ganz verständlich, dass sich innerhalb der SMD der Blick für die Akademiker öffnete: Die SMD-Studentenarbeit kann sich ja nur auf ihre eigene Zielgruppe ausrichten, sie kann aber auf den Blick nach „unten" (Schüler) und nach „oben" (Akademiker) nicht verzichten. Die Schülerinnen und Schüler sind ja potenzielle Studienanwärter, die Akademiker sind ehemalige Studenten, die den ihnen nachfolgenden Studentengenerationen eine große Hilfe sein können.

Im Jahr 1953 war also der Bedarf für einen Zusammenschluss der von der SMD geprägten Akademiker da! Viele, die ihr Studium 1948/49 begonnen hatten, machten ihre Examina und suchten nach einer geistlichen Heimat über das Studium hinaus. So wurde im Jahr 1953 im Einvernehmen mit dem Bruderrat die „Akademikergemeinschaft in Deutschland" (AGD) gegründet. Zwar hat sich die Bezeichnung zunächst in „Akademikerarbeit" und dann in „Akademiker-SMD" geändert, für viele „Alte" – wie auch für mich – ist AGD immer noch das treffende Markenzeichen[105]

Was wollte die AGD, und was will die Akademiker-SMD auch noch heute? In einem Protokoll des AGD-Leitungskreises aus dem Jahr 19 59 werden dazu folgende Akzente gesetzt:[106]

1. *„Stärkung und Zurüstung der aus der SMD hervorgegangenen Akademiker für ihre Tätigkeit als Zeugen,*

2. *Hinführung der Jungakademiker in lebendige Gemeinden, wobei es um aktive Teilnahme am normalen Gemeindeleben geht,*

104 Bodo Volkmann, Die Akademikergemeinschaft der SMD, in: Dynamis 26, Winter 1961/62, S. 20.

105 Vgl. zum Folgenden Christoph Rösel, Die Akademikerarbeit der SMD, in: Rechenschaft geben von unserer Hoffnung, Festschrift zum 50-jährigen Bestehen der SMD, Marburg 1999, S. 197ff.

106 A. a. O., S. 197.

3. *Festigung des Verantwortungsbewusstseins der Jungakademiker für die Arbeit der studentischen SMD, das in Fürbitte, aktiver Mitarbeit auf Einladung der Gruppen und materieller Unterstützung zum Ausdruck kommen soll,*

4. *Hilfe in Fragen, die sich speziell für den bibelgläubigen Akademiker in der Auseinandersetzung mit grundsätzlichen geistlichen Problemen der Gegenwart ergeben, insbesondere bei der Ausübung seines Berufes."*

Diese vielleicht nicht unbedingt sprachlich, aber der Sache nach eindrücklichen Formulierungen haben ihre Bedeutung nicht verloren. Sie beschreiben markant die Aufgaben, die auch heute noch höchst relevant sind:

- Ein wichtiger Gedanke steht gleich am Anfang: Das Christsein endet nicht mit dem Studium. Die Akademikerarbeit macht es sich zur Aufgabe, die im Glauben zu stärken, die in ihrer Studienzeit der SMD angehörten. Aber nicht nur um Stärkung und Zurüstung allgemein soll es gehen, sondern darum, dass die Jungakademiker auch in ihren Berufen Zeugen des Evangeliums bleiben. Also auch Akademiker werden weiter auf ihren missionarischen Auftrag hin angesprochen! Dieser Anspruch muss in jeder neuen Generation wieder aufgenommen werden. Das M bei der SMD gilt auch in der AGD!

- Spannend sind dann auch die Punkte zwei und drei: Zum einen sieht es die AGD als ihre Aufgabe, Jungakademiker in Ortsgemeinden hineinzuführen. Das ist eine ehrenvolle und gleichzeitig entsagungsvolle Aussage, sie entspricht aber der Grundüberzeugung der SMD, keine Gemeinde sein zu wollen. So ist es also ganz im Sinne der AGD, dass sich die missionarischen Aufgaben der Jungakademiker in die Gemeinde hinein verlagern. Zum anderen aber bleibt doch auch ein Auftrag in Richtung SMD: Die, die einmal durch die SMD geistliche Orientierung für ihr Leben bekommen haben, sind nun eingeladen, etwas zurückzugeben von dem, was sie empfangen haben. Fürbitte, Bereitschaft zur Mitarbeit in Aktivitäten der studentischen Gruppen und Opferbereitschaft stehen im Zentrum.

- Aber auch ein weiterer Punkt wird angesprochen: Akademiker in ihrem Beruf! Die Akademikerarbeit möchte bei beruflichen Herausforderungen und Problemen eine Hilfe sein. Darum haben sich im Laufe der Jahre auch Berufsgruppen zusammengetan, um in Tagungen und Freizeiten berufliche Fragen aus dem Geist der Bibel heraus zu erörtern und den Glauben auch im Beruf durchhalten zu können.

- Ein Letztes zu diesem Protokollauszug: Hier wird zweimal das Wort „Jungakademiker“ verwendet. Das ist für das Jahr 1959 auch noch sehr verständlich; so richtig „alte“ AGDler gab es da noch nicht. Bis heute hat sich aber vieles verändert; Generationen von SMDlern sind Akademiker geworden. Darum ist es gut, dass es jeweils angepasste Angebote gegeben hat und gibt. Aber wie wichtig und gut ist es doch, dass in all den Jahren bis heute die Jungakademiker als Zielgruppe immer wieder neu ins Blickfeld genommen worden sind.[107] Sie sind den Studenten am nächsten und können der SMD weiter große Dienste tun. Umgekehrt kann die Akademikerarbeit orientierende Dienste leisten in einer immer unübersichtlicheren Berufs- und Lebenswelt.

107 In besonderer Weise hat sich dann Hans-Heinz Damm in seiner Zeit als Generalsekretär dafür eingesetzt, dass die Jungakademikerarbeit im Blickpunkt bleibt, siehe seine Schrift „Kirche und Studentenmission“, in: Dynamis 26, S. 17. Später wird die Jungakademikerarbeit besonders im Osten Deutschlands wichtig, vgl. Hartmut Zopf, Zur Geschichte der Studentenarbeit in Ostdeutschland, in: Festschrift zum 50-jährigen Bestehen der SMD, S. 85ff. Im Jahr 1993 wird eine dritte Hauptamtlichenstelle der Akademikerarbeit eingerichtet, die sich besonders den Jungakademikern widmen soll. Erste Stelleninhaberin wird Ursula Leiser-Neef, vgl. das Protokoll der Ratssitzung vom 5./6.6.1993.

Wie ging das nun praktisch zu mit der AGD? Zunächst begann alles sehr locker.[108] Durch Rundbriefe und Freizeiten wurden Verbindungen hergestellt. In einigen Städten (Frankfurt, Siegen, Freiburg u. a.) entstanden private Hauskreise.[109] Die ersten Freizeiten fanden 1954 in Bad Oeynhausen und in Kronberg/Taunus statt. Diese führten zu den später so traditionellen Pfingstfreizeiten für Akademiker, die immer größer wurden und schließlich an drei Orten gleichzeitig stattfinden mussten. Die Themen waren, wie es ja auch beabsichtigt war, geistlicher Natur und gleichzeitig gesellschaftlich relevant, wie z. B. das Thema im Jahr 1959: „Gelebter Glaube – Wege und Irrwege der Liebe", oder das Thema für 1961: „Einsamkeit – Masse – Gemeinschaft".

Die Leitung der AGD wechselte oft in den ersten Jahren; – denn wer war schon imstande, ehrenamtlich neben der Tätigkeit als Arzt oder Gymnasiallehrer lange ein solches Amt zu tragen. Erst 1960 änderte sich das: Im Juli dieses Jahres hat Pfarrer Dr. Hans-Heinz Damm zusätzlich zu seinem Amt als Generalsekretär der SMD auch die Leitung der AGD übernommen. Damit kam es zu einer stärkeren Konsolidierung der Arbeit. Es wurden feste Mitgliedserklärungen eingeführt und eine geistliche, tätige und finanzielle Mitverantwortung für die studentischen Gruppen erwartet. Im Jahr 1962 kam es zur Gründung der Akademikerzeitschrift „Porta", die immerhin mit 70 Ausgaben bis 2002 bestanden hat und überaus prägende Bedeutung für die ganze SMD hatte. Hier wurde literarisch geistliches Schwarzbrot geliefert, und hier wurden auch viele Auseinandersetzungen mit Zeitströmungen bearbeitet. Ab 1971 hatte die AGD dann einen eigenen Hauptamtlichen,

Friedhardt Gutsche

108 Vgl. zum Folgenden Bodo Volkmann, ebd.

109 Ich selbst war in meinen Jahren als Wissenschaftlicher Assistent an der Universität Münster (1970–72) in einem solchen privaten Hauskreis der AGD. Die geistliche Gemeinschaft und menschliche Wärme haben mir damals sehr gutgetan.

der ausschließlich für diesen Arbeitszweig zuständig war. Das war Pfarrer Friedhardt Gutsche, der nach den Jahren bei der SMD Direktor der landesweit bekannten missionarisch-diakonischen Ausbildungsstätte Malche in Porta Westfalica wurde.

Im Jahr 1977 wurde der Name AGD geändert. Es ging darum, dass auch nach außen erkennbar wurde, dass die Akademikerarbeit Teil der SMD ist. Darum hieß sie dann genau so, Akademikerarbeit der SMD, und seit 2003 Akademiker-SMD. Inzwischen ist die Arbeit sehr gewachsen und seit 2007 gibt es mit der „Akademikon" eine zentrale Tagung. Aber davon später.

Schwesternarbeit

Seit 1958 gab es noch ein anderes Aufgabenfeld für die SMD. Es entstand eine schnell aufblühende Arbeit unter Krankenschwestern. Sie war nie ein eigener Arbeitsbereich der SMD, sie wurde aber für die Dauer ihres Bestehens von der SMD stark unterstützt. Darum soll auch von ihr hier die Rede sein.

Für Pionierarbeiten braucht es Pioniere, Einzelpersönlichkeiten, die einen Blick haben für eine offensichtliche Not oder Herausforderung. Es war eine Schulschwester aus Calw im Schwarzwald,[110] die erkannte, dass ein geistliches Engagement für Krankenschwestern nötig war. Ilse Voigt sah in ihrer eigenen Schwesternschule in Calw, dass viele Pflegeschülerinnen ohne geistlichen Hintergrund waren. Einige von ihnen gingen an ihrer Arbeit kaputt, andere verloren sich in Welten, die für sie ungesund waren. Ilse Voigt sah die Not, aber sie konnte nicht viel tun. Die Leitung ihrer Schule verlangte, dass sie sich in ihrem Dienst neutral zu verhalten habe und nicht missionieren dürfe. Ihrem Wunsch, aufzuhören, um sich vollzeitlich für die angehenden Krankenschwestern einzusetzen, wurde nicht entsprochen; die Schule nahm ihre Kündigung nicht an. Trotzdem blieb die Sehnsucht, und sie wurde dadurch vertieft, dass sie aus einem Papier der Schweizer VBG entnahm, dass dort für die Entstehung einer

110 Vgl. hierzu ihren eigenen Bericht in: Mitteilungen 6/1958, S. 9.

Schwesternarbeit in Deutschland gebetet wurde. Die Frau von Hans Bürki, Ago Bürki, hatte sich für dieses Anliegen eingesetzt.

Schließlich erlitt Ilse Voigt einen schweren Autounfall, in dem sie wunderbar bewahrt wurde. Dadurch war der Weg frei; sie konnte kündigen und begann am 1. Oktober 1958 mit einem missionarischen Dienst unter Krankenpflegerinnen. Die SMD hat dieses Anliegen von Anfang an unterstützt. Schon im August des Jahres hatte sie einen Aufruf an gläubige Krankenschwestern gesandt; 400 (!) Personen meldeten sich, fast alle mit großer Freude. Im Rahmen der Herbstkonferenz 1959 haben dann schon mehrere Schwestern berichtet, was Gott in ihrem Leben getan hat und wie wichtig ihnen die missionarische Schwesternarbeit geworden war. In diesem Jahr gab es schon Schwesternarbeit in kleinen Bibelgruppen in 21 deutschen Städten an 24 Krankenhäusern.[111] Eine zweite Hauptamtliche konnte mit Wilma Ordelmann berufen werden; ihren Dienst übernahm im Jahr 1961 Christel Wiesemann.[112] Und damit die Last nicht nur auf den Schultern der Hauptamtlichen lag, wurde ein Schwesternrat[113] gebildet, dem sieben Schwestern angehörten. Bis weit in die 60er-Jahre hinein bestand diese blühende Arbeit. Auch wenn sie kein direkter Arbeitszweig der SMD wurde, so hat sie von der SMD immer wieder profitiert – wie auch die SMD durch die Schwesternarbeit (die sich auch gern die „kleine Schwester der SMD“ nannte)[114] sehr bereichert wurde.[115]

---

111 Vgl. Mitteilungen 11/1959, S. 7.

112 Vgl. Mitteilungen 14/1961, S. 3.

113 Vgl. Mitteilungen 11/1959, ebd.

114 Mitteilungen 13/1960, S. 6.

115 Aus den Unterlagen konnte ich nicht entnehmen, wann die Schwesternarbeit ausgelaufen ist. Für die SMD war die Zusammenarbeit mit der Schwesternarbeit im Jahre 1967 beendet. Lt. Protokoll der Bruderratssitzung vom 1.7.67 sollte sie mit der Herbstkonferenz 1967 beendet werden. Der Rat beschließt, dass die Kollekte dieser Heko der Schwesternarbeit als Abschiedsgeschenk zukommen soll. Im Jahr 1981 hat es dann noch einmal den Versuch der Schwesternarbeit gegeben, sich der SMD offiziell anzuschließen. Lt. Protokoll der Sitzung des Rates

8. Zeitansage: Die 60er-Jahre Leben mit der Mauer

Große politische und gesellschaftliche Erschütterungen prägten die Jahre nach 1960.[116] Da war zunächst der Mauerbau in Berlin und dann in ganz Deutschland im Jahre 1961, der die Teilung Deutschlands zementierte und neues großes Elend für unzählige Menschen mit sich brachte. Zwei Jahre später wurde der große Hoffnungsträger der USA und großer Teile der Welt, Präsident John F. Kennedy, in Dallas/Texas heimtückisch erschossen. Wenige Monate zuvor hatte er noch in Berlin einen Riesenjubel verursacht;[117] nun war er tot. Das gleiche Schicksal eines Meuchelmordes traf 1968 den Hoffnungsträger der Schwarzen in Amerika, Martin Luther King und im gleichen Jahr auch Robert Kennedy, den Bruder John F. Kennedys, auf den die Welt ebenfalls viel Hoffnung gesetzt hatte. Hoffnung und Verzweiflung standen dicht nebeneinander in diesen Jahren. Und noch etwas prägte das schwere Jahr 1968. Das war der Prager Frühling, der die große Hoffnung in sich barg, es könne sich für die damalige Tschechoslowakei eine Art menschlicher

vom 28./29.3.1981 in Bischofsheim wird das aber abgewiesen. Immerhin muss die Schwesternarbeit bis dahin noch bestanden haben.

116 Vgl. hierzu Hartmut Bärend, Wie der Blick zurück die Gemeinde nach vorn bringen kann, a. a. O., S. 155ff.

117 Dankbar erinnere ich mich an diesen Tag in Berlin, den ich fast durchgehend miterleben konnte. Die inspirierende Kraft Kennedys hat auch mich damals voll erfasst, sowohl beim Hören seiner Ansprache vor dem Rathaus Schöneberg wie auch beim Miterleben seines akademischen Vortrags auf dem Freigelände vor der Freien Universität Berlin.

Sozialismus entwickeln. Diese Hoffnung wurde durch sowjetische Panzer brutal zerstört.

Das waren aber nicht die einzigen Erschütterungen in diesen Jahren. Studentenunruhen prägten die zweite Hälfte der 60er; wiederum im Jahre 1968 wurde die sogenannte „Studentenbewegung" aktiv. Durch sie kam es zu einem bisher so noch nie gesehenen Traditionsabbruch in der deutschen Gesellschaft. Weite Teile der jüngeren Generation lösten sich radikal von der Vätergeneration und wollten die Zukunft nicht mehr auf dem Boden der gewachsenen Tradition weiterbauen. An den Universitäten kam es zu schweren Auseinandersetzungen; aber auch im Gesellschaftsgefüge insgesamt machte sich die neue Entwicklung zunehmend bemerkbar.

Insgesamt kann man sagen: Das waren unruhige und schwere Zeiten, auch für unser Land, das durch den Kalten Krieg besonders gefährdet war. Vor allem der Westteil Berlins musste in diesen Jahren Schlimmes befürchten, da die sowjetischen Machthaber immer wieder den Versuch machten, „Westberlin", wie es damals im DDR-Deutsch hieß, zu einer entmilitarisierten Stadt zu machen und der DDR einzuverleiben.

Natürlich gingen alle diese Belastungen nicht an der Kirche und den freien christlichen Werken vorbei. Unvergessen ist der große Deutsche Evangelische Kirchentag in Berlin im Jahre 1961, wenige Tage vor dem Mauerbau, der unter der Losung „Ich bin bei euch" stand und Zigtausende aus Ost und West zusammenbrachte. Unvergessen ist die Schlussveranstaltung mit über 80.000 Menschen im überfüllten Olympiastadion in Berlin, bei der der damalige Kirchentagspastor Heinrich Giesen[118] die

118 Heinrich Giesen (1910–1972) war schon in den 50er Jahren ein unermüdlicher Streiter für die Volksmission. Als Mitglied des Bruderrates der AMD hatte er erheblichen Einfluss auf den Weg der Arbeitsgemeinschaft. Kurz nach Beendigung des Berliner Kirchentages wurde Giesen Direktor der Berliner Stadtmission. Auch in dieser Funktion blieb er der Volksmission ungemein hilfreich erhalten. Seine total unkonventionelle Weise der Verkündigung, seine Unmittelbarkeit des Auftretens, seine elegante, weltmännische Art, verbunden mit einem heißen Herzen für die Mission, werde ich nie vergessen. Ich konnte ihn in seinen letzten Berliner Jahren mehrfach erleben.

beiden deutschen Länder einzeln aufrief und begrüßte. Das Meer der Fähnchen, die bei jeder Nennung irgendwo im weiten Rund des Stadions geschwungen wurden und der aufbrandende Jubel bleiben mir für immer im Gedächtnis. Diese Schlussveranstaltung war die letzte große gesamtdeutsche Aktion, und die Verantwortlichen werden geahnt haben, was sich damals entwickelte. Dass dann der nächste DEKT in Dortmund 1963 unter dem Thema „Mit Konflikten leben" und der Kirchentag 1965 in Köln unter dem Thema „In der Freiheit bestehen" stand, zeigte an, dass die Kirche und ihre Einrichtungen in diesen Jahren wussten, welche Stunde geschlagen hatte.

Es kamen dann die Jahre um das Jahr 1968 herum. Sie sind damals innerhalb der Kirche sowohl als Aufbruchsjahre als auch als Jahre der Bedrückung verstanden worden. Die Studentenbewegung machte vor den Toren der Kirche nicht Halt. Es kam an vielen Stellen zu Polarisierungen innerhalb der Kirche, die sich auch in die 70er-Jahre hinein verlängerten. In dieser Zeit war die Bekenntnisbewegung „Kein anderes Evangelium" besonders aktiv im Versuch, die konservativen Kräfte der Kirche zu sammeln und Entwicklungen zu verhindern, von denen sie glaubte, dass sie der Kirche wesensmäßig fremd und für ihr Weiterwirken gefährlich wären.

Aber bei allem Für und Wider im Blick auf die sogenannten „68er" ist eins für die Evangelische Kirche besonders schmerzlich gewesen: Der oben benannte Traditionsabbruch führte damals zu einem erheblichen Ansteigen der Kirchenaustritte: Traten 1967 im Westen Deutschlands 44.456 Mitglieder aus der Evangelischen Kirche aus, so waren es 1968 schon 60.807. Im Jahre 1969 waren dann schon 111.576 Austritte zu verzeichnen, 1970 sogar 202.823. Diese Entwicklung ist bis 1974 so weitergegangen; vorbei war es mit der Zuversicht in der Kirche, dass die Mitgliederzahlen stabil bleiben würde.[119] Stattdessen stellte sich mehr und

119 Vgl. zu diesen Zahlen Hild, Helmut (Hg.), Wie stabil ist die Kirche? Bestand und Erneuerung. Ergebnisse einer Umfrage, Gelnhausen und Berlin 1974 und: Herbst, Michael, Missionarischer Gemeindeaufbau in der Volkskirche, a.a.O., S. 111ff.

mehr die Frage, wie die Erosionsentwicklung der Kirche zu bremsen und der Kirchenaustrittsbewegung Einhalt zu bieten wäre. Es hat allerdings noch Jahrzehnte gedauert, bis die Kirche begriffen hat, dass sie hier vor einer riesigen missionarischen Herausforderung stand, der sie sich stellen musste.

Ich habe diese Gedanken zur Lage von Kirche und Gesellschaft in Deutschland und darüber hinaus in den 60er-Jahren hier eingefügt, um deutlich zu machen, was die Stunde geschlagen hatte. Vor allem der Mauerbau am Anfang des Jahrzehnts und die Studentenbewegung gegen Ende haben sich tief im Gedächtnis der jüngsten deutschen Geschichte eingegraben und wirken bis heute nach. Auch wenn ich in den Unterlagen zur Geschichte der SMD in diesen Jahren nur sehr wenig über diese Umbrüche lesen konnte, so müssen sie doch auch für diese Arbeit Konsequenzen gehabt haben. Vor allem die missionarische Herausforderung, die sich nun in Deutschland noch viel offensichtlicher als in früheren Jahrzehnten zeigte, musste die SMD beschäftigen. Ganz zu schweigen von dem, was dann etwa ab 1967 an den deutschen Universitäten ablief.

9. Neuer Schwung – „Neue Besen kehren gut!"

Ein erster Generalsekretär: Hans-Heinz Damm (1960–1965)

1960 wurde Hans-Heinz Damm der erste Generalsekretär der SMD.

Mit dem Jahr 1960 kam eine personelle Veränderung für die SMD. Waren in den 50er-Jahren in der Zentralstelle wechselnde Personen tätig, teilweise mit Geschäftsführeraufgaben, so wurde nun das Amt des Generalsekretärs aus der Taufe gehoben. Damit bekam die SMD eine klar erkennbare Leitungsperson. Möglicherweise war das gerade in dem Jahr notwendig, nachdem es vorher offenbar Reibungsprobleme unter den Mitarbeitenden gegeben hat, was ja dazu führte, dass fast alle in den Jahren 1959/1960 die Arbeit verlassen haben. Vielleicht wollte der eine oder andere so ein herausgehobenes Amt haben? Die Lösung kam nicht von innen, sondern von außen. Der Berliner Pfarrer Dr. Hans-Heinz Damm wurde 1960 der erste Generalsekretär der SMD.

Wachstum in den Arbeitsfeldern

Die Jahre 1960–1965 waren für die SMD außerordentlich fruchtbare Jahre.[120]

---

120 Vgl. die regelmäßigen Berichte des Bruderrates in den Jahren 1961–64, in denen immer wieder auf die erfreuliche Tatsache hingewiesen wird, dass die Studenten-

Die Studentenarbeit wuchs und wuchs; sehr schnell war es nötig, die Arbeitsgebiete regional zu ordnen. So gab es ab 1961 drei Bezirke, nämlich Nord, Mitte und Süd.[121] Damit konnten die diesen Regionen zugeteilten Reisesekretäre konzentrierter arbeiten. Sogar Regionalkonferenzen wurden eingeführt. Damit war es eher möglich, die Tagungsorte zu besuchen, weil allzu weite Fahrten entfielen. Es ist eine Freude, die ausgiebigen Berichte der Hochschulgruppen aus diesen Jahren zu lesen. Auch wenn kein direkter Bezug zu den oben genannten Herausforderungen der damaligen Zeit erkennbar ist, so wird doch der missionarische Auftrag sehr ernst genommen. Viele Studierende sind in diesen Jahren zum Glauben gekommen und haben ihr Christsein begonnen. Die Berichte des Bruderrates aus diesen Jahren sind geprägt von viel Dankbarkeit.

Parallel damit wuchs auch die Akademikerarbeit, die zu jener Zeit, wie schon erwähnt, vor allem eine Jungakademikerarbeit gewesen ist. Es ist spannend zu lesen, wie stark das Bemühen war, die frisch zum Glauben gekommenen Studenten nach ihren Examina weiter zu begleiten. Natürlich sollten sie den Weg in die Ortsgemeinden finden, aber daneben auch einander im Glauben stärken und die Studentenarbeit unterstützen. Mitgliedskarten wurden eingeführt, Verbindlichkeit war gefragt, auch im Blick auf das Spendenwesen. Inzwischen bestanden in 25 Städten Akademiker-Hauskreise! Im Jahr 1962 fanden sogar schon drei Pfingsttagungen statt, übrigens zu dem spannenden Thema „Geist der Zeit und Heiliger Geist", im Jahre 1963 sollten es sogar fünf Pfingsttagungen werden. Die Verantwortung für die Vorbereitung und Durchführung dieser Tagungen sollte bei den größeren Hauskreisen der jeweiligen Region liegen, unbeschadet der organisatorischen Aufgaben, die natürlich nicht ohne die Zentralstelle in Marburg erledigt werden konnten. Auch Urlaubs-Freizeiten wurden eingeführt; die ersten fanden im Jahr 1963 in Tirol und in Moscia statt. Ansonsten wurde im zwölfköpfigen AGD-Ausschuss festgelegt, dass die Zeitschrift „Porta vitae", die seit 1960 bestand, nun Porta

---

arbeit kräftig im Wachsen ist.

121 Vgl. Mitteilungen 14/1961/62, S. 2.

heißen soll. Im Unterschied zur „Dynamis" soll sie stärker Interna der Akademikerarbeit aufnehmen und Sprachrohr der eigenen Erfahrungen des Christseins im Beruf sein.[122] Man sieht, auch diese Arbeit entwickelt sich ständig weiter und ist gar nicht mehr wegzudenken.

Auch von der Schülerarbeit war immer wieder zu hören, allerdings eher im Sinne von Absichtserklärungen: Schon im Jahr 1962 sollte die Schülermission wieder voll beginnen. Aber dieser Termin war wieder nicht einzuhalten, weil die Kräfte und das Geld fehlten. Aber Freizeiten gab es in all den Jahren, und insbesondere Eva-Maria Marschall hat unermüdlich neben ihrer Verantwortung für die Studentenarbeit auch Schülerfreizeiten angeboten.[123]

Sogar mit der ESG kam es 1964 zu einer Klärung; davon war schon die Rede. Die SMD war inzwischen sozusagen kirchlich anerkannt; auch die kritischsten Studentenpfarrer mussten das allmählich akzeptieren. Wie sehr die Arbeit von den Landeskirchen selbst inzwischen geschätzt war, wird auch daran deutlich, dass immer stärker Bereitschaft bestand, Vikarinnen und Vikare für den Reisedienst in der SMD auf Zeit freizustellen.[124] So konnten einige von denen, die schon als Studenten ehrenamtliche Mitarbeiter der SMD gewesen waren, nun als Hauptamtliche in den Dienst der SMD gerufen werden. Dass das in der Regel nur für drei bis fünf Jahre möglich war, gehört zur Geschichte der SMD bis heute. Nur durch diese relativ kurzen „Terms" konnten überhaupt Reisesekretäre gefunden werden. Dass damit eine oft auch als schmerzlich empfundene Mobilität verbunden war, ließ sich nicht ändern. Einen Beamtenstatus gab und gibt es in der Arbeit nicht. Aber die SMD ist dadurch in Bewegung geblieben – und keine womöglich starre Institution geworden!

Man spürt den Entwicklungen dieser Jahre ab, dass sich die SMD nun wirklich in einem geistlichen und organisatorischen Wachstumsprozess befand. Alles kam zusammen:

122 Vgl. hierzu Mitteilungen 1962/63, S. 8.

123 Vgl. ihre regelmäßigen Berichte in den Mitteilungen 1961–1964.

124 Vgl. Mitteilungen 1962/63, S. 2 (Bericht des Bruderrates).

- Die SMD hatte mehr Mitarbeiter und mehr Geld zur Verfügung, um größere Herausforderungen angehen zu können.

- Die Kirchen waren bereit, Vikare für den Dienst in der SMD freizustellen.

- Das Spendenaufkommen wuchs, sicher auch dadurch, dass die AGD sich zu einem immer größeren Reichtum für die SMD entwickelte, sowohl geistlich und menschlich, aber eben auch finanziell.

- Die wachsende Wertschätzung der SMD durch die verfasste Kirche, die Freikirchen und die freien Werke und Verbände entlastete davon, dass sich die SMD weiter ihren Platz erkämpfen und dabei viel Kraft lassen musste, vor allem gegenüber der ESG.

- Die Studierenden in Deutschland waren weiter offen für das Evangelium und kamen in Scharen zu offenen Abenden und Hochschulvorträgen.

- Die Konzentration auf die Studentenarbeit war der richtige Schritt, um vor Verzettelung und Überforderung bewahrt zu werden.

- Vor allem wehte spürbar Erweckungsluft in der SMD: Gott meinte es gut mit der SMD! Ich bin überzeugt davon, dass das auch heute noch gilt, denn die Arbeit ist ihrer Berufung treu geblieben.

- Ein letzter Aspekt sei noch benannt: Die SMD hatte nun mit Dr. Hans-Heinz Damm seit 1960 einen Generalsekretär, dem es offensichtlich gegeben war, klare biblische Prägungen vorzugeben, strategische Fähigkeiten zu entwickeln und gleichzeitig persönliche Herzlichkeit auszustrahlen.

All das führte dazu, dass der Bruderrat seine Berichte in den „Mitteilungen“ dieser Jahre regelmäßig mit einem großen Dank beginnen konnte und von wachsenden Zahlen berichten konnte. Im Jahr 1962 dankt der Bruderrat sogar ausdrücklich und wörtlich für „ein sorgenfreies Arbeiten auch in diesem Jahr.“[125] Wenn man bedenkt, was in den Jahren zuvor alles improvisiert werden musste, ja, dass sogar 1959/1960 eine personelle Krise zu bestehen war, ist es nur zu verständlich, dass diese Zeit für den Bruderrat mit einem großen Aufatmen verbunden war.

Ein großer inhaltlicher Bogen

Entscheidend wichtig waren in diesen Jahren natürlich auch die inhaltlichen Schwerpunkte. Erstaunlicherweise spielten theologische Fragen der historisch-kritischen Forschung und ihre Ergebnisse in den Themenstellungen kaum eine Rolle. Auch die für mich als Berliner so einschneidenden Verhältnisse nach dem Mauerbau in Berlin und der großen Spaltung zwischen Ost- und Westdeutschland schlugen sich kaum in den Themen der Gruppen oder auch in Hörsaalvorträgen nieder. Gesellschaftliche und soziale Fragestellungen tauchten nur am Rande auf. Die SMD ist hier ausgesprochen einseitig gewesen und weithin auch geblieben. Man kann es auch anders formulieren: Sie hat sich nie von den jeweiligen modernen Fragestellungen treiben lassen, sondern hat immer den Finger auf die großen Menschheitsfragen nach dem Sinn und Ziel des Lebens und nach einer gelingenden Lebensgestaltung gelegt. Damit ist sie für manche enger, vielleicht auch zu eng in ihrer Ausrichtung. Gerhard Stoll, ein westfälischer Publizist, hat einmal im Blick auf die Jugendzeitschrift Contrapunkt, die ich viele Jahre mit zu verantwor-

Was ist Sinn und Ziel des Lebens? Darum ging und geht es bei den Hörsaalvorträgen der SMD.

125 Mitteilungen 15/1962/63, S. 2.

ten hatte, gesagt: „Eure Engführung ist eure Stärke." Das war ein guter Satz, den ich mir bis heute gemerkt habe.

Einige der Themen, die in offenen Abenden, bei Hochschulevangelisationen und auf missionarischen Freizeiten bearbeitet wurden, seien hier genannt; ich denke, sie geben einen guten Einblick – und sind bis heute immer wieder Thema gewesen (Namen der Referenten, soweit bekannt, in Klammern):

- Objektives Denken und christlicher Glaube (Bodo Volkmann)
- Naturwissenschaft und Glaube (Günter Ewald)
- Zweifel als Prinzip
- Der Sinn von Studium und Beruf (Bodo Volkmann)
- Einsamkeit und ihre Überwindung (Hans-Heinz Damm)
- Nachfolge (Hans-Heinz Damm)
- Die Seelsorge am Kommilitonen als Dienst in der Nachfolge Jesu
- Carpe diem – unsere letzte Losung (Ingfried Woyke)
- Lebenshunger – Lebenserfüllung (Ingfried Woyke)
- Psychologie des Glaubens und Unglaubens (Hans-Bernhard Kaufmann)
- Unsere Lebensziele und Jesus Christus (Eva-Maria Marschall)
- Adam, Eva, und … (Günter Ewald)
- Ist Entscheidung notwendig?
- Das Stigma Gottes (Hans Bürki)
- Tradition – Gewissen – Glaube (Hans-Heinz Damm)
- Masse – Einsamkeit – Gemeinschaft (Hans-Bernhard Kaufmann)
- Der Glaube an Jesus Christus heute (Hans Rohrbach)

EXKURS: Die Jahresthemen von Hans-Heinz Damm

Was diese Jahre inhaltlich besonders geprägt hat, waren die jeweiligen Jahresimpulse, die Hans-Heinz Damm in den vier Ausgaben der „Mitteilungen 1961/62 bis 1964/65" voranstellte und die ausdrücklich als Jahresthemen gedacht waren. Deutlich wird, dass er diese Themenstellungen als einen Weg verstanden hat, der hilft, Jesus Christus treu zu bleiben, sich voreinander nicht zu verschließen und weiter mit Begeisterung andere zum Glauben an Jesus einzuladen.

In der Ausgabe der Mitteilungen 1961/62 stellt Damm als erstes das Thema **„Reinigung und Gehorsam"** ins Zentrum seiner Überlegungen. Der Segen, den er in der SMD sieht, hat einen Grund: Menschen haben sich von Gott reinigen lassen und sind den Weg des Gehorsams gegangen. Damm sieht es als biblisch geboten an, dass Christen ihre Ziele und Motive immer wieder vor und von dem lebendigen Gott reinigen lassen. Dazu nennt er fünf Punkte:[126]

- Werde still vor dem heiligen Gott, der ins Verborgene sieht.
- Lass dich von ihm fragen nach deinen Wünschen und Handlungen, nach ihrem tiefsten Grund und Sinn.
- Was vor ihm nicht standhält, bekenne ihm offen als Schuld und praktische Gottesverleugnung.
- Danke Jesus für sein Opfer, das dich von jeder inneren und äußeren Ungerechtigkeit reinigt.
- Gehorche nun – gereinigt für Gott – der weisenden und sendenden Liebe Gottes.

Im gleichen Zusammenhang empfiehlt Damm einen beispielhaften Beitrag der Berliner SMD-Gruppe, der sich in diesen Mitteilungen findet. Arnold Große-Ruse berichtet da von der Situation der Gruppe, von ungeklärten Verhältnissen und offensichtlicher Schuld. In diesem SS 1961 seien deshalb keine öffentlichen Tätigkeiten dran gewesen, sondern das Bemühen um die Beseitigung der Missstände in der Gruppe. Das Aussprechen dieser Defizite brachte erst gar nichts, sondern nur gegenseitige Schuldvorwürfe. Erst die Konzentration auf Gebetskreise veränderte alles. In diesen Gebetszeiten „stellten sich Mitarbeiter persönlich unter die Not und setzten dadurch bei allem Tun Jesus und sein Wort wieder an die erste Stelle in ihrem Leben. Schuld und Ungehorsam wurden bekannt.

126 Mitteilungen 14, 1961/62, S. 1.

Die von Gottes Geist geschenkte Buße gab neue Gewissheit der Vergebung und füllte das Herz mit Friede und Freude."[127] Damit ist die Gruppe wieder neu aufgeblüht. Ein Hausbibelkreis bekommt plötzlich Gäste, einer davon kommt zum Glauben.

Aber auch das zweite große Thema von Hans-Heinz Damm hatte es in sich! In Mitteilungen 15 (1962/63) geht es ihm um **„Offenheit und Offenbarung"**. Mit Offenbarung sind hier nicht die letzten Dinge gemeint, sondern der Wunsch, die Sehnsucht und Hoffnung, dass Gott sich an und durch uns offenbart. Damm beklagt die mangelnde Ausstrahlungskraft vieler Christen und sieht als Problem Selbstgerechtigkeit und Scheinheiligkeit, die selbst dann noch da sind, wenn vorher Schuld vor Gott ehrlich bekannt worden ist. Aber: „Gott will nicht anständige Sünder als seine Zeugen, sondern ehrliche, demaskierte Menschen seiner Gnade."[128] Damm ruft auf zum Ehrlichsein. Dabei bringt er zwei Beispiele: Zum einen berichtet er von einer Arbeitsbesprechung von Leitern missionarischer Werke. Statt einem Abarbeiten von Tagesordnungspunkten kommt es da zu großer Offenheit voreinander. Leiter bekannten einander, wo sie versagt hatten und schuldig geworden waren, wo sie Defizite sahen und Ängste empfanden. Das hat die Situation völlig verändert. Die Offenheit untereinander führte dazu, dass sich Gott unter ihnen offenbaren konnte. Das Gleiche erlebte Hans-Heinz Damm bei einem Treffen von Leitern der SMD-Gruppen. Wieder waren da große Offenheit und Ehrlichkeit untereinander. Lasten konnten abgelegt werden, Masken waren nicht mehr nötig. Damit kam es zu einer Erneuerung der Beziehungen, zu gelebter Bruderschaft. Christus begann zu wirken. Gott trat selbst mit seiner Offenbarung in den Raum. Damm stellt fest, dass vieles davon in den SMD-Gruppen gelebt wird und wünscht sich, dass diese Atmosphäre der Offenheit prägend für die ganze Arbeit wird: „Es ist ein Vorrecht der Christen, in ihrer persönlichen Schuld, Angst und Armut offenbar werden zu können, ohne von Gott beschämt zu werden. Denn wo immer

127 Ebd.

128 Mitteilungen 15, 1962/63, S. 1.

sie offen werden, lässt Gott auch die Gaben seines Geistes an ihnen und durch sie offenbar werden."[129]

Das Jahresthema für 1964 nennt Damm **„Zwischen Tod und Erweckung"**.[130] Er beklagt, wie viel in der Kirche abgestorben und durch Routine grau geworden ist. Erweckung sei nicht nur ein Thema für Nichtchristen, auch für uns als Christen: „Jesus Christus hat seine Gemeinde immer wieder geweckt, wenn sie in weltlicher Gleichgültigkeit oder scheinfrommer Selbstgenügsamkeit einzuschlafen drohte." Damm wünscht sich die SMD als Weckruf Gottes an den Hochschulen und darüber hinaus. Aber, so betont er, niemand kann sich selbst aus dem Schlaf wecken. Es gehört einer dazu, der den Schlafenden weckt. Nicht unsere geistliche Routine macht uns wach, sondern das lebendige Wort Gottes, das ruft: „Du! Wache auf, der Du schläfst!" Wichtig ist, dass das Wort Gottes mit seinen großen Verheißungen heraustritt und uns dadurch wachruft. Wenn wir uns von Gottes Wort treffen lassen, ändert sich alles; auch ein eigentlich eintöniger Gottesdienst kann dann zum Weckruf werden. „Gottes Wort selbst ist voll ungeahnter Kraft für den, der ihm vertraut."[131]

Aber noch ein viertes Thema ist Hans-Heinz Damm wichtig. Damit bündelt sich für ihn auch der Weg durch die vier vollen Jahre seiner Tätigkeit bei der SMD. Es ist das große Thema **Weltmission**.[132] Damm stellt fest, dass die missionarische Aufgabe der SMD nur ein Teil der weltweiten missionarischen Verantwortung der Christenheit ist. Er erinnert an Zinzendorf und seine große missionarische Weite und möchte, dass dieser Horizont auch die SMD heute prägt: „Gott zeigt uns durch die vielen Kommilitonen, die aus allen Teilen der Welt zu uns kommen,

---

129 A. a. O., S. 2.

130 H.-H. Damm erwähnt, dass dieses Thema die drei Frühjahrskonferenzen der SMD im Jahre 1964 geprägt hat, vgl. Mitteilungen 17, 1964/65, S. 1 und Mitteilungen 16, 1963/64.

131 A. a. O., S. 2.

132 Vgl. Mitteilungen 1964/65, S. 1f.

sehr konkret, wie weit sein Erntefeld ist.“[133] Heute müssen wir Kirche und Mission weltweit zusammenschauen, denn Deutschland ist Missionsland geworden. Der Traum von der Volkskirche ist im Abendland Illusion geworden, denn es gibt nur noch 2–5 Prozent praktizierende Christen, so Hans-Heinz Damm. Christen müssen sich darum hier und weltweit als Missionare verstehen.

Die Folgerungen, die Damm zieht, sind ausgesprochen aktuell: Zum einen brauchen wir wieder das Bewusstsein, Glieder am Leib Jesu Christi zu sein. Wir müssen wegkommen von einem „konfessionellen Autoritäts- und Exklusivitätsdenken“[134] und stattdessen das neutestamentliche Bild von der einen Gemeinde als Leib Christi leben. Dadurch rückt uns auch die weltweite Not deutlich näher und führt zu neuer Kraft und neuen Taten. Zum anderen weist uns das Wissen um die kleine Schar bewusst lebender Christen und zugleich die Erkenntnis der riesigen Herausforderung der Weltmission ins Gebet, ins Bibelstudium und in das Zeugnis. Entscheidend bleibt das Lebenszeugnis praktizierender Christen. Das hat auch Ausstrahlungskraft über die Gemeinde hinaus. Möge das schlichte persönliche Lebenszeugnis von der Liebe Jesu im Zentrum der Arbeit der SMD bleiben!

Mit diesen Gedanken und Worten verabschiedet sich Hans-Heinz Damm aus der SMD.

Ein Blick auf das Jahr 1964

Bevor Hans-Heinz Damm die SMD verlässt, veröffentlicht er in den Mitteilungen 1964/65 einen ausführlichen Rechenschaftsbericht über die Wirksamkeit der SMD im zurückliegenden Semester.[135] Zu Beginn verweist er auf die Richtlinien, und da auf Punkt 2a und 2b:

---

133 A. a. O. S. 1f,

134 Ebd.

135 Nach meiner Kenntnis hat es einen solch gründlichen Bericht zuvor nie gegeben. Den Bericht hat H.-H. Damm auch bei der Mitarbeiterbesprechung und der

„Ziel unserer Arbeit ist,

a) durch persönliche und gemeinsame Bezeugung des Evangeliums Studenten zur Begegnung mit Jesus Christus zu bringen, damit sie errettet werden,[136]

b) uns gegenseitig zu einem Leben der Heiligung im Gehorsam gegen Gott und sein Wort anzuhalten, damit wir im Glauben als lebendige Glieder seiner Gemeinde wachsen."

Seine Frage ist, „inwieweit die Arbeit 1964 äußerlich und innerlich diesem uns von Gott gegebenen Auftrag entsprach".[137] Es ist ausgesprochen sinnvoll, von Zeit zu Zeit eine Art Selbstprüfung anhand der Richtlinien vorzunehmen, um den weiteren Weg geistlich verantwortlich gestalten zu können.

In einem ersten Punkt beschreibt Damm den „inneren Zusammenhalt" der Gruppen. Hier bringt er nun Zahlen, die erkennen lassen, wie groß die Arbeit inzwischen geworden ist. Im SS 1964 bestanden 22 Hochschulgruppen mit insgesamt 655 Mitarbeitenden. Die durchschnittliche Größe einer Gruppe betrug ca. 30 Mitarbeiter. Diese 22 Gruppen führten im SS 1964 22 Rüstzeiten und 93 Mitarbeiterstunden durch. Überwiegend waren die Gruppen mit diesen internen Angeboten geistlichen Lebens zufrieden.

Was die geistliche Situation in den Gruppen anbelangt, so stellt Damm fest, dass „der Zusammenhalt in den Gruppen wesentlich stärker geworden ist." Hier hat eine Rüstzeit über Bruderschaft und Mission einen guten Dienst getan, außerdem haben Referenten wie Erich Schnepel und Klaus Vollmer,[138] von dem später noch ausführlich die Rede sein wird, starke Akzente gesetzt. Hans-Heinz Damm wünscht sich, dass das „gute

---

Herbstkonferenz im Oktober 1964 vorgetragen.

136 Zu diesem speziellen Thema „damit sie gerettet werden" habe ich bei der SMD-Herbstkonferenz 2007 in Marburg einen grundlegenden Vortrag halten können.

137 A. a. O. S.5.

138 Siehe Kapitel „Klaus Vollmer und das Thema Verbindlichkeit" und die dazu gehörige kritische Bewertung.

Gleichgewicht zwischen natürlichem und geistlichem Zusammenhalt weiter verfolgt und gefördert werden soll.“ Dabei soll „unsere natürliche Zusammensetzung als Gruppe durch Buße, Gnade und Kraft geheiligt werden, als Geheiligte sind wir zur rechten Natürlichkeit befreit.“[139]

Was nun die missionarische Dimension anbelangt (also Punkt 2a der Richtlinien), bringt Hans-Heinz Damm zunächst erneut erstaunliche Zahlen: In 104 Vorträgen und Offenen Abenden wurden im SS 1964 5.766 Gäste erreicht, in 68 Hausbibelkreisen wurden 330 Gäste gezählt. Aber auch die Freizeiten werden nicht ausgelassen: Auf 25 Freizeiten waren 348 Gäste dabei. Insgesamt, so Damm, lag die Zahl der erreichten Gäste bei ca. 6.000 im SS 1964. Er stellt aber nüchtern fest, dass damit nur 2–3 Prozent aller Studierenden in Deutschland durch die SMD-Angebote erreicht worden sind.

Daraus leitet Hans-Heinz Damm Folgerungen ab. Zunächst wertet er positiv, wie viel Bereitschaft zum Dienst es gegeben hat: Ca. 650 Mitarbeiter haben im SS 1964 über 100 öffentliche Veranstaltungen durchgeführt und damit 6.000 jungen Menschen das Evangelium nahegebracht. Es hat auch eine Reihe von Lebensentscheidungen für Christus gegeben. Statistisch gesehen hat jede Mitarbeiterin, jeder Mitarbeiter etwa zehn Kommilitonen mit der Botschaft erreicht. Damit lässt sich sagen, dass dem Anspruch von Richtlinie 2a im Blick auf die Vortragsarbeit und die Offenen Abende voll entsprochen worden ist. Anders aber ist es im Blick auf die Freizeiten und die Hausbibelkreise. Statistisch gesehen hat hier nur jeder zweite Mitarbeiter einen Gast in eine Freizeit oder in einen Hausbibelkreis gebracht. Da es ja in der Praxis so ist, dass einzelne Mitarbeiter oft mehrere Gäste in die Gruppen gebracht haben, muss festgestellt werden, so Damm, dass bei vielen Mitarbeitenden das persönliche Zeugnis oft ganz fehlt. Er beklagt, dass dann auch die Leidenschaft für die Verlorenen entschwindet. Denn das ist doch das Entscheidende, dass wir den Menschen Jesus Christus als die Rettung aus und vor der Verlorenheit bekennen und darüber nicht schweigen: „Es fehlt dann das, was den Inhalt des

139 A. a. O., S. 5f.

Evangeliums ausmacht: suchen und retten, was verloren ist."[140] Bei vielen entfällt dann auch die Fürbitte für die Verlorenen und die Freude darüber, dass Menschen zum Glauben an Jesus gefunden haben.

Was folgt aus alledem? Hans-Heinz Damm sagt klar und kantig: „Wo die Liebe Jesu zu den Verlorenen nicht mehr das entscheidende Motiv für die Arbeit einer Gruppe oder eines Mitarbeiters ist, wird aller Dienst letztlich steril." Da nützt auch das „schönste und wärmste Bruderschaftsleben" in der Gruppe nichts! Damm ruft dazu auf, wieder zu dem Herrn umzukehren, der „die Verlorenen liebt und die Verirrten liebt und auch den Starken bezwingt."[141] Eindringlich mahnt er, dass es mit irgendeinem missionarischen Aktivismus nicht getan ist. Es geht nicht nur um Werbung mit Handzetteln und Programmen, sondern um das Lebenszeugnis. Es geht, modern gesprochen, um Freundschaftsevangelisation, um Präsenz für den Menschen, den ich einlade, um Begleitung, Leben teilen, echte Anteilnahme. Dadurch merken die Menschen, dass es nicht nur um eine Methode geht, um eine kurzzeitige Aufmerksamkeit, sondern um Liebe, und zwar um die Liebe, die Christus ins Herz gegeben hat: „Die Frage lautet nicht: mehr oder weniger Aktivität?, sondern: Wer ist aktiv? Der pflichtbewusste, leergebrannte Mitarbeiter oder der lebendige Gott in seinen Mitarbeitern? Denn der lebendige Christus in uns zieht uns auf allen Wegen zum Verlorenen; wenn uns aber nichts zum Verlorenen treibt, treibt auch Christus sein Werk nicht in uns – trotz aller Aktivität."[142]

Soweit dieser erstaunliche und tiefgehende Jahresbericht. Wir mögen uns mit manchen Formulierungen schwertun, mögen auch den Umgang mit den Zahlen kritisch befragen und aus dem jeweiligen Blickwinkel vieles anders sehen. Trotzdem ist so ein scharfer Blick auf eine kurze Zeitspanne ungemein hilfreich, weil er zum Innehalten nötigt und auch uns fragen lässt, wo wir stehen mit dem zentralen Anliegen, Menschen

140 A. a. O., S. 6.

141 Ebd.

142 Ebd.

zum Glauben an Jesus zu führen und hier nicht nachzulassen. Es sind die alten, immer wiederkehrenden Fragen nach unseren Lebensprioritäten: Jeder Mensch neigt dazu, sich irgendwann einzurichten und bequem zu werden. Im Laufe der Jahre werden Geborgenheit in der Gruppe und eine gewisse Wohlfühlmentalität immer wichtiger und können dazu führen, dass die erste Liebe zu Christus erkaltet und damit auch die missionarische Leidenschaft. Hier hat Hans-Heinz Damm einen unüberhörbaren Akzent gesetzt!

Ob 1964, 1974 oder 2022 – immer wieder müssen wir uns die Frage stellen, wie offen wir geblieben sind im Blick auf unsere Liebe zu Christus und wie beweglich im Blick auf unsere Leidenschaft für die Verlorenen! Entscheidend wird sein, dass Punkt 2a der Richtlinien den Vorrang behält, dass aber Punkt 2b darüber nicht vernachlässigt wird. Die Spannung zwischen diesen beiden Unterpunkten von Punkt 2 wird die SMD in den Jahren nach 1964 erneut und fast zerreißend gründlich beschäftigen.

EXKURS: „Meine“ SMD

Eine persönliche Bemerkung zu diesen so spannenden Jahren sei aber auch noch angefügt. Denn da hinein fällt meine erste Begegnung mit der SMD. Ich studierte ja in den Jahren 1964 und 1965 in Heidelberg Theologie. Von der SMD hatte ich schon in Berlin durch Arnold Große-Ruse gehört und dachte damals, dass das sicher eine gute Sache sei, die für mein Studium wichtig werden könnte. Nur hatte ich während meiner ersten Semester Theologie in Berlin „meine“ Junge Gemeinde in Berlin-Marienfelde; damit war ich voll ausgelastet und auch glaubensmäßig gut versorgt.

Aber nun Heidelberg: Ich habe gleich in meinem ersten Semester dort einen der SMD-Hauskreise aufgesucht. Der fand komischerweise am frühen Nachmittag statt, in einer Wohnung in der Nähe des Schlosses. Ich habe einfach an der Tür geklopft und traf auf acht bis zehn echt überraschte Studierende; sie kannten mich nicht, ich sie auch nicht. Aber das änderte sich bald: Ich habe mich schnell einem für mich zeitlich noch besser passenden Hauskreis der SMD angeschlossen und verschiedene SMD-Angebote gern angenommen: Wir trafen uns an jedem Arbeitstag zum Mittagsgebet in einem Gemeindehaus in der Plöck, einer wichtigen Innenstadtstraße in Heidelberg, ganz in der Nähe der Uni. Wir waren durch Hauskreise verbunden und bereiteten auch Aktionen für die Studierenden aller Fachrichtungen vor.

So haben wir mit Dr. Hans Bürki als Referenten, im WS 1964/65 vier Tage lang eine Hochschulevangelisation durchgeführt, mit dem Thema „Das Stigma Gottes“. Ich vergesse nie, wie gespannt wir den Abenden entgegensahen, die dann von einem großen Hörerkreis in der Universität mit Interesse besucht wurden. Wir hatten auch einen Chor, den ich sogar einige Zeit lang einstudieren und leiten konnte. Mit diesem Chor waren wir in Bruchsal im Gefängnis und haben für Gefangene gesungen, später dann waren wir in einem Krankenhaus in Karlsruhe und haben viele Kranke mit unseren Liedern und Zeugnissen erfreut.

Am wichtigsten für mich war eine sogenannte Zweierschaft: Wir wurden eingeladen, mit einem anderen SMDler während des Semesters regelmäßigen Austausch zu haben und gemeinsam zu beten. Das war eine kostbare Erfahrung für mich und für meinen Zweierschafts-Bruder Volker Lotz, der später ebenfalls Pfarrer wurde und mit dem ich immer noch herzlich verbunden bin. Was haben wir damals alles miteinander geteilt! Vor allem war es die wissenschaftliche Theologie, die uns beschäftigte in Zustimmung und Kritik, aber es waren auch einfach Lebensfragen, die Familien zu Hause, die eigene Zukunft, die Lage der Kirche und vieles mehr. Wir haben uns mindestens einmal pro Woche getroffen und dann regelmäßig in der Bibel gelesen und mit- und füreinander gebetet.

Die SMD war für meinen Studienweg unglaublich wichtig. Da begegnete ich Menschen aller Fachrichtungen, die meinen Glauben an Jesus Christus teilten. Wenn wir die Bibel lasen, dann geschah das nicht unter dem Blickwinkel historischer Kritik, sondern in der großen Erwartung, dass sie als Wort Gottes zu uns sprechen würde. Musste ich sonst die Bibel meist wie einen Leichnam sezieren, so konnte ich hier erfahren, dass dieser „Körper“ Bibel höchst lebendig ist und Herzen bewegte, in der Kraft des Heiligen Geistes. Das alles hat mich sehr durchgetragen.

Ich weiß nicht, wo ich heute stünde, wenn ich damals die SMD nicht als geschwisterliche Unterstützung gehabt hätte. Vielen der damaligen SMDlern bin ich bis heute verbunden.

Besonders tief war und blieb die Verbindung zu Dr. Dietrich Bauer, der damals Volkswirtschaft studierte und mich eines Abends in Heidelberg in seine Bude einlud; wir haben unglaublich intensiv miteinander geredet. Aus dieser einen Begegnung sind sehr viele geworden; die Freundschaft miteinander hat über Jahrzehnte hinweg gehalten. Leider ist Dieter 2014 heimgerufen worden. Aber die Verbindung zu seiner Familie bleibt, und das Andenken an diesen treuen und ungemein aufmerksamen und herzlichen Bruder. Gott sei Dank wird es ein Wiedersehen geben. Nicht nur ich, die ganze SMD hat Dietrich Bauer viel zu verdanken.[143]

Der „Arbeitskreis für Weltmission“ (AfW)

In diese Zeit Anfang der 60er-Jahre gehört eine Entscheidung, die eigentlich schon viel früher gefallen ist. Ja, sehr viel früher, denn der Arbeitskreis, der in der SMD offiziell im Jahr 1963 begründet worden ist, kann nur als besondere Unterstreichung und Wegmarkierung dessen gelten, was von Anfang an den christlichen Glauben und damit auch die SMD bestimmt hat: Das Evangelium von Jesus Christus gehört nicht nur in ein bestimmtes Milieu, in eine bestimmte Menschengruppe oder ein bestimmtes Volk, nein, es gehört in die ganze Welt. Das zeigt der Missionsbefehl, den Jesus an seine Jünger gerichtet hat und in dem er ausdrücklich sagt: „Macht zu Jüngern alle Völker!“[144] Aber es zeigt sich dann auch ausführlich bei Paulus, der als Völkerapostel den Auftrag Jesu Schritt für Schritt umgesetzt hat und damit zum Pionier der Weltmission wurde.[145]

143 Dr. Dietrich Bauer war von 1968 bis 1975 Mitglied im SMD-Vorstand und später viele Jahre Schatzmeister der IFES. U. a. ihm ist es zu verdanken, dass die SMD-Zentralstelle 1975 ins Marburger Philipphaus einziehen konnte. Siehe dazu das Kapitel „Die neue Zentralstelle“.

144 Mt 28,18–20; Mk 16,15; Lk 24,46; Apg 1,8.

145 Apg 9,15; Röm 15,19ff; Gal 2,7–10.

Damit ist gesagt, dass Mission immer beides ist: Mission am eigenen Volk bzw. bei der SMD zugespitzt Mission an Studenten, Schülern und Akademikern in Deutschland und gleichzeitig Mission im Welthorizont: „Mission vor Ort (z.B. an der Hochschule) und Mission im Welthorizont sind untrennbar aufeinander bezogen."[146] Wo beide Stränge zusammenkommen, einander ergänzen und befruchten, da entwickelt sich eine christliche Gemeinschaft gesund. Wo dagegen „nur" der eigene Horizont im Blick ist, neigen Kreise zur Vergreisung, sterben geistliche Aufbrüche ab und entstehen Engführungen. Leider ist dieser Zusammenhang von Mission vor Ort und Weltmission vielen christlichen Gruppen und Gemeinden in Deutschland gar nicht bewusst; selbst von Mission überhaupt wollen viele gar nichts wissen. Dabei können wir doch stolz sein: Alle Welt redet heute von der Globalisierung und will hinter sie nicht mehr zurück! Der christliche Glaube ist schon seit Anbeginn von der Globalisierung geprägt.[147] Wir haben den schönen und wesentlichen Auftrag, die Globalisierungsdimension des Evangeliums umzusetzen.

Den Welthorizont konnte die SMD schon bei denen ablesen, die vor ihnen waren und Studentengenerationen geprägt haben, bei den Vätern und Müttern der DCSV.[148] Vor allem aber die Anfänge der SMD nach 1945 lassen sich ohne weltmissionarische Impulse gar nicht denken. Davon war schon mehrfach die Rede. Und dann kamen die 50er-Jahre: Die SMD

146 Vgl. Eberhard Tröger, Anfänge und Ziele des Arbeitskreises für Weltmission (AfW) innerhalb der SMD, in: Porta 25, S. 26.

147 Vgl. hierzu die treffenden Ausführungen von Karl Lagershausen in seinem Aufsatz „Frühe und anhaltende Globalisierungstendenzen in der SMD", erschienen in: Rechenschaft geben von unserer Hoffnung, Festschrift zum 50sten Bestehen der SMD, Marburg 1999, S. 221f.

148 „Die DCSV war eine Bewegung über die Grenzen hinaus. Als Europa den Irrweg des Nationalsozialismus ging, folgte die DCSV dem Weg Jesu über Völker- und Rassenschranken hinweg. Karl Heim, früher Reisesekretär der DCSV, reiste nach Indien und China, um den fremden Völkern und Rassen in ihrem Umkreis, in ihrem Kulturkreis die Herrlichkeit Jesu, die Überlegenheit Jesu glaubensmäßig und auch theologisch zu zeigen." Aus einem Interview mit Otto Michel in: Porta 25, S.5.

wurde Mitglied in der IFES und bekam so Einblicke in die weltweite Mission. Internationale Studentenkonferenzen gehörten zum Leben der SMD selbstverständlich hinzu und befruchteten die Arbeit. Einzelne SMDler wussten sich auch selbst schon früh gerufen, einen Dienst in Asien oder Afrika anzutreten und berichteten davon. Hinzu kam in den 50er-Jahren, dass immer mehr ausländische Studenten nach Deutschland kamen, um sich hier für ihren Berufsweg im eigenen Lande ausbilden zu lassen. Viele von ihnen hatten keine Ahnung vom christlichen Glauben. So entstand langsam der „Arbeitskreis für Weltmission" (heute: SMD-Weltweit), der damals auch für eine Ausländerarbeit innerhalb der SMD eintrat.

Der Pionier war wohl Dr. Eberhard Güting, der als Student im Jahre 1954 in Urbana in den USA an der großen jährlich stattfindenden „Studentenkonferenz für Mission" der amerikanischen InterVarsity Christian Fellowship teilnahm.[149] Er war offenbar tief bewegt von diesem Erleben und überlegte, ob es solche Konferenzen nicht auch in Deutschland geben könne. Er begann damit, regelmäßig „Nachrichten aus der Weltmission" herauszugeben; die wurden dann eifrig beim Mittagsgebet in den SMD-Gruppen verlesen. Zum Jahreswechsel 1961/62 kam es zu einer ersten internationalen Studentenkonferenz in Leichlingen/Rheinland. Daran nahmen etliche Studenten aus der SMD teil. Einige von ihnen erklärten sich nach der Konferenz schnell bereit, in ihren Gruppen als „Missionssekretäre" zu wirken. Aber nicht nur das, sie schlossen sich auch zu einem losen Verbund zusammen. Diese „lose Aktionsgruppe",[150] der auch Eberhard Tröger angehörte, wurde dann die Keimzelle für den AfW. Der Arbeitskreis wurde von der SMD im Jahre 1963 offiziell als Teil der Gesamtarbeit anerkannt.[151]

---

149 Zum Folgenden vgl. K. Lagershausen, a. a. O., S. 234. Die Konferenz findet bis heute statt und ist schlicht unter dem Namen „Urbana" bekannt.

150 Porta 25, a. a. O., S.27.

151 Einen sehr interessanten und wertschätzenden Aufsatz zu den Anfängen der „internationalen Arbeit" der SMD hat Friedemann Walldorf (Prof. an der FTH in Gießen) geschrieben unter dem Titel: Postkoloniale Begegnung. Die Anfänge der „internationalen Arbeit" der Studentenmission in Deutschland (SMD) in den

Markant und knapp wurde dann benannt, wofür der Arbeitskreis stehen wollte. In großer Klarheit heißt es im Informationsblatt Nr. 1:

„Der Arbeitskreis

- möchte innerhalb der SMD-Gruppen das Verständnis für die gegenwärtige weltmissionarische Lage wecken und fördern;
- will solche Studenten und Akademiker zusammenschließen, die sich entweder selbst in den Außendienst der Mission gerufen wissen oder zu solch einem Dienst bereit wären;
- soll diejenigen Mitarbeiter verbinden, die das Zeugnis vor ausländischen Kommilitonen als ihre besondere Aufgabe ansehen, insbesondere die Missionssekretäre der Gruppen;
- informiert über Fragen der Äußeren Mission und Ausländerarbeit durch Rundbriefe, Informationsblätter u. ä.;
- erstrebt eine intensive Beschäftigung mit den Fragen der Mission, die Durchführung entsprechender Seminare u. ä.;
- bemüht sich um die Durchführung von Internationalen Studententreffen.“[152]

Den Arbeitskreis für Weltmission gab es also seit 1963, und es gibt ihn bis zum heutigen Tage, seit 2016 unter der Bezeichnung „SMD-Weltweit“. Immer wieder sind in der Verantwortung dieses Kreises Tagungen durchgeführt worden; einzelne SMDler haben sich über den AfW aussenden lassen für einen Dienst in der weltweiten Kirche. Regelmäßig hat der AfW über seine Arbeit im Rat der SMD berichtet. Dass alle vier Jahre in der SMD-Herbstkonferenz das Thema „Weltmission“ im Zentrum steht,

1950er und 1960er Jahren. Erschienen ist der Aufsatz in der Schrift „Begegnungen und Herausforderungen. Christliches Zeugnis im Kontext des Islam“, hrsg. von Carsten Polanz, Christof Sauer und Heiko Wenzel, Leipzig 2020, S. 79–98.

152 Aus: Arbeitskreis für Äußere Mission innerhalb der SMD, Informationsblatt Nr. 1, Juli 1963, verfasst von Eberhard Güting und Eberhard Tröger.

ist u. a. der Initiative des Arbeitskreises zu verdanken. Es war und ist nicht einfach, den Arbeitszweigen der SMD die Bedeutung der weltmissionarischen Arbeit deutlich zu machen, wenn so viel Arbeit in Deutschland ansteht, aber steter Tropfen höhlt den Stein. Denn natürlich ging und geht es darum, das Bewusstsein für die Weltmission wachzuhalten. Hier tut SMD-Weltweit weiter einen großen Dienst.

Internationale Studentenarbeit

Aber noch ein anderer Schwerpunkt ist schon sehr früh gesetzt worden. Nicht umsonst hieß es im dritten Leitsatz: „Der Arbeitskreis soll diejenigen Mitarbeiter verbinden, die das Zeugnis vor ausländischen Kommilitonen als ihre besondere Aufgabe ansehen, insbesondere die Missionssekretäre der Gruppen.“ Schon in den fünfziger Jahren kamen unzählige ausländische Studierende nach Deutschland, vor allem aus Afrika und Asien. So ging der Blick des Arbeitskreises nicht mehr nur nach außen: Es entstand ein neuer Zweig in der SMD, die zunächst ganz mit dem AfW verbundene

Eine internationale Studentenfreizeit 1979 mit Terrell Smith (links)

Ausländerarbeit. Bald nach ihrer Gründung wurde sie in „Internationale Studentenarbeit" umbenannt. Es ging nun darum, die ausländischen Studierenden in Deutschland mit dem Evangelium zu erreichen, und das mit Respekt und Wärme. Eine regelrechte Blütezeit waren da die Jahre mit Terrell Smith aus den USA. Er kam von der InterVarsity Christian Fellowship, um im Rahmen der SMD-Studentenarbeit vor allem unter internationalen Studenten in Deutschland zu arbeiten. Im Jahr 1978 wurde er angestellt und der Studentenarbeit zugeordnet, gehörte aber auch dem Leitungskreis des AfW an, der ihn auch finanziell unterstützte. Im Jahre 1989 ist er in die USA zurückgekehrt. Auch die internationale Arbeit wird bis heute getan, inzwischen ist die Arbeit ganz in der Hochschul-SMD verankert.

Es ist sicher eine lohnende Zukunftsaufgabe, die verschiedenen weltmissionarischen Initiativen innerhalb der SMD stärker zusammenzuführen. Denn außer SMD-Weltweit und der Internationalen Studentenarbeit hat sich die SMD bis heute auch stark in der IFES engagiert. Das alles hängt miteinander zusammen, nur könnte diese Verbindung noch bewusster werden.

10. Das Ringen um den rechten Weg Provocatio und Provokation

Zurück zum Gesamtweg der SMD in den 60er-Jahren. Wir erinnern uns: Hans-Günter Langenbach hatte Hans-Heinz Damm im Jahr 1965 überaus herzlich und dankbar verabschiedet. Und das mit Grund: Die SMD war gewachsen und nun mit der Studentenarbeit an fast allen deutschen Hochschulen vertreten. Die Akademikerarbeit wurde stabilisiert; auch dazu hat Hans-Heinz Damm entscheidend beigetragen. In der Schülerarbeit wurden zwar über Jahre hinweg nur wenige Freizeiten angeboten, wirklich aufgegeben wurde sie aber nie, auch wenn sie jahrelang nur mitlief. Die „Mitteilungen" der Jahre bis 1965[153] enthalten regelmäßig auch eine Rubrik zum Thema Schülerarbeit.

Hartwig Lücke (1967–1974)

Allerdings veränderte sich nun manches. Im April 1965 übernahm Hans-Günter Langenbach als Vakanzvertreter das Amt des Generalsekretärs, aber das wollte und konnte er nur solange leisten, bis ein Nachfolger gefunden war. Aber das dauerte. Erst im Jahre 1967 wurde die SMD fündig; Pfarrer Hartwig Lücke wurde Generalsekretär und zog nach Marburg. Er hatte schon einige SMD-Erfahrung: In den Jahren 1963 und 1964

153 Danach wurde die „Antenne" (Mitteilungen) aufgegeben. Zwar sollte die PORTA hier Ersatz bieten, doch ist das nicht geschehen. Erst im Jahre 1974 findet sich wieder ein stärkerer Informationsfluss durch das neue Mitarbeiterheft „SMD-Contact". Deshalb ist es grundsätzlich schwierig, die Jahre 1966 bis 1974 angemessen darzustellen. Immerhin bietet die Jubiläumsausgabe der Porta aus dem Jahre 1985 (Porta 25) viele hilfreiche Informationen aus dieser Zeit.

Eine späte Aufnahme zeigt Hartwig Lücke (li.) mit Hans-Günter Langenbach (2. v. li.) sowie Martin Philipp, Hans Rohrbach und Rolf Hille (1982).

war er als Reisesekretär in der Studentenarbeit tätig und gehörte seitdem zum Kreis derer, die man gern in leitenden Aufgaben wiedersehen wollte. Lücke kam ursprünglich aus Essen, wechselte aber aus der Rheinischen in die Westfälische Kirche, um dort Gemeindepfarrer zu werden. So war er eine kurze Zeit Gemeindepfarrer in Brügge im Sauerland. Für die Zeit bei der SMD hat ihn die Westfälische Kirche beurlaubt.

Zwischen 1964 und 1967 muss sich einiges verändert haben. Auch wenn an der Spitze der SMD dank des Einsatzes von Hans-Günter Langenbach alles wohlgeordnet war, stellte sich spätestens 1967 heraus, dass die Gesamtarbeit zwar nach außen ungemein gewachsen war, dass aber nach innen Nachholbedarf bestand. So sieht Hartwig Lücke jedenfalls rückblickend seinen Anfang in seinem Beitrag „Ein persönlicher Rückblick“ aus dem Jahr 1985.[154] Als Hauptaufgabe wurde ihm vom Bruderrat mitgegeben, die Arbeit „nach innen“ neu aufzubauen. Dabei sollte nicht vergessen werden, dass die SMD sich wesentlich als Missionsgemeinschaft verstand und die einzelnen Gruppen als „Missionstrupps“ fungieren sollten. Die SMD sollte sich auch weiterhin nicht als Gemeinde verstehen, und die Richtlinien sollten in diesem Sinne nach wie vor als verbindlich gelten. Hinter diesen Festlegungen stand die Überzeugung, dass die Studenten,

154 Porta 25, S. 30–40.

die in der SMD Mitarbeiter wurden, eine Ortsgemeinde im Hintergrund hatten, die sie auch in ihren Dienst gesandt hatte und sie weiter begleitete.

Aber das, so formuliert es Hartwig Lücke in seinem Rückblick, war doch eine „theoretische Diskussion". Viele Studierende konnten mit dem Begriff „Missionstrupp" nicht mehr viel anfangen. Sie kamen aus keiner Gemeinde, vielmehr suchten sie danach. Sie waren von niemandem ausgesandt worden, aber sie suchten in der Anonymität des studentischen Lebens geistliche und menschliche Gemeinschaft.[155] Die fanden sie dann in der SMD. Damit stellte sich das Thema „SMD und Gemeinde" in diesen Jahren ganz neu.

Die Studentenbewegung und die SMD

Hinzu kam ja ein neues Gesellschaftsproblem: An den Universitäten begann es, unruhig zu werden. Spätestens in diesem Jahr 1967 begann die Zeit der Studentenbewegung mit einschneidenden Konsequenzen für das Leben in den Universitäten und in der Gesellschaft. Und je mehr es an den Universitäten aufkochte, desto stärker wurde das Bedürfnis, sich in bergenden Gemeinschaften zu sammeln. Die missionarische Leidenschaft bekam spätestens da einen Knick.

Und noch etwas: Die Studentenbewegung machte auch vor der Tür der SMD nicht Halt. Zwar lässt sich heute nur wenig nachweisen, dass es innerhalb der SMD, also in den verantwortlichen Leitungskreisen, damals eine gründliche Auseinandersetzung mit dem neuen Phänomen gegeben hat.[156] Aber es kam zu gewissen Nebenwirkungen: Das Leitungsorgan der SMD, der Bruderrat, wurde von einigen Gruppen im Lande als autoritär angesehen, Marburg galt als „anonyme Größe".[157] Studentengruppen – wie in Tübingen – zeigten sich regelrecht aufmüpfig gegenüber

155 A. a. O., S. 32.

156 Allerdings hat es in der neu als Zeitung gestalteten Dynamis nach 1967 etliche hoch aktuelle und streitbare Artikel in dieser Richtung gegeben. Die für mich schwer zu beantwortende Frage ist aber, inwieweit diese Beiträge in die SMD insgesamt hineinwirkten und die Gesamtarbeit beeinflussten.

157 A. a. O., S. 31.

der Marburger Zentrale, was die Akzeptanz der Richtlinien und auch die Namensgebung überhaupt betraf. Hier bedurfte es einiger Kraftakte, um die Tübinger Gruppe und andere wieder einzubinden. Das bedeutete für die SMD damals: Gruppen drohten sich zu verselbständigen, der Blick für das Ganze drohte, verloren zu gehen. So suchten viele in den Gruppen ein neues Zuhause, ohne die ganze Arbeit als ihre Arbeit anzusehen.

Das Ringen um die Richtlinien war nicht einmal ganz neu. Schon im Jahr 1960 tauchte die Diskussion auf und beschäftigte die Leitungsorgane der SMD. Dr. Richard Goebel, im Jahre 1960/61 Leiter der SMD-Gruppe Tübingen, erinnert sich in seinem unveröffentlichten Lebensrückblick, ich zitiere:

„Zudem bin ich abends meistens für die SMD-Gruppe tätig. Allerdings gibt es zwischen den vielen Theologen in der Gruppe – meist älteren Semesters – und der Leitung der SMD in Marburg heftige Diskussionen um die Richtlinien, die als Grundlage der Studentenarbeit an den Hochschulen gelten und eigentlich von allen Mitarbeitern unterschrieben werden müssen. Etliche Theologen der Gruppe verweigern dies, insbesondere wegen eines unterschiedlichen biblischen Schriftverständnisses. Auf dem Höhepunkt dieser Auseinandersetzung kommt der Vorstand der SMD von Marburg nach Tübingen gereist, um den Zwist mit den Theologen vor Ort beizulegen. Das gelingt wohl nicht, hat aber praktisch keine Auswirkungen auf die Gruppenarbeit, da die meisten der Theologen, die das Streitgespräch provozierten, für das Examen lernen müssen und die Nichttheologen, die an einer Eskalation des Konfliktes nicht interessiert sind, inzwischen eine Mehrheit in der Gruppe bilden.

Im darauffolgenden Semester (WS 1960/61) werde ich zum Leiter der SMD-Gruppe in Tübingen gewählt. Mit meiner Vize-Leiterin zusammen entscheiden wir, dass wir uns nach Marburg aufmachen und beide für die ganze Gruppe die Richtlinien unterschreiben. Wir garantieren dafür, dass wir gemäß der SMD-Richtlinien die Arbeit ausrichten werden, und das wird vom SMD-Vorstand akzeptiert.

Da vor allem inzwischen eine große Zahl an Medizinern und Vertreter von nichttheologischen Fakultäten das Sagen haben, sind im Nu die zuvor die Gruppenarbeit prägenden theologischen Dispute vom Tisch. Die Mit-

arbeiterzahl wächst sehr rasch auf 120–140 Mitarbeiter. Wir sind damit die größte unter den SMD-Gruppen in Deutschland. Zu den Wochenend-Freizeiten kommen ca. 150–180 Studenten mit den Referenten Eva Maria Semmelroth, dem Generalsekretär Pfarrer Hans-Heinz Damm, dem Reisesekretär Oskar Kalisch und Professor Dr. Bodo Volkmann. Den Höhepunkt im WS bildet eine Hochschulwoche mit dem Schweizer Pädagogen und Theologen Dr. Hans Bürki, der in einem der größten Hörsäle der Universität Vorträge zu Lebens- und Glaubensfragen hält. Der Andrang ist gewaltig, die Diskussionen im Anschluss an die Vorträge heiß, und sie werden kontrovers geführt. Es kommt zu einem Zuwachs an Teilnehmern in den Hausbibelkreisen und Diskussionsplattformen, die wir zu Fragen des Glaubens am Ende der Veranstaltungswoche extra eingerichtet haben."

Fazit: In diesen Jahren erwachte und verstärkte sich für viele Studierende die Sehnsucht, in der SMD eine Art Hafen zu finden, um menschlich und geistlich gesund durch das Studium zu kommen. Was aber unter diesem Hafen zu verstehen war, ob die einzelne Gemeinschaft nun schon Gemeinde im neutestamentlichen Sinne sei und wie sich Gemeinschaft überhaupt gestalten solle – das war alles völlig unklar. Es war immer schon, trotz der Richtlinien, mehr oder weniger unklar, wie sich die SMD existentiell zum Thema Gemeinde zu stellen hat, aber jetzt war es an der Zeit, Klarheit zu schaffen. Hartwig Lücke hat sich auch hier stark eingebracht.

Bruderrat und Vorstand der SMD haben intensiv versucht, dieser neuen Entwicklung Rechnung zu tragen. In einem Grundsatzbeschluss wurde das Verhältnis von Gemeinde und Mission in der SMD schon in diesem Jahr 1967 neu beschrieben. Der Beschluss lautete: „*Der studentische Arbeitszweig der SMD versteht sich als ein zur Gemeinde Jesu Christi gehörender Zusammenschluss gläubiger Studenten, dem der Auftrag gegeben ist, das Evangelium an den Universitäten und Hochschulen in Deutschland zu bezeugen. Indem die SMD diesen missionarischen Auftrag auszuführen sucht und bemüht ist, den zum Glauben gekommenen Studentinnen und Studenten in einer echten Lebensgestaltung aus der Bindung an Jesus Christus herauszuhelfen, nimmt sie Aufgaben der Gemeinde wahr. Die SMD-Gruppen sind zwar keine örtlichen Gemeinden im üblichen Sinne des*

Wortes, wohl aber insofern Gemeinden, als sie Mission treiben und den ihr Zugehörigen während des Studiums Gemeinschaft und geistliche Heimat bieten. Die SMD möchte daneben den Weg zur späteren Eingliederung und aktiven Mitarbeit in Ortsgemeinden ebnen und sie auf die damit verbundenen Aufgaben vorbereiten."[158] Hiermit wird einerseits klar gesagt, dass der missionarische Auftrag weiter die Priorität der SMD ist. Es wird aber andererseits festgestellt, dass die Ortsgemeinden nicht allein berechtigt sind, sich Gemeinde zu nennen. Auch ein Zusammenschluss christusgläubiger Studierender an einer Hochschule kann als Gemeinde bezeichnet werden, jedenfalls in dem (noch etwas unklaren) Sinn, dass die SMD vor Ort Aufgaben der Gemeinde wahrnehmen kann.

Und noch etwas wird beschlossen: Um der oben beschriebenen veränderten Situation vieler Studierender Rechnung zu tragen, wurde im gleichen Jahr 1967 eine Erweiterung der Richtlinien in Punkt 2 beschlossen. Der ganze Punkt lautet nun (der Zusatz kursiv): „Das Ziel unserer Arbeit ist: a) durch persönliches und gemeinsames Bezeugen des Evangeliums, Schüler, Studierende und Akademiker zur Begegnung mit Jesus Christus zu bringen, damit sie errettet werden, b) *„uns gegenseitig zu helfen, unser ganzes Leben von Jesus Christus her zu gestalten und uns zum Gehorsam gegen Gott und sein Wort anzuhalten, damit wir im Glauben als lebendige Glieder seiner Gemeinde wachsen.*"[159] Mit der Formulierung „uns gegenseitig zu helfen …" wird deutlich, dass die SMD den Gemeinschaftsaspekt ernst nimmt, ohne dass sie zu einer abgekapselten Gruppe wird, die sich um den missionarischen Auftrag nicht mehr kümmert. Denn diese Gefahr war nicht gebannt.

---

158 In: Erläuterungen zu den Richtlinien des studentischen Arbeitszweiges, Marburg 1986.

159 Vgl. den Abdruck der Richtlinien im SMD-Handbuch, 7. überarbeitete Auflage 2014, S.346.

Klaus Vollmer und das Thema Verbindlichkeit[160]

Zur Situation passend tauchte ein neuer Begriff auf. Er ist nicht wirklich neu, aber er bekam in den Jahren ab 1967 eine prägende Bedeutung. Es ging seitdem jahrelang um das große Thema Verbindlichkeit. Das war Hartwig Lücke zentral wichtig, eben die Verbindlichkeit der Mitarbeiter der SMD, Verbindlichkeit im geistlichen Leben und im missionarischen Dienst. Und er bekam Schützenhilfe durch zwei ausgesprochen kompetente Brüder. Sie waren beide schon seit Jahren in der SMD präsent, aber jetzt kam ihre Stunde, ihr Kairos.

Der eine war Dr. Günter Ewald[161], Professor für Mathematik an der Universität Bochum. Ihm lag die Verbindlichkeit christlicher Studen-

160 Leider müssen wir heute im Blick auf das Leben und Werk Klaus Vollmers zur Kenntnis nehmen, dass ihm posthum schweres sexuelles Fehlverhalten vorgeworfen wird. Demnach ist es durch ihn zu sexuellen Beziehungen mit erwachsenen Männern gekommen, die dies teilweise als übergriffig erlebt haben. In einem Fall soll es auch zu Übergriffen bei einer minderjährigen Person gekommen sein. Das ist in den vergangenen Jahren 2021 und 2022 deutlich geworden und belastet den Blick auf seine Lebensführung. Schon 2021 hat sich die Evangelische Geschwisterschaft, eine Frucht der Arbeit von Klaus Vollmer, dazu im Internet geäußert: http://www.geschwisterschaft.de/ueber uns/page 28/page28.html.pdf. Inzwischen hat sich eine Aufarbeitungskommission der Hannoverschen Landeskirche, deren Pfarrer Klaus Vollmer war, der Thematik angenommen und sich entsprechend geäußert: http://www.geschwisterschaft.de/ueber_uns/page28/downloads-5/files/Bericht_der_Aufarbeitungskommission_2022-02-17. Unbenommen ist die Lebensleistung von Klaus Vollmer, der auch der SMD große Dienste getan hat. Dennoch kann diese offensichtliche Last nicht übersehen oder kleingeredet werden. Die folgenden Ausführungen zu Klaus Vollmer sind ohne Kenntnis des o. a. Sachverhalts von mir geschrieben worden. Sie müssen m. E. auch nicht umgeschrieben werden. Es muss hier der schmerzliche Hinweis auf einen schweren Tatbestand genügen und die Erkenntnis, dass eine prägende Gestalt ganz offensichtlich ihre Machtposition missbraucht hat. Es ist daher zu begrüßen, dass die Hannoversche Kirche die notwendige Aufklärung und kritische Betrachtung übernimmt. Ergebnisse lagen bei Fertigstellung des Buchmanuskripts noch nicht vor.

161 Günter Ewald ist 1929 in Hanau geboren. Er studierte Mathematik, Physik, Chemie, Philosophie in Mainz. Von 1964 bis 1994 war er Professor für Alge-

Klaus Vollmer begeisterte mit seinen Vorträgen Studierende im ganzen Land.

ten, vor allem aber die der SMD-Mitarbeiter, sehr am Herzen. Bei ihm, genauer in seinem „Kohlenkeller", trafen sich regelmäßig Studenten, um verbindliches Leben einzuüben und sich damit auch deutlich von bestimmten gesellschaftlichen Strömungen abzusetzen („Pietcongs"!).[162]

Günter Ewald wiederum verband sich mit Klaus Vollmer, Evangelist aus der Hannoverschen Kirche, ausgebildet in der Evangelistenschule Johanneum in Wuppertal, geistig tief geprägt von seinem Lehrer Olav

bra und Geometrie an der Ruhr-Universität Bochum. Von 1973 bis 1975 war er Rektor an der Ruhr-Universität Bochum. Ewald arbeitete von 1975 bis 1995 im Kuratorium der Evangelischen Zentralstelle für Weltanschauungsfragen (EZW) mit. Von 1975 bis 1989 war er Mitglied des Präsidiums des Deutschen Evangelischen Kirchentages. Ab 1977 war er erster Sprecher des Bundes der Religiösen Sozialistinnen und Sozialisten Deutschlands. Er starb im Jahr 2015 in Bochum.

162 Vgl. Günter Ewald, Achtung Pietkong. Im Dickicht einer Hochschule, Gemeinde im Kohlenkeller, Hepta Verlag Bochum, 1972.

Hanssen.[163] Auch Klaus Vollmer war schon seit Jahren in der SMD tätig und bekannt, seine geschliffenen und ungemein klaren philosophisch-theologischen Vorträge begeisterten die Studenten landauf landab. Vorübergehend ging es vor 1965 sogar um die Frage, ob nicht Klaus Vollmer Generalsekretär der SMD werden sollte, was er aber ablehnte, weil er sich nach wie vor in der Landeskirche in Hannover in der Pflicht sah. Aber Vollmer brachte einiges ein in die SMD, gerade bei dem Thema Verbindlichkeit.[164]

Diese Prägung kam nicht nur dadurch zustande, dass Vollmer im Johanneum in Wuppertal Olav Hanssen als großen Lehrer kennen- und schätzen gelernt hatte. Er, der ja in Berlin geboren und im Rheinland aufgewachsen war, kam durch Hanssen in Berührung mit einer Kleinstadt in Deutschland, die in besonderer Weise eine Frucht der Erweckungsbewegung des 19. Jahrhunderts war und nach wie vor dieser Berufung folgte. Es geht um Hermannsburg, einen heute noch eher stillen und kleinen, aber in der Christenheit äußerst bekannten Ort in der Lüneburger Heide. Dort wurde über viele Jahrzehnte eine sonst eher seltene Verbindung von lutherischer und pietistischer Frömmigkeit gelebt. Verbindlichkeit im Glauben wurde angestrebt; dem dienten liturgische und andere gemeinschaftsbildende Angebote. Auch bruderschaftliches Leben war den Hermannsburgern nicht fremd. Im Johanneum war der Reichtum der Hermannsburger Frömmigkeit bekannt; Olav Hanssen selbst war norddeutscher lutherischer Theologe und wurde nach seiner Lehrtätigkeit im Johanneum im Jahr 1957 Leiter des Missionsseminars in Hermannsburg. Klaus Vollmer hat Hanssen und seinen Weg nie aus den Augen verlo-

163 Olav Hanssen war in den Jahren 1950–1957 Dozent am Johanneum in Wuppertal. Über sein Leben gibt es ein sehr gelungenes Buch mit dem Titel „Unterwegs zur Mitte. Olav Hanssen – Bausteine einer Biografie", hrsg. von Georg Gremels, Marburg 2005. Darin findet sich auch ein kurzer Beitrag von Klaus Vollmer, aus dem deutlich wird, was Olav Hanssen ihm als Lehrer bedeutet hat (S. 66–69).

164 Vgl. zum Leben von Klaus Vollmer den Aufsatz von Georg Gremels in: „Alles beginnt einmal ganz klein" Klaus Vollmer im Spiegel seiner Weggefährten, hrsg. Von G. Gremels, Marburg, 2. Aufl. 2012, S.19ff.

ren. Im Jahre 1968 zog er selbst zusammen mit seiner Frau und den drei Kindern nach Hermannsburg. Er blieb der Hannoverschen Kirche zeitlebens als Evangelist erhalten, blieb aber nicht nur dort prägend, sondern erreichte Menschen in ganz anderen Gegenden Deutschlands und später auch weit darüber hinaus.

Aufgrund der schon erwähnten Kontakte zur SMD lag es nahe, dass Klaus Vollmer mit seinen Einsichten auch die Mitarbeiterschaft erreichte. Am Anfang zusammen mit Günter Ewald, später dann allein hat er in den Jahren bis 1974 einen enormen Dienst zur Förderung der Verbindlichkeit der Mitarbeiter der SMD geleistet. Allerdings brachte es seine offensichtliche Brillanz und Prägekraft mit sich, dass sich im Laufe der Zeit Gruppenbildungen vollzogen, die sich mit den Aufgaben der SMD nicht immer verbinden ließen. Die von Klaus Vollmer vorgestellten Inhalte „waren für die SMD neu und passten auch nicht ohne Probleme in die SMD hinein".[165]

Die Provocatio

Wenn ich recht sehe, begann alles mit einer Studentenrüstzeit im Frühjahr 1968 in Berwang (Tirol), die Günter Ewald und Klaus Vollmer gemeinsam durchführten. Hier hat ein Vortrag von Klaus Vollmer zum Thema „Einheit und Einssein als geistliches Prinzip" offenbar nachhaltig gewirkt. Acht SMD-Mitarbeiter fühlten sich so angesprochen, dass sie, wie es Hartwig Lücke formuliert, „sozusagen aus der Unverbindlichkeit aufbrachen und nach einem verbindlichen geistlichen Leben fragten."[166] Die Provocatio war geboren. Mit diesen acht Studierenden kam es zu einer Bewegung innerhalb der SMD, die sich „Provocatio" nannte und das Thema Verbindlichkeit zum Hauptthema machte. Klaus Vollmer war und blieb jahrelang die prägende Gestalt dieser Bewegung. Er brachte eine „in griechisch-philosophischer Begrifflichkeit reflektierte Theologie

165 H. Lücke, Ein persönlicher Rückblick, a. a. O., S. 31.

166 Vgl. H. Lücke, „Provocatio – quo vadis? Frage und Vorschlag zur Konzeption", hektografiertes Manuskript, S. 2.

und eine Frömmigkeitspraxis, die durch Meditation, liturgische Stundengebete und bruderschaftliche Lebensformen bestimmt war".[167]

Es muss am Anfang eine großartige Bewegung gewesen sein, diese Provocatio! Nach allem, was an Unverbindlichkeit entstanden war, muss die Provocatio für viele als ein erfrischender Aufbruch gewirkt haben. Das Wort spricht für die Sache: Menschen sollten bereit sein, sich herausrufen zu lassen aus einem laschen, nur auf persönliche Gemeinschaft fixierten Christsein. So geschah es: Junge Menschen, Studierende an den Universitäten in Deutschland, SMD-Mitarbeiter fanden neuen Mut, sich auch nach außen zu wagen, nachdem sie „innen" eine neue Basis gefunden hatten.[168]

Und wie sah diese Basis aus, die eine so starke Kraft entfaltet hat? Spätestens seit 1971 gab es die grüne Karte. Sie ist überschrieben mit der Formulierung: „SMD-Mitarbeit eine Herausforderung: Provocatio zur Verbindlichkeit." Und dann finden sich auf dieser grünen Karte sieben Schwerpunkte, die alle dazu dienen sollten und konnten, dass Verbindlichkeit wieder großgeschrieben wurde, ohne gleich in Gesetzlichkeit auszuarten. Sie lauten:

- *renovatio*: Wir erbitten für uns und für die gesamte Arbeit der SMD eine geistliche Erneuerung.

---

167 Vgl. Ulrike Elsässer-Feist, Die Jahre von 1968 bis 1974, Festschrift 50 Jahre SMD, Marburg 1999, S.64.

168 Hartwig Lücke schildert in seinem Bericht für den Bruderrat vom Januar 1970 (hektographiert im SMD-Archiv) ausführlich die „Bewegung der Provocatio". „Wir erleben hier eine große Sache, über die ich mich freue", schreibt er in diesem Bericht. Allerdings klingen da schon sorgenvolle Gedanken an, wenn er in seinem Schreiben fortfährt: „Die Gefahr von Streit, Missverständnissen ist gegeben. Ich musste auch das Anliegen entschieden ablehnen, die Form der Provocatio für alle Mitarbeiter der SMD quasi von der Leitung der SMD her für verbindlich zu erklären. Es geht hier um die Sache des verbindlichen Lebens – und die kann man nicht arrangieren, sondern sie muss so durch das Zeugnis dieser Bewegung wachsen, wie sie entstanden und bisher gewachsen ist." (Vgl. S. 4 des Berichts).

- *meditatio*: Wir verpflichten uns, jeden Tag ein Kapitel Heiliger Schrift zu lesen und zu meditieren.
- *oratio*: Wir beten konkret für die Arbeit der Gruppe, für Mitarbeiter, Generalsekretär, Reisesekretäre usw.
- *absolutio*: Unvergebene Schuld lähmt und macht unfroh. Werde ich nicht allein damit fertig, dann suche ich einen Seelsorger auf, um persönlich die Not aufzudecken und den Zuspruch der Vergebung zu empfangen. Von daher wachsen der Glaube und die Freude.
- *actio*: Wir übernehmen willig alle anfallenden Arbeiten innerhalb der SMD (z.B. Mitarbeit von Rüststunden, Hauskreisen, Offenen Abenden usw.). An den Konferenzen nehmen wir verantwortlich teil.
- *inspiratio*: Wir ermutigen andere SMDler, ebenfalls in dieser Verbindlichkeit zur Erneuerung der SMD mitzumachen. Wer sich dazu entschließt, soll bei der nächsten Zusammenkunft dabei sein.
- *communicatio*: Wir halten untereinander Kontakt durch Briefaustausch, Besuche, wo immer möglich, Hilfe, wo immer nötig, und verabreden regelmäßige Treffen, um alle persönlichen und dienstlichen Dinge zu klären. Ort und Datum werden von Mal zu Mal bestimmt.

Mit Sicherheit hat diese grüne Karte mit den sieben Verabredungen ausgesprochen herausfordernd gewirkt. Zwar wurde nicht jeder SMD-Mitarbeiter ein „Provo“ oder eine „Prova“. Aber dieses anspruchsvolle Konzept und die große Bereitschaft vieler, sich darauf einzulassen und verbindliches Leben zu praktizieren, brachte eine enorme Strahlkraft in die ganze SMD hinein. Das wollten die sieben Punkte ja auch sein: Ein Angebot, innerhalb der SMD aufzubrechen und sich geistlich erneuern zu lassen. Dazu half, dass die Richtlinien zumindest vorerst nicht angetastet wurden. Einigkeit bestand auch darin, dass die SMD zuallererst eine missionarische Bewegung ist und dass aus der Sammlung die Sendung folgt. Das Neue war, dass die Sammlung der Gemeinde Jesu neue Beachtung fand und mit den sieben Sätzen zur Verbindlichkeit so gefüllt wurde, dass sie praktikabel und nachvollziehbar war.

Geradezu begeistert erinnert sich Ulrike Elsässer-Feist an die ersten Jahre mit der Provocatio.[169] Wie Hartwig Lücke sieht sie im Jahr 1967 in der Studentenschaft der SMD einen deutlichen Rückgang im Blick auf die Bereitschaft, das Evangelium weiterzusagen, ja noch mehr: „Angesichts der aufkommenden Studentenunruhen fühlten sich SMD-Gruppen den Entwicklungen nicht mehr gewachsen."[170] Hinzu kamen Auseinandersetzungen bei den Theologiestudenten im Blick auf das Verständnis von Kreuz und Auferstehung Jesu. Die Leitung der SMD war offenbar voller Sorge über die wachsende Unverbindlichkeit, aber auch über den eigenen Autoritätsverlust.

Und dann plötzlich die Provocatio! Dabei war es, so Elsässer, Hartwig Lücke von Anfang an wichtig, dass diese Bewegung nichts Besonderes in der SMD war. Vielmehr sah er in ihr eine Rückbesinnung auf das eigentliche Erbe der SMD. Und in der Tat: Wenn wir nur zurückschauen auf die Anliegen, die Hans-Heinz Damm am Herzen lagen, dann kann man hier wirklich von einer Wiederaufnahme dessen sprechen, was in den 50er- und den Anfängen der 60er-Jahre schon sehr lebendig war. Es ist nur so, dass sich im Zuge des studentischen Lebens vieles schnell entwickelt und entsprechend schnell wieder aus dem Blickfeld gerät, eben weil die Zeit, in der Studenten an einem Studienort sind, oft nur begrenzt ist und nachfolgende Studenten möglicherweise eigene oder gar keine Akzentsetzung mitbringen. So muss der Heilige Geist immer wieder neu schaffen, was zum geistlichen Leben nötig ist. Gott hat keine Enkelkinder!

Lord's Party

Im Jahr 1967 hat der Geist Gottes gewirkt, und zwar reichlich. Die Freude war groß – in der Leitung der SMD genauso wie bei den Studierenden vor Ort. Sie erlebten diese neue Bewegung als Ermutigung und auch als

169 U. Elsässer-Feist, Die Jahre von 1968 bis 1974, a. a., S. 62ff.

170 A. a. O., S. 63.

Sprachhilfe, um mit den 68ern reden und sie fordern zu können. Das Thema Verbindlichkeit galt eben nicht nur nach innen, sondern auch nach außen. Die SMD teilte sich unter den Studenten ganz neu mit. Vor allem bekannt wurden die Lord's Partys. Ulrike Elsässer-Feist beschreibt den Ablauf dieser neuen Form der Evangelisation:[171]

„Durchgeführt wurden die Partys in Cafés, nicht in Universitätsgebäuden. Wer teilnehmen wollte, brauchte Eintrittskarten. Diese wurden persönlich an Kommilitonen aus dem Umfeld der Mitarbeiter weitergegeben – auch um zu verhindern, dass die „frommen Dauergäste" von Evangelisationen den eigentlich gewünschten Gästen den Platz wegnahmen. Und man ging nicht so einfach „so" hin, nein, festliche Kleidung war erwünscht! In den Pausen zwischen den Vorträgen erklang Musik von Bach oder Beethoven. Auch Spirituals waren zu hören. Die Themen der Abende waren für „intelligente Nichtchristen" gedacht. Themen wie „Ideologie und Wahrheit", „Relativität und Absolutheit", „Holzwege der Menschheit", „Sexualität und Revolutionen" wurden dargeboten. Und die Mitarbeiter? Verbindlichkeit war großgeschrieben. Vor den Partys traf man sich zu einem liturgischen Gebet in einer kleinen Kapelle. Anschließend folgte ein internes Essen, dann kam die Zeit, um auf die Gäste zuzugehen. Und immer wieder kamen Gäste zum Glauben[172] oder wurden jedenfalls darauf aufmerksam. So sagte ein Kommilitone des Marburger SDS (Sozialistischer Deutscher Studentenbund): „Wenn ihr Leute seid, die Antworten geben und Formeln, die ihr Christen dauernd im Mund führt, inhaltlich füllen können, dann seid ihr und die Sache, die von euch vertreten wird, wieder attraktiv."[173]

---

171 A. a. O., S. 65f.

172 Hartwig Lücke schreibt in seinem Bericht für den Bruderrat im Januar 1970: „Der Besuch der Lord's Party in einem Gießener Café hatte von Abend zu Abend steigende Besucherzahlen (bis ca. 120). Pastor Ulrich Parzany, Leiter des Weiglehauses in Essen, eignet sich meiner Meinung nach gut für evangelistische Einsätze unter Studenten."

173 Zitat aus einem Artikel von Gerhard Hildebrandt über die Lord's Party in: Dynamis Nr. 7, Oktober 1969, S. 6.

Es muss wirklich eine Freude gewesen sein, dabei zu sein! Im Jahre 1970 hatte die Provocatio ca. 80 Mitglieder, d. h. dass etwa 15 Prozent der SMD-Mitarbeiter dazugehörten, Frauen und Männer. Für Frauen wurden ab 1970 auch eigene Tagungen angeboten; die ehemalige Direktorin der MBK-Arbeit Käte Brandt öffnete Türen in Bad Salzuflen. Der Bruderrat der SMD hat im Jahr 1970 ausdrücklich die Arbeit der Provocatio begrüßt und eine Weiterarbeit erbeten.

Schmerzliche Trennungen

Aber es blieb nicht so, wie es damals war. Im Jahr 1971 zeigte sich ein Schwinden der ersten Lebendigkeit. Stattdessen entstand die Tendenz zu einem engen Dogmatismus und zu einer Elitebildung. Kritische Stimmen wurden laut: Die Provocatio sei keine Erneuerungsbewegung mehr. Hartwig Lücke vermisste den „Schritt von der Erkenntnis zum Bekenntnis".[174] Aber nicht nur das: Es gab schon im Jahr 1971 erste ganz menschliche Belastungen in der Beziehung zwischen der SMD und Klaus Vollmer, die auch mit Machtfragen zu tun hatten. So ging es schon bald um die Frage der Leitung der Provocatio. Klaus Vollmer wollte nicht akzeptieren, dass der Generalsekretär diese innehaben sollte. So wurde ein siebenköpfiges Leitungsgremium gebildet, dem natürlich Hartwig Lücke und Klaus Vollmer angehörten, aber auch die frühere Leiterin der MBK-Arbeit, Käte Brandt, ein weiteres Bruderratsmitglied und drei studentische Vertreter.[175] Auch im Blick auf die eigentlich sehr schöne Herausforderung, dass immer mehr Studierende der Provocatio angehören wollten, gab es unterschiedliche Einschätzungen. Als die Zahl 150 erreicht war, wurde schnell klar, dass kaum noch gemeinsame Treffen möglich waren. So schlug Vollmer vor, zwischen Anfängern und Fortgeschrittenen zu trennen. Das wollte aber der Vorstand der SMD nicht und strebte stattdessen eine regionale Lösung an.[176]

174 So bei U. Elsässer-Feist, a. a. O., S. 65.

175 Vgl. das Protokoll der VS-Sitzung vom 8./9.1.1971 in Königstein.

176 Vgl. das Protokoll der VS-Sitzung vom 4. 4.1971 in Friolzheim.

Im Jahr 1974 schied Klaus Vollmer aus der Mitarbeit in der SMD aus.[177] 40 Provos verließen mit ihm die SMD. Immer stärker zeigten sich in der Provocatio Entwicklungen, die sich nicht mehr mit der Arbeit der SMD verbinden ließen und keine Impulse mehr setzen konnten.[178] Es ging den Provos immer mehr um eine ganz eigene, zum Teil auch bruderschaftlich ausgerichtete Prägung, bei der das Missionsseminar und die Mitarbeiterschule in Hermannsburg eine große Rolle spielten.[179] Diese Entwicklung hat denen, die das miterlebten, für ihr Leben nicht geschadet, ganz im

177 Dem Protokoll der Bruderratssitzung vom 12./13.1.1974 ist zu entnehmen, dass Klaus Vollmer in einem Brief an den Bruderrat darum gebeten hat, ihn von seinem Schulungsauftrag in der Provocatio zu entbinden. Der Bruderrat entspricht dieser Bitte und fügt hinzu: „Wenn Klaus Vollmer von Gruppen der SMD eingeladen wird und in den Gruppen arbeitet, so sollte das geschehen in Respektierung der Eigenständigkeit der SMD". Das soll K. Vollmer mitgeteilt werden. Erkennbar wird allein schon aus diesen Sätzen, dass eine gedeihliche Zusammenarbeit nicht mehr ohne Weiteres vorstellbar war – auf beiden Seiten.

178 Trotzdem gab es in einigen Gruppen (Tübingen, Heidelberg, Mainz) auch nach dem Ende der Provocatio in der SMD noch „Mitarbeiter mit starken Bindungen nach Hermannsburg und deutliche Anzeichen, dass K. Vollmer (neu) bereit ist, Gruppen zu besuchen und auch zu Mitarbeiterfreizeiten zu kommen." Ein klärendes Gespräch in Hermannsburg machte lt. W. Heide deutlich, dass es zu keiner weiteren Zusammenarbeit kommen kann, vgl. seinen Bericht zur Bruderratssitzung am 16.–18.1.1976: „Wenn wir K. Vollmer einladen, wird er weiter Mitarbeiter in die Mitarbeiterschule und ins Theologenjahr nach Hermannsburg vermitteln, und wir können zu dieser theologischen und menschlichen Prägung – gerade nach dem, was wir in unseren Gruppen erlebt haben – kein volles Ja sagen." (ebd.).

179 Eine wichtige Rolle spielte auch die „Gruppe 153", eine Art Dienstgruppe innerhalb der Hannoverschen Landeskirche in enger Verbindung mit Klaus Vollmer. Sie bestand überwiegend aus Jungakademikern, unter denen auch solche waren, die als Studenten in der SMD waren. Hier war natürlich auch bald die SMD-Leitung gefragt. Im Protokoll der Bruderratssitzung vom 12./13.1.1974 findet sich folgender Hinweis (zu TOP 4): „F. Gutsche informiert den Bruderrat über eine Sonderregelung der Gruppe 153, die es auch Studenten ermöglicht, Mitglied in der Gruppe 153 zu werden. Etliche „Übertritte" von der Provocatio zur Gruppe 153 sind bekannt. Die Entwicklung wird aufmerksam verfolgt werden müssen." Damit kommt die Sorge zum Ausdruck, dass die Gruppe 153 zu einer Konkur-

Gegenteil: Viele von ihnen sind treue Gemeindepfarrer oder verbindlich in der Gemeinde stehende Ehrenamtliche geworden. Viele sprechen noch heute mit großer Dankbarkeit von dem, was ihre Studienzeit und auch die Zeit danach geprägt hatte. Aber der SMD konnten sie nicht mehr viel geben. Für eine ständig sich ändernde Studentenarbeit braucht es auf Dauer andere, flexiblere Impulse. Dennoch hat der Anstoß, den damals Klaus Vollmer und andere (!) gegeben haben, der SMD in den Jahren nach 1967 einen enormen geistlichen Schwung gebracht.

Für Hartwig Lücke müssen das erst einmal rundherum beglückende, aber auf die Dauer auch schwierige Jahre gewesen sein. Er hatte es bei Klaus Vollmer mit einem hochbegabten, charismatischen und faszinierenden Mann zu tun, der junge Menschen erreichen konnte, wie es nur wenigen anderen zu der Zeit gelang. Auch theologisch hatte Vollmer einiges zu bieten.[180] Hartwig Lücke musste aber erleben, dass sich diese Studenten fast wie um einen Guru um Klaus Vollmer scharrten. Damit entstanden Abhängigkeiten, später auch Spaltungen, die sich in der SMD schmerzlich auswirkten.[181] Es ist Hartwig Lücke sehr zu danken, dass er in seiner festen und zugleich vermittelnden Art die auseinanderstrebenden Elemente zusammengehalten hat. Zugleich hat er mit großer theologischer Kompetenz darauf geachtet, dass die Richtlinien der SMD genauso erhalten blieben wie die Priorität der missionarischen Arbeit in der SMD.

„Im Leben herrschen“ mit Hans Bürki

Aber auch, wenn eine bruderschaftliche Ausrichtung der Arbeit auf Dauer mit der SMD nicht vereinbar war, so wurden wesentliche Aspekte einer Lebensschule doch weiter wachgehalten oder neu akzentuiert. Hier

---

renz zur SMD werden könnte, sowohl in Bezug auf die Studenten- wie auch auf die Akademikerarbeit.

180 Man lese nur seinen eindrücklichen „Glaubenskurs Römerbrief“; erschienen mit dem Titel „Nichts kann uns scheiden von der Liebe Gottes“ im Brockhaus-Verlag Wuppertal, 1985. Vor allem sein Buch „Man lebt – fragt sich nur wozu?“ (ebenfalls Brockhaus-Verlag) hat viele Auflagen erlebt.

181 Siehe hierzu insbesondere die kritische Anmerkung in Fußnote 160.

ist erneut – wie schon so oft – Hans Bürki zu nennen. Er war ja nie ganz weg aus der SMD-Arbeit und sprach in großer Treue weiter als gefragter Referent bei Hochschulevangelisationen, auch in den Jahren 1967–1974. Er lud weiter zu Rüstzeiten in die Schweiz ein, vor allem nach Moscia und Rasa, zu diesen so wunderbar gelegenen Tagungsorten. Er war ja gewissermaßen einer der Väter der SMD und kannte sie durch und durch. Er wusste, wie Evangelisation und Lebensschule miteinander zu verbinden waren. So wurden seine Angebote immer ganzheitlicher, sie bewegten sich sogar deutlich in psychotherapeutische Richtungen, ohne den geistlichen Ansatz zu verlieren.[182] Wie stark Hans Bürki in dieser Zeit wieder gewirkt hat, zeigen u. a. seine in diesen Jahren im Auftrag der SMD und VBG bei Brockhaus neu aufgelegten Bücher „Zweierschaft" und „Im Leben herrschen",

Hans Bürki in einem „Kleinschnittger F 125"

182 Allerdings sind Vorträge und Seminare von Hans Bürki im Jahr 1975 und später durchaus nicht mehr durchgängig gutgeheißen worden, möglicherweise genau aus diesen Gründen. Bei der Herbstkonferenz 1975 wurden seine Beiträge offenbar teilweise kritisch gesehen. So formuliert Wolfgang Heide bei seinem Bericht zur Bruderratssitzung am 16.–18.1.1976: „Neben vielen positiven Reaktionen auf der letzten Herbstkonferenz gab es einige massive Kritik an der AG, die Hans Bürki leitete und an seinem Abendreferat. Sehr stark kritisiert wird die Verwendung von gruppendynamischen Elementen in seiner Arbeit." Bürki ist dann offiziell gebeten worden, nicht mehr zu den Leitertagen zu kommen, vgl. die Protokolle der VS-Sitzungen vom 25./26.10.1975 und 1.1.1976. Später wurde dann sogar eine Arbeitsgruppe zum Thema „Gruppendynamik" eingesetzt, um zu prüfen, ob die neuen psychologischen Entwicklungen der SMD zum Segen oder zum Schaden dienen. Die Arbeitsgruppe ist in den 80er Jahren ohne Ergebnis auseinandergegangen.

die insgesamt viele Auflagen erlebt haben. Die Titel sagen schon, was ihm am Herzen lag: Studierende sollten in geistlicher Verbindlichkeit leben lernen und zu kraftvollen Persönlichkeiten heranwachsen. Folgerichtig war, dass Hans Bürki genau zu der Zeit auch die biblischen Kommentare zu Timotheus, Titus und Philemon geschrieben hat[183]: Darum ging es ihm ja, dass die geistlichen Impulse, die während der Studentenzeit empfangen worden waren, im weiteren Leben nicht verloren gingen. So wie Paulus seinem Schüler Timotheus wesentliche Impulse für sein Leben als sein Nachfolger mitgeben wollte, so wollte es auch Bürki für die, die auf dem Wege in ihr Berufsleben waren.

Da Hans Bürki, ebenso wie Klaus Vollmer, eine faszinierende Persönlichkeit war, gab es unter den SMDlern jener Jahre die einen, die mehr den Vorgaben von Klaus Vollmer folgten, und die anderen, die sich zu den Angeboten von Hans Bürki hielten. Nur war Bürki eben kein SMD-Quereinsteiger, darum konnten seine Impulse nachhaltiger in die SMD hineinwirken. Auch bruderschaftliche Tendenzen waren ihm eher fremd. So gab es sicher viele Bürki-Fans, aber keine Bürki-Gruppen, bei denen sich irgendwann Parallelstrukturen zu SMD-Gruppen hätten bilden können. Eine große Zahl von SMDlerinnen und SMDlern ist durch Hans Bürki nachhaltig im Glauben und Denken geprägt worden. Sein Leben lang hat Hans Bürki zu besonderen ganzheitlichen Tagungen eingeladen, bis in die 90er-Jahre hinein. Dabei spielte zunehmend die Transaktionsanalyse eine wichtige Rolle, denn es ging ihm auch um die Frage, wie wir zu einer angemessenen Selbsterkenntnis kommen können. Aus den Tagungen wurden später Kurse mit mehreren Wocheneinheiten, die hauptamtlichen Mitarbeitern in Kirche und Gemeinschaft enorm bei der Lebens- und Dienstbewältigung geholfen haben und heute noch helfen. Zusammenfassend beschreibt H. Burckhardt das Lebenswerk von Hans Bürki mit folgenden Worten: „Bürki war wesentlich an der gesellschaftli-

183 Beide Bücher sind im Brockhaus-Verlag im Rahmen der „Wuppertaler Studienbibel“ erschienen. „Der erste Brief an Timotheus“ erschien 1974 und hatte mehrere Auflagen, „Der zweite Brief des Paulus an Timotheus, die Briefe an Titus und Philemon“ erschienen 1975 und wurden ebenfalls mehrfach aufgelegt.

chen und psychischen Wirklichkeit gelebten Glaubens interessiert und an der Frage, wie sie auf biblischer Grundlage gedacht werden könne. Daraus entwickelte sich im ständigen Gespräch mit humanistischer Psychologie eine Theologie der Leiblichkeit und Kontemplation. Überwiegend in Vorträgen und Kursen entfaltet übte sie auf angehende Seelsorgerinnen und Seelsorger in der zweiten Hälfte des 20. Jahrhunderts Einfluss aus."[184]

So waren die Jahre 1967–1974 ausgesprochen spannend, aber auch spannungsreich. Gott sei Dank hatte die SMD zu der Zeit Hartwig Lücke als Generalsekretär, der mit Umsicht und Mut die SMD zusammenhielt. „Unterstützung für seinen Kurs hat er nachhaltig im Kreis der damaligen Reisesekretäre gefunden."[185] Im Blick auf die Spannung „Mission – Gemeinde" hat er sich durchgängig an das gehalten, was der Bruderrat schon zu Anfang seiner Arbeitszeit als Generalsekretär grundlegend formuliert hat.

Dass es ihm bei dieser differenzierten Akzentuierung aber weiter besonders daran lag, dass die Sendung in die Sammlung eingebettet wird, dass also die SMD doch eine Art „Situationsgemeinde" für die Studierenden sein sollte, wird aus vielen seiner Äußerungen bis ins Jahr 1974 hinein deutlich. Schon früh in seiner Amtszeit als Generalsekretär formulierte Hartwig Lücke mit fast konfessorischer Deutlichkeit: „Ich glaube nach wie vor, dass die Konzeption der konzentrischen Kreise, bzw. die ‚Zirkeltheorie' richtig ist: Die Ausweitung einer Arbeit kann nur von einer klaren und lebendigen Mitte her erwachsen, bzw. nur die Arbeit ist frei und fähig, auch in der Weite der Peripherie zu arbeiten, die wie ein Zirkel fest in der Mitte verankert ist."[186] Damit bleibt für ihn das Thema Gemeinde wichtig, auch wenn er, wie viele vor und nach ihm, immer wieder das M in der SMD betont hat.

---

184 Vgl. in: BBKL XXVII (2007) Spalten 203–205 mit Lebensbeschreibung von Hans Bürki und vielen Literaturangaben.

185 Anmerkung von Paul-Ulrich Lenz, der in der Zeit Reisesekretär in der SMD war.

186 Zitat aus seinem Bericht zur Bruderratssitzung am 20./21.6.1970 in Königstein/Taunus, S. 1.

Das Ringen um den Namen SMD

Nun waren diese spannenden und bewegenden Auseinandersetzungen zwischen Gemeinde und Mission in der SMD bei Weitem nicht die einzigen Themen, die die Arbeit in diesen Jahren nach 1967 bewegte. Es wurden wie vorher Reisesekretäre berufen und verabschiedet; Freizeiten und Schulungen wurden angeboten und abgehalten; die Zentralstelle musste den Anforderungen entsprechend mit Mitarbeitenden ausgestattet werden; das Ringen um die Finanzen bestimmte auch diese Zeit, wobei da immer wieder Wunder über Wunder zu verzeichnen waren.[187] Das gilt bis in die heutige Zeit hinein. Meine sechs Jahre im Rat der SMD (2011–2017) waren nicht nur, aber auch geprägt vom Staunen über die jeweilige Jahresabrechnung. Dass es immer wieder „reichte", ja dass sogar manches Zusätzliche möglich war, ließ uns staunen über die Güte Gottes, der seine Hand auch in Sachen Finanzen immer wieder über die SMD gehalten hat. Denn der Arbeit war es wichtig, und das ist auch heute noch so, dass sie in Sachen Finanzen ein freies Werk bleibt und nicht in Abhängigkeit von Kirchen oder Verbänden gerät. So gab es oft ein Zittern, ob es wohl reichen würde, und dann großes Aufatmen, mit einem herzlichen Dank an die Spender, aber vor allem an den gütigen Vater im Himmel.

Ein gewisses Zittern gab es auch in den 60er-Jahren. Es war ja die Zeit der Studentenunruhen[188], und die begannen nicht erst im Jahre 1968, sondern auch schon vorher. Innerhalb der SMD war davon nicht zu viel zu spüren, aber ein gewisses Aufmucken gab es doch in manchen Gruppen. So beschloss die Freiburger Gruppe im Jahr 1967, den Namen SMD aufzukündigen und stattdessen als „Christliche Hochschulgruppe" zu fungieren.[189] Ähnlich machte es wenig später die Heidelberger Gruppe.[190] Vor

187 „Horst Lux als geschäftsführender Leiter der Zentralstelle hat damals gute Arbeit geleistet" (Paul-Ulrich Lenz).

188 Vgl. hier Protokollnotizen des Vorstands vom 9.3.1969.

189 Vgl. Vorstandssitzung vom 9.4.1967; weiter dann Vermerke aus den Sitzungen 11.10.1967; 21.6.1968; 1.5.1970.

190 Vgl. den Bericht über die Entwicklungen in Freiburg und Heidelberg im Protokoll der Bruderratssitzung vom 1./2. 7. 1967. Ausführlich berichtet Hartwig Lücke

allem der Begriff „Mission" wurde hinterfragt, und das weniger aus theologischen als aus hochschulpolitischen Gründen. Der Name SMD mit der Mission in der Mitte fand im Universitätsbereich natürlich nicht immer Zustimmung; es hat auch massive Kritik gegeben. Die SMD musste sich nun mit ihrer Leitung klar werden, was sie zu diesen eigenständigen Entscheidungen einzelner Gruppen sagen sollte. Und sie hat Stellung bezogen! Bis zum Jahr 1970 zog sich das Ringen um die Namensgebung hin, aber dann war ganz klar, dass die Leitung der SMD bei dem Namen bleiben musste. Sie hat darüber riskiert, dass eine Hochschulgruppe die Gesamtarbeit verlassen würde, was bei der Freiburger Gruppe dann auch passierte, allerdings nur vorübergehend, weil sich sogleich eine neue Gruppe bildete – mit dem Namen SMD. Die SMD insgesamt konnte und wollte aber ihr Profil nicht aufgeben.[191] Bruderrat und Vorstand wären bereit gewesen, über eine Unterüberschrift nachzudenken, aber angesichts einer offenbar schwer belasteten emotionalen Atmosphäre hat sie darauf verzichtet. Später hat sich das Thema wieder beruhigt.[192] Ähnlich

---

über die Problematik mit der Freiburger Gruppe in seinem Bericht zur Bruderratssitzung am 13./14. 1. 1968, S. 1f.

191 Dietrich Bauer, damals schon sehr aktiv in der SMD, schrieb am 20.3.1967 in einem persönlichen Brief an mich: „In der SMD tut sich hier Einiges – positiv und negativ. Erfreulich ist, dass einige Mitarbeiter ihren missionarischen Auftrag neu überdenken. Bedauerlich dabei ist, dass der Name SMD geändert werden soll, dass das „M" antiquiert sei. Über den Namen kann man – ergebnislos – streiten; die entscheidende Frage ist das Bekenntnis zu Jesus und die Erkenntnis, dass jeder Student (Mensch) ohne Jesus für Zeit und Ewigkeit verloren ist. Wer dies erkennt, kann nur das Kreuz und die Auferstehung predigen – und zwar schlicht, glaubwürdig, nüchtern und liebevoll."

192 Wie aufgeheizt die Stimmung im Jahre 1970 war, schildert Hartwig Lücke nach einem Besuch bei der Freiburger Gruppe. Dort wurde die Namensänderung, d.h. der Zusatz eines Arbeitsnamens zum Gesamtnamen SMD ihm gegenüber offenbar für eine „Lappalie" gehalten, die aber „in der Frontarbeit viele Hindernisse hinwegräumt". Außerdem wurde ihm gegenüber offenbar geäußert, dass zwischen der Freiburger Gruppe und dem Bruderrat kein Vertrauensverhältnis mehr bestünde. Wie schon vorher in anderen Gruppen wurde auch hier beim Bruderrat eine „autoritäre Struktur" gesehen. Hartwig Lücke sieht viel Grund zur

war es mit der Akzeptanz der Richtlinien, die von wenigen Hochschulgruppen, dabei besonders von Theologiestudenten, ebenfalls kritisch gesehen wurden.[193] Auch hier musste der Bruderrat klarstellen, dass nur derjenige bei der SMD mitarbeiten kann, der oder die ein klares Ja zu den Richtlinien sagen kann.

Die Zeitung (!) „Dynamis"

Die SMD-Zeitschrift „Dynamis", die seit 1959 in der Nachfolge des Blattes „Unser Auftrag" bestand und themenorientiert ausgerichtet war, sollte sich ab 1967 ausschließlich an Studierende wenden und entsprechend frisch aufgemacht werden.[194] Die 0-Nummer erschien im Juni 1967 im

Selbstkritik, dennoch empfiehlt er in seinem Bericht zur Bruderratssitzung am 20./21.6.1970 in Königstein ein Nein gegenüber den Bestrebungen der Freiburger Gruppe.

193 Insbesondere die Hamburger Gruppe hat sich im Jahr 1968 von den verbindlichen Richtlinien abgesetzt und eigene Richtlinien entworfen. Überhaupt halten sie es, so Hartwig Lücke, in einem Schreiben an den Bruderrat am 25.2.1969, für falsch, überhaupt „Basisformulierungen" vorzulegen. Eine lebendige Gemeinde müsse immer bereit für Änderungen sein. Noch komplizierter wurde es dann bei der Delegiertenversammlung im April 1969: „Freunde der Provocatio wollten, zusammen mit Klaus Vollmer, die Diskussion auf eine grundsätzliche Ebene stellen … Ihnen ging es um die tiefe Klärung der von uns bezeugten Wahrheit überhaupt." (Aus einem Schreiben von Hartwig Lücke an den Bruderrat vom 18.4.1969)

194 Im Jahr 1966 wurden, was die Publikationen der SMD anbelangte, wichtige Entscheidungen getroffen. Diese sind für uns heute nicht mehr unbedingt nachvollziehbar, hatten aber damals sicher gute Gründe (vgl. die Ergebnisse der Vorstandssitzung vom 9.7.1966). Die Zeitschrift Porta, die bisher das Organ der Akademikergemeinschaft (AGD) war, sollte nun für alle Freunde der Gesamtarbeit zur Verfügung stehen. Das so übersichtlich gestaltete Mitteilungsblatt „Antenne", das es auch Chronisten wie mir leicht gemacht hat, die jeweilige Zeit nachträglich einigermaßen angemessen zu beschreiben, wurde 1965 eingestellt. Die Mitteilungen aus der Gesamtarbeit sollten von nun an über die Porta verbreitet werden – was aber nicht wie bisher geschah. Für die Jahre 1966–1974 bleibt festzuhalten, dass es kein Mitteilungsblatt der SMD gab. Das machte es schwierig, für diese Jahre umfassendere Informationen zu bekommen. Hilfreich waren da

Bürgerkrieg in Nigeria: Rettet die verfolgten Ibos!

dynamis

Zeitung für junge Nichtchristen und Christen

Proteste und ihre religiöse Deckung • Gedanken zum Tode von Martin Luther King • Seelsorge mit Brahms-Musik und LSD

TRÄUME - TATEN - TUMULTE

Das Ringen des SDS um seine Zielrichtung. Wandlung und Widerspruch der Methoden. Varianten des Marxismus. Hoffnung auf eine neue und bessere Gesellschaft.

Die Erstausgabe der Dynamis von Mai 1968

Zeitungsformat, die erste reguläre Nummer folgte dann im Mai 1968 und trug den provokanten Untertitel „Zeitung für junge Nichtchristen und Christen“. Dieser wurde ab Ausgabe 2 um den Zusatz „Forum für Engagierte“ ergänzt. Die Erstausgabe kostete 30 Pfennige, als Herausgeber wird die SMD genannt, namentlich Hartwig Lücke, Günter Ewald und Karl Sundermeier. Als Chefredakteur fungierte der schon mehrfach erwähnte Professor für Mathematik, Günter Ewald, aus Bochum.[195] Neben ihm agierten mehrere Redakteure, unter ihnen Hans Steinacker, der spätere Leiter des Brendow-Verlages. Alle arbeiteten ehrenamtlich; die Zeitung sollte ab 1969 monatlich erscheinen.[196]

In der Tat war diese neue Publikation der SMD ein „Wurf“ und passte in die immer dramatischer werdende Zeit ab 1967. Es wurde der durchaus gekonnte Versuch gemacht, eine Zeitung herauszubringen – wirklich im

---

einige Jahresberichte des Generalsekretärs, die Vorstandsprotokolle, die heute noch durchgehend vorhanden sind, und einige Bruderratsprotokolle.

195 Günter Ewald hatte ein leidenschaftliches Interesse daran, dass die SMD sich auch mit hochschulpolitischen Themen auseinandersetzt. Er war mit Sicherheit die treibende Kraft für das Unternehmen Dynamis. Vgl. den Beitrag, den er über zehn Jahre später im Rückblick geschrieben hat und der ernste Fragen stellt: Seiner Meinung nach waren Auseinandersetzungen mit der Wissenschaft, mit der Kunst und mit der Politik derzeit „Tabuthemen“ für die SMD. Der Aufsatz von G. Ewald heißt: „Die SMD im gesellschaftlichen Umfeld – Entwicklung, Versuch einer Alternative, Perspektiven. Notizen eines Beteiligten“, in: Porta 25, S.63ff.

196 Die Beschlussfassung über die Weiterentwicklung der Dynamis erfolgte in der Sitzung des Bruderrates vom 1./2. 7. 1967. In dieser Sitzung legte Prof. Ewald die 0-Nummer der Dynamis vor und nannte einige Vorschläge zum weiteren Verfahren.

Zeitungsformat und auf Zeitungspapier. Am laufenden Band wurden nun Themen bearbeitet, die wirklich zeitgemäß waren und auch in der breiten Öffentlichkeit im Lande verhandelt wurden. Schon die 0-Nummer behandelte ein Bündel aufregender Themen wie „LSD – Religion aus der Retorte?", „Marx und Mystik", „Im Echo der Schah-Krawalle", „Was ist Kybernetik?" oder „Wie geht es nach Benno Ohnesorgs Tod weiter?" Ähnlich entwickelte es sich weiter, wie z. B. in Ausgabe 4 (Februar 1969), in der u. a. folgende Themen angeboten werden: „Die Alma Mater zittert. Zwischen radikaler Änderung und Reform", „Kriegsdienstgegner im Vormarsch", „Blick in die Zukunft. Der Mond als Labor" und ein höchst eindrückliches Interview mit dem damaligen Justizminister Dr. Gustav Heinemann. Ausgabe für Ausgabe erschienen je acht informative, streitbare und auch humorvolle Seiten und, davon bin ich überzeugt, diese machten Lust zum Lesen und schärften den Geist. Die Zeitung sollte ja auch dazu dienen, dass SMD-Mitarbeitende in den anstehenden Auseinandersetzungen profiliert reagieren konnten. Angesichts dessen, was es bisher in den SMD-Publikationen zu lesen gab, waren diese Ausgaben der Dynamis wirklich eine Revolution; die Frage war nur, wie lange das gut gehen konnte. Immerhin waren einige Beiträge auch intern höchst streitbar, z. B. ein Pro und Contra zu Billy Graham und seiner Art der Evangelisation.[197]

Vor allem ging das Ganze zunehmend über die Kräfte. Die Zeitung wurde ehrenamtlich hergestellt, Günter Ewald sah sich zunehmend kräftemäßig überfordert mit dieser großen Aufgabe. Je länger, desto mehr wurde nach einem hauptamtlichen Redakteur gerufen. Namen wie der von Dr. Irmhild Bärend und Peter von Baggo wurden genannt und dann wieder nicht mehr. Zunehmend ging es auch um die Finanzen. Der Aussaat-Verlag, der für die Drucklegung geradestand, konnte das nicht immer nur ehrenamtlich tun; er musste auch sein Geld verdienen. Schon 1968 wurde im Vorstand erwogen, auf einen Reisesekretär zu verzichten

197 Siehe die Beiträge von Peter von Baggo (kontra) und Klaus-Jürgen Diehl (pro): Dynamis 11/Juni 1970, S. 7f.

und dafür die Zeitung zu finanzieren.[198] Dann aber gab es nur noch die Alternative: entweder Aufgabe der Dynamis oder Aufstockung! Das Ende lässt sich denken: Ende 1970 wurde die Dynamis eingestellt. Eine Aufstockung hätte geheißen, einen Chefredakteur einzustellen. Außerdem hätten 30.000 DM bereitgestellt werden müssen, um die Herstellungskosten abzudecken. Da sich aber die Abonnentenzahlen nicht in dem Maße steigern ließen, wie es nötig gewesen wäre, konnte der Vorstand im Einvernehmen mit dem Bruderrat dieses eigentlich rasante Projekt nur aufgeben.[199] Die SMD war auf etwas so Anspruchsvolles neben dem Tagesgeschäft nicht vorbereitet – oder damit schlicht überfordert.

Es hat sicher auch andere, inhaltliche Gründe gegeben, die die Leitung der SMD bewogen haben, sich von der Zeitung zu trennen. Viele der angesprochenen Themen konnten ja gar nicht durch Beschlüsse der SMD-Leitungsgremien gedeckt sein, dafür waren sie zu komplex und z. T. auch unausgewogen. Wahrscheinlich muss man heute sagen, dass dieses Projekt nicht wirklich zur SMD und ihrer speziellen Berufung passte, aus wirtschaftlichen und theologischen Gründen. Dennoch ist der Versuch, in bewegter Zeit aktuelle Themen der Zeit in ungemein ansprechender Weise anzupacken und sich nicht zu verstecken, mutig und progressiv gewesen. Viele Themen der Zeitung Dynamis wurden dann von der Porta weitergeführt und profiliert vertieft.[200] Der Weg der Porta entsprach

198 Vgl. Vorstandssitzung 12./13.1.1968.

199 Hinzu kam, dass sich der CVJM-Westbund (Evangelisches Jungmännerwerk), der die Zeitung Dynamis lange mitgetragen und zur Verbreitung beigetragen hatte, im Jahre 1970 davon trennte.

200 Im Jahr 1974 schon wurde überlegt, ob nicht „die Porta durch eine Aktualisierung in ihrer Themenauswahl und durch Neugestaltung ihres Layouts Publikationsorgan des studentischen Arbeitszweiges werden könnte, d. h. ob die Porta nicht als Zeitschrift herausgegeben werden könnte.“ Sie würde dann zu aktuellen Fragen Stellung nehmen, während die „Porta-Studienreihe“ sich zu grundsätzlicheren Fragen äußern würde, vgl. Protokoll des Bruderrates vom 12./13.1.1974, zu TOP 5.

wesentlich mehr der Gesamtperspektive der SMD und hat ja auch über vier Jahrzehnte (1962–2002) hinweg einen wichtigen Dienst getan.

Merkposten

Gott sei Dank waren es nicht nur aufregende Zeiten, diese Jahre 1967–1974. Hier wurden auch wichtige Weichen für die Zukunft der Arbeit gestellt:

- Seit 1965 gab es Gespräche darüber, ob die SMD nicht das Amt eines Vorsitzenden der Arbeit einführen sollte, sozusagen als Repräsentationsamt nach außen. Im Jahr 1968 übernahm dann Prof. Hans Rohrbach dieses Amt, das natürlich nicht nur nach außen Bedeutung hatte.[201] Es tat auch dem Generalsekretär gut, eine Leitungsperson als Gesprächspartner, aber auch als Gegenüber zu haben.[202] Dass das nicht immer ohne Spannungen ablief, ist keine Frage, insgesamt haben die Vorsitzenden der SMD die Arbeit über alle Jahre hin ungemein bereichert und die Arbeit nach außen würdig repräsentiert.

- Im Jahr 1971 wurde Pfarrer Friedhardt Gutsche als erster hauptamtlicher Verantwortlicher für die Akademikerarbeit angestellt. Damit konnte die Akademikerarbeit wesentlich profilierter weiterentwickelt werden. Friedhardt Gutsche wurde auch Chefredakteur der Porta und blieb es mehrere Jahre lang.

- Im Jahr 1969 wurde Wilfried Ahrens als Reisesekretär für die Schülerarbeit berufen und blieb zunächst knapp zwei Jahre. Im Jahre

---

201 Hans Rohrbach hat auch in den Jahren zuvor schon im Vorstand und im Bruderrat der SMD verantwortlich mitgewirkt, vgl. seine Schrift „Studenten begegnen der Wahrheit“ aus dem Jahr 1959. Das Amt des Vorsitzenden wurde aber erst im Jahre 1968 eingeführt, vgl. das Protokoll der Bruderratssitzung vom 14.1.1968.

202 Hartwig Lücke schildert ihn in einer persönlichen Notiz an mich als einen „starken, aber auch väterlichen und bescheidenen Bruder bzw. Gesprächspartner“.

1977 wurde er dann Leiter dieser wachsenden Arbeit. Die Schülerarbeit, die nie aufgegeben worden war, aber oft nur nebenbei gemacht werden konnte, bekam nun ein neues Profil. Die SMD war insgesamt inzwischen so gewachsen, dass sie die Schülerarbeit entsprechend fördern konnte.[203]

- Seit 1966 war die SMD auf der Suche nach einem Haus, einer Art Verbindung von Seelsorgezentrum und Tagungsstätte. In den folgenden Jahren sind immer wieder Namen und Orte genannt worden. Entscheidungen fielen dann aber erst in der zweiten Hälfte der 70er-Jahre.

- In der Zeit zwischen 1967 und 1974 kam es immer wieder zu Anfragen an die SMD, dass sie Mitglied werden sollte, so beim Deutschen Evangelischen Missionstag (DEMT) und bei der Konferenz Evangelikaler Missionen (KEM).[204] Dennoch blieb die SMD bei ihrer Linie, sich nicht weiter zu binden. In diesen Jahren blieb es beim Beob-

---

203 So berichtet Hartwig Lücke sehr erfreut vom Pfingsttreffen der Mitarbeiter und Freunde der Schülerarbeit in Kaub im Jahre 1970, an dem er selbst teilnehmen konnte: „Ich habe eine lebendige und große Mannschaft vorgefunden … Es ist beruhigend zu sehen, dass hier die Arbeit getan wird, wobei man selbst ganz in den Hintergrund treten kann." (Bericht für die Bruderratssitzung am 20./21.6.70, S. 4).

204 Der Leiter der Bibelschule Wiedenest, Ernst Schrupp, hat die SMD dringend gebeten, an der Bildung einer Ständigen Konferenz Evangelikaler Missionen mitzuwirken. Hartwig Lücke (vgl. seinen Bericht für den Bruderrat vom Januar 1970) stellt die kritische Rückfrage, ob damit nicht die Spaltung des DEMT angesagt sei, was Schrupp bei einem Treffen im Februar 1969 verneint. Tatsächlich ist es wenig später dann doch zur Spaltung gekommen. Aus dem DEMT wurden die beiden Missionswerke EMW (Evangelisches Missionswerk) und AEM (Arbeitsgemeinschaft Evangelikaler Missionen). Eine Mitgliedschaft der SMD in einem dieser Werke wurde von Bruderrat und Vorstand abgelehnt. Diese Haltung ändert sich auch im Jahr 1974 nicht, als der AfW dem Bruderrat empfiehlt, Mitglied bei der AEM zu werden (vgl. Protokoll des Bruderrats vom 12./13.1.1974). Viele Jahre später hat die SMD aber doch den Schritt hin zur Mitgliedschaft

achterstatus. Das konnte auch Ernst Schrupp trotz dringender Bitte nicht ändern.[205]

- Schließlich lässt sich aus Vorstandsprotokollen dieser Jahre entnehmen, dass es auch innerhalb der Leitungsgremien Gesprächsbedarf gab.[206] Es gab Stimmen im Bruderrat, die kritisch anmerkten, dass sich der Bruderrat in einen überlasteten Aufsichtsrat verwandelt habe. Es wurde der Wunsch geäußert, der Bruderrat und auch der Vorstand mögen sich stärker geistlich prägen lassen und die jeweilige Tagesordnung in diesem Sinne gestalten. Dazu müsste er häufiger tagen und einen ruhigen Ort für die Sitzungen suchen, an dem die Ratsmitglieder dann auch übernachten könnten.

- Insgesamt ist die Arbeit in diesen Jahren trotz aller Spannungen und Auseinandersetzungen gut vorangekommen, was auch daran deutlich wird, dass der Schülerarbeit und der Akademikerarbeit Hauptamtliche zugeordnet werden konnten. Sicher hat auch die

---

getan. In der Sitzung des Rates vom 27.2. bis 1.3.1998 wird einstimmig beschlossen, dass die SMD der AEM beitritt.

205 Auch seitens der EKD hat es schon im Jahr 1969 wachsendes Interesse an der SMD gegeben. Möglicherweise waren sogar Überlegungen dabei, das Potential der SMD für eine kirchliche Studentenarbeit neben der eher schwächelnden ESG zu nutzen. Hartwig Lücke setzt in seinem Bericht zur Bruderratssitzung am 28./29.6.1969 klare Akzente in Richtung Eigenständigkeit. Sorge macht ihm nur die geistliche Situation der SMD-Studentenarbeit: „Das Interesse der EKiD an der SMD trifft auf eine Arbeit, die vielleicht vor den Augen der Kirche Eindruck zu erwecken vermag, die aber in den wenigsten noch zu Vorstößen fähig ist, sondern den Bestand zu halten versucht … Wir sind im Augenblick stärker dabei, die klare Linie von oben zu diktieren, als dass sie in den Gruppen gelebt wird. Glaubensgewissheitsfragen und Mitarbeiterfragen sind unklar." Immerhin, die Gespräche gingen weiter: Im Juni 1970 wurde der Generalsekretär der SMD mit anderen Persönlichkeiten von der EKD zu einem Treffen aller landeskirchlichen Referenten für Studentenarbeit eingeladen, vgl. den Bericht des Generalsekretärs für die Bruderratssitzung am 20./21.6.1970 in Königstein.

206 So zu lesen in den Vorstandsprotokollen vom 31.10.1968 und 10.1.1969.

Provocatio, jedenfalls in den Jahren bis 1973, dazu beigetragen, dass profilierte Mitarbeiter gefunden und entsprechend gefördert werden konnten.

11. Zeitansage: Die 70er-Jahre – Nichts bleibt, wie es ist

Ich unterbreche den Gang durch die SMD-Geschichte, um kurz die Zeit der 70er-Jahre zu skizzieren.[207] Ich tue das, damit deutlich wird, welch große Herausforderungen in diesen Jahren auf die verfassten Kirchen und die freien Werke zukamen. Auch wenn diese Entwicklungen sich im inneren Kontext der SMD nur punktuell als Herausforderungen erkennen ließen, so haben sie doch nicht nur diese Jahre, sondern auch alle Studierenden, jede Schülerin und jeden Akademiker mitgeprägt.

Die politische Lage

Die 70er-Jahre waren aufregende Jahre für Deutschland, ja, einschneidend bis in unsere Zeit hinein. Da war zum einen der Regierungswechsel in Bonn: Erstmals in der Geschichte der BRD regierte mit Willy Brandt ein SPD-Bundeskanzler das Land (seit 1969). Diese Regierung machte vieles möglich, was bisher unmöglich schien: Es gelang ihr, Frieden mit den östlichen Nachbarn zu schließen. So schloss die Bundesrepublik hintereinander Verträge mit der damaligen Sowjetunion, mit Polen und mit der damaligen Tschechoslowakei. Sie kam damit dem dringenden Wunsch der östlichen Länder nach, die wollten, dass Deutschland die Oder-Neiße-Grenze als Staatsgrenze anerkannte und keine Ansprüche im Blick auf die Gebiete jenseits dieser Grenze mehr stellte. Und noch etwas gelang: Nach dem Ausscheiden von Walter Ulbricht und dem

207 Vgl. zum Folgenden: Hartmut Bärend, Wie der Blick zurück die Gemeinde nach vorn bringen kann. Ein Gang durch die Geschichte der kirchlichen Volksmission, Neukirchen-Vluyn, 2011, S.179ff.

Dienstantritt von Erich Honecker wurde es möglich, mit der damaligen DDR einen Grundlagenvertrag zu schließen. Dieser beinhaltete, dass die Bundesrepublik die DDR als souveränen Staat anerkannte[208], dass aber die DDR die Reisemöglichkeiten von West nach Ost lockerte und die bisher so zementierte Situation diesseits und jenseits der Mauer etwas erleichterte. Heute lässt sich sagen, dass die damaligen Schritte wesentliche Voraussetzungen dafür waren, dass die Mauer 1989 fallen konnte.

Außerdem änderte sich die ökonomische Situation in diesem Jahrzehnt. Die deutsche Wirtschaft konnte sich nicht mehr so weiterentwickeln wie in den 50er- und 60er-Jahren, zumal zwei Ölkrisen zu großer Verunsicherung führten. In diesen Jahren entstand und wuchs die Arbeitslosigkeit in Deutschland, und mit ihr ein Schuldenberg, der bis heute nicht nur nicht abgetragen ist, sondern sich immer mehr vergrößert hat. Auch Helmut Schmidt, der 1974 Bundeskanzler wurde, konnte diese Entwicklung nur teilweise aufhalten. Weiterhin verschärfte sich die politische Lage im Ost-West-Verhältnis. Die Sowjetunion rüstete in diesen Jahren ständig auf; das Atomwaffenpotential bedrohte Westeuropa in hohem Maße. Die NATO musste dagegenhalten und nachrüsten. So war das Lebensgefühl in dieser Zeit äußerst angespannt. Die politische Entwicklung führte schließlich dazu, dass sich auch Helmut Schmidt als Bundeskanzler nicht mehr halten konnte und sein Amt an Helmut Kohl weitergeben musste (1982). Der Streit um den NATO-Doppelbeschluss drohte, die deutsche Gesellschaft zu zerreißen.

Und schließlich gab es dramatische Veränderungen in der westlichen Gesellschaft: Die Studentenbewegung hatte massiv gewirkt; im Bildungsbereich, aber auch in der politischen Meinungsbildung, in der Erziehung und auf vielen anderen Gebieten entwickelten sich neue Verhältnisse. Die stärker autoritären Strukturen, die die gesamte Nachkriegszeit bestimmt hatten, wurden Anfang der 70er-Jahre regelrecht weggefegt. Stattdessen war vom antiautoritären Führungsstil nicht nur die Rede – er wurde auch

208 Allerdings mit ausdrücklichem Hinweis auf die besondere Verbindung der beiden deutschen Staaten zueinander.

wo irgend möglich durchgesetzt. Dass sich auch in diesem Stil autoritäre Züge verbargen, wurde erst später erkannt.

Die kirchliche Landschaft

Was das kirchliche Leben anbelangte, so muss man feststellen, dass in diesen Jahren eine regelrechte Austrittswelle zu verzeichnen war. Vielen evangelischen Christinnen und Christen war der Weg der Kirche zu politisch geworden; sie vermissten eine stärkere geistliche Prioritätensetzung. Andere wollten bei zunehmender wirtschaftlicher Notlage die Kirchensteuer einsparen und traten deshalb aus. Hunderttausende verließen die Evangelische Kirche im Westen Deutschlands Jahr für Jahr. Auch wenn diese Welle Mitte der 70er-Jahre kleiner wurde, so blieb sie doch erhalten, mit Schwankungen nach oben und nach unten bis heute.

Aber es war nicht nur die Austrittsbewegung, die die evangelische Christenheit in diesen Jahren quälte. Das Wort „Parallelstrukturen“ kam auf und bezeichnete, was wir damals als ausgesprochen schmerzlich empfunden hatten: Es kam zu tief einschneidenden Spaltungen, zu Polarisierungen innerhalb der evangelischen Christenheit in Deutschland, die auch tiefe Verwundungen mit sich brachten. Es ging immer wieder um die Frage, welche Richtung die Kirche einschlagen soll: eine eher liberalemanzipatorische, oder eine eher konservativ-evangelikale Richtung, die sich dabei als die eigentlich bibeltreue verstand. Für viele Christen bot die verfasste Kirche in ihrer Pluralität kein Zuhause mehr; entweder sie traten aus, oder sie suchten nach einem Weg, zwar in der Kirche zu bleiben, aber in ihr Strukturen aufzubauen, die mehr ihrer Überzeugung entsprachen.

So brach u. a. die bisherige Einheit in der Verantwortung für die Weltmission auseinander, der Deutsche Evangelische Missionstag (DEMT) musste aufgelöst werden, es entstanden das Evangelische Missionswerk (EMW) und die Arbeitsgemeinschaft Evangelikaler Missionen (AEM). Innerhalb der Evangelischen Jugend hielt zwar die Struktur der Arbeitsgemeinschaft (aej), dennoch konnte man während der Jahrestagungen darauf warten, wann die verschiedenen Richtungen wieder aufeinanderprallten. Im Bereich der Medienarbeit entstanden in diesen Jahren ebenfalls Parallelstrukturen: Der „Informationsdienst der Deutschen Evangelischen Allianz" (IDEA) stellte sich seit 1970 neben den „Evangelischen Pressedienst" (EPD), das „Gemeinschaftswerk für Evangelische Publizistik" (GEP) fand in der „Konferenz evangelikaler Publizisten"(KEP) sein Gegenüber. Schließlich entstanden die „Gemeindetage unter dem Wort", in diesen Jahren ausdrücklich als Gegenveranstaltung zu den Kirchentagen, die für die Bekenntnisbewegung viel zu politisch und pluralistisch waren.

In diesen Zeiten tat die SMD ihren Dienst unter Schülern, Studenten und Akademikern. Unzweifelhaft hatte die Gesamtlage der Kirche Folgen für die Mitarbeiterfindung in der SMD. Es wurden immer weniger Studierende von ihren Gemeinden in die SMD gesandt; die SMD wurde immer mehr zum Sammelbecken für gläubige junge Menschen, die Gemeinschaft suchten und sich deshalb den bestehenden Studentengruppen anschlossen. Umso lauter musste der Ruf werden, wieder verstärkt missionarisch aktiv zu werden. Was sich schon 1967 angedeutet hatte und Hartwig Lücke dazu veranlasste, stärker „nach innen" zu arbeiten, blieb eine große Aufgabe. Diese musste sich aber jetzt umso stärker mit dem missionarischen Dienst verbinden. Insofern war der Leitungswechsel von Hartwig Lücke zu Wolfgang Heide folgerichtig.

Bevor ich nun auf die Jahre 1974 bis 1982 in der SMD eingehe, muss noch ein missionarisches Großereignis des Jahres 1974 gewürdigt werden, denn es hatte Konsequenzen für unser Land, aber auch für die SMD.

Lausanne 1974

Ja, es gab ein wirkliches missionarisches Highlight in diesem Jahrzehnt, nämlich den großen Weltkongress für Evangelisation, der im Juli 1974 in Lausanne in der Schweiz stattfand. Seine Bedeutung für die missionarische Arbeit weltweit, aber auch in Deutschland ist gar nicht hoch genug zu veranschlagen. Seine Wirkungen reichen bis in unsere Tage hinein und sicher weit darüber hinaus.[209] In der großen deutschen Delegation,

---

209 Vgl. zum Ganzen Horst Marquardt, 25 Jahre Lausanner Bewegung, hrsg. Von der Lausanner Bewegung deutscher Zweig, Stuttgart, o. J.

Käte Brandt war als Vorstandsmitglied in Lausanne dabei (spätere Aufnahme).

die wirklich alle nur denkbaren Strömungen missionarischer Arbeit in diesem Lande vereinigte, war auch die SMD durch ihren neuen Generalsekretär Wolfgang Heide und durch Käte Brandt, Mitglied im Vorstand der SMD, vertreten. Der Kongress hat sich also auch deutlich in die SMD hinein ausgewirkt.

Die Wurzeln dieses Kongresses gehen zurück auf den Weltkongress für Evangelisation, der 1966 in Berlin stattgefunden hatte. Damals war den Verantwortlichen und dann auch dem ganzen Teilnehmerkreis bewusst geworden, dass der große Auftrag Jesu zur Weltevangelisation nur dann erfüllt werden kann, wenn sich diejenigen von Zeit zu Zeit treffen, die in den sechs Kontinenten dafür Verantwortung tragen. So waren schon für den Kongress in Berlin 1.200 Evangelisten aus allen Kontinenten eingeladen worden. Ein weiterer Kongress in Amsterdam im Spätsommer 1971 setzte weitere Akzente. Von 1972 an aber plante Billy Graham, der schon 1966 dabei war, mit einem großen Team gemeinsam einen weit größeren Kongress. Kamen in Berlin im Wesentlichen Führungskräfte der evangelistischen Arbeit zusammen, so sollte der Kongress 1974 auch für Personen geöffnet werden, von denen zu erwarten war, dass sie in den kommenden Jahren leitende Verantwortung übernehmen würden. Mit rund 4.000 Menschen wurde gerechnet, und diese große Gruppe kam dann auch in Lausanne zusammen. Bis heute bin ich dankbar, dass auch ich dabei sein konnte.

Was war es, das den Kongress in Lausanne bis heute zu einem so einmaligen Geschehen gemacht hat, von dem das amerikanische Magazin „Time“ damals schrieb, es sei das bedeutendste christliche Ereignis des Jahrhunderts? Was hat den Kongress so vorbildlich werden lassen, dass wir heute noch dankbar darüber sprechen und auch weiter davon zehren, ohne in Nostalgie zu verfallen? Ich nenne fünf Punkte:

- Schon im Vorfeld wurde deutlich, dass dieser Kongress keine Gegenveranstaltung zur ökumenischen Bewegung sein wollte. Billy Graham hat zu jeder Zeit betont, dass ihm die Genfer Ökumene wichtig ist und hat sich entsprechend abgestimmt. Die Orte Lausanne und Genf wurden während der Konferenz nie als zwei widerstreitende Pole beschrieben, ganz im Gegenteil: Der Wunsch bestand darin, aufeinander zu hören und voneinander zu lernen. Dass in der deutschen Gruppe Kräfte waren, die sehr wohl eine Anti-Haltung erzeugen wollten, lässt sich nicht bestreiten. Mehrfach wurde die „Frankfurter Erklärung zur Grundlagenkrise der Mission" und eine frisch gefertigte „Berliner Erklärung" in die Gespräche in der deutschen Gruppe eingebracht. Die Verwirrung und Unstimmigkeit, die dadurch in der deutschen Gruppe entstand, hat aber für den Gesamtverlauf der Konferenz keine Rolle gespielt. Weil in Lausanne der Geist der Einheit spürbar war, konnte sich der evangelistische Herzschlag leidenschaftlich und vollmächtig entfalten.

- Der theologische Gehalt dieser Konferenz war jederzeit eindrucksvoll und qualifiziert; ebenso war es bei den Praxisanteilen. Voller Spannung hörten wir den Vortrag des anglikanischen Theologen John Stott, die Beiträge der südamerikanischen Theologen René Padilla und Samuel Escobar[210], aber auch den mitreißenden und anrührenden Beitrag von Stanley Mooneyham. Billy Graham einmal nicht als Evangelisten zu hören, sondern als Seelsorger, war ebenfalls eindrücklich. Zentrale Bedeutung hatten die Bibelarbeiten, die uns regelmäßig in Gruppen zusammenführten, in denen sich Menschen aus verschiedenen Kontinenten trafen. Der Kongress ist hervorragend vorbereitet und geleitet worden.

210 Beide Theologen waren führende Mitarbeiter in den südamerikanischen IFES-Bewegungen.

- Dass auf diesem Kongress so deutlich die soziale Verantwortung auch für die herausgestrichen wurde, die sich dem evangelistischen Anliegen verpflichtet hatten, war ebenfalls ein großer Pluspunkt des Kongresses. Billy Graham selbst hat an dieser Stelle ein Defizit auch seiner eigenen bisherigen Verkündigung deutlich erkannt und vor allen benannt. Die Vorträge trugen dazu bei, diese Erkenntnis zu unterstreichen. Im Abschnitt 5 der Lausanner Verpflichtung ist der Zusammenhang von Evangelisation und sozialer Verantwortung dann ausdrücklich benannt worden.

- Das sicher Wichtigste des Kongresses war, wie eben schon angedeutet, dass am Schluss eine Verpflichtungserklärung verabschiedet werden konnte, die „Lausanner Verpflichtung". Wer dazu „Erklärung" sagt, trifft auch Richtiges, aber sie war mehr, sie war wirklich eine Verpflichtung, die wir mit unserer Unterschrift versehen haben. Es ist dem großen anglikanischen Theologen John Stott zu danken, dass diese Verpflichtung einmütig und mit großer Dankbarkeit aufgenommen werden konnte. Er war der Autor der 15 Abschnitte. Natürlich hat es im Verlauf der Konferenz hier und da eine Änderung gegeben, dennoch ist seine Handschrift jederzeit erkennbar.

- Schließlich ist zu erwähnen, dass sich während der Konferenz immer wieder die Ländergruppen trafen, um für ihre eigene Region zu bedenken, wie die frischen Anstöße umgesetzt werden können und wie die Strategie der Evangelisation im eigenen Land verbessert werden kann. Leider ist es der deutschen Gruppe kaum gelungen, hier Akzente zu setzen; zu sehr wurden die Gespräche von den Diskussionen um die eigene theologische Position geprägt, zu sehr versuchten sich die in Szene zu setzen, die mehr wollten als eine nach vorn weisende Konferenz. Sie wollten Abgrenzung und eigene Organisationsstrukturen. Das hat sich nicht durchgesetzt, aber bei den langen Diskussionen blieben die Überlegungen, wie das Evangelium in Deutschland noch effektiver umgesetzt werden kann, auf der Strecke. Immerhin hat die deutsche Gruppe trotz aller Gegen-

> sätze immer wieder gemeinsam beten können. Das war viel angesichts der großen Spannungen. Für das Konferenzgeschehen im Ganzen aber lässt sich sagen, dass die meisten Ländergruppen hervorragend gearbeitet haben und mit viel Ermutigung und frischem Wind nach Hause gefahren sind.

Ohne jeden Zweifel ist die Lausanner Verpflichtung ein großer Wurf, ja, das Nachhaltigste gewesen, was zum ganzen Kongress zu sagen ist. Die Lausanner Verpflichtung war und ist in ihrer unpolemischen, sachorientierten und zielbewussten Diktion sicher auch ein wesentlicher Grund dafür, dass es nach dem Kongress zu keinen Organisationsgründungen gekommen ist, die eine Art weltweiter evangelikaler Parallelstruktur zu den bestehenden Einrichtungen und die Gefahr weiterer Spaltung in der Christenheit, auch in Deutschland, hätte möglich machen können. Große Teile der evangelikalen Bewegung weltweit konnten und können sich bis heute unter diese Verpflichtung stellen; auch in der Ökumene und in den verfassten Kirchen hat die Verpflichtung hohe Anerkennung gefunden. Bis heute muss jede Einrichtung und jede Einzelperson, die sich in Deutschland der 1984 gegründeten „Lausanner Bewegung Deutscher Zweig" anschließen will, die Lausanner Verpflichtung unterschreiben.

12. Neuer Aufbruch und Sicherung – Mission plus

Wolfgang Heide (1974–1982)

Zurück zur SMD-Geschichte: Nach Hartwig Lücke wurde Wolfgang Heide Generalsekretär der SMD. Er, ebenfalls westfälischer Pfarrer wie Hartwig Lücke, geistlich geprägt durch die pietistische Frömmigkeit im Sauerland (Paul Deitenbeck) und zuletzt Pfarrer in Jöllenbeck, hatte über Jahre hinweg schon die Entwicklungen innerhalb der SMD miterlebt. Viele Jahre war er Mitglied im Bruderrat gewesen. Damit hatte er auch das Entstehen und die Entwicklung der Provocatio mitverfolgt. Ihm war gewiss auch klar, welche Schwierigkeiten Hartwig Lücke zu überwinden hatte.

Mission als Kernkompetenz

Sein Resümee und die Konsequenzen, die er aus den Erfahrungen der vergangenen Jahre zog, waren eindeutig[211]: Er sah die Gefahr einer reinen „Binnenkultur" innerhalb der SMD. Nach seiner Meinung hatten viele SMDler kaum noch Kontakt zu nichtgläubigen Studenten. Sie wollten Gemeinde sein, aber mehr im Sinne einer Wohlfühlgemeinde. Die SMD war für sie geistliche Heimat und nicht zuerst missionarisches Arbeitsfeld in der Zeit des Studiums. Und wenn doch Studenten kamen, die missionarisch bewegt waren, dann hatten sie es schwer, weil sie oft von den eigenen Mitarbeitern gebremst wurden. Nur selten gelang es noch, ganze Gruppen für einen evangelistischen Einsatz zu gewinnen. Die Bemühungen um mehr Verbindlichkeit gegen Ende der 60er-Jahre konnte Wolf-

---

211 Vgl. zum Folgenden: Wolfgang Heide, SMD – eine missionarische Bewegung, Porta 25, 1978/79, S. 55–59

gang Heide gut nachvollziehen, aber was daraus geworden ist, sah er mit Sorge. Seine Wahrnehmung: Die für die Gemeinde Jesu wesentliche Spannung zwischen Sammlung und Sendung war nicht mehr erkennbar. Stattdessen zeigte sich für ihn eine deutliche Tendenz der SMD in Richtung SMD als Situationsgemeinde.

Aber, so Wolfgang Heide weiter, die SMD kann nicht selbständige Gemeinde sein, auch nicht Gemeinde auf Zeit. Sie kann eine Ortsgemeinde nicht ersetzen, sie kann überhaupt nur missionarische Dienstgruppe sein mit dem Spezialauftrag, Studenten mit dem Evangelium zu erreichen. Ihr einziges Ziel muss es sein, missionarisch auszustrahlen und zu wirken. Die SMD ist verlängerter Arm der Gemeindearbeit und damit auch Teil der Gesamtgemeinde Jesu; eine bestimmte Gemeindeprägung darf aber in der SMD nicht bestimmend sein. Die SMD arbeitet überkonfessionell und unabhängig von den Kirchen. Mit großem Nachdruck hat Wolfgang Heide von Beginn seines Dienstes an betont, dass die SMD vor allen Dingen Mission und Evangelisation ist; alles andere muss nachgeordnet sein. Priorität in der SMD muss die Sendung haben, nicht die Sammlung.

Mit diesen Überzeugungen ist Wolfgang Heide angetreten und blieb ihnen ja auch treu, siehe den eben zitierten Beitrag aus dem Jahre 1978/79. Er war damals inspiriert von der Weltkonferenz für Evangelisation in Lausanne im Juli 1974 zurückgekommen. Auch er hatte Stanley Mooneyham erlebt, der in einer bewegenden Abendveranstaltung während des Kongresses zur Weltevangelisation aufgerufen hat. Mooneyham hatte fast unter Tränen beklagt, wie viele Menschen in der weiten Welt vom Evangelium noch nichts gehört hatten und somit der Verlorenheit ausgesetzt waren. Dringend appellierte er an uns alle, nicht bei uns selbst zu bleiben, sondern hinauszugehen, um das Evangelium von Jesus, dem Retter der Welt, weiterzusagen. Wir haben uns berühren lassen. Wolfgang Heide hat dann in seinen ersten Dienstjahren weitere große internationale Studentenkonferenzen besucht und erlebt, wie stark in anderen Ländern

Mission betrieben wird.[212] Das alles wollte er auch innerhalb der SMD einbringen und fördern.[213] Es war ja nichts eigentlich Neues, was er angesprochen hat. Sein Anliegen war, das kann man durchaus so sagen, das Kernanliegen der SMD, das sich ja auch in den Richtlinien niedergeschlagen hat (Punkt 2a!). „Dass sie errettet werden", das war die eigentliche Motivation für die Väter der SMD, dass sie überhaupt die SMD gegründet hatten, angesichts von so viel Ratlosigkeit und Orientierungslosigkeit nach 1945. Die Studierenden in Deutschland sollten für ihren Weg durch das Dickicht des Lebens ihren Retter und Begleiter kennenlernen, Jesus Christus.

Diese Prioritätensetzung hat auch schon Hartwig Lücke deutlich betont,[214] nur musste er an mehreren Fronten kämpfen, in einer besonders dramatischen Zeit, und immer wieder darum ringen, dass die Balance zwischen Sammlung und Sendung eingehalten wurde. Nun aber, so sah es Wolfgang Heide, sollte die Arbeit der SMD, nachdem doch so vieles ausgekämpft und zur Ruhe gekommen war, wieder ganz neu und frisch in den Bahnen ihrer Berufung aufbrechen. Denn er sah die Gefahr, dass nun zwar vieles zur Ruhe gekommen war, dass aber diese Ruhe miss-

---

212 So die Leader's Conference und das General Committee der IFES im August 1974 in Mittersill, vgl. seinen Bericht zur Bruderratssitzung am 16.–18.1.1976. W. Heide schreibt: „Lasst uns daran arbeiten, dass wir aus der Isolierung herauskommen und Verantwortung für die Studenten in der Welt übernehmen, die Jesus Christus nicht kennen."

213 Vgl. seinen Bericht zur Bruderratssitzung am 14.–16.1.1977. Dort formuliert er, sozusagen als Auswertung seiner Teilnahme an der Europäischen IFES-Konferenz: „Wir können nicht mehr für uns alleine leben und arbeiten. Wir haben viel neuen Mut für unsere eigene Arbeit gewonnen."

214 Wolfgang Heide will seine Aussagen nicht als Kritik an seinem Vorgänger verstehen. Vielmehr sieht er sich durch H. Lücke bestätigt. In seinem Bericht zur Bruderratssitzung vom 6.–8.6.1975 schreibt er: „Hartwig Lücke hat das schon vor zwei Jahren deutlich gesehen: Die Ganzheit von Sammlung und Sendung droht, aus der Balance zu geraten und Schlagseite zur ‚Sammelbewegung' zu bekommen. Dann wollen wir nur noch uns selbst, unser Gruppenleben, unsere Schulung, vielleicht sogar nur noch unsere geistlichen Erkenntnisse."

verstanden und von Mitarbeitern der SMD als Unbeweglichkeit ausgelegt werden konnte, mit dem alleinigen Ziel, in einer Geborgenheit schenkenden Gemeinschaft durch das Studium zu kommen.

Tagungsstätte und Studienleitung – Hans Rohrbach

Dieser frische Impuls hat der Arbeit gutgetan, obwohl der Weg von der Vision zur Umsetzung lang war. Aber er sollte und muss immer wieder gegangen werden, und das von einer Studentengeneration zur nächsten. So hatten schon die Verantwortlichen der SMD vor 1974 überlegt, wie es besser gelingen könne, die Mitarbeiter zu schulen und ihnen das nötige Rüstzeug mitzugeben, damit sie missionarisch auskunftsfähig werden und ihr Christsein glaubwürdig und argumentativ einbringen könnten. Darum hatten sich auf unterschiedliche Weise Klaus Vollmer, Hans Bürki und natürlich Hartwig Lücke bemüht, dazu diente die Provocatio, dazu dienten die Rüstzeiten im Frühjahr und im Herbst, die Mitarbeiterfreizeiten, aber auch die Jahr für Jahr stattfindenden Herbstkonferenzen der SMD.

Weil aber zu Recht gerade die Schulung und Zurüstung der studentischen Mitarbeiter für den missionarischen Dienst in der SMD als so wichtig angesehen wurden, kam schon früh der Gedanke auf, ob nicht eine Tagungsstätte für die SMD gefunden werden könne, eine Art Heimstätte wie sie die VBG in der Schweiz mit Moscia hatte. Spätestens ab 1971 werden in den Vorstandsprotokollen immer neue Überlegungen und Aktivitäten in dieser Richtung aufgeführt. Viel Zeit und Kraft wurde für die Suche hingegeben; sogar ein Schloss in der Schweiz („Bellikon“) stand zur Diskussion.[215]

Schließlich konzentrierten sich die Gespräche in Richtung Haselbach/Rhön: Dort gab es schon lange eine christliche Tagungsstätte, die dem CVJM gehörte und evtl. Kooperationswege ermöglichen konnte.[216] Doch

---

215 Vgl. die Protokolle der Vorstandssitzungen vom 4.4.1971 und vom 18.6.1971.

216 Alles fing dort schon 1952/53 an: Der Heimatlosenlagerdienst des CVJM erwarb das Gelände und ein darauf befindliches Haus von der Gemeinde Haselbach.

der lange vorherrschende Gedanke, eine Tagungsstätte eigenständig zu betreiben, wurde spätestens Ende 1973 verworfen. Dazu fehlten der SMD einfach die Mittel und auch die Menschen. Aber eine Kooperation oder Fusion im Sinne einer Beteiligung schien durchaus möglich, gerade im Blick auf Haselbach. So wurde 1974 ein Förderkreis für Haselbach gegründet, dem ein Jahr später, am 2. Februar 1975, die Vereinsgründung folgte.[217] Um so einen Verein gründen zu können, müssen sieben Personen bereitstehen, das ist auch heute noch geltendes Recht. Und diese sieben fanden sich damals, unter ihnen das Ehepaar Schroth, das seit 1970 die Hausleitung in Haselbach innehatte, Hartwig Lücke[218], Hans Rohrbach, Kurt Heimbucher, der langjährige Präses des Gnadauer Verbandes, und Hermann Sautter, der später Vorsitzender der SMD wurde.

Den Kontakt zu den Christlichen Gästehäusern in Haselbach/Rhön hatte übrigens schon im Jahr 1970 Klaus Vollmer hergestellt.[219] Er muss auf einer seiner vielen Reisen auch dort gewesen sein und mit Fritz Schroth Kontakt bekommen haben. Der SMD war diese Tagungsstätte also schon bekannt und wurde auch schon Anfang der 70er-Jahre für Veranstaltungen in Anspruch genommen. Trotzdem musste erst der Gedanke einer eigenständigen Tagungsstätte aufgegeben werden, bis die Lösung einer Kooperation mit Haselbach ins Blickfeld kommen konnte. Und auch hier ging es lange hin und her: Das Anwesen gehörte ja seit den 50er-Jahren

---

1958 wurde das „Waldheim" erbaut, das heute als Gästehaus genutzt wird. Nachdem im Jahr 1969 die gesellschaftliche Integration der Heimatvertriebenen abgeschlossen war, musste für das Projekt Haselbach eine neue Konzeption entwickelt werden. Dafür erging 1970 ein Ruf an Fritz und Kriemhild Schroth. Sie entwickelten eine Neukonzeption für die Mitarbeiter der Häuser, die auf dem Teamgedanken beruht und das gemeinsame Leben auf Zeit zur Lebens- und Arbeitsweise macht, vgl. die Hauszeitschrift Rhönbrief, 2/2017.

217 Vgl. die Protokolle der Vorstandssitzungen vom 15./16.3.1974 und 14./15.3.1975 in Haselbach.

218 Hartwig Lücke hat sich um das Projekt Haselbach besonders verdient gemacht und noch viele Jahre dort als Schatzmeister mitgewirkt.

219 So bei Fritz Schroth, Rhönbrief 2/2017.

dem CVJM, und der wollte es gern loswerden. Es lag eben doch in einer gewissen Randlage, damals am Rande der Bundesrepublik; es war schwer zu erreichen und deshalb auch schwierig zu bewirtschaften, was die Belegung anbelangte.

Sollte die SMD deshalb finanziell voll einsteigen oder „nur" durch eigene Tagungen die Belegungszahlen steigern helfen? Letztlich wurde mehr oder weniger die zweite Option Realität. Dennoch wurde gekauft, aber nicht die SMD tat das: Der oben erwähnte Verein „Christliche Tagungsstätte Hohe Rhön e.V." kaufte das gesamte Areal vom CVJM-Landesverband Bayern, und zwar am 29. März 1977. Fritz Schroth schreibt in seinem Rückblick auf 40 Jahre Geschichte, dass es eine schwere Last war, mit einer so riesigen Hypothek umgehen zu müssen.[220] Immerhin lag der Kaufpreis bei fast 700.000 DM.

Der Name Haselbach verbindet sich bis heute für ungezählte SMDler mit diesem in der Tat wunderbar gastfreundschaftlichen Haus, das sich jetzt „Tagungs- und Erholungszentrum Hohe Rhön" nennt. Man muss einiges investieren, um dorthin zu kommen, aber wenn man da ist, dann ist man irgendwie zu Hause. So ist „Haselbach" wirklich geworden, was sich die SMD gewünscht hatte: eine Heimstätte und auch ein Rüstzentrum für Mitarbeiter der SMD, ohne dass das Objekt damit Eigentum der SMD hätte werden müssen.[221]

Aber noch etwas war bemerkenswert: Wer dieses Haus schon viele Jahre lang kennt, wird wissen, dass eine der prägenden Persönlichkeiten der SMD hier gelebt hat: Prof. Hans Rohrbach, der von 1968 bis 1974 Vorsitzender der SMD war, hatte zusammen mit seiner Frau Rose beschlossen, als Seelsorger nach Haselbach zu ziehen. Und das taten die

220 Rhönbrief 2/2017.

221 Die SMD hat aber durchaus nicht nur Haselbach als Tagungsstätte genutzt. Es sind in den Jahren zahlreiche Verbindungen zu Kommunitäten und Lebensgemeinschaften entstanden. So hat die SMD auch Tagungen und Freizeiten u.a. in Selbitz, beim Casteller Ring und bei der Jesusbruderschaft in Gnadenthal durchgeführt. Eine Art Heimstätte aber wurden die Christlichen Gästehäuser in Haselbach.

Wolfgang Heide und Hans Rohrbach

beiden auch (er mit 74, sie mit 72 Jahren!). Im Jahr 1977 kauften sie ein Stück Land am Rande der Freizeithäuser und bauten ein Häuschen, das auch heute noch so benannte „Rohrbachhaus". Das Ehepaar Rohrbach ist für ungezählte Menschen zum Segen geworden. Welchen Mut haben die beiden besessen, im doch schon höheren Alter diesen Schritt zu tun, weg von der schönen Stadt Mainz mit ihren Annehmlichkeiten, hin in die Einsamkeit der eher spröden und kalten Rhönlandschaft! Aber so ist es eben mit der Liebe! Und die Beziehung zu dieser christlichen Tagungsstätte in Haselbach war gewiss Liebe auf den ersten Blick – und vor allem Berufung. Noch heute findet sich vor dem Haus der längst verstorbenen Rohrbachs (er starb 1993, sie 2003) eine Tafel mit ihren Lebensdaten und den Sätzen:

„Lebten seit 1977 in diesem Haus, gehörten zur Lebensgemeinschaft der Gästehäuser und wirkten vor allem als Seelsorger für schwer Angefochtene. Mit seiner Vortragstätigkeit und zahlreichen Veröffentlichungen verhalf Hans Rohrbach vielen Menschen, einen Weg zu finden, Naturwissenschaft und biblischen Glauben zu verbinden."[222]

Aber fast zeitgleich mit Lösung der Frage nach einer geeigneten Tagungsstätte klärte sich auch eine Personalie. Es wurde ja schon seit Jahren beides gesucht, ein Haus und ein Studienleiter. Bei der gewachsenen Arbeit konnten weder der Generalsekretär noch die Reisesekretäre leisten, was zunehmend als unverzichtbar angesehen wurde: sich mit ganzer Kraft und entsprechender Kompetenz für Studienarbeit und Mitarbeiterschulung einzusetzen. So wurde schon vor Jahren eine

222 Vgl. zum Ganzen die Jubiläumsnummer der Hausmitteilungen „Rhönbrief" 2/2017. Hier hat Fritz Schroth, der zusammen mit seiner Frau Kriemhild eine große Pionierleistung vollbracht hat, die 40-jährige Geschichte der Tagungsstätte aufgeschrieben und auch die Zusammenarbeit mit dem Ehepaar Rohrbach dankbar erwähnt.

Arbeitsfeldbeschreibung entwickelt, Namen wurden genannt und wieder verworfen, andere wurden gerufen und sagten ab. Schließlich wurde es dann Oskar Kalisch. Er wurde in der Sitzung des SMD-Leitungsgremiums am 26./27.3.1976 als Studienleiter berufen.

Die neue Zentralstelle

Aber nicht nur nach außen und personell entwickelte sich die Arbeit weiter. Handlungsbedarf gab es auch im Verwaltungsbereich. Die SMD suchte Räume, mit der gewachsenen Arbeit reichten die Räumlichkeiten in der Reitgasse 5 nicht mehr aus. Schon im Jahre 1973 wurden Überlegungen angestellt mit dem Ziel, zu einem neuen Zuhause für die Zentralstelle zu kommen.[223] Hier bot sich nun das Philippshaus in Marburg an.

1975 zog die Zentralstelle ins Philippshaus an der Universitätsstraße (neuere Aufnahme).

Was ist das mit diesem Haus? Warum der Name und wie kam es dazu, dass die SMD da Räume bekommen konnte? „Das Philippshaus ist durch eine Initiative aus dem Jahr 1904 entstanden. In jenem Jahr feierte die Stadt Marburg den 400. Geburtstag des Landgrafen Philipp. Aus diesem Anlass trafen sich damals zu verschiedenen Anlässen Vertreter aus der lutherischen und der reformierten Kirchengemeinde. Man wollte sich an die Offenheit des Landgrafen gegenüber den reformatorischen Bestrebungen Luthers in Wittenberg wie auch Zwinglis in Zürich erinnern. Eine Willenserklärung zur Weiterarbeit wurde dabei beschlossen mit dem Ziel,

223 Vgl. das Protokoll der VS-Sitzung vom 12./13.1.1973.

einen gemeinsamen Verein zu gründen und dafür ein Gemeindehaus zu errichten. Am 12. November 1904 lag eine Vereinssatzung vor, in der feierlich die Verpflichtung niedergeschrieben wurde, ‚für alle Bestrebungen evangelischer Liebestätigkeit in Marburg den Mittelpunkt zu bilden.'

Nach langen Bemühungen um Spenden konnte das Grundstück an der Universitätsstraße erworben und am 1. April 1911 der Grundstein gelegt werden. Am 16. Juni 1912 ist das Philippshaus unter großer öffentlicher Anteilnahme eingeweiht worden. Für kirchengemeindliche Zwecke, wie auch für soziale und wohltätige Veranstaltungen stand es in den folgenden Jahren zur Verfügung.

Als nach dem Zweiten Weltkrieg die Alliierten die Stadtsäle besetzt hielten, wurde das Philippshaus zu einem wichtigen Kulturzentrum in Marburg. Hier fanden Konzerte statt. Das Kino ‚Capitol' bot seine Filmvorführungen an. Bis in die 50er-Jahre hinein hatte das Marburger Schauspiel hier seinen Proben- und Aufführungsort. Nach wie vor war das Philippshaus immer noch zentraler Versammlungsort für die evangelischen Kirchengemeinden. In den siebziger Jahren, als auch an anderen Stellen der Stadt immer mehr Gemeindehäuser gebaut worden waren und der Bedarf an dieser Stelle zurückging, beschloss die evangelische Kirche, die Hälfte des Hauses mit dem großen Saal für 50 Jahre an die ‚Studentenmission in Deutschland' zu verpachten."[224]

Da steht in nüchternen Worten, was zum Philippshaus zu sagen ist. Es gehört der Evangelischen Kirche in Marburg und wurde 1975 zur Hälfte für 50 Jahre an die SMD verpachtet. Das war eine großartige Möglichkeit, bedeutete aber auch, dass innerhalb des Philippshauses erhebliche Umbauten nötig wurden. Mit dem Bau der Zentralstelle ist im Januar 1975 begonnen worden, nachdem vorher der Nutzungsvertrag zwischen der SMD und der Evangelischen Kirche in Marburg geschlossen worden war. Natürlich war die Finanzierung dieses doch größeren Unternehmens ein Problem. Dennoch kamen die benötigten 400.000 DM relativ

224 So schreibt es Pfarrer Dietrich Hannes Eibach auf der Webseite www.universitaetskirche.de/philippshaus.

schnell zusammen. Dr. Dietrich Bauer, Bruderrats- und Vorstandsmitglied der SMD, der als Dipl.-Volkswirt und als Dezernent im Oberkirchenrat der Württembergischen Landeskirche beste Kontakte zur EKD hatte, konnte die Türen öffnen: Er gewann die Zustimmung des Finanzbeirats der EKD für eine Bitte an alle Landeskirchen, dieses Bauprojekt finanziell zu unterstützen. Da die Arbeit der SMD inzwischen an vielen Orten bekannt geworden war und geschätzt wurde, gerade auch in Kirchengemeinden und Landeskirchenämtern, flossen die Gelder, sodass am 31.5.1975 die Finanzierung schon fast gesichert war. Die Räumlichkeiten waren ziemlich ideal für die größer gewordene Zentralstelle, und es war auch so viel Platz, dass ein Jahr später auch die Marburger SMD-Gruppe im Philippshaus einziehen konnte.[225]

Die neue Struktur – die Grundordnung der SMD

Ob Wolfgang Heide gewusst hat, was da alles auf ihn zukommt? Er, der angetreten war, um den missionarischen Auftrag der SMD wieder besonders zum Leuchten zu bringen, musste sich in den ersten Jahren seines Dienstes stark um diese zeitraubenden Aufgaben wie Haussuche, Vertragsangelegenheiten, Umbauten, die immer drängenden Finanzen und nicht zuletzt auch um die Strukturen der Arbeit kümmern. Aber beim genauen Hinsehen zeigt sich, dass genau diese Klärungen notwendig waren, um den Kopf und auch die Beine freizubekommen, damit der missionarische Dienst getan werden konnte. Allein Haselbach hat über Jahrzehnte bis heute eine enorme Ausstrahlungskraft gehabt und einen wichtigen Raum dafür geboten, dass sich missionarische Kompetenz und Leidenschaft entfalten konnten. Die Anstellung eines Studienleiters sollte ja gerade dazu dienen, dass die Mitarbeiter in der Vermittlung des Glaubens sprachfähig werden. Die Zentralstelle musste sich weiterentwickeln, damit die Haupt- und Ehrenamtlichen innerhalb der SMD den Rücken freibekamen für ihren Dienst an vorderster Front. Dazu waren mehr Mit-

225 Vgl. die Protokolle der VS-Sitzungen vom 31.5.1975 bzw. vom 26./27.3.1976.

arbeiter in der Zentrale nötig, es bedurfte einer neuen inneren und äußeren Neuordnung.

Und schließlich: Seit Jahren war der Bruderrat überfordert mit seiner großen Aufgabe, die Leitung über die ganze Arbeit auszuüben. Es war ja nicht nur die Studentenarbeit gewachsen, auch die Akademikerarbeit entwickelte sich weiter. Hinzu kam seit Anfang der 70er-Jahre eine immer größer werdende Schülerarbeit. Alles lief über den Bruderrat und den Vorstand. Das konnte auf Dauer so nicht bleiben. Es bestand sonst die Gefahr, dass Entscheidungen zu spät oder zu schnell oder fehlerhaft getroffen werden, und das ist gerade bei den großen Themen Personalia, Finanzen und Perspektivplanung unzumutbar. Dazu noch geistliche Leitung in einem überforderten Verwaltungsrat – das ging gar nicht. So wurde im Auftrag des Bruderrates ein Strukturausschuss gebildet, der sich monatelang Gedanken machte über eine für die Größe der Arbeit angemessene Struktur.[226]

Ein Ergebnis der Strukturreform war die Einführung von Leitungskreisen in den Arbeitszweigen. Hier der Leitungskreis der Studentenarbeit in den 80er-Jahren.

Das Ergebnis hat sich als tragfähig erwiesen, bis heute. Kurz und knapp lässt sich sagen: Der Bruderrat delegierte eigene Kompetenzen

226 W. Heide schreibt dazu in seinem Bericht zur Bruderratssitzung vom 14. bis 16.1.1977: „Von der Verabschiedung der neuen Struktur erhoffe ich mir eine Überwindung der Lähmung unserer Sitzungen."

an die drei großen Arbeitszweige und bekam dadurch mehr Luft zu qualifizierter Leitung. Im Einzelnen heißt das:

- **Schülerarbeit**: Die einzelnen Schülergruppen werden regionalen Arbeitskreisen (AKs) zugeordnet, die je zwei Delegierte in ein neu zu gründendes Leitungsgremium der Schülerarbeit senden.
- **Studentenarbeit**: Die studentischen Gruppen sind in der Delegiertenversammlung (DV) vertreten, aus der sechs delegierte Studenten und fünf Akademiker in ein neu zu gründendes studentisches Leitungsgremium entsendet werden.
- **Akademikerarbeit**: Die in Fachgruppen und Hauskreisen tagenden Akademikerkreise werden in Regionalkreisen zusammengefasst, die ihrerseits Delegierte in ein neu zu gründendes Leitungsgremium der Akademikerarbeit entsenden.[227]

Neu ist also eine mittlere Leitungsebene mit weitreichender Verantwortung. So sollte das Vorschlagsrecht für die Berufung von Reisesekretären (seit 2015 „Regionalreferenten“) nun bei den jeweiligen Leitungskreisen liegen. Und vielleicht noch wichtiger: Es sollten jetzt zum ersten Male hauptamtliche Leiter für die drei Arbeitsbereiche gefunden und benannt werden. Nur sie sollten künftig vom Bruderrat gewählt werden, die Wahl der Reisesekretäre sollte beim Vorstand liegen.

Es ist hier nicht der Ort, weitere Einzelheiten auszuführen; das lässt sich schneller und besser in der Neufassung der Grundordnung selbst nachlesen, die im Juni 1977 beschlossen wurde und mit kleinen Veränderungen heute immer noch gilt.[228] Es ist eindrucksvoll, dass diese

227 Vgl. hierzu die anschauliche Grafik in SMD-Contact, März 1976 auf S. 3 und den Text, den Wolfgang Heide dazu geschrieben hat (ebd.).

228 Die letzte mir vorliegende Fassung findet sich im SMD-Handbuch für missionarisches Christsein an der Hochschule, 7. Auflage 2014, S. 353ff. Die Grundord-

radikale Veränderung der vorherigen Strukturen möglich war, dass die Frauen und Männer im Bruderrat und Vorstand den Mut und die Weisheit hatten, Macht abzugeben. Denn Delegation von Kompetenzen heißt immer, Macht abzugeben; wie weise, wenn Menschen dazu in der Lage sind.[229] Sie bekommen dadurch wesentlich mehr Freiraum zur Entfaltung und können sich – in diesem Falle – den geistlichen Leitungsaufgaben ganz anders zuwenden. Die Strukturreform hat der SMD sehr gutgetan.

Das Ringen um die rechte Nachfolge Jesu

Mit diesen Entscheidungen zur Tagungsstätte, zur Zentralstelle und zur neuen Struktur innerhalb der SMD sind Weichen gestellt worden, die sich bis heute positiv auswirken. Hinzu kommt, dass die Arbeit in den Jahren seit 1974 weitergewachsen ist. Die Schülerarbeit trieb neue Blüten; dafür ungemein hilfreich war, dass Menschen wie Wilfried Ahrens in die Arbeit eingestiegen waren. Schon im Jahr 1974 konnte die Schülerarbeit 20 Sommerfreizeiten durchführen, und über 250 örtliche Schülergruppen sammelten sich regelmäßig zu Bibelstudium und zum Gebet.[230] Ebenso hat sich die Studentenarbeit weiterentwickelt, sodass in diesen Jahren schon fünf Reisesekretäre 31 Gruppen in den verschiedensten Universitätsstädten zu betreuen hatten. Und was die Akademikerarbeit anbelangte, so war es möglich, auch hier zu weiteren Profilierungen zu kommen. Sehr hilfreich war dafür, dass schon 1971 mit Friedhardt Gutsche ein erster hauptamtlicher Sekretär angestellt werden konnte, der hier jahrelang segensreich gewirkt hat. Auch bei der AGD erfreuten sich Freizeiten besonderer Beliebtheit. Neben den Hauskreisen bildeten sich

---

nung findet sich auch im Mitarbeiterportal der Hochschul-SMD unter portal.smd.org.

229 Vgl. dazu die eindrückliche biblische Geschichte von Mose und Jitro, seinem Schwiegervater, in Ex 18. Das dort von Jitro dem völlig überforderten Mose vorgeschlagene Modell entspricht ziemlich genau dem neuen Strukturmodell der SMD. Wie gut, dass sich Mose auf den Vorschlag seines Schwiegervaters eingelassen hat.

230 Vgl. Freundesbrief Juni 1974, hektografiert, erstellt vom Vorstand der SMD.

vermehrt Fachgruppen verschiedener Berufe. Seelsorge und Zurüstung waren gefragt.[231]

Aber trotz all dieser so erfreulichen Entwicklungen gab es in diesen Jahren auch mancherlei Unstimmigkeit und Ärger. Beides wurde hervorgerufen durch Fragen, wie sich die Nachfolge Jesu angemessen gestalten soll. Und da gab es in den Jahren nach 1974 zwei unterschiedliche, ja sogar eher gegenläufige Entwicklungen. Schnittmengen zwischen ihnen wird es kaum gegeben haben, dafür waren z. B. die Kölner und die Göttinger Hochschulgruppen zu verschieden. Aber so konträr die Strömungen auch waren, so typisch sind sie doch für das Verständnis von Nachfolge bis in unsere Tage hinein. Sie haben die Leitungsorgane der SMD jedenfalls jahrelang beschäftigt.

Die Kölner Gruppe

Die eine Deutungsweise der Nachfolge Jesu war nach innen gerichtet, nämlich bezogen auf die Mitarbeiterschaft in der SMD. In der Kölner Hochschulgruppe entstand mehr und mehr die Überzeugung, dass die vorgegebenen und verbindlichen Richtlinien der SMD erläutert werden müssten. Eine weitere Ordnung innerhalb der Gruppe wurde entworfen. Sie sollte zwar nicht an die Stelle der Richtlinien treten, sie sollte aber darstellen, wie die Mitarbeiterrichtlinien konkret im Alltag gelebt werden. Sie war als eine „Verpflichtung vor Gott und den Geschwistern, sowie als persönliche Hilfe für jeden Einzelnen gedacht." In der Praxis sah das dann so aus, dass die Richtlinien zwar weiter wichtig waren, dass aber niemand in der Gruppe Mitglied werden konnte, der oder die die zusätzliche Ordnung nicht unterschrieben hat. Zwar wurde die Unterschrift später nicht mehr verlangt, dennoch sollte die zusätzliche Ordnung verbindlich bleiben.

231 Siehe zum Ganzen ebd.

In acht Punkten wurde festgelegt, was unter Nachfolge Jesu konkret zu verstehen sei.[232] Im ersten und zweiten Punkt wird klargestellt, dass nur Mitarbeiter sein kann, wer sein Leben ganz Jesus Christus hingegeben hat. Der dritte Punkt behandelte das Thema Schuld im Christenleben. Wörtlich heißt es da:

„Ein Mitarbeiter ist bereit, a) erkannte Schuld mit Gott und Menschen sofort in Ordnung zu bringen; b) sich auf selbst nicht erkannte Schuld von anderen hinweisen zu lassen; wird Gemeindezucht nach Matthäus 18,15ff notwendig, so wird dem Betreffenden vorher die Möglichkeit gegeben, mit einem Seelsorger, zu dem die Gruppe Vertrauen hat, zu sprechen." Im vierten Punkt wird erwartet, dass jeder Mitarbeitende sich jeden Tag Zeit für Gott nimmt. In den Punkten 5 und 6 wird aufgerufen zu klarer Verbindlichkeit in der Mitarbeiterschaft. Im 7. Punkt wird vor Strömungen gewarnt, die von Christus wegbringen können. Dazu werden auch „schwarmgeistige Bewegungen" gerechnet. Am Schluss in Punkt 8 wird in aller Deutlichkeit gesagt, dass Mitarbeiter nur sein könne, wer die Richtlinien der SMD und diese „erläuternde Ordnung" für sich anerkenne und beachte.

Im Bruderrat der SMD wurde diese zusätzliche Ordnung weithin abgelehnt. Dabei ging es weniger um die dort vorgelegten Inhalte. Auch wenn vor allem der Punkt 3 wegen seiner eher abschreckenden Rigorosität Schwierigkeiten machte, so war er für sich genommen kein theologisches Hindernis. Vielmehr ging es dem Bruderrat um die in der Tat berechtigte Frage, ob sich eine SMD-Gruppe eine Zusatzordnung geben und sie mit gleicher Verbindlichkeit versehen dürfte wie die Richtlinien der SMD. Man fürchtete im Bruderrat, dass sich in Köln zwei Gruppen bilden könnten, von denen die eine die Richtlinien der SMD für ausreichend hält, die andere aber die Zusatzordnung als weitere Bedingung zur Mitarbeit für erforderlich ansieht. Weiter war da die Sorge, dass sich neue Mitarbeiter

232 Die „erläuternde Ordnung" der Kölner SMD-Gruppe findet sich u. a. in einem Schreiben der SMD-Hochschulgruppe Köln an die Mitglieder des Bruderrates der SMD vom 14.3.1977. Unterschrieben haben zwei Mitglieder des Mitarbeiterkreises.

abschrecken lassen könnten durch die Strenge, die aus der Zusatzordnung spricht. Die zusätzliche Ordnung könnte von Außenstehenden als Zeichen von Enge und Gesetzlichkeit gedeutet werden. Schließlich: Der Bruderrat wusste sich ja verantwortlich für die ganze SMD und damit für alle Gruppen und konnte es nicht zulassen, dass eine Gruppe zwingende Auflagen für die Mitarbeiterschaft macht, die von der Gesamt-SMD nicht verabschiedet worden sind.

Also: Der Bruderrat reagierte. Er verlangte zunächst, dass die Forderung der Unterschrift unter die Zusatzordnung entfallen müsste. Damit haben sich die leitenden Geschwister in Köln offenbar einverstanden erklärt. Trotzdem sollte die „erläuternde Ordnung“ verbindlich bleiben. Daraufhin hat der Bruderrat in seiner Sitzung im Januar 1977 in aller Deutlichkeit formuliert: „Der Bruderrat fordert die SMD-Gruppe Köln auf, ihre Entscheidung, die zusätzlichen Richtlinien als Bedingung für die Mitarbeit nicht zurückzunehmen, zu überprüfen und zu revidieren. Falls dieser Aufforderung nicht entsprochen wird, kann die Gruppe nicht mehr offizielle Hochschulgruppe der SMD am Hochschulort Köln sein. Für den Fall bittet der Bruderrat die jetzige Kölner SMD-Gruppe, der Gesamt-SMD als befreundete Gruppe verbunden zu bleiben.“[233]

Es ist dann über kurz oder lang so gekommen; es lässt sich denken, wie viele Schmerzen der Beschluss auf allen Seiten verursacht haben muss, zumal die Sache ja auch nicht verborgen blieb: Aus Kreisen der AGD meldeten sich überaus kritische Stimmen, die diesen Beschluss des Bruderrats verurteilten. Außerdem kam noch eine besondere Schwierigkeit hinzu: Der Vorsitzende der SMD, Professor Theodor Ellinger, seit 1974 Nachfolger von Hans Rohrbach[234], stand selbst der Kölner Gruppe sehr nahe.

233 Siehe das Protokoll des Bruderrates zu dieser Sitzung.

234 Prof. Dr. Dr. Theodor Ellinger (1920–2004) war o. Professor für Betriebswissenschaftslehre, zunächst in Mainz, dann in Köln. Vorsitzender der SMD war er in der Zeit von 1974 bis 1980. Nach seiner Zeit bei der SMD war er Mitbegründer und langjähriger Vorsitzender der Studiengemeinschaft Wort und Wissen, die als eine der wichtigsten Organisationen für Verbreitung des Kreationismus innerhalb der evangelikalen Bewegung gilt. Geprägt wurde Dr. Ellinger durch

Theodor Ellinger war von 1974 bis 1980 SMD-Vorsitzender.

Laut Protokoll des Bruderrats vom 19./20.3.1977 hat er der SMD insgesamt vorgeworfen, „sie würde die Missstände in bestimmten Gruppen der SMD übergehen, dafür aber gegen die Kölner Gruppe mit empfindlicher Härte vorgehen.“ Offenbar hat es damals eine massive Vertrauenskrise innerhalb der SMD-Leitung gegeben, die sich auch in der Beziehung zwischen dem Vorsitzenden und dem Generalsekretär niedergeschlagen hat.

Es ist nur schwer nachvollziehbar, welche Missstände Prof. Ellinger gemeint haben könnte. Die mir bekannten Unterlagen geben dafür nicht viel her. Es könnte aber sein, dass ihm aufgestoßen ist, dass in verschiedenen SMD-Gruppen das Thema Sexualität neu aufgeworfen und nicht mehr im traditionellen Sinne gelebt wurde. Jedenfalls ergibt sich schon aus Aufzeichnungen aus den Jahren 1967–1974, dass die Leitung der SMD sich genötigt sah, das Thema „Sexualität vor der Ehe“ wie überhaupt die Fragen der Geschlechtlichkeit ausführlich zu erörtern. Hartwig Lücke hat sich damals in einer längeren Abhandlung darum bemüht, eine für die SMD einheitliche und bibelorientierte Position vorzulegen.[235] Sicher löste auch diese gründliche Arbeit nicht alle Fragen; die Studentenbewegung der 68er hatte eine neue, sexuelle Freizügigkeit proklamiert, und die SMD konnte bei diesen Fragen nicht draußen bleiben.

---

den württembergischen Pietismus. Sein Nachfolger als Vorsitzender der SMD wurde Hans-Günter Langenbach, der schon so manches Mal für die SMD Verantwortung übernommen hatte.

235 Hartwig Lücke, Zur Frage der Geschlechtlichkeit und Sexualität. Wie stellen wir uns in der SMD dazu?, Verteilhelft, o. J.

Wie gesagt, es könnte sein, dass dieses oder ein ähnliches Thema im Hintergrund stand. Dass die „erläuternde Ordnung" gerade beim Thema Schuld (Punkt 3) so rigorose Vorgaben macht, deutet jedenfalls darauf hin, dass es Probleme gegeben haben muss, die die Kölner Gruppe und vielleicht auch Prof. Ellinger ausdrücklich als Schuld glaubten benennen zu müssen, die der sofortigen Vergebung bedurfte.

Das Geschehen um die Kölner Gruppe hat die SMD, das muss man nach Einsicht in die Protokolle aus den Jahren 1976–1982 sagen, intensiv beschäftigt und auch belastet. Immer wieder hat es das gegeben und wird es das geben, dass eine Leitung einen bestimmten Weg anbietet und einschlägt, der aber von rigorosen Gruppierungen als zu weich oder zu kompromisshaft angesehen wird. Die große Kunst wird sein, im wertschätzenden Gespräch zu bleiben, kritische Rückfragen zuzulassen und Wahrheit und Liebe beieinanderzuhalten.

Die Frage nach der sozialethischen Verantwortung

Aber, wie schon angesprochen, gab es nicht nur Probleme nach innen. Es ging auch nicht nur um individualethische Fragen, sondern auch um Fragen der Weltverantwortung. Ein schon länger schwelendes Thema kam neu ins Blickfeld, die Frage nämlich, inwieweit und in welcher Form die SMD nicht nur missionarische, sondern auch sozialpolitische Verantwortung übernehmen sollte. Die Frage beschäftigte die SMD spätestens seit 1967, wenn auch meist nur am Rande. Sie kann auch nicht neu sein, nachdem Jesus Christus selbst beides getan hat: Er hat Menschen aus körperlicher Not gerettet; er war sich nicht zu schade, sich mit Sündern, Kranken und Hilflosen abzugeben und ihnen praktisch zu helfen. Aber natürlich hat er das andere darüber nicht vergessen: Als der Lahme am Teich Bethesda geheilt war, ist Jesus ihm in den Tempel nachgegangen, um ihm aufzuschließen, wer ihn geheilt hat und dass es nun um den Glauben an ihn, Jesus, gehen muss.[236] Bei Jesus gehören Mission und Diakonie zusammen, das ist keine Frage – und das war auch keine Frage für

236 Vgl. Joh 5,1–21.

die SMD. Die Frage war und ist nur, wo die besondere Berufung einer Arbeit liegt. Und da war von Anfang an klar, dass die SMD die besondere missionarische Berufung hat, junge Menschen zum Glauben an Jesus Christus zu führen, „damit sie errettet werden".

Es gab dann nach 1974 einen erneuten Schub in Richtung sozialpolitischer Verantwortung der SMD. Als 1974 der große Weltkongress für Evangelisation in Lausanne stattfand, hat keiner so stark wie Billy Graham selbst dafür geworben, die soziale Verantwortung nicht gegenüber dem evangelistischen Auftrag der Gemeinde Jesu zu vernachlässigen. Ja, er hat sogar vor allen Teilnehmenden um Vergebung gebeten, weil er selbst diese Dimension der Nachfolge Jesu zu wenig gesehen hatte. Außerdem hielten in Lausanne die südamerikanischen Theologen Samuel Escobar und René Padilla herausfordernde Vorträge, sodass der Kongress im Ganzen sich dieser Aufgabe neu annehmen wollte. Die Lausanner Verpflichtung, die ja bis zum heutigen Tage in der Evangelischen Allianz Deutschland und darüber hinaus verbindliche Bedeutung hat, sagt in These 5 (Soziale Verantwortung der Christen) mit großem Nachdruck, worum es jedenfalls auch zu gehen habe. Sie lautet:

„Wir bekräftigen, dass Gott zugleich Schöpfer und Richter aller Menschen ist. Wir müssen deshalb Seine Sorge um Gerechtigkeit und Versöhnung in der ganzen menschlichen Gesellschaft teilen. Sie zielt auf die Befreiung der Menschen von jeder Art von Unterdrückung. Da die Menschen nach dem Ebenbild Gottes geschaffen sind, besitzt jedermann, ungeachtet seiner Rasse, Religion, Farbe, Kultur, Klasse, seines Geschlechts oder Alters, eine angeborene Würde. Darum soll er nicht ausgebeutet, sondern anerkannt und gefördert werden. Wir tun Buße für dieses unser Versäumnis und dafür, dass wir manchmal Evangelisation und soziale Verantwortung als sich gegenseitig ausschließend angesehen haben. Versöhnung zwischen Menschen ist nicht gleichzeitig Versöhnung mit Gott, soziale Aktion ist nicht Evangelisation, politische Befreiung ist nicht Heil. Dennoch bekräftigen wir, dass Evangelisation und soziale wie politische Betätigung gleichermaßen zu unserer Pflicht als Christen gehören. Denn beide sind notwendige Ausdrucksformen unserer Lehre von Gott und dem Menschen, unserer Liebe zum Nächs-

ten und unserem Gehorsam gegenüber Jesus Christus. Die Botschaft des Heils schließt eine Botschaft des Gerichts über jede Form der Entfremdung, Unterdrückung und Diskriminierung ein. Wir sollen uns nicht scheuen, Bosheit und Unrecht anzuprangern, wo immer sie existieren. Wenn Menschen Christus annehmen, kommen sie durch Wiedergeburt in Sein Reich. Sie müssen versuchen, Seine Gerechtigkeit nicht nur darzustellen, sondern sie inmitten einer ungerechten Welt auch auszubreiten. Das Heil, das wir für uns beanspruchen, soll uns in unserer gesamten persönlichen und sozialen Verantwortung verändern. Glaube ohne Werke ist tot."

Eine starke Rolle bei der ganzen Konferenz spielte auch die IFES. So konnte der Anspruch des Lausanner Kongresses auch an der SMD eigentlich nicht vorbeigehen. Wolfgang Heide hat gründlich aus Lausanne berichtet, trotzdem zeigen die von mir eingesehenen Unterlagen aus der Leitung dieser Jahre nur wenig Leidenschaft für ein neues Engagement im Blick auf eine sozialethische Verantwortung der SMD.

Dafür aber sprangen einzelne SMD-Gruppen auf dieses Thema an, vor allem die Göttinger Gruppe. Dort waren amerikanische Theologen wie Ron Sider[237] bekannt, die evangelikale „Chicago Declaration"[238] ging von Hand zu Hand. Es wurde festgestellt, dass in der weltweiten evangelikalen Bewegung schon vor Lausanne das Manko einer Evangelisation ohne soziale Verantwortung erkannt und bearbeitet worden ist. Die Göttinger

237 Ronald J. Sider (geboren 1939 in Kanada) hat sich sein Leben lang um die Verbindung von Evangelisation und sozialer Aktion bemüht. Bekannt in Deutschland wurde er durch seine vielgelesenen Bücher und Vorträge.

238 Die Chicagoer Erklärung wurde 1973 von mehreren evangelikalen Gruppen in den USA verfasst und trägt 53 Unterschriften. Sie ist ein Aufruf zur Buße und gleichzeitig ein Ruf zur Ablehnung von sozialer Ungerechtigkeit, Rassismus und Ungleichheit in der Welt. Maßgeblich beteiligt bei der Abfassung und Verbreitung war der später auch in Deutschland sehr bekannte evangelikale Theologe und Sozialkritiker Ron Sider. Die Chicago Declaration versteht sich als Gründungsdokument für die Wahrnehmung sozialer Verantwortung der Christen. Sie ist nicht mit der Chicago-Erklärung zur Irrtumslosigkeit der Bibel von 1978 zu verwechseln.

Gruppe sah nun für sich die theologische Aufgabe, das Verhältnis von Mission und Weltverantwortung zu bestimmen, aber auch den offensichtlichen Widerspruch zwischen der (lutherischen) Zwei-Reiche-Lehre und der (mehr reformiert geprägten) Lehre von der Königsherrschaft Jesu Christi aufzuarbeiten. Sie suchte nach Wegen, um diese Spannung zu überwinden und praktische Angebote zu machen, wie Mission und Weltverantwortung zusammenwirken können.[239] Eine Hilfe konnten dabei auch die großen Missionsleute und Diakoniker des 19. Jahrhunderts bieten. Z. B. Johann Hinrich Wichern (1808–1881) hat wie selbstverständlich Mission und Diakonie zusammengehalten.[240] Rettung war für ihn zum einen die Befreiung der sozial verelendeten jungen Menschen seiner Zeit aus ihren Zwängen, zum anderen aber die Loslösung aus der geistlichen Not.[241]

So entstand in der SMD die „Hic et nunc"-Bewegung: Hier und jetzt sollten sozialpolitische Akzente gesetzt werden! Die Zusammenarbeit mit religiösen Sozialisten wurde gesucht, Theologen wie Karl Barth, Helmut Gollwitzer und Hans-Joachim Iwand wurden studiert. Ihr Reich-Gottes-Verständnis entsprach in vielen Bezügen den Überzeugungen der Göttinger Gruppe. Und es ging über die Göttinger hinaus: Es wurde beschlossen, einen internen Arbeitskreis zu dieser Thematik zu gründen, um in der SMD mit diesen Anliegen weiter voranzukommen. Im Jahr 1977 fand eine vielbeachtete Tagung in Wuppertal zum Thema „Christlicher Glaube – politische Wirklichkeit. Missionarisch leben in gesellschaftlicher Verantwortung" statt. Das damals frisch erschienene Buch des Wuppertaler Systematikers Berthold Klappert mit dem Titel „Die beiden Hände Christi" spielte in diesem Zusammenhang eine wichtige

239 Vgl. hierzu H.-G. Filker, SMD-Unterwegs, in: Festschrift 50 Jahre SMD, Marburg 1999, S. 73ff.

240 Vgl. Dietrich Sattler, Anwalt der Armen. Missionar der Kirche, Johann Hinrich Wichern, Hamburg 2007.

241 Vgl. Hartmut Bärend, Wie der Blick zurück die Gemeinde nach vorn bringen kann, Neukirchen 2011, S. 25f.

Rolle. Neben diesen Bemühungen wurde ein Magazin organisiert, das dann eine lange Zeit als Zeitschrift mit dem Titel „unterwegs" lief.[242]

Leider gab es in dieser Phase „unsägliche Auseinandersetzungen"[243] zwischen den Unterwegs-Leuten und den Leitungsgremien der SMD, vor allem dem Leitungskreis der Studentenarbeit (LdS) und dem Bruderrat.[244] Um den innerhalb der SMD entstandenen „Arbeitskreis für soziale und politische Fragen" gab es immer wieder Streit. Einige in der Leitung der SMD fürchteten, dass die Berufung der SMD dann verwässert wird, andere fürchteten nach der Provocatio-Auseinandersetzung nun eine „Überfremdung von links"[245], wieder andere sorgten sich um die Einheit innerhalb der SMD.

Insofern ist es verständlich, dass sich der Bruderrat 1978 mit einem „Wort des Bruderrates" an alle Arbeitszweige der SMD gewendet und formuliert hat: „Wir halten es nicht für eine Aufgabe der SMD als Gesamtbewegung, einzelner Gruppen, Kreise oder Mitarbeiter, öffentlich im Namen der SMD zu politischen Fragen Stellung zu nehmen. Sonst bestände die Gefahr, dass die Zielsetzung der SMD und die Einheit der Mitarbeiter untereinander verloren gehen und Gruppen oder einzelne Mitarbeiter als Basis für politische Aktionen missbraucht werden." Diese Worte wurden 1982 als für die SMD verbindlich bekräftigt,[246] so ernst war es der Leitung der SMD mit diesen Fragen und so unmissverständlich waren die Formulierungen. Es hat zwar auch Entwicklungen gegeben,

242 Vor mir liegt eine m. E. sehr gelungene Ausgabe von „unterwegs" aus dem Jahr 1999 zum Thema „Heimatland". Ein Blick auf den Herausgeberkreis und die Redaktionsmitglieder zeigt bekannte Namen, aber keinen Bezug mehr zur SMD.

243 H.-G. Filker, a. a. O., S. 76.

244 So heißt es im Protokoll des Bruderrates vom 15.–17.1.1982: „Ohne inhaltliche Kurskorrektur und strukturelle Einbindung in die SMD kann ‚unterwegs' nicht weiter unter dem Namen der SMD erscheinen. Das widerspricht sinngemäß Richtlinien 7.2: In der Arbeit der SMD soll nicht die Prägung einer bestimmten Gemeinderichtung (hier: politischen Richtung) vorherrschen."

245 Ebd.

246 Vgl. das Protokoll der BR-Sitzung von 15.–17. Januar 1982, S. 4.

die hoffnungsvoller stimmen konnten im Blick auf die Aufnahme von Themen sozialer Verantwortung, aber insgesamt bleibt dieses Thema eine bleibende Herausforderung für die SMD, so Hans-Georg Filker als Resümee seines Artikels aus dem Jahr 1999.

Die Fragen, die Hans-Georg Filker, aber auch Helmut Matthies, Günter Ewald[247] und andere an die SMD gestellt haben, dürfen sicher nicht verloren gehen. Die SMD wollte und will Antworten geben auf die persönlichsten Lebensfragen. Sie lädt ein zu Jesus Christus, dem Retter der Welt, an dem niemand vorbeikommt. Das ist ihre Engführung, das ist ihre Stärke, das macht sie unverzichtbar. Trotzdem bleiben die kritischen Fragen wichtig, wie z. B. die, ob der so persönlich gelebte Glaube nicht zu individualistisch gelebt wird, und – positiv formuliert – ob die jungen Christinnen und Christen denn auch über und durch den Glauben an Jesus zur Weltverantwortung angeleitet werden. „Liebevolles Innenleben und Glaube als Privatsache reichen nicht", stellt Hans-Georg Filker lapidar fest. Und Helmut Matthies, langjähriger Chefredakteur des evangelischen Nachrichtenmagazins „idea", schreibt in der Erinnerung an seine SMD-Zeit, er habe die SMD als geistliche Heimat erlebt und habe viel Grund zum Danken. Aber als Problem muss er feststellen, dass „das ideologische Umfeld fast keine Rolle spielte. Die Gruppen waren sehr mit sich selbst beschäftigt."[248]

So berechtigt ich diese Anfragen und Sorgen finde, so sehr sehe ich aber auch die andere Gefahr: Wie viele Menschen haben die Leidenschaft für die Evangelisation verloren, nachdem sie die sozialethischen Herausforderungen für sich erkannt und umgesetzt haben![249] Die SMD tut gut daran, an ihrer Hauptberufung der Evangelisation festzuhalten, aber

247 Günter Ewald, Günter Dulon, Offener Brief. Vierzig Jahre Studentenmission in Deutschland (SMD) – Kritische Anmerkungen, Bochum, 11.9.1989. Siehe dazu auch den Abschnitt „Ein Bußruf" weiter unten.

248 Helmut Matthies, Ein Blick auf die SMD in der 1968er Zeit, in: Festschrift zum 50-jährigen Bestehen der SMD, S. 24ff.

249 Wolfgang Heide fragt in seinem Bericht zur Bruderratssitzung vom 15.–17.1.1982: „Woran liegt es, dass sich für den Arbeitskreis für soziale und politische Fragen

darüber nicht die Zeitgenossenschaft zu vergessen. So wird in bestimmten Zeiten die zeitliche Vorordnung der sozialen Verantwortung geboten sein, an der sachlichen Prioritätensetzung der Einladung zu Jesus, dem Retter der Welt, darf aber nicht gerüttelt werden.

Ein Bußruf

Aber das Thema tauchte wieder auf, und dies ganz unerwartet. Aus heiterem Himmel flatterte am 11. September 1989 ein Brief in die Zentralstelle. Unterzeichner war zum einen Günter Dulon, der in der Gründungszeit der SMD als Student ehrenamtlich Leitungsverantwortung getragen hatte und mit diesem Brief nach weit über 30 Jahren wieder in die SMD-Öffentlichkeit zurückkehrte.[250] Zum anderen war es der schon vielfach erwähnte Günter Ewald, Mathematikprofessor in Bochum, der in den 70er-Jahren eine wichtige Rolle in der SMD gespielt hatte. Er war als Student Leiter der Mainzer SMD-Gruppe gewesen, war jahrelang Mitglied im Bruderrat der SMD und hatte in Bochum mit den „Pietcong" eine Studentengruppe um sich gesammelt (Stichwort Kohlenkeller), die sozusagen eine pietistische Alternative zu den damaligen Hauptströmungen der Studentenschaft bilden wollte und sollte. Er zeichnete ja auch verantwortlich für die Zeitschrift Dynamis, die Mitte der 60er-Jahre von der SMD herausgegeben worden war. Diese beiden verdienten ehemaligen Mitverantwortlichen schrieben aus Anlass des 40-jährigen Bestehens der SMD einen offenen Brief an die Leitung der Arbeit. Sie hatten zuvor schon versucht, Kontakt zu bekommen, denn sie beklagen in ihrem Brief, dass es ihnen verwehrt worden ist, ihre Anliegen und kritischen Anfragen bei der Herbstkonfe-

---

so viele und für den Arbeitskreis für Weltmission so wenige Studenten interessieren und engagieren?" (S. 3).

250 Es war mir nicht möglich, Genaueres über Günter Dulon zu erfahren. Fest steht, dass er nach seiner Zeit bei der SMD zehn Jahre Studienleiter in der Bibelschule Wiedenest war (1959–1969). Er war dann wohl bis zum Ruhestand Lateinamerika-Referent beim Evangelischen Missionswerk (EMW) in Hamburg. In diesem Kontext sind wir uns auch mehrfach begegnet, ohne dass ich gewusst hätte, dass er für die Anfänge der SMD eine ungemein wichtige Rolle gespielt hat.

renz und damit der Jubiläumsfeier einzubringen und zur Diskussion zu stellen.[251] Darum wollten sie ihre Anliegen nun schriftlich äußern, in der Hoffnung, dass sie dadurch doch noch eine größere Öffentlichkeit in der SMD erreichen könnten.[252]

Sie erklären am Anfang ihres Briefes ihren Dank für den (ausdrücklich so genannten!) evangelistischen Weg der SMD. So sei die Arbeit auch begonnen worden. Aber, und damit beginnt auch schon die kritische Anfrage, die SMD sei zwar anfangs Mission und nur das gewesen. Aber recht bald hätte sie Formen der Gemeinde angenommen, ja sei selbst Gemeinde geworden. „Mehr und mehr strömten Studierende aus christlich geprägten Kreisen hinzu, die in der SMD für die Zeit ihres Studiums Gemeindeanschluss suchten – oft auch eine ‚Zuflucht' vor den harten weltanschaulichen und menschlichen Herausforderungen durch das Studium."[253] Das Problem sehen Ewald und Dulon nun aber nicht darin, dass sich die SMD, wie sie es sehen, als Gemeinde versteht, sondern darin, dass die SMD darauf verzichtet habe, sich mit den kirchlichen und politischen Strukturen auseinanderzusetzen. So habe sie keinen Beitrag zu aktuellen ökumenischen Fragen geleistet.[254] Ebenso käme bei ihr der konziliare Prozess „Frieden, Gerechtigkeit und Erhaltung der Schöpfung" nicht vor. Weiter fehle eine Auseinandersetzung mit dem Konzept kirchlicher Entwicklungsdienste und mit der „fundamentalistischen Position in der Missionspraxis".[255] Aber es ging noch weiter: Die SMD müsste

---

251 Im Protokoll der Bruderratssitzung vom 4./5.11.1989 heißt es: „Dem Offenen Brief ging ein Brief voraus, den die Autoren an H.G. Langenbach geschrieben haben. Eine Diskussion ihres Anliegens auf der Heko ist nicht möglich gewesen." (S. 3, zu TOP 9).

252 Immerhin haben Ewald und Dulon ihre kritischen Anfragen in Kurzform in ein Grußwort kleiden können, das in SMD-Contact 46, November 1989, S. 15 auch veröffentlicht worden ist.

253 Ewald/Dulon, Offener Brief, 1.9.1989, S. 1.

254 Von den Stichworten „partizipatorisches teilen" und „partnerschaftliche Mission" ist die Rede.

255 A. a. O., S.2.

auch Stellung nehmen zu Übermacht und Überfluss der westlichen Welt gegenüber der Armut in der Zweidrittel-Weltbevölkerung. Schließlich vermissen die Unterzeichner ein klares „Wort der Distanzierung“ im Blick auf die atomare Aufrüstung.

Unterm Strich beklagen Günter Ewald und Günter Dulon, dass die SMD an den Universitäten weitgehend die Rolle des „unpolitischen Hortes für christliche Studenten“ eingenommen habe.[256] Sie könne sich aus dem prophetischen Auftrag der Gemeinde in der Welt aber nicht herauslösen. Schweigen könne schwere Schuld bedeuten. Ewald und Dulon rufen die SMD zur Buße auf und wünschen ihr eine geistliche Horizonterweiterung, die „weit über die individuelle Glaubenserfahrung hinausreicht.“[257]

Der Brief ist in der Sitzung des Bruderrates am 4./5. November 1989 gründlich besprochen worden. Den Protokollnotizen darüber kann man abspüren, wie stark dieser offene Brief gewirkt haben muss. Viele Fragen wurden aufgeworfen, durchaus auch selbstkritische. Es wurde aber auch festgestellt, dass die Verfasser des Briefes manches im Blick auf die Entwicklung der SMD falsch verstanden haben. So wurde ein Doppelbeschluss gefasst: Zum einen sollte Jürgen Spieß als Generalsekretär einen Antwortbrief schreiben und „einige Dinge richtigstellen“[258], zum anderen sollten Günter Dulon und Günter Ewald zu einem Gespräch mit dem Bruderrat am 9.6.1990 eingeladen werden.

Diesem Beschluss kam Jürgen Spieß mit seiner Antwort vom 27.11.1989 nach. Er machte deutlich, dass die Herbstkonferenz 1989 mit dem Begehen des 40-jährigen Jubiläums nicht der Ort sein konnte, um die anstehenden Fragen zu behandeln. Dafür war einfach zu wenig Zeit vorhanden. Das galt auch für den Empfang, der kurz vor Beginn der Konferenz in Marburg stattfand und bei dem die Professoren Rohrbach und Michel zu

256 A.a.O., S. 4.

257 Ebd.

258 Protokoll des Bruderrates vom 4./5. 11.1989. TOP, S. 4.

Wort kamen. Deshalb lädt er im Namen des Bruderrates zu einer Besprechung der Fragen zum 9.6.1990 nach Marburg ein.

Was aber die angesprochenen Unklarheiten anbelangte, so sollte der Generalsekretär in seinem Schreiben auch offensichtlich falsche Aussagen zurechtrücken. Deshalb betont Jürgen Spieß in seiner Antwort, dass sich die SMD zu keiner Zeit als eine Art „örtliche Gemeinde" verstanden habe. Sie habe zwar in den Richtlinien im Jahr 1967 den Zusatz eingefügt, dass „sie (die Mitarbeiter der SMD) einander helfen wollen, ihr gesamtes Leben von Christus her zu gestalten." Dieser Zusatz diene aber nicht dazu, den Gemeinschaftsaspekt der SMD in die Mitte zu rücken. Spieß zitiert dazu die Verlautbarung der SMD vom 2.7.1967, in der es u. a. heißt: „Der studentische Arbeitszweig der SMD versteht sich als ein zur Gemeinde Jesu Christi gehörender Zusammenschluss gläubiger Studenten, dem der Auftrag gegeben ist, das Evangelium an den Universitäten und Hochschulen in Deutschland zu bezeugen."

Weiter weist Jürgen Spieß den Vorwurf zurück, dass sich die SMD nicht genug mit sozialen und politischen Fragen befasse. Er nennt Publikationen und weist auf Freizeiten und Tagungen zu entsprechenden Themen hin. Vor allem spricht er die Arbeit der Fachgruppen der Akademikerarbeit an (u. a. Fachgruppen Wirtschaft und Gesellschaft, Juristen, Ingenieure).

Insgesamt verweist er in seiner Antwort zu dieser Thematik auf das Wort des Bruderrates vom 12.3.1978, in dem zwar deutlich benannt wird, dass die SMD Fragen der sozialen und politischen Verantwortung ernst nimmt und darüber arbeitet, in dem es aber ansonsten heißt: „Wir halten es jedoch nicht für eine Aufgabe der SMD als Gesamtbewegung, einzelner Gruppen, Kreise oder Mitarbeiter, öffentlich im Namen der SMD zu politischen Fragen Stellung zu nehmen. Sonst besteht die Gefahr, dass die Zielsetzung der SMD und die Einheit der Mitarbeiter untereinander verloren gehen und Gruppen oder einzelne Mitarbeiter als Basis für politische Aktionen missbraucht werden."

Zu dem Gespräch im Juni 1990 ist es nicht gekommen. Günter Dulon hat offenbar ganz abgesagt, Günter Ewald wollte stattdessen auf der Herbstkonferenz 1990 zu Wort kommen. Das lehnte der Bruderrat in seiner Sitzung am 9./10. Juni 1990 ab,[259] bot ihm allerdings ein Gespräch in der kommenden Sitzung des Rates an. Dazu kam es dann im November 1990. Prof. Ewald begann mit einem Kurzreferat, in dem er deutlich machte, wie viel ihm an der SMD gelegen sei. Er wolle aber vor allem die Frage der Verkündigung in Wort und Tat thematisieren. Er vermisse „Verlautbarungen der SMD während der Zeit der Studentenbewegung und politische Konkretionen in politisch brisanten Themen."[260] „Schreien" sei auch eine Form des Engagements![261]

Der Bruderrat dankte Günter Ewald für seine Ausführungen und beriet im weiteren Sitzungsverlauf, wie die Impulse in der SMD fruchtbar gemacht werden können. Dabei wurden u. a. folgende Fragen aufgeworfen und den Gruppen weitergegeben[262]:

- Wie gewinnen wir biblische Normen für gesellschaftliche Probleme?
- Welche Möglichkeiten haben Fachgruppen, um Kompetenz in den brennenden politischen und sozial-ethischen Fragen zu erwerben und an Studenten weiterzugeben?
- Wie könnten die Themen der Fachgruppen politisch relevanter sein und angegangen werden?
- Was will die SMD davon in die Öffentlichkeit tragen?

Außerdem wurde vorgeschlagen, dass für jeden Studenten, der in die SMD eintritt, eine Sammelmappe „Ethik" bereitgestellt werde.[263] Der

259 Lt. Protokoll des Bruderrates vom 9./10.6.1990 in Marburg, TOP 3.

260 Vgl. das Protokoll des Bruderrates vom 3./4.11.1990, TOP 4, S. 2.

261 Ebd.

262 Ebd.

263 Es wurde auch in dieser Sitzung am 3./4.11.90 überlegt, ob und in welcher Form der offene Brief in den SMD-Mitteilungen SMD-Contact veröffentlicht werden könnte. Dazu wurde eine Arbeitsgruppe berufen, die darüber befinden sollte. Nach meinen Recherchen findet sich in den folgenden Ausgaben von SMD-Contact bzw. (der Nachfolgezeitschrift) SMD-Transparent kein Hinweis darauf. Offenbar wurde der offene Brief dann in seiner Schriftform versandet.

Arbeitskreis für Weltmission sollte sich mit dem Thema „Armut und Reichtum" kritisch befassen. Weiter sollte der Aspekt „Lebensstil in einer Konsumgesellschaft" bei der Herbstkonferenz 1991 besonders bedacht werden. Schließlich sollte auf Einladung des Vorstandes Dr. Michael Feist bei der Bruderratssitzung im März 1991 zum Thema „Christ und Politik" sprechen, was dann auch entsprechend eingelöst worden ist.[264]

Es ist und bleibt wichtig, dass die SMD sich diesen Fragen stellt, ohne dass sie dabei ihrer Hauptberufung, nämlich dem missionarisch-evangelistischen Ruf zu Jesus Christus, untreu wird. Die Gefahr ist immer da und hat auch in der SMD zeitweilig bestanden. Trotzdem sind und bleiben Mitarbeitende in der SMD auch politisch verantwortliche Zeitgenossen, die es den ihnen anvertrauten Kreisen und Gruppen schulden, dass sie ihre eigene soziale Verantwortung begreifen und übernehmen. Um diesen Aspekt wachzuhalten, ist es wichtig, die Anfragen der verdienten Mitarbeiter Günter Dulon und Günter Ewald ausführlich wiederzugeben, zusammen mit den Absichtserklärungen des Bruderrates. Günter Ewald ist im Jahr 2015 im Alter von 85 Jahren gestorben; Günter Dulon ist ebenfalls heimgegangen. Beide haben in ihren Berufen umzusetzen versucht, was sie hier eingefordert haben. Sie bleiben mahnende Stimmen in der Geschichte der SMD, zumal sie selbst diese Geschichte mitgeschrieben haben.

---

264 Vgl. den Anhang zum Protokoll der Bruderratssitzung vom 1.–3.3.91. Dr. Feist sieht einen klaren politischen Auftrag für die Christen und nennt entsprechende Konsequenzen für christliches Handeln in der Welt. Inwieweit da die SMD praktisch mitwirken kann, wird aus den Protokollnotizen nicht deutlich.

13. Weiterentwicklung von Arbeitszweigen Transparenz und „transparent“

Es wäre natürlich fatal, wenn aus den Jahren 1974–1982 nur die verschiedenen Auseinandersetzungen im Gedächtnis blieben. Es sei daher noch einmal in Erinnerung gerufen: Mit den Entscheidungen zur Tagungsstätte, zur Zentralstelle und mit der Strukturreform gelangen sehr überzeugende Weichenstellungen, die sich bis heute positiv auswirken. Dazu kamen die Entwicklungen in den Arbeitszweigen. Vom Wachstum der Arbeit hatte Wolfgang Heide schon in Jahr 1974 geschrieben. Aber es ging weiter. Die genannten Spannungen spielten in den Jahren nach 1974 wohl eine Rolle, aber die Protokolle geben auch reichlich Auskunft über eine lebendige und positive inhaltliche Entwicklung. Sie enthalten u. a. viele Personalentscheidungen – und diese zeigen auf, dass viele Mitarbeitende die Arbeit turnusmäßig verlassen mussten, dass aber immer wieder neue Mitarbeiterinnen und Mitarbeiter berufen worden sind. Insbesondere für die Schüler- und die Studentenarbeit mussten neue Stellen geschaffen werden, um den wachsenden Aufgaben in diesen Bereichen gerecht werden zu können. So erhöhte sich die Zahl der Reisesekretäre von Jahr zu Jahr, und trotzdem reichte es nicht. Das gilt vor allem auch für die sich immer lebendiger entwickelnde Schülerarbeit, deren Entwicklung in diesen Jahren hier einmal ausführlicher beschrieben werden soll.

Die Schülerarbeit

Die Schülerarbeit der SMD wuchs in diesen Jahren ständig; das vielfältige Angebot der Sommerfreizeiten wurde stark genutzt, aber auch vor Ort in den Schulen selbst entwickelten sich immer bessere Möglichkeiten, Schülerinnen und Schüler für das Evangelium von Jesus Christus zu

Ein Schülerbibelkreis in den 80er-Jahren

begeistern. So schreibt Thomas Schorsch im Rückblick: „Anfang der 80er-Jahre war in einer gewissen Weise ein Höhepunkt erreicht. 1982 gab es 20 Arbeitskreise, 55 Sommerfreizeiten, elf Hauptamtliche einschließlich der Sekretärin der Schülerarbeit und ca. 800 Schülerkreise, zu denen man Kontakt hatte."[265] Schorsch war selbst ab 2001 Leiter der Schülerarbeit. Er setzt fort: „Seit Ende der 80er-Jahre pendelte sich die Anzahl der Freizeiten so um die 40 ein, die Anzahl der Schülerkreise schwankt zwischen 600 und 800 und die Anzahl der hauptamtlichen Stellen ist seit 1987 bei Vollbesetzung nie über 14 gestiegen." Was für großartige Zahlen, und welche Arbeit steckt dahinter!

Ebenso war die Schülerarbeit bei Großtagungen der Evangelischen Kirche und von freien christlichen Werken und Verbänden präsent. So hat sie bei den alle zwei Jahre stattfindenden Deutschen Evangelischen Kirchentagen vor allem seit 1977 verschiedene Angebote gemacht: Neben einem Stand im „Markt der Möglichkeiten" bot die Schülerarbeit eine „Disku-Thek" an, einen originell gestalteten Raum für Gespräche und daneben in Verbindung mit dem Deutschen EC-Verband, der MBK-Arbeit und dem CVJM-Westbund auch „Glaubensgespräche für junge Menschen".[266] Die fanden zumeist am frühen Nachmittag statt und brach-

265 Thomas Schorsch, AK-Arbeitshilfe der Schülerarbeit, 2005.

266 Im Ganzen hat die SMD nicht hinter den Anliegen des Kirchentages gestanden; sie hat auch bewusst nicht zu den Tagungen eingeladen. Der Kirchentag erschien den Verantwortlichen als zu plural, als dass man mit gutem Gewissen dafür werben dürfe. Darum sollte auch „nur" die Schülerarbeit am Kirchentag

ten, wenn Liedermacher wie Arno Backhaus oder Manfred Siebald mitgewirkt haben, manchmal über 2.000 junge Leute zusammen. Dadurch wurde die Schülerarbeit der SMD immer bekannter.

Großen Verdienst an dieser Entwicklung hatte damals Pastor Wilfried Ahrens. Im Jahre 1968 wurde er als erster neuer Reisesekretär berufen, war allerdings nur sehr kurz in diesem Amt tätig. Er wurde Gemeindepfarrer in Schleswig-Holstein, wechselte aber 1977 erneut zur SMD – diesmal als Leiter der Schülerarbeit. Er übte dieses Amt durchgehend bis 1986 aus. Wilfried Ahrens galt in SMD-Kreisen als „lebendiges Kursbuch", da er, was die Sommerfreizeiten anbelangte, geradezu atemberaubend gut über fast sämtliche Zug- und Busverbindungen mit Abfahrts- und Ankunftszeiten Bescheid wusste, Fährverbindungszeiten eingeschlossen. Damals gab es noch keine Computer wie heute, wo man alles sehr schnell abrufen kann. Aber nicht nur das, Wilfried Ahrens war ein begnadeter Organisator und geistlicher Inspirator, mit einem heißen Herz für Jesus und missionarischer Leidenschaft. So war er ein idealer Leiter der Schülerarbeit über viele Jahre hinweg.

Wilfried Ahrens

Wir hatten damals guten Kontakt miteinander, zum einen durch die Glaubensgespräche bei den Kirchentagen, vor allem aber auch durch die gemeinsame Arbeit am Contrapunkt, der Jugendzeitschrift der MBK-Arbeit in Bad Salzuflen. Diese Zeitschrift konnte sich nur halten, wenn sie neben dem MBK weitere Träger hatte. So traten schon in den 60er-Jahren die Vereinigten Bibelgruppen der Schweiz (VBG) hinzu, und auch die SMD mit ihrer Schülerarbeit ließ sich gern auf eine Mitarbeit ein. Der Redaktionskreis war damit dreiteilig zusammengesetzt. Neben den MBK-

mitwirken. Vgl. dazu das Protokoll der Sitzung des Bruderrates vom 11.–13.1.1980 in Marburg.

Mitarbeitern wirkten fünf oder sechs Vertreter der VBG mit und im Wechsel von zwei Jahren auch bis zu zwei Reisesekretäre der SMD-Schülerarbeit.[267] Zwar gab es in der SMD verschiedene Mitteilungsblätter und Zeitschriften, aber es gab kein vergleichbares Organ der Schülerarbeit.[268] Der Contrapunkt übernahm über Jahre hinweg jedenfalls im Ansatz diese Funktion, auch wenn er nur sehr selten konkrete Hinweise über die jeweiligen Arbeiten enthielt.

Doris Oehlenschläger

Eine wichtige Rolle für die Schülerarbeit der SMD spielte in dieser Zeit auch Doris Oehlenschläger, von Beruf Lehrerin, die im Jahr 1974 mit voller Stelle eintrat. Neben dem Reisedienst hat sie jahrelang dafür gesorgt, dass gute Materialien für die Schülerarbeit zur Verfügung standen. Ihre pädagogischen Gaben konnte die SMD gut brauchen. Später dann, nach dem Ausscheiden von Wilfried Ahrens, hat sie die Leitung der Schülerarbeit übernommen (1987–1991).[269] Nach ihr wurden in diesem Amt Beate Hille (1992–1993, kommissarisch), Gottfried Bormuth (1994–1999), Thomas Drumm (2000 kommissarisch) und dann Thomas Schorsch (ab

267 Da ich in den Jahren 1977–1998 die MBK-Arbeit geleitet habe, hatte ich regen Anteil an dieser Arbeit im Contrapunkt. Ich kann mich an wunderbar kreative Sitzungen und ein warmes, menschliches Miteinander erinnern. Die Ausgaben des Contrapunkts (6mal im Jahr) wurden im ganzen Land geschätzt und viele Jahre lang mit Erfolg verbreitet.

268 Allerdings gab es Schülerrundbriefe mit Titeln wie „Heißer Draht", „SRB" und „Aha". Nur waren sie keine themenorientierten Materialsammlungen, die die Schülerarbeit ja dringend brauchte. Diesen Dienst übernahm über einen langen Zeitraum hinweg der Contrapunkt.

269 Doris Oehlenschläger ließ sich später in die MBK-Arbeit rufen. Dort wurde sie Leiterin der MBK-Mission, die in Japan und Hongkong tätig war.

2001) tätig. Auch im neuen Jahrtausend und seit 2003 mit dem neuen Namen „Schüler-SMD“ ist die Arbeit kontinuierlich fortgesetzt worden. Im Jahr 2006 übernahm die Lehrerin Kerstin Sulzberger, die vorher bereits als Reisesekretärin unterwegs gewesen ist. Auf sie folgte 2012 Jürgen Schmidt, der zuvor als Pastor in der Eben-Ezer-Gemeinde in Berlin tätig war und der gleich für zehn Jahre berufen worden ist. Sie alle haben mit ihren unterschiedlichen Begabungen, ihrer Kreativität, ihrer Hingabe für die Schülerarbeit dazu beigetragen, dass dieser wichtige Arbeitszweig bis heute frisch und lebendig geblieben ist.

Es ist also Wirklichkeit geworden, was sich die Väter und Mütter der SMD von Anfang an gewünscht hatten: Es sollte nicht nur um die Studentenarbeit (und später dann um die Akademikerarbeit) gehen, sondern auch um die Schülerinnen und Schüler. Wir haben gesehen, dass die Schülerarbeit in den 50er- und auch noch in den 60er-Jahren nur am Rande eine Rolle gespielt hat. Zu mehr fehlten einfach die Mittel und die Kräfte. Es gab aber nie einen Zweifel darüber, dass es sinnvoll und nötig sein würde, neben der Studentenarbeit auch Schülerarbeit zu betreiben. Die Jugend sollte zu Jesus gerufen werden! Die besondere Berufung gehörte den Studierenden, aber ohne eine engagierte Schülerarbeit wollte sich niemand die SMD denken. Zum einen bedeutet eine erfolgreiche Schülerarbeit an sich schon eine wunderbare Vorbereitung auf die Studentenarbeit. Zum anderen aber ist bekannt, wie sehr sich gerade junge Menschen im Schüleralter für das Evangelium aufschließen lassen.

Eins bleibt zu dieser Zeit zwischen 1975 und 1985 noch zu sagen: Damals hielten es die Verantwortlichen in der Schülerarbeit für richtig und sinnvoll, den Namen „SMD“ eher kleinzuschreiben oder besser gar nicht zu erwähnen. Die Schülerarbeit sollte nicht erkennbar verbandlich eingeordnet sein. Möglicherweise war da auch die Sorge, dass das M im Namen der SMD für den Zugang zu den Schulen ein Problem werden könnte. Jedenfalls gab es damals eine gewisse Scheu davor, die Schülerarbeit offiziell mit der SMD zu verbinden. Auf der anderen Seite war die Schülerarbeit durchweg SMD und bekam von dort jede nur nötige Unterstützung, natürlich vor allem durch die Personalstellen und Sachmittel. Der Bruderrat hat damals sicherlich sehr weise darauf verzichtet, mehr erkennbaren „Stallgeruch“ von der Schülerarbeit zu verlangen als ihr selbst möglich war.[270] Das hat sich in den Jahren bis heute völlig verändert – sicherlich u. a. auch durch den Corporate-Identity-Prozess und einem einheitlichen Erscheinungsbild nach außen ab 2003. Doch davon wird später noch die Rede sein.

Studentenarbeit und Akademikerarbeit

Was eben von der Schülerarbeit berichtet wurde, lässt sich fast deckungsgleich von der Studenten- und Akademikerarbeit sagen. In allen drei Zweigen wuchs die Arbeit; man kann wirklich sagen, dass Gottes Segen spürbar war – und bis heute ist. Viele Jahre lang lag die Verantwortung für die **Studentenarbeit** bei den Generalsekretären. Durch die Strukturreform 1977 änderte sich das, und die Studentenarbeit bekam einen eigenen Leiter. Erster Leiter wurde Pfarrer Ernst Synofzik, ihm folgte der Historiker Jürgen Spieß[271], der das Amt bis 1984 bekleidete und anschließend Generalsekretär wurde. Danach hat Martin Haizmann SMD-Geschichte geschrieben – 15 Jahre war er der Leiter der Studentenarbeit. Ihm folgte im Jahre 2000 Sabine Kalthoff, und nach einem Jahr kommissarischer Leitung durch Anette Kobler übernahm 2011 Pfarrer Markus Heide. Weitere zehn Jahre später wurde Hans-Markus Haizmann Nach-Nach-Nachfolger seines Vaters. Eigentlich müsste man bei jedem dieser Namen innehalten und ihren besonderen Dienst würdigen, aber das würde den Rahmen dieser Ausarbeitung sprengen. Sie alle haben mit großem Ein-

270 Intensiv wurde über diese Thematik bei der Bruderratssitzung am 22./23.3.1980 in Bischofsheim/Rhön gesprochen. Im Protokoll der Sitzung heißt es, dass die Frage nach der Verbandsstruktur der Schülerarbeit zurückgestellt werden sollte. Eine stärkere Beziehung zur SMD insgesamt würde, so sagten es offenbar Vertreter der Schülerarbeit, als „übergestülpt“ wirken. Stattdessen wurde betont, wie wichtig die Mitarbeitergewinnung sei. Auch wurde darum gebeten, dass SMD-Studenten für Schülerfreizeiten zur Verfügung stehen sollten.

271 Vgl. Ratsprotokoll vom 6.–8.6.1980. J. Spieß war erst Vakanzvertreter und übernahm dann 1981 die Leitung. Vorgesehen waren 5 Jahre, ab 1984 wurde er Generalsekretär.

satz ihren Dienst getan, gesät und auch geerntet. Die Studentenarbeit, seit 2003 Hochschul-SMD, ist stetig gewachsen, bis zum heutigen Tage.

Das gilt auch für die **Akademikerarbeit**. So gelang es, nach Friedhardt Gutsche mit Horst-Armin Eickel (1975–1982) und Tabea Jersak (1975–1983) erneut leitende Mitarbeiter zu finden. Auf Horst-Armin Eickel folgte für fünf Jahre Dr. Ernst Synofzik, der aus der Studentenarbeit wechselte.[272] Nach ihm ging es fast lückenlos weiter. Sein Nachfolger wurde 1990 Heinz Schlüter. Als er 1995 aufhörte, blieb die Leitungsstelle einige Jahre vakant, wobei die Reisesekretäre Hartmut Zopf und Christoph Rösel hier Verantwortung zusätzlich getragen haben werden. Im Jahre 1999 dann kam Ulrich Schlappa, er leitete die Arbeit zehn Jahre lang, seit 2003 unter dem Namen Akademiker-SMD. Nach ihm kam für fünf Jahre der Physiker Dr. Alexander Fink, ihm folgte 2014 Pfarrer Thomas Drumm, der schon einmal kurz für die Schülerarbeit verantwortlich gewesen war.

Wichtig in diesem Zusammenhang ist noch zu erwähnen, dass unter den zahlreichen Fachgruppen der Akademikerarbeit die Mediziner einen besonderen Weg gegangen sind. Hier hat es einen enormen Aufschwung gegeben, die Tagungen waren sehr begehrt und blieben es auch. So wurde die Fachgruppe schon 1988 in „Arbeitsgemeinschaft Christlicher Mediziner" (ACM) umbenannt.[273] Im Jahr 1996 wurde eine dritte Stelle in der Akademikerarbeit eingerichtet und mit Ursula Leiser-Neef besetzt, die schwerpunktmäßig für die ACM tätig sein sollte.[274] Eine erste selbstfinanzierte Hauptamtlichenstelle hat die ACM dann 2005 geschaffen und mit Dr. Kirstin Hartwig besetzt. In dieser Zeit gab es durchaus Tendenzen innerhalb der ACM, sich von der SMD zu lösen. Doch schließlich gab es ein konstruktives Gespräch zwischen dem Vorstand der ACM und der SMD, sodass solche Pläne nicht weiterverfolgt wurden.[275]

---

272 Vgl. Ratsprotokoll 1.–3.3.1985.

273 Vgl. Protokoll des Bruderrates vom 4.–6.3.1988.

274 Vgl. Ratsprotokoll vom 9.–10.11.1996.

275 Vgl. Ratsprotokolle vom 11./12.6.2005 und 12./13.12.2005.

Bis heute ist die ACM ein selbstverständlicher und wichtiger Teil der Akademiker-SMD. Ihre Besonderheit zeichnet sich auch durch eine eigene Studierendenarbeit aus („ACM-Studierende"), sogar mit einer eigenen, teilzeitlichen Stelle. Die Haupttagungen der ACM im Frühjahr werden meist von mehr als 200 Personen besucht, überwiegend von Ärzten, aber auch von Medizinstudierenden. Mehrfach schon hat die ACM durch ihren Arbeitskreis Ethik profilierte Stellungnahmen zu aktuellen medizinischen Themen herausgegeben, die entsprechende Ausschüsse im Bundestag erreichten.[276] Es ist gut und wichtig, dass die ACM auch ein Mitglied in den Rat der SMD delegiert. So ist die Kommunikation zwischen ACM und der gesamten SMD institutionell gewährleistet.

Außerdem gibt es innerhalb der SMD noch ein weiteres regelmäßiges Ärztetreffen im Ostteil unseres Landes („Mediziner-Ost"). Diese Tagungen hat es schon vor der Wende gegeben, sie sind aus der SMD nicht wegzudenken.

Eine neue Mitarbeiterzeitschrift

Bei unserem Gang durch die Geschichte der SMD befinden wir uns immer noch in der Dienstzeit von Wolfang Heide als Generalsekretär, also in den Jahren 1974–1982. Noch etwas gehört in diese Zeit: Mit Beginn der Arbeitszeit von Wolfgang Heide wurde die Mitarbeiterzeitschrift SMD-Contact (Mitteilungen aus der Schüler-, Studenten- und Akademikerarbeit) auf den Weg gebracht. Seitdem liegen verstärkt eindrückliche und umfassende Informationen über die ganze Arbeit vor, auf die auch ich immer wieder zurückgreifen konnte. Hermann Sautter, zu dieser Zeit im Ausschuss für Öffentlichkeitsarbeit des Bruderrats, hat die erste Ausgabe im Dezember 1974 herausgegeben. Er schreibt, warum diese neue Publikation erscheinen soll: „1. Wir möchten den Mitarbeitern in der

276 So gab es u.a. Stellungnahmen zur Präimplantationsdiagnostik (2001), zur Stammzellenformung und -therapie (2002), zur gesetzlichen Regelung des assistierten Suizids (2014) und zum Urteil zur Sterbehilfe (2020). In der Corona-Pandemie wurde zudem eine Umfrage innerhalb der ACM zur Covid-19-Impfung veröffentlicht.

SMD, die vornehmlich einem Arbeitszweig verbunden sind, regelmäßig Berichte aus der Gesamtarbeit zukommen lassen. Wir hoffen, dass dadurch viele einen Blick – über ihren Arbeitszweig hinaus – auch für die Gesamt-SMD bekommen. 2. Wir wollen die Freunde der SMD, die weder zur AGD gehören noch Mitarbeiter der Studenten- oder Schülergruppen sind, regelmäßiger als bisher über die Arbeit informieren. 3. Wir hoffen, mit der Herausgabe eines zentralen Mitteilungsblattes Kosten zu sparen."[277] Erster Redakteur war Friedhardt Gutsche. Später haben sich dann Doris Oehlenschläger, Tabea Jersak und andere an dieser Nahtstelle eingebracht.

Öffentlichkeitsarbeit

Überhaupt entwickelte sich in diesen Jahren ein wachsendes Gespür für die Notwendigkeit, dass die SMD im Bereich ihrer internen und externen Kommunikation mehr Struktur und wohl auch mehr Professionalität brauchte. Über viele Jahre gab es immer wieder gute Mitarbeiterinformationen, auch schwerpunktmäßig thematisch ausgerichtete Reihen wie „Porta", und jeder Arbeitszweig hatte noch seine eigenen Produkte, die die jeweilige Zielgruppe erreichen sollte. Aber es gab keine koordinierende Hand. Schon 1971 hat Dr. Dietrich Bauer nach dem Auslaufen der Dynamis eine Kommission für Öffentlichkeitsarbeit empfohlen.[278] Diese Idee wurde drei Jahre später erneut vorgetragen.[279] Im Jahr 1975 war es dann Friedhardt Gutsche – er war ja nach wie vor mit der Porta befasst –, der energisch eine halbe Stelle für Öffentlichkeitsarbeit forderte.[280] Er sah auch einen starken Bedarf an guter Literaturarbeit. Doch die Zeit war offenbar noch nicht reif dafür. Immerhin hat der Bruderrat 1978 selbst

277 SMD-Contact Nr. 1, Dezember 1974, S. 1.

278 Siehe die Bruderratssitzung am 8./9.1. 1971.

279 Siehe die Bruderratssitzung am 15./16.6.1974.

280 Siehe die Bruderratssitzung am 6.–8.6.1975.

einen starken Mangel in Sachen Öffentlichkeitsarbeit benannt. Man habe kein gutes Material, hieß es da. Die SMD verkaufe sich unter Wert.[281]

Im Jahr 1980 endlich kam es zu dem Entschluss, eine halbe Stelle für Öffentlichkeitsarbeit einzurichten. Der Inhaber der Stelle sollte daneben im Reisedienst für die Studentenarbeit tätig werden. Berufen wurde zum 1.10.1980 für drei Jahre der damals 27-jährige Theologe Ulrich Schlappa. Was hier eher wie selbstverständlich vor Augen steht, war im Bruderrat aber nicht unbestritten. Wie aus einem Brief des Vorsitzenden Hans-Günter Langenbach an Ulrich Schlappa hervorgeht, bestand große Sorge, dass die SMD mit einer solchen Stelle in die Gefahr des Selbstruhms geraten könnte.[282] Das sollte auf keinen Fall geschehen. Offenbar ist es Ulrich Schlappa bald gelungen, die Bedenken des Vorsitzenden zu zerstreuen. Vier Jahre später wurde er mit viel Dank verabschiedet.[283] Einen neuen Info-Prospekt hat er herausgebracht und die Reihe „ora et labora" begründet. Bei seinem Ausscheiden hat er aber sicher völlig zu Recht angemerkt, dass die Verbindung von Öffentlichkeitsarbeit und Reisedienst als Studentenreisesekretär nicht zusammenpasse.[284]

Nachfolgerin für Ulrich Schlappa wurde Annette E. Gerling.[285] Sie hat in gleicher Konstellation wie Ulrich Schlappa gearbeitet und die gleichen kritischen Fragen gestellt. Erst 1991 kam es zur Errichtung einer vollen Stelle. Katrin Waßmuth wurde zum 15.4.1991 als Öffentlichkeitsreferen-

281 Siehe die Bruderratssitzung am 11.1.1978.

282 Briefverkehr im Archiv der SMD in Marburg (handgeschriebener Brief liegt mir vor).

283 Bruderratssitzung am 3.–4.11.1984.

284 Ulrich Schlappa ist seit 2019 Pfarrer im Ruhestand. Der 1953 in Minden geborene Theologe zog nach seiner Zeit als Öffentlichkeitsreferent bei der SMD mit seiner Familie nach Chile (1986–1999) und folgte damit einem Ruf der IFES. Von 1999 bis 2009 war er Leiter der Akademikerarbeit der SMD und wechselte dann in ein Pfarramt in Freudenberg. Er hat damit fast 30 Jahre im Dienst der SMD und der IFES verbracht!

285 Die Anstellung wurde in der Sitzung des Bruderrates vom 3.–4.11.1984 beschlossen.

tin berufen.[286] Der Bruderrat sah nach der Wende und der Zusammenführung von SM[287] in der DDR und SMD die Notwendigkeit, im Bereich Öffentlichkeitsarbeit Veränderungen vorzunehmen. So wurde das Mitteilungsblatt Contact runderneuert und mit dem neuen Titel „Transparent" versehen. Nun sollte alles lebendiger, zeitungsgemäßer, einfach moderner werden. Dazu brauchte man eine ganze Kraft. Es war nur allzu richtig, dass der Bereich Öffentlichkeitsarbeit bei der Leitung der SMD in diesen Jahren immer mehr ins Blickfeld geriet. Vorher war doch, bei aller Wertschätzung, viel Hin und Her bei den Veröffentlichungen.

EXKURS: Die SMD-Zeitschriften

Um es noch einmal zusammenzufassen, was es wann alles gab: Ab 1949/50 war „Unser Auftrag" das verbindende Mitteilungsblatt in der SMD. Um aber inhaltliche Aspekte noch mehr zu gewichten, entstand 1959 die Zeitschrift Dynamis. „Unser Auftrag" als reines Mitteilungsblatt wurde aufgegeben, an seine Stelle trat 1958 die „Antenne" (Mitteilungen)[288],

286 Bruderratssitzung am 24./25.5.1991.

287 SM ist die Abkürzung für „Studentenmission" im Osten Deutschlands.

288 Der Vorläufer trug 1957 und 1958 nur den Namen „Antenne", war auf Schreibmaschine geschrieben und verstand sich als ein interner und vertraulicher Gebetsbrief der SMD. Ab Nr. 6 (Dezember 1958) änderte sich das Konzept: Der Name wurde um den Titel „Mitteilungen" ergänzt, der Empfängerkreis erweiterte sich und das Heft wurde professionell gestaltet und gedruckt.

ein besonders übersichtlich gemachtes Blatt, das wieder die nötigen Informationen aus der Gesamtarbeit enthielt. Diese Mitteilungen wurden bis 1965 herausgegeben. Dynamis bestand in der ausgesprochen akademisch ausgerichteten, inhaltlich schwer-lastigen Form bis 1966. Die Zeitschrift wurde übrigens in den Jahren 1964–1966 gemeinsam mit den Vereinigten Bibelgruppen in der Schweiz (VBG) herausgegeben. Schriftleiter war damals Professor Dr. Hans-Bernhard Kaufmann. Neben diesen beiden Zeitschriften gab es ab 1960 die Porta, die vom Ansatz her ausdrücklich der Akademikerarbeit der SMD dienen sollte.

Ab 1966 sollte nun aber eine noch stärker auf die konkrete Situation der Studentenschaft ausgerichtete und höchst aktuelle Zeitschrift entstehen. Vor allem der spätere Mathematikprofessor Dr. Günter Ewald war der Motor dafür. Der Name Dynamis blieb, aber seit 1966 erschien das Blatt nun in Zeitungsform, rasant aufgemacht, mit aktuellen Themen, die auch vor Herausforderungen durch die Studentenbewegung der 68er Jahre nicht Halt machte. Die Zeitung hielt sich aber nur drei bis vier Jahre und wurde 1970 wieder aufgegeben. Für die SMD war sie auf Dauer zu teuer und nicht SMD-spezifisch genug.

Da ja auch die Antenne schon im Jahr 1965 aufgegeben wurde, gab es in den Jahren bis 1974 kein Mitteilungsblatt der SMD mehr. Die Zeitschrift Porta sollte seit 1965 zwar nicht mehr nur der Akademikerarbeit dienen, sondern der Gesamtarbeit, das hat aber offensichtlich nicht geklappt. Um den Informationsfluss wieder anzukurbeln, wurde dann im Jahr 1974, wie oben schon berichtet, „Contact“ begründet. Dieses Mitteilungsblatt gab es bis 1991. Im Zuge der Vereinigung von SM und SMD wurde das Blatt völlig umgestaltet und eher in Zeitungsform unter dem Titel Transparent neu herausgegeben. Im Jahre 2003 schließlich wurden Transparent und Porta zusammengelegt, sodass nun Mitteilungen und gewichtige inhaltliche Schwerpunkte in einer Zeitschrift vereinigt wurden.

Es war also dringend nötig, die verschiedenen Veröffentlichungen zu koordinieren und zeitgemäß zu gestalten. Vor allem durfte der Informationsfluss für die ganze Arbeit nicht mehr ausfallen oder nur am Rande eine Rolle spielen. Die SMD musste nach außen ein anderes wiedererkennbares Erscheinungsbild bekommen. Um das zu gewährleisten, bedurfte es einer vollen Stelle und eines qualifizierten Ausschusses für Öffentlichkeitsarbeit. Es dauerte lange, bis hier Ruhe eingetreten ist. Weitergeführt und ganz neu entwickelt wurde die Öffentlichkeitsarbeit dann nach 2000. Pfarrer Gernot Spies wurde Generalsekretär und die Religionspädagogin Ute Dumke Öffentlichkeitsreferentin (2001–2003). Ihr folgte für vier Jahre der Journalist Ulrich Pontes. Im Jahr 2007 übernahm dann der Journalist Christian Enders – seit 2021 sogar als Leiter einer neu eingeführten Abteilung Kommunikation. Er wird seit 2017 von Laura Zöller unterstützt, die für den Bereich soziale Medien und digitale Kommunikation angestellt wurde. Mit ihnen allen begann und entwickelte sich ein Modernisierungsprozess des öffentlichen Auftritts der SMD, der heute weit über die damals üblichen gedruckten Medien hinausreicht und elektronische, digitale sowie soziale Medien einschließt.

Eines wird im Rückblick jedenfalls deutlich: Übertreibungen in Richtung Überheblichkeit und Selbstruhm hat es in Sachen Öffentlichkeitsarbeit kaum gegeben. Die Sorgen von Hans-Günter Langenbach waren unbegründet. Die SMD ist nach wie vor ein eher bescheiden wirkendes Werk, das mit wenigen Kräften erstaunliche Leistungen hervorgebracht hat – und weiter bringt.

Studienarbeit – Studienleitung

Der Gedanke war schon alt. Schon Anfang der 70er-Jahre wurde das Thema Studienarbeit und Studienleitung angesprochen. Die SMD hatte drei Arbeitszweige, sie hatte einen Generalsekretär, aber sie suchte schon damals nach einem Menschen, der arbeitszweigübergreifend Angebote machen konnte, der Mitarbeiterschulungen durchführte, der die Redaktion für Porta übernahm, und überhaupt jemandem, der mit einem gewissen Abstand zur alltäglichen Arbeit konzentriert Tendenzen in Theologie, Kirche und Gesellschaft wahrnehmen und für die SMD fruchtbar machen sollte. Im Januar 1976 wurde dann der Lehrer (für Deutsch und Englisch)

Oskar Kalisch zum Studienleiter berufen.[289] Er konnte sein Amt zwar erst im August 1980 antreten, aber immerhin: Die Stelle war geschaffen, die Erwartungen waren und blieben hoch. Oskar Kalisch, der schon zu Zeiten von Hans-Heinz Damm Reisesekretär bei der SMD gewesen war, blieb der Arbeit bis 1985 erhalten. Ihm folgte Michael Weyer-Menkhoff, Gemeindepfarrer im Dienst der Ev. Luth. Kirche Bayerns. Zehn Jahre war er bei der SMD tätig; von da aus wechselte er nach Berlin zur Arbeitsgemeinschaft Missionarische Dienste (AMD). Er hat sich wie zuvor Oskar Kalisch bei der Zeitschrift Porta eingebracht. Hinzu kam bei ihm ein großes technisches Verständnis; so ist ihm wesentlich zu verdanken, dass die SMD schon in den frühen 90er-Jahren in die EDV-Welt eintreten konnte.

Auf Michael Weyer-Menkhoff folgte erst einmal – niemand. Erst im Februar 1998 konnte Dr. Sven Grosse mit der Arbeit als Studienleiter beginnen. Einer seiner Arbeitsschwerpunkte war das Jubiläum im Jahre 1999; er hat sich um die sehr gelungene Festschrift zum 50-jährigen Bestehen der SMD verdient gemacht. Es muss eine ziemliche Enttäuschung gegeben haben, als Sven Grosse schon zwei Jahre nach seinem Dienstantritt dem Rat mitteilte, dass er zum 1.3.2001 wieder gehen würde. Er hatte starkes wissenschaftliches Interesse und wollte den Einstieg in die Laufbahn als Hochschullehrer nicht verpassen.

Danach hat es eine Studienleitung im ursprünglichen Sinne nicht mehr gegeben. Zwar gab es nach seinem Ausscheiden manche guten Ansätze, auch eine neue Stellenbeschreibung, aber der Rat konnte sich zu einer Neubesetzung der Studienleiterstelle nicht mehr durchringen, zumal es ja seit 1999 das Institut für Glaube und Wissenschaft gab, in dem eine qualifizierte und auch der SMD als Ganzes dienende Studienarbeit betrieben wurde. Das IGUW ersetzt inzwischen in vielfacher Weise die früheren Anliegen, die sich mit der Studienleiter-Stelle verbanden.

Beim Überblicken dieser Jahre zum Thema „Studienleitung in der SMD" ergibt sich ein zwiespältiges Bild. Die Erwartungen waren hoch,

289 Die Sitzung fand vom 16.–18.1.1976 in Marburg statt.

und die Mitarbeiter, die sich haben berufen lassen, hatten alle nötigen Voraussetzungen, um in dem neuen Amt gute Arbeit leisten zu können. Trotzdem blieb es wohl auch für die Studienleiter selbst unbefriedigend, was sie vorfanden und wie sie sich eingebunden fühlten. Am deutlichsten hat das Michael Weyer-Menkhoff bei seinem Abschlussbericht im Jahre 1995 ausgedrückt[290]: Er hat sich bei Porta inhaltlich und redaktionell einbringen können, war auch durchaus gefragt als Referent in allen Bereichen der Arbeit. Trotzdem sah er die Funktion des Studienleiters als nicht geklärt an. Nach seiner Einschätzung haben die Gremien und die Arbeitszweige den Studienleiter zu wenig wahrgenommen. Sein Abschiedswunsch war es, dass der Rat selbst den Studienleiter in seinem Amt stärker begleiten sollte.

290 Siehe Ratsprotokoll vom 11./12.11. 1995.

14. Missionarische Studentenarbeit im Osten Deutschlands „Über Mauern springen“

Hier steht jetzt die ungemein wichtige Frage an, ob sich im Osten Deutschlands eigentlich Ähnliches wie im Westen entwickelt hat, d. h. ob es auch im Osten eine mehr oder weniger blühende christliche Schüler-, Studenten- und Akademikerarbeit gegeben hat. Wer aber so fragt, kann schnell an der Wirklichkeit in der damaligen DDR vorbeigehen; möglicherweise hat er sie nie kennengelernt und hat keine Vorstellung davon.

Es war damals wirklich fast alles anders in Ostdeutschland! Nur zur Erinnerung: Deutschland war – als Folge des verlorenen Krieges – seit Ende der 40er-Jahre geteilt; die DDR hatte sich 1949 als zweiter deutscher Staat konstituiert, und kurz zuvor war im Westen die Bundesrepublik Deutschland entstanden.[291] Die später sogenannten „beiden deutschen Staaten“ nahmen von Anfang an und dann zunehmend unterschiedliche Entwicklungen und waren in zwei einander feindlich gegenüberstehende Machtblöcke eingebunden (Warschauer Pakt und NATO). Zwar hielt z. B. die Evangelische Kirche in Ost und West bis weit in die 60er-Jahre hinein auch organisatorisch zusammen. Aber Begegnungen zwischen Kirchenvertretern im Osten und Westen wurden immer schwieriger. Die kirchliche und gesellschaftliche Situation im Osten und im Westen entwickelte sich grundverschieden.

291 Vgl. zu diesem Abschnitt Hartmut Bärend, Wie der Blick zurück die Gemeinde nach vorn bringen kann, a. a. O., S.131ff.

Die Junge Gemeinde

Besonders in den 50er-Jahren war es unglaublich schwer, als praktizierender Christ in der damaligen DDR zu leben. Mitglieder der Jungen Gemeinde wurden schon 1953 massiv unter Druck gesetzt[292]; die damalige DDR stand der Kirche ausgesprochen feindselig, sogar massiv aggressiv gegenüber. Im gleichen Jahre 1953 wurde von der sowjetischen Führung in Moskau als „Maßnahme zur politischen Gesundung der politischen Lage in der DDR" die Einführung der Jugendweihe[293] in der DDR beschlossen; 1955 wurde sie erstmalig in Ost-Berlin durchgeführt.[294] Was zu der Zeit noch möglich war, dass nämlich Jugendweihe und Konfirmation gleichrangig nebeneinander stehen und entsprechend gewählt werden konnten, wurde ab 1958 massiv verhindert: Da war allein die Jugendweihe gewollt. Jugendlichen, die in diesen Jahren der gesellschaftlichen Entwicklung zum Trotz an der Konfirmation festhalten wollten, wurde der Weg zum Abitur und zum Studium weithin unmöglich gemacht.[295]

Wie hart die Zeiten für die Evangelische Jugendarbeit waren und wie aggressiv sich der Staat vor allem im Jahr 1953 gegenüber der Evangelischen Jugend und der Kirche insgesamt verhalten hat, schildert der über Jahrzehnte ungemein aktive Landeswart des damaligen Evangelischen Jungmännerwerkes, Fritz Hoffmann (1906–1996)[296]:

---

292 In dieses Jahr hinein fällt auch das große und schwere Datum des 17. Juni!

293 Die Jugendweihe an sich wurde schon seit 1852 in Deutschland bekannt; praktiziert wurde sie aber bis 1955 wenig, und wenn, dann von humanistischen Verbänden und Freidenkergruppen.

294 Vgl. Christian Führer, Wir sind dabei gewesen, Berlin 2008, S. 39f.

295 Vgl. zum ganzen Thema, auch zu den diesbezüglichen Entwicklungen nach der Wende 1989: Thomas Gandow, Jugendweihe – Humanistische Jugendfeier, München 2000.

296 Als Beitrag in einem Interview (1996) anlässlich seines 90. Geburtstages. Fritz Hoffmann war Diakon und Evangelist und hat sich über die ganzen Jahre der DDR-Zeit hinweg um die Evangelische Jugend, später auch um die gesamte Kirche in der DDR verdient gemacht. Er war von 1932 bis 1935 Jugendwart in Schneidemühl, ab 1935 war er Landeswart des ostdeutschen Jungmännerwerkes in Magdeburg. Im Jahre 1966 wurde er dazu noch der Leiter der in der ganzen

„Die Arbeit mit den Jungen Gemeinden blieb natürlich der FDJ nicht unbekannt. Da sie sich seit 1948 als alleinige Jugendorganisation betrachtete, wurde die kirchliche Jugendarbeit als illegale Jugendarbeit angesehen und bekämpft. In Presseartikeln – vor allem in der „Jungen Welt" – wurde die Junge Gemeinde heftig angegriffen und als eine vom Westen und den USA gesteuerte Gegenarbeit bezeichnet. Das von den Gliedern der Jungen Gemeinde getragene Zeichen ‚Kreuz auf der Weltkugel' wurde verboten und die Teilnahme an den Jugendstunden in den Gemeinden behindert. Als Walter Ulbricht öffentlich die Junge Gemeinde als eine illegale Jugendorganisation bezeichnete, habe ich dagegen Stellung genommen. Mir wurde angelastet, dass ich Walter Ulbricht zum Lügner erklärt hätte. Dies führte Anfang März 1953 zu meiner Verhaftung und meiner Haft im Stasi-Gefängnis ‚Roter Ochse' in Halle. In mehr als 50 Verhören versuchte man, weitere Beweise für meine ‚Untergrundtätigkeit gegen die FDJ' zu bekommen. Im ganzen Land wurde für mich gebetet. So kann ich meine Befreiung nur als Erhörung dieser Gebete ansehen."

Ende der 50er-Jahre wurde auch der christliche Religionsunterricht in den Schulen nicht mehr gestattet. Die Kirchen in Ostdeutschland haben dann die – im Westen nach der Wende viel zu wenig beachtete – Christenlehre entwickelt und angeboten. Damit konnte wenigstens in den kirchlichen Gebäuden noch Unterricht erteilt werden – und was für ein Unterricht! Es ist sehr schade, dass nach der Wende im Zuge der Vereinigung auch der Kirchen in Ost und West der große Reichtum der Christenlehre fast auf der Strecke geblieben und nicht wirklich wahrgenommen worden ist.

In diesen Jahren ist natürlich auch alles, was unter dem Namen und in der Verantwortung von Mission im Osten Deutschlands lief, mehr als beargwöhnt worden. Mit Hochachtung stehen wir heute vor dem Mut und der Durchhaltekraft derer, die damals trotz aller Widerstände weiter

---

Kirche bekannten und gesuchten Versandstelle des Ev. Jungmännerwerkes („Der kirchliche Neckermann"). Im Jahre 1955 gründete er die Evangelistenkonferenz in der DDR; ab 1976 war er fast ausschließlich als Evangelist unterwegs; im Jahre 1985 wurde er Mitglied im Lausanner Komitee für Weltevangelisation.

zum christlichen Glauben standen und dazu beitrugen, mündiges Christsein und missionarisches Zeugnis zu fördern. Dass sie das vermochten, ist ein besonderes Zeichen von Glaubenstreue: Immerhin hatten sie ja nun in einer zweiten kirchenfeindlichen Diktatur zu leben, nachdem die Diktatur des Nationalsozialismus gerade erst in Schutt und Asche untergegangen war. Nun war es eben der Kommunismus, der sich zur allein verbindlichen Weltanschauung erhob und den christlichen Glauben als eine Sache der Antike abzutun versuchte.

So wurde deutlich, wie stark sich die missionarischen Herausforderungen im Osten und im Westen Deutschlands voneinander unterschieden. Oder um es anders zu sagen: Im Osten konnte es lange keine missionarisch geprägte Organisationsstruktur geben.[297] Es gab die Evangelische Studentengemeinde (ESG) gleich nach Kriegsende auch in der DDR, es gab auch schon in den 50er-Jahren Verbindungen zwischen der SMD und der ESG im Osten Deutschlands. Auch gemeinsame Rüstzeiten hat es gegeben in West-Berlin. Aber der Aufbau einer Schüler- oder Studentenarbeit war viele Jahre lang ganz unmöglich. Wie gefährlich es allein schon war, vom Westen aus mit missionarischen Anliegen in den Osten einzureisen, haben mit Eva-Maria Marschall und Gerd Möhlmann zwei Vertreter der SMD im Jahre 1957 erlebt. Es wurde schon berichtet: Sie wurden wegen „christlich getarnter Spionagetätigkeit" zu elf Monaten Gefängnis verurteilt. Daraufhin hat die Leitung der SMD alle offiziellen Kontakte nach Ostdeutschland eingefroren.

Aber dabei blieb es nicht, Gott sei Dank. Schon 1954 trafen sich im Sommer und über Silvester Studenten, die Interesse an Bibelarbeiten, Gebet und persönlichem Austausch hatten. Ihre Begegnungen nannten sie Rüstzeiten, denn „Freizeiten" durfte es ja für die Kirchen nicht geben – die waren dem Staat vorbehalten.[298] Die kirchlichen Gruppen sollten sich,

297 Vgl. dazu und zum Folgenden: Hartmut Zopf, Zur Geschichte der Studentenarbeit im Osten Deutschlands, in: Festschrift 50 Jahre SMD, Marburg, 1999, S. 85ff.

298 Vgl. hierzu Hartmut Zopf, „Guten Abend, liebe Mit-Bundesbürger", in: SMD-Contact 49, November 1990, S. 6.

wenn sie sich überhaupt treffen durften, auf Zurüstungen von Mitarbeitern und vor allem die Beschäftigung mit der Bibel beschränken. Diese Begrenzung hat den Gruppen nicht geschadet! Ähnlich wie in den für die Kirche bedrückenden Jahren 1933–1945 wurde das Leben aus der Bibel zum großen Reichtum vieler junger Menschen und hat viele dazu geführt, später Theologie zu studieren und ins Pfarramt zu gehen.[299] Im Übrigen wurden in die Rüstzeiten doch fröhliche Nachmittags- und Abendprogramme eingebaut, die natürlich dem Staat gegenüber verborgen bleiben mussten.

Gnadauer Rüstzeiten und Studentendienst

Im Laufe der 60er-Jahre wurde es dann eher möglich, missionarische Angebote für Studierende zu machen. So begann der Gnadauer Verband Ende der 60er-Jahre damit, Rüstzeiten für Studierende zu organisieren. Von da ab konnten jeden Sommer zehntägige Treffen in Woltersdorf bei Berlin stattfinden, im Winter wurde regelmäßig zu einer Skifreizeit im Erzgebirge eingeladen. Es konnte sogar ein Studentenvertreter benannt werden, der für die Koordination, Planung und auch für die Programmgestaltung verantwortlich wurde. Anfang der 70er-Jahre verstärkten sich die missionarischen Möglichkeiten. Inzwischen gab es drei Treffen im Sommer in Woltersdorf; viele Studenten kamen zum Glauben. Damals bekannte Missionspastoren wie Uwe Holmer und Hermann Plötner wurden nach Woltersdorf eingeladen und hielten dort missionarisch ausgerichtete Bibelarbeiten. Eine enorme Hilfe war die Bibelschule Falkenberg, die die Arbeit nachdrücklich unterstützte, mit ihrem Direktor Uwe Holmer. Einen besonderen Schwerpunkt bekam die Arbeit unter Theologiestudenten. Dozenten aus Falkenberg, aber auch andere Bibelausleger wie Werner de Boor, prägten die Tagungen für Theologiestudenten mit.[300] Doch dabei blieb es nicht, und bald kamen auch die ins Blickfeld,

---

299 Vgl. dazu Hartmut Bärend, Wie der Blick zurück die Gemeinde nach vorn bringen kann, Neukirchen 2011, S. 81.

300 Bis 1998 fanden 40 solcher Wochenendtagungen statt.

die ihr Studium beendeten oder schon beendet hatten. So fand 1975 eine erste Konferenz für Jungakademiker statt.

Trotz aller Widerstände entwickelte sich auf dem Boden der damaligen DDR also allmählich eine missionarische Studentenarbeit, die der SMD im Westen zunehmend verwandt wurde. Seit 1975 gab es im Gnadauer Verband in der DDR einen teilzeitbeschäftigten Reisesekretär für den „Studentendienst", nämlich den wohlbekannten und sehr geschätzten Hartmut Zopf. Er hat nach dem Abitur zunächst ein Jahr als Eisenbahner gearbeitet, um dann sein Theologiestudium in Leipzig zu beginnen. Hartmut Zopf hat die Studentenarbeit im Osten mit aufgebaut und stark geprägt. Neben ihm waren dreizehn (!) ehrenamtliche Regionalsekretäre damit beschäftigt, die Arbeit bekannt zu machen, Kontakte zu vermitteln, Einzelne zu besuchen und als Mitarbeiter bei Rüstzeiten dabei zu sein.[301] Und das alles in ihrer Freizeit. Hartmut Zopf war der Motor und Stabilisator für die missionarische Studentenarbeit in der DDR, zu der es seit 1977 immer mehr Kontakte gegeben hatte. Er gestaltete später auch die Verbindung zwischen der Studentenmission im Osten Deutschlands und der SMD im Westen und trieb nach der Wende die Einigung der beiden Bewegungen voran. Aber davon später.[302]

1988 war der „Studentendienst" auf dem Ev. Kirchentag in Rostock vertreten.

301 Vgl. den Beitrag von H. Zopf „Wendezeit. Einige Bemerkungen zur Studentenarbeit in der DDR", in: SMD-Contact 47, März 1990, S.7ff.

302 Zu den Kontakten zwischen der SMD und der Studentenmission im Osten Deutschlands vgl. u. a. SMD-Contact 47 (März 1990), S. 4. Jürgen Spieß schreibt im Rückblick auf diese Zeit: „Im Januar 1977 habe ich zum ersten Mal Hartmut Zopf besucht. Seit dieser Zeit bin ich in jedem Jahr für einige Tage in der DDR gewesen. Freundschaftliche Beziehungen sind dadurch entstanden. Auch durch Besuche anderer Mitarbeiter der SMD, zum Beispiel Ernst Synofzik und Martin

15. Zeitansage: Die 80er-Jahre Drohkulisse und das Wunder von Leipzig

Wir haben nun schon ein großes Stück weit die Tür in die 80er-Jahre aufgestoßen. Um das Stichwort „Zeitgenossenschaft" weiter ernst zu nehmen, halte ich einen Moment inne mit der SMD-Geschichte und erinnere auch für dieses neue Jahrzehnt an Hauptereignisse in Politik und Gesellschaft, die helfen wollen, diese außergewöhnlichen Jahre richtig einzuordnen. Was hat die Stunde geschlagen in diesem Jahrzehnt? Immerhin waren es Jahre von ungeheurer Tragweite für Deutschland; und auch die Gemeinde Jesu Christi und ihre Mission blieben davon nicht unberührt, ganz im Gegenteil.

Das Ringen um Abrüstung und Frieden in Deutschland[303]

Zunächst waren da die dramatischen Zeiten in der Schlussphase der Kanzlerschaft von Helmut Schmidt mit dem Ringen um die Friedensfrage Anfang der 1980er-Jahre. Die damalige Sowjetunion hatte im großen Stil atomar aufgerüstet und damit den Kalten Krieg mit der anderen Supermacht, den USA, verschärft. Da die sowjetischen Atommittelstreckenraketen so aufgestellt waren, dass sie zuallererst auf Deutschland zielten, entstand damit auch eine verschärfte Bedrohung für die Bundesrepublik.

Haizmann sowie von Reisesekretären der Studentenarbeit sind die Kontakte intensiviert worden." Er fügt im gleichen Zusammenhang hinzu, dass „seit 1979 auch die Verbindung zwischen der DDR-Studentenarbeit und der IFES immer enger wurde".

303 Weithin übernommen aus: Hartmut Bärend, Wie der Blick zurück die Gemeinde nach vorn bringen kann, a. a. O., S. 201ff.

In dieser Phase bemühte sich der deutsche Kanzler Helmut Schmidt, die Amerikaner ihrerseits zur Aufrüstung zu bewegen: Einerseits wollte er erreichen, dass die Amerikaner ein gleichwertiges Potential an Atomwaffen in Europa und damit auch in Deutschland etablieren, zum anderen aber wollte er die Möglichkeiten der Entspannung mit den Russen offenhalten. Die Amerikaner haben dem Drängen von Helmut Schmidt weithin nachgegeben, wenn auch erst nach längerem Zögern, und haben sich auf diese doppelte Strategie eingelassen, sodass es im Dezember 1979 zum NATO-Doppelbeschluss kam. In Deutschland führte die Handlungsweise der Regierung aber zu einem erheblichen Widerstand, der aus der Opposition, der Bevölkerung und auch aus den Kirchen kam. Die Kirchentage von 1981 und 1983 in Hamburg und Hannover, an denen ich auch selbst teilnehmen konnte, geben davon ein anschauliches und dramatisches Zeugnis. Es ging um das berühmte „noch" der Heidelberger Thesen[304]: Wie lange darf es überhaupt noch Atomwaffen geben? Wie lange kann diese Abschreckungsmaßnahme noch als Schutz in Anspruch genommen werden? Wie lange kann Krieg überhaupt noch als ein möglicher Weg zum Frieden angesehen werden?

Zerreißende Diskussionen gab es dabei nicht nur zwischen Regierung und Opposition, sondern auch zwischen verschiedenen Lagern in den Kirchen, und zwar quer durch die Konfessionen. Die Friedensfrage lag auf dem Tisch, und dabei auch die schon angeschnittene radikale Frage, ob Krieg überhaupt ein Mittel sein dürfe, um Frieden zu schaffen und zu halten. In der Politik führte diese heiße Diskussion zum bitteren Abgang von Helmut Schmidt, der auch in der eigenen Partei, der SPD,

---

304 In den Jahren 1958–1959 tobte in der Evangelischen Kirche ein großer Streit zwischen Pazifisten und Vertretern einer Abschreckungspolitik um die Frage des Einsatzes von Atomwaffen und überhaupt über die Frage der Berechtigung von Kriegen als Weg zum Frieden. Die Heidelberger Thesen, die 1959 unter starker Mitwirkung des Physikers und Philosophen Carl Friedrich von Weizsäcker entstanden sind, sind als Kompromiss zu verstehen. In These 8 heißt es: „Die Kirche muss die Beteiligung an dem Versuch, durch das Dasein von Atomwaffen einen Frieden in Freiheit zu sichern, als eine heute noch mögliche christliche Handlungsweise anerkennen."

keine Unterstützung mehr fand. In den Kirchen war es damals schwer, irgendein anderes Thema anzupacken als das Friedensthema. Fragen wie die nach einem gerechten Frieden, aber auch eine neue Wahrnehmung der ökologischen Verantwortung führten in den 80er-Jahren in Gesellschaft und Kirche zu einer Art grüner Bewegung, die dann zur Partei der Grünen wurde. Deren Bedeutung wurde damals weithin noch verkannt.

Die Öffnung der Mauer

Im Laufe der Jahre ist über den Themen von Krieg und Frieden allmählich Ruhe eingetreten, ohne dass die Grundfragen geklärt worden wären. Die neue CDU/FDP-Koalitionsregierung unter Helmut Kohl setzte den Weg von Helmut Schmidt mehr oder weniger klar fort. Und die Stimmung änderte sich: Im Laufe der Jahre wurde die Abschreckung und damit die eisige Atmosphäre zwischen Ost und West immer weniger das Hauptthema. Mit der Regierungsübernahme durch Michail Gorbatschow in der Sowjetunion kamen Töne der Entspannung auf, die immer stärker wurden und schließlich zu dem eigentlichen Wunder dieses Jahrzehnts führten: zum Fall der Mauer im Jahre 1989 und zur deutschen Wiedervereinigung.

Es ist hier nicht der Ort und die Zeit, dieses unvergleichliche und einzigartige Geschehen in der deutschen Geschichte angemessen zu würdigen. Auf jeden Fall gehört dieses Wunder – ja, das war es – zu den beglückendsten Ereignissen in der deutschen Geschichte. Genauso wurden die Jahre 1989 und 1990 ja auch erlebt: Da war zum einen die atemlose Spannung, ob denn die Revolution von unten wirklich ohne Gewalt ablaufen würde, zum anderen war da die unfassbare Freude, als die Mauer wirklich nicht mehr zu halten war und die Massen aus dem Osten Berlins in den Westen der Stadt strömten. Ich habe selbst die Öffnung des Brandenburger Tores miterlebt und dann auch die Öffnung der westlichen Stadtgrenzen nach Brandenburg hin und habe mich als West-Berliner meiner Freudentränen nicht geschämt.

Dabei darf mit Nachdruck festgehalten werden, dass die Öffnung der Berliner Mauer, ja der ganze Prozess der gewaltlosen Revolution im Osten Deutschlands ohne das starke Mitwirken der Evangelischen Kirche in der DDR nicht zu denken war. Die Losung „Schwerter zu Pflugscharen", die Durchführung einer Friedensdekade, die unverzagt Woche für Woche angebotenen Friedensgebete in Berliner Kirchen und quer durch die DDR – all dies und vieles mehr war Frucht kirchlichen Engagements für Frieden und Freiheit. Die mutigen Stellungnahmen und die treuen Gebete unzähliger Christen im Osten Deutschlands haben einer friedlichrevolutionären Stimmung im Lande Auftrieb, aber auch Qualität und Kultur gegeben. Nicht von ungefähr waren die Kirchen in Ost-Berlin, aber auch an vielen anderen Orten in der DDR bei Friedensgebeten stets überfüllt, trotz der massiven Störmanöver des Staatssicherheitsdienstes. Es kamen nicht nur Christen, sondern immer mehr Menschen mit oder ohne Kirchenzugehörigkeit aus der Region, die grundsätzliche Veränderungen wollten. Die Kirchenräume und die geistlichen Angebote haben einen großen Dienst auf dem Wege zum Fall der Mauer getan.[305]

Wie überraschend die Entwicklung dann doch war, insbesondere für die Christenheit im Westen Deutschlands, zeigte sich bei der EKD-Synode in Bad Krozingen im November 1989: In aller Ruhe und Sorgfalt haben wir[306] damals über das große Synodalthema „Gemeinschaft von Männern und Frauen in der Kirche" gerungen – ohne in den ersten Tagen zu wissen, dass am letzten Tag der Synode, nämlich dem Tag nach dem Mauerfall, am 10. November, das Lied „Nun danket alle Gott" angestimmt werden könnte – was dann auch wirklich angesichts der beglückenden Nachrichten aus dem fernen Berlin geschah.

So ist das Jahrzehnt zwischen 1980 und 1990 in seiner Bedeutung gar nicht hoch genug zu veranschlagen. Nur diese beiden großen Geschehnisse am Anfang und am Ende des Jahrzehnts brauchen anzuklingen, um dies verständlich zu machen. Für die Deutschen sind die 1980er-Jahre mindestens genauso aufregend gewesen wie die 1970er, nur dass sich am

---

305 Vgl. dazu Christian Führer, Und wir sind dabei gewesen. Die Revolution, die aus der Kirche kam, Ullstein 2008.

306 Ich gehörte damals als Stellvertretender Vorsitzender zum Vorbereitungsausschuss dieser Synodaltagung und war für die Dauer der Verhandlung des Schwerpunktthemas auch in Bad Krozingen.

Ende des Jahrzehnts für Staat und Kirche eine völlig neue Perspektive auftat: Endlich konnte und sollte nun auch „wieder zusammenwachsen, was zusammengehört" (Willy Brandt). Das galt auch für den kirchlichen Bereich, obwohl es der DDR-Regierung ja nie gelungen war, die Verbindung der Kirchen in Ost und West zueinander ganz zu zerschneiden. Aber nun ging es um ein ganz neues Miteinander, in dem voneinander zu lernen und die Zukunft gemeinsam zu gestalten war. Dass dieser Prozess in Gesellschaft und Kirche auch ein schmerzlicher Prozess war und dass er auch heute noch nicht abgeschlossen ist, soll nicht verschwiegen werden. Dennoch will niemand, der bewusst die Jahre zuvor erlebt hat, jemals wieder Verhältnisse haben, wie sie vor der friedlichen Revolution waren. Wahrscheinlich werden nur die aufmerksamen Zeitgenossen und Augenzeugen dieser Jahre auch in Zukunft noch wissen, wie es wirklich in den Jahren der DDR-Regierung war, welche Ängste auch wir in West-Berlin ausgestanden haben und wie groß das Glück der Befreiung war. Nicht nur das Jahr 1945, auch das Jahr 1989 war ein Jahr der Befreiung für Deutschland, auch wenn die Situation 1945 mit der 1989 nicht zu vergleichen ist.

16. Personeller Wechsel und strukturelle Probleme Von „heiliger Unruhe“

Wie ging es in diesen Jahren mit der SMD weiter? Die großen Friedensfragen der 80er-Jahre sind auch an der SMD nicht spurlos vorbeigegangen, dafür waren sie existentiell zu belastend. Direkt thematisiert wurden sie aber zu wenig. Stattdessen wurde getreu den Richtlinien der SMD weitergearbeitet. Die Bruderrats- und Vorstandsprotokolle aus diesen Jahren lassen nichts anderes erkennen. Im Gegenteil: Die Arbeit des Ausschusses, der gebildet worden war, um innerhalb der SMD die Spannungen zwischen Evangelisation und sozialer Verantwortung abzubauen und Schritte nach vorn zu weisen, wurde Mitte der 80er-Jahre aufgegeben. Zu gravierend waren die Unterschiede innerhalb des Ausschusses. Dafür blieb sich die SMD aber ihrer eigentlichen Berufung treu, junge Menschen in die Nachfolge Jesu zu rufen, ihnen insbesondere während des Studiums einen Raum der Geborgenheit anzubieten und sie für die berufliche Wirklichkeit vorzubereiten. Flankierend zu diesem Dienst wusste sich die SMD gerufen, Schülerinnen und Schülern mit dem Evangelium zu dienen und ebenso denen, die Schule und Studium hinter sich hatten und nun im Beruf standen. Das war und bleibt die große Stärke der SMD, dass sie ihrer Grundberufung treu geblieben ist.

Insgesamt wird man sagen dürfen, dass die Arbeit stetig gewachsen ist und auch strukturell so gefestigt war, dass trotz personeller Wechsel in den Jahren zwischen 1982 und 1984 die Kontinuität der Arbeit nicht infrage stand. Und Wechsel hat es einige gegeben. Da war zuerst der Wechsel im Generalsekretariat: Pfarrer Wolfgang Heide, der seit dem Jahr 1974 das Amt innehatte, schied aus der Arbeit aus, um ein Gemeindepfarramt in der Universitätsstadt Münster zu übernehmen. Er hatte eigentlich schon früher gehen wollen, aber die Nachfolgefragen erwiesen sich als so schwierig, dass er doch bis zum Jahr 1982 geblieben ist. Sein Resümee ist Dankbarkeit. So schreibt er in seinem letzten Bericht: „Ich bin von Herzen dankbar für Ihr Vertrauen, für die lebendige Bruderschaft mit den ehrenamtlichen und hauptamtlichen Mitarbeitern, für das Wachstum der Arbeit und dass ich selbst am meisten in der SMD-Arbeit gelernt habe."[307] Hans-Günter Langenbach, in diesen Jahren ja Vorsitzender der SMD und schon seit den 50er-Jahren einer der Treuesten im Mitarbeiterkreis, fand rundherum lobende Worte für Wolfgang Heide. Er dankte ihm für die „sehr vertrauensvolle, ungetrübte und tief brüderliche Zusammenarbeit im Vorstand und im Bruderrat."[308] An gleicher Stelle erwähnte er in entsprechender Weise Pfarrer Horst-Armin Eickel, der als Leiter der Akademikerarbeit ebenfalls jahrelang im Segen gewirkt hatte.

Rolf Hille und Wolfgang Heide

Rolf Hille (1982–1984)

Für Wolfgang Heide kam nun Pfarrer Rolf Hille. Am 3. Oktober 1982 wurde er in Marburg in sein neues Amt eingeführt. Trotz seiner erst 35 Lebensjahre hatte Rolf Hille schon einige wichtige Stationen in seinem Berufsleben hinter sich. So war er, der in seiner Kindheit und Jugend durch den württembergischen Pietismus geprägt war, nach seinem Theologiestudium beim Kirchenfunk

307 In: SMD-Contact 24, Juli 1982, S.4.

308 A. a. O., S. 6.

des Saarländischen Rundfunks tätig, anschließend dann als Redakteur bei idea, der evangelischen Nachrichtenagentur in Wetzlar. Sein Vikariat und sein Anerkennungsjahr als Pastor leistete er in Schorndorf/Württemberg ab. Die letzten drei Dienstjahre vor seinem hauptamtlichen Start bei der SMD arbeitete er als wissenschaftlicher Mitarbeiter in Mainz. Der Kontakt zu den Studierenden dort hat ihm offenbar besonders viel bedeutet.[309]

Die Zeit mit Rolf Hille war kurz, wie noch zu berichten sein wird. Er hatte sich aber viel vorgenommen. Besonders lag ihm die Schulung der Ehren- und Hauptamtlichen am Herzen, denen er in Marburg auch im Blick auf theologische Zurüstung zur Verfügung stand. Ihn trieben aber auch Fragen um, die gesellschaftliche Relevanz hatten. Unter dem Stichwort „den ersten Stein ins Wasser werfen" beklagte er, dass „wir Christen nicht zuletzt im Bereich der Schule und Universität häufig in der Defensive bleiben." Andere, so Hille weiter, haben Themen ins Zentrum gerückt, die die Zeitgenossen umtreiben mussten, sie haben Diskussionen angestoßen, die gesellschaftlich relevant wurden, wie z. B. das Ringen um den Existentialismus in den 50er-Jahren, den revolutionären Aufstand der späten 60er-Jahre, die Suche nach Alternativen eines neuen Zusammenlebens oder auch einfach Fragen des Überlebens. Die Christen haben sich dabei rasch auf Verteidigung und Rückzug beschränkt. Die Gegenwart beschreibt Hille als weltanschauliches Vakuum; er sieht vor sich eine resignierende Generation, die ein herausforderndes Zeugnis der Christen braucht.

Hier und nicht nur hier zeigt sich bei Rolf Hille eine Art heilige Unruhe, die ihn dazu treibt, die SMD stärker auf diese Felder aufmerksam zu machen, und nicht nur das. So ruft er zu Fürbitte auf, aber noch mehr zu „persönlichem Opfer", womit sicher eine aktive Mitarbeit an Schule und Universität gemeint ist. Ich zitiere: „Wir leiden darunter, dass viele unserer Freunde, nicht zuletzt solche, die als Schüler und Studenten in der SMD entscheidende Anstöße zum Glauben erhalten haben, zwar

309 Weitere Einzelheiten aus seinem Leben in: SMD-Contact 25, S4f.

in den Gemeinden aktiv sind, aber das riesige Missionsfeld Schule und Universität sowie den oft versäumten Zeugendienst unter Fachkollegen aus dem Horizont verloren haben."[310]

Diese „heilige Unruhe" lässt sich in seinen Berichten als Generalsekretär der SMD auch in den kommenden Monaten nachzeichnen. Rolf Hille war von der Sehnsucht geleitet, „in einer verunsicherten Generation Freude über die Wahrheit und Treue Gottes zu wecken." Und dann fügt er hinzu: „Es ist schon ein Vorrecht in einer Zeit, in der kaum jemand mehr so recht sagen kann oder will, was wahr oder falsch, was gut oder böse ist, gemeinsam auf der zuverlässigen Grundlage der Heiligen Schrift zu stehen."[311] In diesem Sinne hat sich Rolf Hille, wie seine Vorgänger auch, in allen Arbeitszweigen der SMD betätigt und die Arbeit gefördert. Er konnte auch immer wieder seine Freude über das Wachstum der Gruppen und Kreise zum Ausdruck bringen.

Ein schneller Abschied

Umso erstaunlicher muss es für viele damals gewesen sein, dass Rolf Hille nicht einmal zwei Jahre nach seiner Einführung als Generalsekretär mitteilte, dass er dieses Amt niederlegen wird, um im September 1984 eine neue Aufgabe innerhalb der Württembergischen Landeskirche anzutreten. Sein neuer Schwerpunkt, so Hille, würde dann in der Ausbildung und Begleitung von Vikaren der Landeskirche liegen.[312] Um allen unruhigen und besorgten Fragen nach möglichen Gründen zuvorzukommen, nannte Hille im gleichen Schreiben, was ihn vor allem dazu brachte, so früh schon sein Amt abzugeben. Offensichtlich waren das keine Personalquerelen, vielleicht doch auch keine theologischen Unstimmigkeiten, sondern allein unterschiedliche Sichtweisen im Blick auf die Struktur der SMD. Eigentlich muss Rolf Hille vorher schon gewusst haben, wie die

310 Zum ganzen Absatz und zum Zitat vgl. R. Hille, Bericht des Generalsekretärs, in: SMD-Contact 27, S.4f.

311 Bericht des Generalsekretärs SMD-Contact 26, S. 4.

312 Vgl. seinen Abschlussbericht in SMD-Contact 30, Juli 1984, S. 4.

SMD „tickt". Aber manchmal zeigen sich die Probleme doch erst in der Praxis selbst.

Seit 1977, seit der großen Strukturreform der SMD, war es ja so, dass die drei Arbeitszweige der SMD von eigenen hauptamtlichen Leitern verantwortet wurden. Das bedeutete natürlich einen Machtverlust für den Generalsekretär. Er konnte seitdem nicht mehr direkt in die Entwicklungen der Arbeitskreise eingreifen. Diese Verantwortung lag nun bei den dortigen Leitern, und es waren hochqualifizierte, wenn man nur an Wilfried Ahrens und Jürgen Spieß als damalige Leiter der Schüler- und Studentenarbeit denkt. Also Machtverlust ja, aber eine große Entlastung andererseits. Der Generalsekretär war nun zwar „nur" für die drei Leiter da, die ihm ja die gewaltige Arbeit vor Ort abnahmen. Damit konnte er aber die Synergie im ganzen Werk ungemein fördern, er bekam Kräfte frei für die internationale Arbeit und für die Vertretung der SMD in anderen Werken und Verbänden in Deutschland. Und natürlich konnte er durch theologische und geistliche Qualitätsarbeit die ganze SMD stark prägen. Im Übrigen war er ja auch in den entsprechenden Leitungskreisen vertreten, konnte also mitreden, eben nur nicht als Leiter.

Für Rolf Hille war dieser Weg aber nicht gangbar, bzw. nicht das, was er sich vorgestellt hatte. So sagt er in seinem Abschlussbericht: „Bei meiner Berufung in die SMD hatte ich – ausgehend von der gültigen Grundordnung – den Eindruck, der Generalsekretär solle durch Koordination und Impulse die Gesamtarbeit gemeinsam mit den ehrenamtlichen Leitungskreisen der Arbeitszweige wirksam gestalten. Inzwischen aber ist die Entwicklung in der SMD dahin gegangen, dass die Sekretäre bzw. Arbeitszweigleiter so selbständig mit den Leitungskreisen zusammenwirken, dass nach meiner Erfahrung der Generalsekretär nur noch sehr begrenzt Leitungsaufgaben wahrnehmen kann."[313] Anschließend empfiehlt Hille, das Verhältnis von Leitungskreisen, Arbeitszweigleitern,

313 Ebd.

Bruderrat und Generalsekretär besser und klarer zu definieren, um möglichst wenig Kraft nach innen zu verbrauchen.[314]

Das hier aufgebrochene strukturelle Problem wird nicht nur die SMD belastet haben. Es ist ein Grundproblem jeder größeren Einrichtung. Es geht dabei wirklich um Machtfragen, ob man es so nennen will oder nicht. Vermutlich kann in einem größeren Werk gar nicht anders gehandelt werden als so, wie es in der Strukturreform der SMD bestimmt worden ist. Je größer eine Einrichtung, desto wichtiger ist die Delegation. Delegation heißt immer auch Machtverlust, zugleich allerdings auch mehr Raum und Zeit für das Ganze und für das Überregionale. Zu Recht schreibt Hans-Günter Langenbach in seiner Antwort auf die Ausführungen von Rolf Hille: „Ist das Amt des Generalsekretärs wirklich überflüssig neben den Leitern der Arbeitszweige und den Gremien, die die Arbeit der SMD verantworten?“ Und er setzt fort: „Mit der größeren Selbständigkeit der Arbeitszweige, bedingt durch die wachsende Zahl von Hochschulgruppen, Arbeitskreisen in der Schülerarbeit und den sich festigenden Fachgruppen in der AGD ist die Stellung des Generalsekretärs sicherlich schwerer als früher, aber in seinen vielfältigen, nach innen und außen

314 Dass die Regelungen in der Grundordnung von 1977 an dieser Stelle in der Tat etwas unklar geblieben waren, hat der Vorstand schon in seiner Sitzung am 12./13.1983 in Siegen festgestellt. Die Gefahr einer zu umfassenden Selbstständigkeit der Arbeitszweige wurde gesehen. Darum wurde folgende Formulierung beschlossen, die zur Klärung dienen sollte: „Die Leiter der Arbeitszweige leiten innerhalb des vom Leitungskreis und dem Generalsekretär gesteckten Rahmens ihren jeweiligen Arbeitszweig. Sie sind dem Leitungskreis verantwortlich und berichten dort und dem Generalsekretär.“ Gleichzeitig wurde in dieser Sitzung festgehalten, dass der Generalsekretär vor allem für die biblisch-missionarische Ausrichtung der SMD verantwortlich ist. Außerdem hat er ein Vetorecht, wenn die Richtlinien der SMD verletzt werden. Weiter ist er Impulsgeber für die Gremien der SMD. Schließlich vertritt er die SMD zusammen mit dem Vorsitzenden nach außen. Speziell für Rolf Hille wurde festgestellt, dass er weiter intensiv unter Theologiestudenten arbeiten kann. Leider haben alle diese Feststellungen und Klärungen nicht gereicht, um Rolf Hille bei der SMD zu halten.

gerichteten Aufgaben, insbesondere der Integration, ist er m. E. nicht zu ersetzen."[315]

Es wird bei jeder Neubesetzung der Stelle des Generalsekretärs darauf zu achten sein, dass diese strukturellen Dinge klar vor Augen stehen, bevor Zusagen gegeben werden. Viele, die Leitungsämter erstreben, wollen beides, sowohl die Leitung der Leitenden der verschiedenen Arbeitszweige als auch den Zugriff auf die Basis selbst. Aber ein Leiter ist kein Basisarbeiter mehr, jedenfalls nicht im Normalfall. Seine Begrenzung ist seine Chance, wirklich Leitung ausüben zu können. Sicherlich hat Rolf Hille in späteren Lebensjahren im Rückblick gesehen, dass er damals mehr wollte, als möglich war. Ihm bleibt aber sehr zu danken, mit welcher Leidenschaft er an der Arbeit war und was er in der kurzen Zeit in der SMD an brennenden Fragen aufgeworfen hat. Seine von mir so bezeichnete „heilige Unruhe" darf in einem Werk wie der SMD nie fehlen. Schade nur, dass Rolf Hille schon nach so kurzer Zeit gegangen ist. Er hat später an vielen anderen Stellen große Leitungsaufgaben wahrgenommen.[316]

---

315 Ebd.

316 So war er viele Jahre Rektor des Bengel-Hauses in Tübingen. Zwischen 1994 und 2000 war er Vorsitzender der Deutschen Evangelischen Allianz (DEA). Emeritiert wurde er im Jahr 2019 als Honorarprofessor für Systematische Theologie und Apologetik an der Freien Theologischen Hochschule (FTH) in Gießen.

17. SM und SMD gemeinsam! – „Es wächst zusammen…"

Jürgen Spieß (1985–1999)

Zum Segen für die SMD gab es nach dem Ausscheiden von Rolf Hille keine große Wartezeit in der Leitung der SMD: Dr. Jürgen Spieß wurde in der Sitzung des Bruderrates der SMD am 3./4. November 1984 einstimmig zum Generalsekretär berufen – und er blieb es bis zum Jahr 1999! Diese Entscheidung war naheliegend. Jürgen Spieß war schon seit 1975 Reisesekretär, 1981 wurde er zum Leiter der Studentenarbeit berufen. Er kannte die SMD in- und auswendig, er hatte auch die Strukturreform mit vollzogen, wusste also die möglichen Untiefen für einen Generalsekretär einzuschätzen. Und natürlich hat er auch den ganzen Weg von Rolf Hille in der SMD an seiner Seite erlebt.

Der Weg, den Jürgen Spieß bis zu seiner Zeit in der SMD vollzogen hat, war dafür ziemlich außergewöhnlich. Zum ersten und bisher einzigen Male in der Geschichte der SMD wurde ein Nichttheologe zum Generalsekretär berufen. Jürgen Spieß ist promovierter Historiker, was der SMD in mehrfacher Hinsicht zugutekam. Er wurde in seinem 7. Semester in der Münchener SMD, in die er als Nichtgläubiger auf verschlungenen Wegen „verschlagen" wurde, Christ. Wie er selbst beschrieben hat, wurde ihm ein Wort aus dem Johannesevangelium wesentlich: Dort sagt Jesus: „Wenn jemand den Willen dessen tut, der mich gesandt hat, wird ihm klar werden, ob diese Lehre von Gott ist oder ob ich aus mir selbst rede (Joh 7,17)."[317] Jürgen Spieß schreibt dazu: „Inzwischen habe ich dieses Wort zentral auch bei Spener, Zinzendorf, Karl Heim und anderen gefunden und weiß deshalb, dass es nicht bloß zu meiner Biographie gehört,

317 Vgl. die schriftliche Vorstellung von Jürgen Spieß in: SMD-Contact 31, S.5.

sondern in Zeiten, in denen nach Objektivität und Beweisen gefragt wurde, eine besondere Rolle gespielt hat und spielt."[318]

Jürgen Spieß

Die Begegnung mit diesem Jesuswort sah Jürgen Spieß als „äußeren Startpunkt" für seinen Glauben an Jesus. Gott hatte Jürgen Spieß offenbar genau da erreicht, wo er als angehender Historiker zu erreichen war. Argumente, Erweise, all dies wurde sein Lebensthema, nun als bekennender Christ. So liegt es nahe, dass ihm später besonders am Herzen lag, in Hörsaalvorträgen Studierende argumentativ zu erreichen. Die Frage nach der historischen Erweisbarkeit der Auferstehung Jesu wurde dabei zu einem seiner zentralen Themen. Hier konnte er als Historiker mehr vermitteln, als wenn er Theologe gewesen wäre. Seine Bücher wie das mit dem Titel „Jesus für Skeptiker" haben viele Auflagen erlebt und sind auch heute noch lesenswert.[319] So kam mit ihm ein Mann in die Leitung der SMD, der mit der Arbeit total vertraut war, der aber eine eher ungewöhnliche Ausbildung hinter sich hatte. Extrem außergewöhnlich und sehr schwer war das Schicksal, das Jürgen Spieß innerhalb seiner Dienstzeit schon als Studentenreisesekretär zu verkraften hatte: Auf einer Rückreise von Diensten bei der missionarischen Studentenarbeit in Ostdeutschland im Jahr 1979 hatte er mit seiner Familie in der Nähe von Uelzen einen schweren Verkehrsunfall erlitten, bei dem seine

318 Ebd.

319 Jesus für Skeptiker, Brockhaus, 2013. Daneben auch wichtig: Ist Jesus auferstanden? Ein Historiker zur Auferstehung Jesu Christi, SMD-kompakt, 2011; Aus gutem Grund. Warum der christliche Glaube nicht nur Glaubenssache ist, Brockhaus 1998; Nach der Wahrheit fragen: Antworten von C. S. Lewis, Brunnen 1986

Frau Christiane und sein zehn Monate alter Sohn ums Leben kamen.[320] Diese Erfahrung hat ihn und die ganze SMD schwer getroffen.[321] Das Thema Leid und die damit verbundene Theodizeefrage wurden seitdem Schwerpunkte seines Lebens, die sich auch in vielen seiner Hochschulvorträgen niederschlugen.

Zurück zu seinem Beginn als Generalsekretär: Hans-Günter Langenbach hat in seiner Begrüßung schon all die Dinge anklingen lassen, die für Jürgen Spieß und sein neues Amt wichtig wurden: seine Leidenschaft zur öffentlichen Verkündigung in Hörsälen, sein besonderes Augenmerk auf die weltweite missionarische Studentenarbeit im Rahmen der IFES, sein besonderes Geschick bei der Mitarbeitersuche. Langenbach meinte, Jürgen Spieß würde die SMD „aus dem Hintergrund“ leiten. Er sei kein Freund großer und vieler Worte, „man muss schon auf ihn zugehen, um ihn zu entdecken.“[322] Ich glaube, nach vielen Begegnungen mit Jürgen Spieß im Laufe der Jahre, dass er doch – auf seine Weise – recht kontaktfähig ist. Vor allem hat er mit seinem ansteckenden Humor immer wieder Herzen geöffnet – und tut das auch weiterhin.

Was Rolf Hille offensichtlich schwergefallen war, nämlich damit zu leben, dass es für die drei Arbeitszweige auch entsprechende hauptamtliche Leiter gab, die gute Arbeit leisteten und damit dazu halfen, dass der Generalsekretär mehr Raum und Zeit für die Gesamtaufgaben der SMD hatte, scheint für Jürgen Spieß kein Problem gewesen zu sein. In seinem ersten „Bericht des Generalsekretärs“ im SMD-Contact vom April 1985 erinnert er an seine Aufgaben als Leiter der Studentenarbeit.[323] Wichtig für seinen Dienst als Generalsekretär war ihm, dass immer wieder fähige

---

320 Er hat dann Jahre später wieder geheiratet und mit seiner Frau Ulrike eine Tochter mit Down-Syndrom bekommen.

321 Immer wieder kommt Jürgen Spieß auch bei seinen Hörsaalvorträgen auf diese bittere Erfahrung zu sprechen. Dass er sie durchstehen konnte, ohne zu verbittern, hat vielen Menschen Mut gemacht, sich auf das Evangelium von Jesus dem Auferstandenen einzulassen.

322 SMD-Contact 31, S. 4.

323 Nr. 32, S. 4.

Reisesekretäre gefunden wurden, dass der Kontakt zur IFES verstärkt wurde und dass die missionarische Arbeit vorangetrieben werden konnte. Dabei verwies er darauf, dass er Hörsaalvorträge als besondere Begabung erkannt hatte.

Deutlich wird, dass er genau das fortschreiben will und wird. Natürlich wusste er, dass das Suchen und Finden von geeigneten Reisesekretären nicht mehr seine Priorität war, dafür gab es ja nun die Leiter der drei Arbeitszweige. Aber umso mehr wusste er um seine Aufgabe, die Schlüsselstellen zu besetzen. So konnte er schon innerhalb dieses ersten Berichtes zwei Neubesetzungen vermelden. Für die Studentenarbeit konnte mit Martin Haizmann ein neuer Leiter berufen werden, für die Akademikerarbeit wurde der „alte Bekannte" Dr. Ernst Synofzik in die Leitung berufen.[324] Martin Haizmann hatte bereits nach seinem Studium in Karlsruhe (Maschinenbau) ab 1981 die Studentengruppen in Baden-Württemberg als Reisesekretär begleitet. Dr. Ernst Synofzik war von 1976 bis 1980 zunächst Reisesekretär, dann Leiter der Studentenarbeit. Da die Schülerarbeit mit Wilfried Ahrens schon seit Jahren einen qualifizierten Leiter hatte, waren alle drei Leitungsstellen der Arbeitszweige gut besetzt. Jürgen Spieß hatte den Kopf frei für die anderen Schwerpunkte, die er als für ihn wesentlich erkannt hatte.

So berichtet er auch gleich von einer evangelistischen Großveranstaltung, der „Oxford-Mission", an der er im Februar 1985 teilnehmen konnte, und die als Inspiration für die dann auch in Deutschland eingeführten Hochschultage gelten kann. Die UCCF führte damals an jeder Universität in England alle drei Jahre eine solche Großveranstaltung durch. Jede Studentengeneration sollte auf diese Weise die Möglichkeit haben, einmal direkt die Einladung zum Glauben an Jesus Christus zu hören. Das Besondere dabei war, dass immer der gleiche Evangelist an allen acht Abenden sprach. Daneben gab es sogenannte „Hilfs-Missio-

324 Beide neuen Leiter werden in SMD-Contact 32, S.14f und S.19 vorgestellt. Später war Martin Haizmann viele Jahre in der IFES tätig, neun Jahre in leitender Aufgabe, seine Frau Rose war sechs Jahre im SMD-Vorstand engagiert.

nare“, die tagsüber zu kleinen Gruppenbegegnungen einluden, bei denen dann über den christlichen Glauben diskutiert werden konnte. Jürgen Spieß berichtet, dass damals allein in Oxford etwa 100 Studenten zum Glauben kamen. Die dortige „SMD“-Gruppe bestand aus 500 bis 600 Studenten.[325]

Solche Nachrichten klingen auch heute noch gut. Aber das ist eben das Besondere, wenn wir in die weite Welt schauen und sehen, wie dort das Evangelium läuft: Wir können dann für die eigene Arbeit nur ermutigt werden. Um die Zahlen und womöglich Neidgefühle muss es nicht gehen, wohl aber darum, dass wir sehen, dass das Evangelium in anderen Teilen der Welt so lebendig und gegenwärtig ist, dass wir uns nur mitfreuen können. Irgendwann wird der „Platzregen des Heiligen Geistes“ (Luther) auch wieder unser Land bewässern. Unsere Aufgabe ist es, „nicht zu kopieren, sondern zu kapieren“, wie es später im Blick auf die Begegnungen mit der Willow-Creek-Gemeinde in Chicago immer wieder gesagt worden ist. Es geht darum, nicht nur bei uns selbst zu bleiben, sondern uns auf den Weg zu machen, um zu sehen, wie es andere machen. So wird der Kopf frei, und es wachsen neue Ideen. Jedenfalls hat es nicht nur Jürgen Spieß selbst gutgetan, dass er immer wieder aufgebrochen ist, um zu sehen, wie Mission und Evangelisation anderswo geschehen. So hat er in dieser Zeit auch stark im Osten gewirkt, schon seit Ende der 70er-Jahre in der damaligen DDR, später dann auch in Russland.

Eigentlich lief die Arbeit in den 80er-Jahren normal weiter. Die Hauptamtlichenstellen waren gut besetzt. Freizeiten, Hörsaalvorträge, Schulungstage und Konferenzen konnten wie geplant stattfinden. Zwischendrin liefen mehrfach Reflexionsphasen zum Stand der jeweiligen Arbeitszweige. Jürgen Spieß erweiterte in enger Kontaktnahme mit der IFES sein Tätigkeitsfeld und fuhr immer wieder in die damalige Sowjetunion, um dort an Hochschulen Vorträge zu halten, u. a. über den großen russischen Dichter Dostojewski, bei dem er sich so gut auskannte, dass er auch russische Wissenschaftler beeindrucken konnte. Vor allem konnte er

325 Vgl. dazu SMD-Contact 32, April 1985, S. 4.

das christlich geprägte Denken Dostojewskis nutzen, um über ihn für den christlichen Glauben im kommunistisch geprägten Russland zu werben. Aber auch sonst ging alles seinen guten Weg. Selbst in der Schülerarbeit, die doch so sehr von Wilfried Ahrens geprägt war, gab es nach seinem Ausscheiden 1987 keine erkennbaren Einbrüche. Doris Oehlenschläger, die ja schon jahrelang leitende Funktionen in der Schülerarbeit wahrgenommen hatte, wurde für fünf Jahre als seine Nachfolgerin berufen.[326]

Der 9. November 1989

Aber dann kam etwas total umstürzend Neues, auch für die SMD. Ein Datum sagt alles: Am 9. November 1989 fiel die Mauer. Für mich war das ein ganz besonderer Moment, nachdem ich jahrelang im Westteil Berlins gelebt hatte und auch 1989 große Teile meiner Herkunftsfamilie in Berlin wusste. Wie oft sind wir bei Fahrten nach Berlin und zurück nach Westdeutschland (so nannten wir damals die Bundesrepublik im Ganzen) gefilzt worden, wie oft mussten oft stundenlang an der Grenze ausharren, bis wir sie passieren durften! Was war das für eine Mühsal, auf der Autobahn zwischen Berlin und Marienborn streng die 100 km/h einhalten zu müssen, weil sonst schnell Vopos aus dem Gebüsch kamen, um Strafgelder zu kassieren. Wie eingesperrt lebten wir damals in Berlin, wie tief hatte sich die deutsche Teilung in meinem Leben eingefressen. Wie erschrocken waren wir über die kaputten deutschen Städte im Osten Deutschlands – aber auf der anderen Seite, wie beglückt waren wir, bei Besuchen immer wieder auf sehr lebendige und kreative Christen zu tref-

---

326 Doris Oehlenschläger wurde im Jahr 1942 in Frankfurt/Main geboren. Sie wurde Lehrerin und übte dieses Amt bis 1975 aus. In diesem Jahr wurde sie als SMD-Reisesekretärin für Schülerarbeit für die Bereiche Hessen und Bayern tätig. Zunehmend wurde sie beansprucht für die Erstellung von Arbeitsmaterialien für die Schülerarbeit. Von 1987 bis 1991 war sie dann Leiterin des Arbeitszweiges. In ihrer langen SMD-Zeit war sie immer wieder auch für den Arbeitskreis für Weltmission (AfW) aktiv. 1991 wurde sie zur Leiterin der MBK-Mission in Bad Salzuflen berufen. Die MBK-Mission war in Japan und Hongkong tätig. So blieb sie bis zu ihrem Ruhestand mit der Weltmission verbunden.

fen, die uns Einblicke in das christliche Leben in der DDR vermittelten, die wir durch die Presse nie bekommen hätten.

Ja, und dann dieser Tag, an dem alles anders wurde. Was haben wir uns gefreut, und wie gern wäre ich an diesem und den folgenden Tagen in Berlin gewesen! Aber das ging nicht, da ich zu der Zeit beim MBK in Bad Salzuflen tätig war. Aber dann, im weiteren Verlauf des Jahres 1989 und dann auch 1990 hat es mich immer wieder nach Berlin getrieben.

Warum schreibe ich das hier so ausführlich? Weil ich vermitteln möchte, wie einschneidend der Mauerfall und die deutsche Einigung für ungezählte Menschen in diesem Land, ja überhaupt für Deutschland war. Und nicht nur das: Wir sahen das damals und sehen es noch heute als eins der großen Wunder Gottes in der Geschichte an und als Erhörung so vieler Gebete. „Gott hat hinter unserem Rücken gehandelt," hat wenig später ein leitender Geistlicher aus dem Osten Deutschlands gesagt. Denn auch wenn wir die Einigung Deutschlands schon lange erhofft und dafür gebetet hatten: Wirklich vorstellen konnten wir uns dieses gewaltfreie Wunder nicht.

Ich schreibe das hier aber auch aus einem anderen Grund so ausführlich. Wenn ich die SMD-Papiere dieser Zeit anschaue, besonders die Mitarbeiterhefte Contact, dann bin ich doch erstaunt, wie wenig dieses Wunder in den mir vorliegenden Unterlagen dokumentiert worden ist. Die SMD ist über Jahrzehnte hinweg eben doch eine westdeutsche Bewegung gewesen. Dagegen spricht auch nicht, dass es seit 1977 immer wieder Besuchsreisen in die DDR gegeben hat, besonders zu Hartmut Zopf, von dem schon die Rede war. Hier haben sich vor allem Jürgen Spieß und Wolfgang Heide eingebracht. Trotzdem, für viele Menschen im Westen – und auch für viele in den SMD-Gruppen – lag Berlin ganz weit im Osten. Es gab die Berliner SMD-Gruppe, aber das war es in der Wahrnehmung für viele schon. Als gebürtiger Berliner habe ich die Maueröffnung doch ganz anders und einfach unglaublich glücklich erlebt.

Aber auch etwas anderes kam heraus, das, was die SMD immer geprägt und erkennbar gehalten hat: Sie machte einfach weiter mit ihrer Berufung! Darum sind die Ausgaben von Contact auch in den Jahren 1989–1991 weitgehend geprägt von Berichten aus den bekannten Arbeitszweigen, von Bibelarbeiten ohne Bezug auf die Maueröffnung und von Informationen über weitere Planungen – ohne besondere Berücksichtigung der Maueröffnung. Es gibt nur wenige Kommentierungen dieser umstürzenden Veränderung in Deutschland in den SMD–Quellen. Die allerdings sind hilfreich und zeigen, dass die Maueröffnung an der SMD jedenfalls nicht vorbeigegangen ist. Eine starke Stimme war die von Hartmut Zopf, dem einzigen Hauptamtlichen der missionarischen Studentenarbeit in der DDR, der die Lage nach der Wende eindrucksvoll zu schildern vermochte. Und natürlich hat die SMD sich dann mehr und mehr den neuen Herausforderungen gestellt und klare Akzente gesetzt, die dann auch den Zusammenschluss ermöglichten. Aber von einer Anfangsbegeisterung oder ähnlichem ist aus den SMD-Publikationen nichts zu entnehmen.

Der Weg zur Vereinigung SM – SMD

Aber zurück zur SMD und der Reihe nach: Interessanterweise gab es sogar schon vor dem 9. November 1989 einen denkwürdigen Bruderratsbeschluss. In seiner Sitzung am 4./5. November 1989 hat das Leitungsorgan der SMD beraten, wie man denen helfen könne, die, so heißt es dann im Beitrag von Hans-Günter Langenbach für Contact 46, „in diesen Tagen von drüben mit Altlasten kommen und (im Westen) neue Lasten aufgepackt bekommen." Hellsichtig beschreibt er die Lage von vielen dieser Neuankömmlinge: Sie sind voller „Hoffnungen, die sich dann doch nicht realisieren lassen, erleben Enttäuschungen, Unsicherheiten, Isolation, Ablehnung und Gleichgültigkeit der Hiesigen, dazu die materiellen Probleme, Arbeitslosigkeit, Wohnungsnot, Schulden …"[327]

Damit beschreibt der SMD-Vorsitzende fast prophetisch, was dann auch noch viele Jahre später die Hauptprobleme für die waren, die am 9. November und danach voller Glück und Freude mit ihren Trabis oder auf anderem Weg in den so oft als „goldenen Westen" gepriesenen Teil Deutschlands kamen. Aber er bleibt dabei nicht stehen. Der Bruderrat der

327 Vgl. SMD-Contact 46, November 1989, S. 8.

SMD bittet ihn, seinen Vorsitzenden, um ein entsprechendes Wort an die SMD-Öffentlichkeit. Dem folgt er mit den Sätzen:

1. *„Gehen Sie offen, gesprächs- und hilfsbereit auf unsere Landsleute zu.*
2. *Vermitteln Sie Kontakte zu anderen Familien, Gemeinden, Kreisen und auch zur SMD.*
3. *Weisen Sie auf die Freizeiten und Veranstaltungen der SMD hin (haben Sie Prospekte oder zumindest die Anschrift der SMD-Zentrale griffbereit).*
4. *Schicken Sie – mit Einverständnis – Adressen an die betreffende SMD-Gruppe oder an die Zentralstelle.*
5. *Bereiten Sie sich vor, eventuell eine Patenschaft für einen Freizeitplatz zu übernehmen.“*[328]

Es ist mir nicht bekannt, welches Echo dieser Aufruf gefunden hat. Er zeigt aber, dass der Bruderrat einen klaren Blick für die Entwicklungen in Deutschland hatte, und das sogar vier Tage vor dem Fall der Mauer.

Nach der Öffnung der Mauer hat sich Jürgen Spieß geäußert. Er zitiert in Contact 47 einen DDR-Bürger, der mit den rasanten Entwicklungen in seinem Land nur schwer zurechtkam und gesagt hat: „Es veraltet einem das Wort im Munde.“[329] Und wirklich, auch im Rückblick kann man nur staunen. Denn eigentlich sollte der Prozess der Annäherung der beiden deutschen Staaten, wie es in DDR-Deutsch hieß, viel länger dauern. Viele dachten damals gar nicht an einen Einigungsprozess, sondern hofften auf einen Neuanfang der DDR in Frieden und Freiheit. Aber alles ging ganz schnell, auch in der missionarischen Studentenarbeit in Ost und West: Am 1. April 1990 gab sich die lange bestehende missionarische Studentenarbeit in der DDR den Namen „Studentenmission e. V.“ (SM), mit Sitz in Karchow. Nun war diese offizielle Bezeichnung möglich, Mission im eigenen Land durfte auch im Studentenbereich öffentlich werden. Dann kam

328 Ebd.

329 SMD-Contact 47, März 1990, S. 4.

es sehr bald zu intensiven Gesprächen und Verabredungen. Am 26./27. Mai 1990 tagten die europäischen Generalsekretäre der IFES in der DDR, voraus ging eine große Studentenkonferenz in Dresden. Zwar waren beide Veranstaltungen schon Jahre zuvor geplant worden, aber wer konnte vorausahnen, dass sie nun unter völlig veränderten Verhältnissen auch in unbeschwerter Öffentlichkeit stattfinden konnten! Geplant wurde auch eine wechselseitige Teilnahme von Studenten an Freizeiten in der DDR und in der Bundesrepublik. Und: Im Jahr 1990 wurde eine missionarische Schülerarbeit in der DDR offiziell gegründet. Doris Oehlenschläger als Leiterin der SMD-Schülerarbeit nahm an der Gründungsveranstaltung teil. Endlich konnte auch die Schule ins Blickfeld missionarischer Arbeit treten, nachdem sie viele Jahre lang für eine solche Arbeit verschlossen war. Das Bildungssystem in der DDR, das stark von der Bildungsministerin der DDR, Margot Honecker, der Frau des Staatsratsvorsitzenden, geprägt war, ließ keine Überzeugungen neben dem Marxismus-Leninismus und dem dialektischen Materialismus zu.

Rasant ging es weiter. Wenn die, die zusammengehören, endlich die Chance haben, zusammenzukommen, dann geht alles sehr schnell. Schon am 16./17. Juni 1990 trafen sich in dem für die missionarische Studentenarbeit in der DDR schon fast legendären kleinen Ort Karchow in Mecklenburg die Regionalsekretäre der neu gegründeten Studentenmission (SM) in der DDR mit Vertretern von Bruderrat und Leitungskreis der Studentenarbeit der SMD. Es ging um erste Begegnungen und um die Frage der künftigen Zusammenarbeit von SM und SMD.[330] Es wurden auch Verabredungen getroffen; z.B. sollte die Herbstkonferenz 1991 von beiden Studentenmissionen gemeinsam geplant und durchgeführt werden. Aber es ging sogar noch schneller.

Besonders interessant und informativ ist, dass während der Sitzung am 17. Juni 1990 ein Papier der SM vorgelegt wurde, das genaue Angaben

---

330 Vgl. SMD-Contact 48, Juli 1990, S.2.

über den damaligen Stand der Arbeit der SM enthält.[331] So gab es zu der Zeit Kontakte zu ca. 300 Studierenden und ca. 500 Akademikern. Gleichzeitig gab es neun reine Studentenkreise. Der Kommunikation diente ein Studentenrundbrief, der 800 Menschen erreichte. Daneben gab es einen Fürbittenbrief, der an 172 Adressen ging. Über 100 Personen waren zu der Zeit ehren-, wenige auch nebenamtlich für die SM tätig, einer, nämlich Hartmut Zopf, war als hauptamtlicher Mitarbeiter unterwegs. Schwerpunkte der Arbeit waren Evangelisation in unterschiedlichen Arbeitsformen und Angebote zum geistlichen Wachstum derer, die zum Glauben gekommen waren. Besondere Arbeitsformen waren: Jedes Semester Seminare für Theologiestudierende mit je über 25 Teilnehmern (im Jahr 1990 fand das 38. Seminar statt!), Pfarrertreffen mit ca. 15 Teilnehmern und regelmäßig stattfindende Medizinertreffen mit 90–100 Teilnehmern. Im Jahr 1990 fand das 12. Treffen dieser Art statt.

Weiter gab es einmal im Jahr ein zentrales Mitarbeitertreffen mit ca. 100 Teilnehmenden, und die Ostermitarbeiterrüste in Karchow mit 20 Teilnehmern. Die Leitung der Arbeit lag beim Leitungskreis, der zweimal jährlich zusammentrat. All dies sei besonders erwähnt, damit deutlich wird, dass die SM einigen geistlichen Reichtum in die SMD einbringen konnte. Es ist nicht so, dass erst der Zusammenschluss mit der SMD eine entsprechende Arbeit im Osten Deutschlands ermöglichte. Es war schon eine ganze Menge da, und das teilweise schon seit vielen Jahren.[332]

Am 13. Oktober 1990 – zehn Tage nach dem Tag der Deutschen Einheit – fasste das Leitungsgremium der SM den Beschluss, sich mit der SMD zusammenzuschließen. In gleicher Weise handelte der Bruderrat der SMD in seiner Sitzung am 3. November 1990 in Marburg. Dort

331 Es ist eine Anlage zur Bruderratssitzung der SMD am 3./4. 11.90 (zu TOP 5) und trägt die Überschrift: „Studentenmission – Grobübersicht", hat aber schon vorgelegen beim Treffen SM-SMD am 17.6.90 in Karchow. Alle folgenden Daten und Fakten sind diesem Papier entnommen.

332 Wichtig ist es zu erwähnen, dass alle diese Arbeiten ihren Ursprung haben in Aktivitäten der Gnadauer Jugendarbeit, lange, bevor es die SM gab. Die Kontinuität stellte dabei Hartmut Zopf her. Ihm ist viel zu verdanken.

wurden schon wesentliche Punkte geklärt[333], die dann nach der Vereinigung wirksam werden sollten[334]:

- Der Bitte der SM wurde entsprochen, dass sie eine Einzelmitgliedschaft im Gnadauer Verband anstrebt. Das war nur allzu verständlich angesichts der Tatsache, dass die missionarische Studentenarbeit in Ostdeutschland ohne die Pionierarbeit des Gnadauer Verbandes gar nicht möglich gewesen wäre.[335]

- Fragen der SM bezüglich der theologischen Grundausrichtung der SMD (Richtlinien) sollen aufgenommen und bedacht werden (Themen u. a.: Bibelfrage, charismatische Frage, Schöpfung/Evolution, Allversöhnung).[336]

- Die in Ostdeutschland bestehende Mediziner- und Theologiestudentenarbeit sollte nach Möglichkeit in die Gesamt-SMD überführt werden. Auf jeden Fall sollen sie weitergeführt werden.[337]

---

333 Die meisten dieser Entscheidungen wurden in einer Ausschusssitzung vorbereitet, die am 1.9.1990 in Neudietendorf stattfand. An ihr nahmen teil: Bettina Pauser, Matthias Waldmann, Hartmut Zopf (alle SM), Martin Haizmann, Hans-Günther Langenbach, Gernot Spies, Jürgen Spieß (alle SMD). Die Ergebnisse dieser Sitzung wurden dem Bruderrat der SMD als Anlage zu seiner Sitzung am 3./4.11.1990 beigelegt.

334 Vgl. hierzu das schon angesprochene Protokoll zu TOP 5 (S. 2–4).

335 Allerdings wird diese Absichtserklärung später modifiziert. Jürgen Spieß wird als Generalsekretär Einzelmitglied im Gnadauer Verband. Damit bleibt die SMD ihrer Linie treu, nicht als Verband andere Mitgliedschaften anzustreben. Vgl. hierzu das Protokoll des Bruderrates vom 19.11.1991.

336 Siehe hierzu das Protokoll einer Ausschusssitzung (am 1.9.90 in Neudietendorf) zur Vorbereitung des Zusammenschlusses SM und SMD.

337 Es kommt schließlich doch zu keiner Fusion. Beide Arbeitsbereiche bleiben im Osten selbständig erhalten (Bruderratssitzung vom 9.11.91).

- Zwei Vertreter der SM sollen in den gemeinsamen Bruderrat entsandt werden, für eine Übergangszeit soll dafür die in der Grundordnung angegebene Höchstzahl außer Kraft gesetzt werden. Der jetzige Vorsitzende der SM soll Mitglied des SMD-Vorstands werden. Dies sollte zunächst bis Sommer 1992 gelten, damit der Vorsitzende Zeit genug hat, zu überlegen, ob er auf Dauer im Vorstand tätig werden will.[338]

- Hartmut Zopf wird gebeten, „Leiter der Arbeit Ost“ zu werden. Das bedeutete, dass er die Leitung der Studentenarbeit Ost übernimmt bzw. behält und einen hauptamtlichen Mitarbeiterstab im Osten aufbaut. Hartmut Zopf erklärt sich bereit, dies zunächst für die Dauer des Jahres 1991 wahrzunehmen.[339]

- Die Gehälterfrage soll in einer kommenden Vorstandssitzung geklärt werden.

- In Sachen Öffentlichkeitsarbeit sollen die verschiedenen Publikationen in Ost und West zusammengeführt werden. Dazu soll „Contact“ in neuer Form erscheinen.[340]

---

338 In der außerordentlichen Mitgliederversammlung der SMD am 9.11.1991 wird der Vorsitzende der SM Ost, E. Reinhold in den Vorstand der SMD gewählt.

339 Lt. Vorstandsprotokoll vom 17. Mai 1991 erklärt sich H. Zopf bereit, zwei weitere Jahre (bis Dezember 1993) in der SMD zu bleiben und sich auch um den Aufbau der Akademikerarbeit Ost zu kümmern. Das wird einstimmig in der Bruderratssitzung vom 24./25.5.91 beschlossen.

340 Beschlussfassung darüber in der Bruderratssitzung vom 1.–3. März 1991 (Top 5 des Protokolls). SMD-Contact soll so bald wie möglich fünfmal im Jahr in Zeitungsformat erscheinen, unter dem Namen „Transparent“ (weitergehender Beschluss des Bruderrates in der Sitzung vom 24./25.5.1991 in Marburg). Das Logo mit den drei Buchstaben soll erhalten werden, aber in neuer Modifizierung erscheinen. Beschlussfassung darüber in der Bruderratssitzung am 9.11.1991, TOP 7.

- Als Tag der Vereinigung von SM und SMD wird der 2. Dezember 1990 bestätigt. Außer dem Vorsitzenden der SMD, Dr. Hans-Günter Langenbach, und Jürgen Spieß als Generalsekretär sollten fünf weitere Bruderratsmitglieder nach Woltersdorf entsandt werden, um an der Feierstunde teilzunehmen.

Hartmut Zopf war Motor und Stabilisator für die missionarische Studentenarbeit in der DDR.

Aus alledem wird deutlich, wie gründlich vorgedacht worden ist und wie sehr auch darauf geachtet worden ist, dass „der Westen" „dem Osten" nicht einfach etwas überstülpt. So konnte am 2. Dezember 1990 im Rahmen eines „Zentralen studentischen Mitarbeitertreffens" der SM die Vereinigung von SM und SMD in Woltersdorf bei Berlin vollzogen werden. „Dieser Zusammenschluss zum gemeinsamen Dienst zur Ehre Gottes ist ein großer Grund zur Freude und Dankbarkeit," schreibt Jürgen Spieß vorausschauend im November 1990.[341]

Fünfzehn Jahre lang hatte es regelmäßige Kontakte zwischen der Studentenarbeit des Gnadauer Verbandes und der SMD gegeben. Sie haben mehr im Verborgenen stattgefunden; sie durften ja keine große Öffentlichkeit bekommen. Der Schrecken aus dem Jahr 1957 saß noch in den Knochen; eine zweite Inhaftierung wie damals bei Eva-Maria Marschall sollte es möglichst nicht geben. Offiziell waren alle Kontakte eingefroren. Aber es gab sie eben doch. Da kann sich ein Staat noch so gebieterisch und diktatorisch geben, ganz verhindern kann er solche Treffen nicht. Dass diese Begegnungen zunächst mulmige Gefühle hervorriefen und immer etwas angstbesetzt waren, weiß ich aus eigener Erfahrung. Ich habe damals keine SMD-Besuche im Osten gemacht – aber natürlich war ich in meinen Funktionen beim MBK und bei der AMD auch öfter in

341 Vgl. SMD-Contact 49, November 1990, S. 3.

der DDR unterwegs. Was das Wort „Friedrichstraße“ für solche Reisen bedeutete, wird denen, die diesen Grenzübergang im Herzen Berlins zu DDR-Zeiten genutzt haben, noch lebhaft in Erinnerung sein.

Fünfzehn Jahre stiller Besuchsdienst und nun offene Grenzen, ja noch viel mehr: Begegnung, Vereinigung, gemeinsamer Weg in die Zukunft – es ist nach wie vor ein Wunder, dass dieser Mauerfall am 9. November möglich wurde, und nicht nur das: Die ehemaligen Besatzungsmächte mussten ja den Einheitsplänen des deutschen Bundeskanzlers Helmut Kohl zustimmen. Das fiel schwer. Ich weiß noch heute, dass der Gedanke an ein geeintes Deutschland bei vielen Briten und Franzosen und bei deren Regierungen Ängste und Schrecken auslösten. Aber sie ließen sich ausräumen. Im Zuge dieser großen, weltbewegenden Ereignisse konnten sich nun auch Einrichtungen der Kirche und der freien Werke in Deutschland, die jahrelang getrennt laufen mussten, zusammenschließen. So geschah es auch am 2.12.1990 mit der SM und der SMD. Künftig wurde der Name „Studentenmission in Deutschland“ (SMD) für alle verbindlich.

Ein Wort zur „Lage im Osten“

Natürlich ist mit diesen Einigungsprozessen noch lange keine innere Einheit gewonnen. Zu unterschiedlich haben die Menschen im Osten und im Westen Deutschlands gelebt. Das beschreibt kein anderer als Hartmut Zopf nur allzu deutlich. In seinem Bericht bei der Herbstkonferenz der SMD am 6. Oktober 1990 wirft er ein Schlaglicht auf die damalige Situation.[342] Er hat nun zum ersten Mal die Gelegenheit, „im Westen“ ein Wort zur Lage „im Osten“ zu übermitteln, und er nutzt sie. Mit „Guten Abend, liebe Mit-Bundesbürger“ begrüßt er die Versammlung und bringt damit zum Ausdruck, als wie besonders er diese Situation erlebt. Und dann berichtet er, wie es den Menschen in der ehemaligen DDR jetzt wirklich geht und wo sie herkommen. Das ist gut so, denn dann wird die Euphorie über die geschenkte Einheit mit der Realität verbunden. Nur dann kann

342 Vgl. zum Folgenden SMD-Contact 49, November 1990, S. 7ff.

etwas wachsen, wenn beides beieinander ist. Was war also die Realität in den Jahren 1989 und 1990? Zitat Hartmut Zopf: „Was sich im Moment bei uns abspielt, ist innerlich schwer verkraftbar. Die lange Liste der Veränderungen zeigt, dass unser Leben bisher anders verlief, als es jetzt verlaufen muss. Ich möchte es noch deutlicher sagen: Wir sind anders. Vierzig Jahre Aufzucht in einem kommunistischen Stacheldrahtgewächshaus haben unser Leben geprägt. Wir sind unsicher über die neuen Möglichkeiten, und wir sind auch manchmal unsicher in der Begegnung mit den Menschen aus dem Westen. Wir müssen neu lernen, alles zu prüfen, das Gute zu behalten, aber auch das Negative abzulehnen.“ Soweit dieses beeindruckende Zitat, das deutlich macht, dass mit der äußeren Einheit die innere noch nicht da ist.

Dann spricht er von den neuen Möglichkeiten gleich nach der Wende, von einer zunächst wirklich großen Offenheit in der Bevölkerung für die christliche Botschaft. Dankbar erinnert er an die Gründung der „Studentenmission“ (SM), er weist auf die Büchertische hin, die jetzt in den Mensen der Universitäten aufgebaut werden konnten, nachdem das viele Jahre lang verboten war. Er erwähnt die neuen evangelistischen Möglichkeiten im ganzen Land. Aber dann kommt die Kehrseite: Die Situation hat sich wieder total verändert. Ich zitiere wieder: „Der großen Offenheit ist eine starke Beschäftigung mit sich selbst gefolgt. Die Menschen sind mit dem Neuen für das eigene Leben beschäftigt, sie reisen, sie besuchen Kurse über alles Mögliche, sie machen Besuche – alles gut und verständlich, denn es ist ja so, als wenn man den Vogelkäfig öffnet.“ Die Folge davon aber ist, so Hartmut Zopf, dass es immer schwerer wird, Menschen zu christlichen Versammlungen zusammenzubekommen. Und nicht nur das, die Menschen treten in Scharen aus der Kirche aus.

Es hat eben keine Erweckung gegeben, als die Kirchen voll waren, damals vor dem 9. November 1989, als Friedensgebete und Kerzen das Gebot der Stunde waren. Kirchen wurden als Orte der gewaltfreien, friedlichen Begegnung, die der Staat nicht verhindern konnte, dankbar und umfassend genutzt. Aber darüber sind kaum Menschen zum Glauben gekommen. Ungeschminkt beschreibt Zopf den Unterschied zwischen der kirchlichen Lage im Westen und im Osten Deutschlands und stellt fest, dass im Osten ein wesentlich größerer Prozentsatz an Atheisten lebt als im Westen. Die Einigung Deutschlands ist an dieser Stelle nur vordergründig als vollzogen anzusehen. „Der materialistisch-atheistische Einfluss hat ja (im Osten über vierzig Jahre hinweg) bewusstseinsmäßige Veränderungen hervorgebracht … Viel bleibt in den Köpfen, was über Kinderkrippen, Kindergärten, Schulen, Oberschulen bis an die Universitäten ideologisch eingepflanzt worden ist.“ Und Zopf stellt die Frage, wie lange es wohl braucht, bis diese Ideologisierung überwunden ist. Hier sieht er eine große Herausforderung für die missionarische Studentenarbeit. Ebenso wichtig ist ihm, dass die neuen Chancen im Schulbereich genutzt werden!

Es ist gut, dass wir heute um diese Fragestellungen wissen und sie auf die aktuelle Situation übertragen. Vieles ist auch heute noch nicht herausgewachsen. Die westliche Denk- und Lebensart hat es nicht geschafft und kann es nicht schaffen, die christliche Botschaft neu in die Herzen derer einzupflanzen, die sie z. T. gar nicht kennengelernt haben. Dafür ist der Westen zu säkularisiert und wird es immer mehr. Umso deutlicher stehen die Aufgaben vor Augen, die die SMD und andere missionarische Träger zu erfüllen haben.

Hans-Günter Langenbach, Jürgen Spieß, Mathias Lauer, Hartmut Zopf und Eckehard Reinhold

Die Einigungsfeier

Die Vereinigungsfeier am 2. Dezember 1990, zugleich der 1. Advent und der Tag der Bundestagswahl, muss sehr einvernehmlich und fröhlich verlaufen sein. Der Vorsitzende der SM, der Physiker Eckehard Reinhold, muss in einem physikalischen Experiment das Zusammenkommen der beiden Arbeiten SM und SMD so anschaulich vorgeführt haben (SM und SMD in zwei „Erlenmeyer-Kolben" – das nur für Eingeweihte), dass die Versammelten Tränen gelacht haben. Grußworte und persönliche Berichte haben bei der Feier ebenfalls eine Rolle gespielt. Der Vorsitzende Eckehard Reinhold sagte dabei u. a.: „Bitte tut nicht so, als bliebe alles beim Alten. Nehmt die Herausforderung an, den Schwächeren zu stärken und Lasten mitzutragen … Nicht: Was werden die mit uns anfangen? Sondern: Wir müssen uns der Situation vor Ort stellen."

Personelle und strukturelle Konsequenzen

Und so wurde es dann auch. Schritt für Schritt wurde gegangen, um die auch für die SMD nun ziemlich großen Herausforderungen anzugehen:

- Es wurde beschlossen, dass es im Bereich der ehemaligen SM in Zukunft zwei Verantwortliche für die Studentenarbeit geben sollte. Das wurden Hartmut Zopf und Annette E. Gerling, die im Süden der ehemaligen DDR zu arbeiten begann.

- Wenig später wurde eine SMD-Schülerarbeit im Osten Deutschlands begründet. Hierfür wurden ebenfalls Mitarbeiter gebraucht und gefunden.

- Nur zwei Jahre nach der Einigung von SM und SMD wurde auf dem Boden der ehemaligen DDR eine SMD-Akademikerarbeit begonnen (ab 1.9.1992). Hierfür wurde wieder Hartmut Zopf gebraucht, der deshalb auch aus der Verantwortung für die Studentenarbeit ausschied.[343]

- Insgesamt hat die SMD in den Jahren seit 1990 fünf Hauptamtlichenstellen in Ostdeutschland eingerichtet. Das hat die Finanzen

343 Vgl. das Vorstandsprotokoll der SMD vom 1. Februar 1992.

der SMD zwar über Jahre strapaziert; irgendwie kam das Geld aber doch immer wieder zusammen.[344]

- Im Juni 1991 erschien erstmals die neue SMD-Zeitschrift Transparent, die das bisherige Mitteilungsblatt Contact bzw. die entsprechende Publikation der SM ablöste.[345] Dazu erschien das Nachrichtenblatt in neuem Gewand:[346] größer, bunter, informativer, allerdings auch unübersichtlicher, auf jeden Fall verändert. Das Ganze geschah mit dem Ziel, den Veränderungen Rechnung zu tragen und, wie schon oben gesagt, nicht alles beim Alten zu lassen. Ein Jahr später präsentierte sich die SMD dann auch mit einem neuen Logo.

344 Vgl. Vorstandsprotokoll vom 20.2.1992, zu TOP 6.

345 Beschlussfassung in der Bruderratssitzung am 24./25.5.1991, siehe Protokoll zu dieser Sitzung, TOP 5.

346 Vgl. Protokoll des Bruderrates vom 9.9.1991, zu TOP 7.

18. Zeitansage: Die 90er-Jahre – „... was zusammengehört“

Damit sind wir schon in den 90er-Jahren angekommen. Auch an dieser Stelle – zu Beginn eines neuen Kapitels – soll ein Blick auf die deutsche Geschichte geworfen werden. Wer auf die 90er-Jahre blickt, kann am Jahr 1989 nicht vorbei; ja, er muss es wieder und wieder thematisieren. Es steht für alles Kommende immer wieder als eine Art Doppelpunkt vor Augen. Die wunderbaren Bilder von der friedlichen Revolution in Deutschland sind unvergessen und wirken heute noch wie ein Wunder. Wir können Gott dafür nicht genug danken.

Der deutsche Einigungsprozess und seine Folgen

Doch dem Jahr 1989 als Doppelpunkt musste nun wichtiges Handeln folgen. Das Jahr 1990 wurde das Jahr der großen Entscheidungen: In diesen Monaten musste geklärt werden, was die Maueröffnung für die Menschen in Ost und West bedeuten würde. Und es wurde geklärt: Am 3. Oktober 1990 fand vor dem Reichstag in Berlin die große Einigungsfeier statt. Nie werde ich vergessen, wie ich damals in der Nacht vom 2. zum 3. Oktober 1990 zusammen mit unzähligen Menschen vor dem Brandenburger Tor stand, wie genau um Mitternacht die Freiheitsglocke ertönte und wie der deutsche Bundespräsident Richard von Weizsäcker die großen Sätze sprach, mit denen er die Tatsache der Einigung Deutschlands feststellte. Das unglaubliche Feuerwerk, das sich dem feierlichen Augenblick anschloss, verstärkte das große Gefühl der Befreiung: Endlich war die Einheit Deutschlands besiegelt, endlich war es wieder möglich, ohne Grenze durch Deutschland zu fahren, endlich war die Teilung Deutschlands überwunden. Die Länder der ehemaligen DDR wurden nun als die neuen Bundesländer Bestandteil der Bundesrepublik Deutschland.

Dass damit nur ein Anfang vollzogen war, und dass das Zusammenwachsen dessen, was zusammengehört – um noch einmal Willy Brandt zu zitieren – seine Zeit braucht, dass dieser Prozess auch heute noch lange nicht abgeschlossen ist, war damals nicht allen klar. Im Laufe der Jahre wich die Anfangseuphorie über die Einigung Deutschlands durchaus Phasen der Enttäuschung. Zwar wollten die Wenigsten wieder zurück zu den alten Verhältnissen in der DDR, aber der zumeist völlig unerwartet schwere Neuanfang hat bei vielen, die damals in den neuen Bundesländern wohnten, zum Verlust der eigenen Identität und zu Resignation geführt. Sie hatten ja auch ständig zu lernen, z. B. den Umgang mit Computern, mit Banken und Versicherungen und vielem anderen, und fühlten sich dabei in ihrer eigenen Geschichte wenig geachtet.

Der Westen wollte das nicht, dennoch überrollte er mit seinen modernen Errungenschaften und seinem Management den Osten Deutschlands und setzte dort um, was er im Westen in 40 Jahren geschaffen hatte. Zwar kam die D-Mark nun in ganz Deutschland zur Geltung, aber mit ihr kam auch die freie Marktwirtschaft mit bisher im Osten völlig unbekannten wirtschaftlichen Unsicherheiten, die mitten ins Herz vieler Familien trafen. Das Thema Arbeitslosigkeit war bisher im Osten nahezu unbekannt gewesen, nun wurde es zu einer bitteren persönlichen Erfahrung.

Es ist völlig unbestritten, dass der Einigungsprozess eine große Leistung war, der dem Westen Unglaubliches an „Know-how“ und an Finanzmitteln abforderte. Und die Ergebnisse lassen sich sehen. Trotzdem musste der Osten die größere Leistung bringen, und das in ganz anderer Hinsicht. Er musste sich in ein völlig neues System einpassen, und das sehr schnell, ohne längere Einführungszeit. Und er musste mit ansehen, wie seine eigenen Errungenschaften und Erfahrungen über 40 Jahre hinweg im Westen kaum zur Kenntnis genommen wurden. So sind die 90er-Jahre in Deutschland von zwei wichtigen Akzenten bestimmt: zum einen von der nach wie vor unfassbaren glückhaften Erfahrung der Einigung des Landes, zum andern aber von den damals unabsehbaren Folgen, die Herausforderungen mit sich brachten, die auch heute noch nicht abgearbeitet sind.

Weltpolitische Umwälzungen

Erwähnt sei auch noch, dass das letzte Jahrzehnt im zweiten Jahrtausend weltweit auch noch andere gewichtige Schwerpunkte hatte, die große Umwälzungen bedeuteten: 1991 kam es zum ersten folgenschweren Irak-Krieg und in den Jahren bis 1995 zum Zerfall Jugoslawiens. Fast in der gleichen Zeit geschah dann auch der Zerfall der Sowjetunion, was zehn Jahre zuvor niemand für möglich gehalten hätte. Noch zwei weitere wichtige Ereignisse der 90er-Jahre sind festzuhalten: 1992 wurde in Maastricht der EU-Grundlagenvertrag geschlossen, und 1994 wurde in Südafrika die Apartheid aufgegeben. Auch das war eine nie erwartete Veränderung! Mit Nelson Mandela wurde zum ersten Mal in der Geschichte des Landes ein schwarzer Präsident gewählt. Beim Notieren dieser Ereignisse stelle ich fest, dass dieses letzte Jahrzehnt im 20. Jahrhundert eine Zeit unglaublicher Veränderungen im Welthorizont mit sich gebracht hat. Es ist das Jahrzehnt der Umwälzungen, der Wende, einer nie geahnten Freiheit, der Neuausrichtung der politischen Mächte in Deutschland, aber auch in der weiten Welt.

Der Einigungsprozess innerhalb der Evangelischen Kirche

Im Zuge der deutschen Einheit kam es auch zu entsprechenden Einigungsprozessen innerhalb der evangelischen Kirche. Der Weg der Einigung zwischen der EKD und dem Bund Evangelischer Kirchen in der DDR (BEK) sei hier nur in wenigen Worten dargestellt; darüber ist schon so viel geschrieben und berichtet worden. Festgehalten sei, dass die Evangelische Kirche in Berlin-Brandenburg als erste Gliedkirche die Einigung gesucht und festgemacht hat: Vom 7.–9. Dezember 1990 kam es zu einer gemeinsamen Tagung der Regionalsynoden Ost und West in Berlin; die Wiederherstellung der Einheit wurde von der Gesamtsynode für den 1. Januar 1991 beschlossen. Damit nahm diese Landeskirche vorweg, was die Gesamtkirche noch leisten musste. Es war aber auch kein Wunder, dass diese Landeskirche eine Art Vorreiterin geworden ist: Immerhin hatte sie am meisten unter der Teilung Deutschlands zu leiden. Dadurch war die Zusammengehörigkeit trotz aller Trennung am intensivsten gepflegt worden; trotz Mauerbau und Stacheldraht wusste sich die Kirche in Berlin-Brandenburg immer als eine Kirche.

Was die Gesamtkirche anbelangt, so ist der Prozess der Einigung nicht so schnell gegangen. Der damalige Vorsitzende der Konferenz der Kirchenleitungen in der DDR, Bischof Christoph Demke, war sogar der Auffassung, dass der Prozess fünf Jahre dauern sollte. Er, wie viele andere damals, meinte nicht zu Unrecht, dass es jetzt zu schnell ginge, und dass mehr Zeit nötig sei, um eine Einigung zu vollziehen, die dann auch wirklich nachvollzogen werden könne. Aber dann ging es doch schneller. Im Februar 1991 tagten die Synoden der EKD und BEK in Berlin, zunächst noch getrennt, dann aber gemeinsam. Am 27. Juni 1991 wurde die Einheit festgemacht.

19. Schwerpunkt Osteuropa – Eine neue Welt tut sich auf

So ist vieles sehr schnell in Gang gekommen. Wie schnell das war und wie einschneidend, zeigen die Finanzberichte der 90er-Jahre in der SMD. Da gab es keinen Finanzbericht ohne Defizitmeldung durch den Generalsekretär. Aber wunderbarerweise wurden die Löcher immer wieder gestopft, sodass die Aufbauarbeit trotz der Kosten für die neu errichteten Planstellen möglich wurde und getan werden konnte. Bei den vielen Wundern, die mit der Wende einhergingen, ist auch dies ein Wunder, ein SMD-eigenes Wunder.

Aber nicht nur im Osten Deutschlands war viel einzurichten, und nicht nur da war viel Geld nötig. Plötzlich, sogar schon vor der Wende, öffnete sich auch der Eiserne Vorhang, dieser Stacheldrahtverhau, der jahrzehntelang West- und Osteuropa voneinander getrennt hatte. Polen, die baltischen Staaten, die (damals noch) Tschechoslowakei und andere Staaten Osteuropas, vor allem aber Russland selbst, konnte bereist werden. Die Tür war offen, auch für Meinungsfreiheit an den Universitäten. Die IFES begriff schon sehr früh, was die Stunde geschlagen hatte, und wollte in diesen Ländern aktiv werden, damit dort eigene christliche Studentengruppen entstehen.[347] Auf Wunsch der Verantwortlichen sollte auch die SMD daran mitwirken, das Evangelium in den östlichen Ländern Europas ganz neu einzupflanzen. Deutschland liegt in der Mitte Europas, so war dieser Wunsch naheliegend.

347 So schreibt Jürgen Spieß in seinem Editorial in SMD-Transparent Nov./Dez. 91, S. 2: „Der Aufbau einer eigenen, nationalen Studentenarbeit in der ehemaligen UdSSR ist eine personelle und finanzielle Herausforderung der IFES."

Dienste in Osteuropa

Eine entscheidende Schlüsseltagung für den Studentenbereich wurde die große IFES-Osterkonferenz 1988 in Würzburg mit 1.300 Teilnehmern, zu der auch 20 Studierende aus Polen anreisen konnten.[348] Aber auch im Bereich der Schülerarbeit gab es im gleichen Jahr eine entscheidende europäische Konferenz: 80 Schüler und mehr als 20 Mitarbeiter trafen sich vom 3.–13. August 1988 in Maulbronn zu einer „European Highschool Conference". Die Teilnehmer kamen aus Skandinavien, England, Portugal, Belgien, Polen, Ungarn, der Tschechoslowakei und Deutschland.[349]

Jürgen Spieß sah für sich im Blick auf die Verbreitung des Evangeliums in Osteuropa eine neue Herausforderung. Er war ja schon 1977 mit Hartmut Zopf in Kontakt gekommen und hatte seitdem etliche Reisen in die damalige DDR unternommen. Der Osten, auch in die Weite Osteuropas, wird da schon sein Interesse geweckt haben. Schon bei seinem Amtsantritt als Generalsekretär hat Jürgen Spieß 1984 deutlich gemacht, dass ihm die internationalen Kontakte und Tagungen wichtig sind. So war es naheliegend, dass er, der auch Mitglied im Exekutivkomitee der IFES war, den Ruf dieser internationalen Vereinigung in die Welt hinter dem sich öffnenden „eisernen Vorhang" für sich besonders deutlich gehört hat. Die Tagung in Würzburg, an der er als einer der Hauptreferenten beteiligt war, wird dabei eine zündende Rolle gespielt haben. So berichtet er schon im November 1988 von einer Evangelisation, die er auf Einladung polnischer Studenten, die in Würzburg dabei waren, im gleichen Jahr an vier verschiedenen Universitätsstädten in Polen halten konnte. Er schreibt im Rückblick: „Überraschend viele Studenten kamen zu diesen Vorträgen und stellten Fragen nach dem Ziel des Lebens und der Wahrheit des christlichen Glaubens. Diese Offenheit hat mich sehr beeindruckt und auch das

---

348 Vgl. den Bericht von Annette E. Gerling über diese Tagung in: SMD-Contact, Juni 1988, S. 9–11.

349 Vgl. hierzu den Bericht von Wolfgang Tarrach in: SMD-Contact, November 1988, S. 8–9.

Engagement der Christen dort."[350] Damit war ein Zeichen gesetzt, und für Jürgen Spieß erwuchs nun ein neuer und prägender Schwerpunkt seiner ganzen Arbeit als Generalsekretär. Er schreibt Anfang 1992: „Aufgrund unserer geographischen Lage und unserer Erfahrung in der Schüler- und Studentenarbeit können wir uns den Anfragen nach Unterstützung durch regelmäßige Besuche, Vorträge, Schulung und Literaturarbeit, die Christen aus diesen Ländern an uns richten, nicht entziehen. Außerdem ist die jetzige Situation des Neuanfangs, in der viele Menschen gerade aus dem akademischen Bereich nach Hoffnung und einer Perspektive für ihr Leben fragen, einmalig und nicht von Dauer."[351]

Er hatte sicher recht mit dieser Ansicht, auch wenn sich damit eine neue Schwerpunktsetzung für die SMD ergab, die kaum zu schultern war, kräftemäßig und finanziell. Aber so war das damals: Die Möglichkeiten waren riesengroß, die neue Freiheit zu nutzen und missionarisch zu wirken. Wer sich gerufen wusste, der nutzte die Gunst der Stunde. Denn natürlich sah Jürgen Spieß das ganz richtig: Was am Anfang geht, was da an offenen Fragen, an grundlegenden Lebens- und Glaubensfragen aufkommt, wird sich nicht lange halten. Dann sind die Lebensräume der Menschen wieder anders besetzt.

So blieb es natürlich nicht bei dieser einen Reise nach Polen. Fast in jeder Ausgabe von Contact berichtet Jürgen Spieß nun von den umwälzenden Ereignissen in den Ländern des ehemaligen Ostblocks. In Polen trafen sich schon 1989 „innerhalb weniger Monate zum zweiten Mal über einhundert verschiedene Universitätsgruppen, die überlegten, wie eine christliche nationale Studentenarbeit aufgebaut werden kann."[352] Von „atemberaubenden Veränderungen in Osteuropa"[353], vor allem in Polen und Ungarn, spricht der sonst ungemein nüchterne SMD-Verantwort-

350 SMD-Contact Nr. 43, November 1988, S.4.

351 SMD-Transparent 1/92, S.2.

352 SMD-Contact 44, 1989, S.4.

353 SMD-Contact 45, Juni 1989, S. 4.

liche. Man spürt förmlich seine Begeisterung, dass er selbst ein Stück an diesen geistlichen Entwicklungen teilhaben kann.

Schwerpunkt Sibirien

Aber es geht noch weiter. Im November 1989 berichtet Jürgen Spieß vom großen Weltkongress für Evangelisation in Manila, dem Folgekongress nach Lausanne 1974. Dort haben Gespräche der IFES mit Vertretern der russischen Delegation stattgefunden. Es wurde überlegt, ob sich die SMD auch in Russland einbringen und dabei helfen könnte, eine Studentenarbeit in der Sowjetunion aufzubauen. Ein ganzes Bündel von Verabredungen stand am Schluss dieser Gespräche, an denen seitens der SMD Jürgen Spieß, Hans-Günter Langenbach und Hartwig Schnurr, Bibelschullehrer in Wiedenest und Bruderratsmitglied, teilnahmen. Es wurden Reisen nach Riga, Leningrad, Kiew und Nowosibirsk geplant. Russische Studenten sollten zu Konferenzen nach Ost- und Westeuropa eingeladen werden. Jürgen Spieß schreibt dazu: „Es scheint so, dass hier auf die Studentenmission neue Aufgaben zukommen, denen wir uns in dieser besonderen Zeit nicht entziehen können. Wenn geholfen werden soll, das Evangelium unter Studenten und Akademikern in der Sowjetunion zu verbreiten, dann sollten wir unsere Erfahrungen weitergeben.“[354]

In der Contact-Ausgabe von Juli 1990 findet sich dann ein ausführlicher Beitrag von Jürgen Spieß über die erste Reise in die Sowjetunion, die ihn und Pete Lowman, zuständig für Öffentlichkeitsarbeit in der IFES-Zentrale, nach Leningrad, Tallin, Riga und Kiew führte. Es muss eine eindrückliche Reise gewesen sein, mit vielen offenen Türen, mit Gesprächen mit Gemeinden über die Bedeutung einer Studentenarbeit, mit aufregenden und streitbaren Hörsaalvorträgen, mit Gesprächen mit christlichen Studenten über konkrete Möglichkeiten einer eigenständigen Studentenarbeit. Immer wieder hat Spieß auch offene und höchst interessierte Professoren gefunden, die die christliche Botschaft überhaupt noch nicht kannten und die Hoffnung hatten, dass das große Vakuum, das durch

354 SMD-Contact 46, November 1989, S.4.

den Zusammenbruch der kommunistischen Ideologie entstanden war, vielleicht gerade damit gefüllt werden könnte.[355]

Und es geht weiter mit den Ostkontakten und den großen Reisen. Vom 9.–16. November 1990, so kündigt es Jürgen Spieß an[356], wird er zusammen mit Hartmut Zopf und Jonathan Lamb, damals Europasekretär der IFES, nach Nowosibirsk fliegen. Eine Reise nach Bulgarien stand ebenfalls an, auch dorthin haben sich Kontakte ergeben.

Von nun an erscheinen im Mitteilungsblatt SMD-Contact regelmäßig Reiseberichte, vor allem über Dienste in Sibirien, denn da sollte Jürgen Spieß auf Wunsch der IFES einen Schwerpunkt setzen. In andere Länder Osteuropas reisten andere SMD-Mitarbeiter. Mehrfach werden genannt Martin Haizmann, von 1985 bis 2000 Leiter der Studentenarbeit der SMD, Roland Werner, der damals als Hochschulevangelist in der SMD tätig war, Doris Oehlenschläger, bis 1992 Leiterin der Schülerarbeit und natürlich Hartmut Zopf. Die Reisen nach Osteuropa und nach Russland beschäftigten eben nicht nur Jürgen Spieß, sondern wurden Teil der Gesamtarbeit.

Allerdings brachte Jürgen Spieß selbst als promovierter Althistoriker hervorragende Voraussetzungen mit, um Professoren und Studenten in Russland mit dem Evangelium zu erreichen. Sein ungewöhnlicher Lebenslauf und der akademische Abschluss weckten Interesse, zumal er für Hochschulvorträge eine besondere Begabung mitbrachte, was jeder weiß, der ihn auf diesem Feld erlebt hat. Hinzu kam, dass Spieß immer wieder ein Thema behandeln konnte, für das er Spezialist war und ist – und das auch in den Weiten Russlands überall hohe Bedeutung hatte. Es geht um den großen russischen Schriftsteller Dostojewski. Der verkörperte in seinen Werken wie sonst wohl niemand die russische Seele. Ihn kannten die Menschen, und dessen Werke wurden auch an den Universitäten bearbeitet. So konnte Jürgen Spieß nicht nur in die Werke Dostojewskis einführen, sondern er konnte herausstreichen, was Dostojewski

---

355 Vgl. den Bericht in SMD-Contact 48, Juli 1990, S.3–5.

356 SMD-Contact 49, November 1990, S.2f.

geprägt hatte, was aber den russischen Gelehrten kaum noch bewusst war: Dass er aus dem Neuen Testament geschöpft hat und dass seine Werke ohne das Wissen um die biblische Botschaft nicht in der Tiefe zu verstehen waren. So lag es nahe, dass Jürgen Spieß schon bei seinem ersten Besuch in Nowosibirsk gebeten wurde, zum Thema „Dostojewski und das Evangelium" zu sprechen. In vielen Variationen hat er dieses Thema auch bei späteren Besuchen immer wieder behandelt. Er berichtet in Transparent: „Das Interesse der Studenten und Professoren an diesem Thema war sehr groß, und viele hörten zum ersten Mal zentrale Worte aus dem Johannesevangelium ... Wir lasen gemeinsam die von Dostojewski in seinem Neuen Testament unterstrichenen Bibelstellen, z. B. Joh 14,6 oder Joh 11,25f. Mein Übersetzer hatte bis dahin noch keine Bibel in der Hand gehalten. Sie war für ihn bisher ein verbotenes Buch. Nun aber will er lesen. Der leitende Professor forderte seine Studenten am Schluss sehr energisch dazu auf, das Neue Testament zu lesen. Deshalb glaube ich, dass diese Vorlesung ihr Ziel erreicht hat: Wer Dostojewski kennenlernen will, muss Dostojewski lesen; wer ihn tiefer verstehen will, muss das Neue Testament lesen."[357]

Im Jahr 1991 betont Jürgen Spieß erneut, wie wichtig ihm das Engagement in Osteuropa und vor allem in Russland ist. Das Ziel ist und bleibt, so Spieß in den SMD-Nachrichten, der Aufbau „eigenständiger, nationaler Schüler- und Studentenarbeiten"[358] dort. Vor allem auf die Studentenarbeit in Minsk und Nowosibirsk will er einen Schwerpunkt setzen. Spieß beklagt dann im gleichen Schreiben, dass Doris Oehlenschläger und Ulrike Bellmann keine Einreiseerlaubnis für einen Dienst in Estland bekommen haben. Daraus leitet er die Konsequenz ab, dass „wir nicht wissen, wie viel Zeit wir haben. Deshalb hat Osteuropa – vor allem die Sowjetunion – eine gewisse Priorität in unserer Arbeit."[359]

357 SMD-Transparent Nov./Dez. 91, S. 2.

358 SMD-Transparent Juni 91, S. 2.

359 Ebd.

Unterstrichen wird die Dringlichkeit der oben beschriebenen Prioritätensetzung bei einer großen Konferenz des Arbeitskreises für Weltmission im November 1991. Da sind Referenten zu Wort gekommen, die, wie Jürgen Spieß, z. T. auch mit ihm, erst kürzlich in Ländern Osteuropas, vor allem aber in Russland gewesen waren. So war John Lennox, Professor für Mathematik in Cardiff/England, im Jahre 1990 Gastprofessor an der Akademie für Wissenschaften in Nowosibirsk. Er stellt fest, dass das absolute Thema in der ehemaligen UdSSR sei: „Steht unsere Zukunft in den Sternen?“ Auf die 70-jährige atheistische Indoktrination sei ein geistiges und moralisches Vakuum gefolgt. Die Menschen seien nun offen für alle möglichen anderen Weltsichten. Auch das Christentum gehöre dazu und werde mit Interesse entdeckt, aber nur als eine Möglichkeit unter vielen. Und wenn sie ins Blickfeld gerät, dann kommen die Fragen: „Warum gerade Jesus? Was ist mit den anderen Religionen? Ist die Bibel zuverlässig? Kann man Wissenschaftler sein und doch glauben?“[360]

John Lennox, aber auch die anderen Referenten, sehen auf der Konferenz unglaubliche Möglichkeiten zum christlichen Zeugnis in Osteuropa, aber sie sehen sie auch nur jetzt. Dr. Pete Lowman von der IFES sagt bei der Tagung: „Es sind vorübergehende Möglichkeiten. Hier ist ein bedeutender historischer Moment der Kirchengeschichte. Aber der geistliche Hunger wird mit dem materiellen Wachstum abnehmen.“[361]

Darum also der große missionarische Eifer in Richtung Osten in diesen Jahren. Und der hielt auch noch an, mindestens bis in die Mitte der 90er-Jahre. Mit oder nach Jürgen Spieß hat sich Martin Haizmann immer stärker in der Ost-Arbeit eingebracht; er wurde sogar der Kontaktmann für Sibirien. Auch Hartmut Zopf ist immer wieder in osteuropäischen Ländern aktiv gewesen. Es gab bald Studentenkonferenzen, z. B. in Omsk. Eng blieben auch die Kontakte mit der polnischen Studentenarbeit. Die IFES gab in all den Jahren die Richtung vor, auch für die SMD, die, wie

360 SMD-Transparent Februar 92, S.1.

361 Ebd.

schon gesagt, allein durch ihre geographische Lage prädestiniert war, hier mit großen Schritten voranzugehen.[362]

Die SMD hatte mit Jürgen Spieß dafür auch den richtigen Generalsekretär, der jederzeit bereit war, sich den großen neuen Herausforderungen zu stellen. Er war nicht nur beschlagen bei Dostojewski, sondern konnte auf die oft sehr kritischen Grundfragen gerade russischer Studenten und Professoren besonders gut eingehen. Sein Buch „Jesus für Skeptiker" war im Westen Deutschlands und weit darüber hinaus für viele fragende Menschen ein Renner, und seine Vorträge zu historischen Indizien für die Verlässlichkeit der Auferstehungsbotschaft waren und bleiben hochaktuell.[363] Dass er sich bei vielen Reisen und Tagungen mit dem ihm denkerisch und geistlich verwandten sowie freundschaftlich verbundenen englischen Mathematiker John Lennox zusammentun konnte, hat die Aktion Osteuropa sehr gefördert.

Allmählich weitete und verbreiterte sich die Arbeit über die drei Hauptbeteiligten, Jürgen Spieß, Hartmut Zopf und Martin Haizmann, hinaus. In Omsk war ein ganzes IFES-Team tätig; von 1994 bis 1999 hatte Birgit Grabert die Leitung dieser Gruppe. Gerhard Rehwald, Bau-

---

362 Hin und wieder stellte sich mir die Frage, in welcher Weise Bruderrat und Vorstand der SMD bei der neuen Prioritätensetzung in Richtung Osteuropa und Russland mitentschieden haben. Ich habe in den Unterlagen etliche zustimmende Berichte über die Tätigkeiten in Osteuropa und Russland gefunden, aber keine Beschlüsse. Wahrscheinlich war der kraftraubende Einsatz für die damals Verantwortlichen in der SMD eher eine Selbstverständlichkeit, ja, ein begeistert aufgenommener Ruf, zumal die IFES die treibende Kraft war. Erst die Späteren stellen wahrscheinlich die Frage, ob der immense Aufwand an Kraft, Zeit und Geld dem angemessen war, was die eher kleine SMD-Arbeit zu leisten vermochte und ob andere Arbeitszweige evtl. durch diese Prioritätensetzung zu kurz gekommen sind. Immerhin stand ja zur gleichen Zeit eine enorme Arbeitsleistung in Deutschland als Folge der Einigung von SM und SMD an.

363 Ich habe nie verstanden, warum die Evangelische Theologie in Deutschland solche historischen Anmarschwege zumeist weit von sich gewiesen hat. Eine große Ausnahme bildete der Theologe Wolfhard Pannenberg, der die Frage nach der historischen Erweisbarkeit der Auferstehung Jesu in seinem Christologie-Buch gründlich bearbeitet hat.

ingenieur, durch die Darmstädter SMD-Gruppe Christ geworden, ging nach Nowosibirsk und arbeitete dann unter Akademikern in Akademgorodok.[364] Andere gingen nach Bulgarien, Tschechien, in die baltischen Länder, nach Weißrussland, Kroatien und Ungarn, später dann auch nach Spanien und Portugal. Werner Baderschneider, ehemaliger Reisesekretär der SMD, zog mit seiner Frau Dietlind nach Tiflis in Georgien, um dort eine missionarische Studentenarbeit zu beginnen.[365] Uta-Maria Döhn baute im Auftrag der IFES eine missionarische Schülerarbeit in Osteuropa auf. All das und vieles andere geschah unter hohem personellen und finanziellen Einsatz der SMD, die sich im weiteren Verlauf der 90er-Jahre durchaus fragen musste, ob sie die finanzielle Unterstützung der IFES so aufrechterhalten könnte.

Es kann hier nicht erörtert werden, inwieweit der Samen, der von der IFES und der SMD in Osteuropa und Russland gesät worden ist, aufgegangen ist. Jedenfalls sind in allen Ländern Osteuropas nach und nach eigenständige nationale Studentenarbeiten entstanden. Es war damals eben ein Kairos, der sich in der Geschichte nicht regelmäßig wiederholt. Der Geist Gottes bleibt nicht an einer Stelle, zumal wenn sich andere Strömungen entwickeln, die seinem Wirken keinen Raum mehr geben wollen. Damals jedenfalls war die große geistgewirkte Offenheit da. Die SMD war zur richtigen Zeit mit wichtigen Akzenten zur Stelle. Mehr konnte sie nicht tun; eher war es zu viel und irgendwann auch genug. Dafür gab es dann intern neue Herausforderungen, die die volle Aufmerksamkeit forderten.

364 Vgl. U. Schlappa, a. a. O., S. 97.

365 Schon längst ist aus der Pionierarbeit eine eigenständige IFES-Bewegung geworden. Werner Baderschneider arbeitet weiterhin in der Region im IFES-Team Eurasien, wo er für Pionierarbeit tätig ist.

20. IFES und SMD – Globale Vernetzungen

Doch wir wollen an dieser Stelle einmal innehalten und der Arbeit ausführlicher nachgehen, von der im letzten Kapitel schon mehrfach die Rede war. Immer wieder in der SMD-Geschichte spielte die International Fellowship of Evangelical Students, die IFES, eine wichtige Rolle. Wir haben schon gesehen: Ohne die starke Unterstützung der IFES hätte sich die SMD 1949 und danach gar nicht so schnell und relativ selbstverständlich entwickeln können. Und auch wenn seitdem in diesem Buch über die SMD-Geschichte wenig von der weltweiten Arbeit die Rede war, so war sie doch immer präsent. Am stärksten könnte der Einfluss und das Hin und Her bei der Osteuropa- und Russland-Initiative gewesen sein. Darum ist das hier der Platz, um die IFES näher vorzustellen.

Die Gründung der IFES wurde im Jahr 1947 vollzogen. Neun nationale „Studentenbewegungen“[366] schlossen sich zusammen, um die durch den Zweiten Weltkrieg entstandenen Gräben zwischen Christen vor allem in Europa zu überwinden. Gleichzeitig lag es diesen Vertretungen am Herzen, das Evangelium dahin zu bringen, wo es bisher nicht zu finden war. Alles, was mit dem Begriff „Pioniermission“ zusammenhängt, bewegte auch die junge IFES.[367]

---

366 So der Sprachgebrauch innerhalb der IFES (engl. „national student movement“). Nicht zu verwechseln mit der Studentenbewegung der späten 60er Jahre in Deutschland.

367 Vgl. dazu und zum Ganzen Ulrich Schlappa, Wenn das Pfingstwunder sich wiederholt, in: Rechenschaft geben von unserer Hoffnung. Festschrift zum 50-jährigen Bestehen der SMD, S.91ff.

Die SMD wurde, wie schon berichtet, im Jahr 1953 als Vollmitglied in die große internationale Gemeinschaft aufgenommen. Das war sehr wichtig für die SMD, denn damit war sie auch international anerkannt und konnte sich auf diesem Boden bewegen. Immerhin lag das Ende des Zweiten Weltkrieges erst acht Jahre zurück, und eigentlich mussten Deutsche im internationalen Geschäft lange warten, bis sie wieder als gleichberechtigte Partner auftreten konnten. Deutschland hatte einen schrecklichen Krieg angezettelt und verloren. Entsetzliches Elend war dadurch über ungezählte Menschen in vielen Ländern Europas gekommen. So war es überhaupt nicht selbstverständlich, dass sich Vertreter dieser Länder wieder mit Deutschen an einen Tisch setzten. Das galt auch für Christen. Aber gerade Christen waren es, die den Weg der Versöhnung gesucht und Kontakt zu deutschen Gemeinden und Einzelpersonen aufgenommen hatten.

Im Falle der SMD war es der Jungakademiker Hans Bürki aus der Schweiz, der eine Art Schlüsselfigur wurde: Er war 1946 Teilnehmer am IFES-Committee in Oxford und nahm an Gebetsgemeinschaften teil, die vor allem ein Anliegen hatten: dass Gott eine missionarische Studentenbewegung in Deutschland schaffen möge. Man muss sich das einmal genau klarmachen: Junge Christen aus Ländern, die durch den Krieg und damit durch Deutsche Schreckliches erlitten haben, beten schon ein Jahr nach Kriegsende für eine Erweckung in Deutschland! Wie früh und wie stark muss der Geist der Versöhnung schon da gewirkt haben.[368]

Und es ging weiter damals, 1947/1948: Hans Bürki ging im Auftrag der IFES nach Chicago und erlebte dort, wie sich Studenten zu Jesus bekehrten. Er erlebte dort auch, dass Menschen für einen missionarischen Aufbruch unter jungen Menschen in Deutschland beteten. Hans Bürki hat das so motiviert, dass er auf Vermittlung von Erich Sauer, dem damali-

368 Ich habe das viel später auch erlebt, bei einem Gebetstreffen in der Willow Creek-Gemeinde in Chicago im Jahre 1999. Eine Frau aus einer anderen Gebetsgruppe trat auf mich zu und fragte, wie es uns in Berlin ginge. Ich antwortete und fragte zurück, warum sie das interessiere. Da sagte sie völlig selbstverständlich: „Wir haben gerade für Berlin gebetet."

gen Leiter der Bibelschule Wiedenest, einen Brief an junge Christen in Deutschland schickte und ihnen berichtete, was er in den USA erlebt hatte. Sein Ziel war es, die gläubigen Christen dort zu ermutigen, fest und ohne Scheu ihren christlichen Glauben unter ihren Altersgenossen zu bezeugen. Bürki kam dann auch bald nach Deutschland und begegnete u. a. Ernst Schrupp, mit dem er in den nächsten Jahren eng zusammenarbeitete. Mit ihm kam der Generalsekretär der IFES, C. Stacey Woods, und so kam die Verbindung von IFES und SMD schnell in Gang. Die IFES hat die SMD nicht gegründet, aber sie hat enorme Geburtshilfe geleistet und schon 1953 die Tür geöffnet, sodass die junge SMD in die weltweite Studentenbewegung IFES als Vollmitglied eintreten konnte.[369]

Umgekehrt hat die SMD dann auch bald Verantwortung in der IFES übernommen. Schon in diesem Eingangsjahr 1953 wurde Ulrich Wever, damals leitender Mitarbeiter der SMD, ins Exekutiv-Komitee[370] der IFES gewählt. Er blieb dort tätig bis zu seinem Ausscheiden aus der SMD-Verantwortung im Jahre 1959. Ihm folgte Prof. Bodo Volkmann, unschätzbarer ehrenamtlicher Mitarbeiter der SMD, für zwölf Jahre. In den Jahren 1967–1971 war er sogar Vorsitzender dieses Gremiums. Dr. Siegfried Buchholz und Dr. Dietrich Bauer wurden anschließend in diesem Gremium tätig. Dietrich Bauer hat sich dabei als Schatzmeister sogar bis 1998 mit hoher Sachkompetenz und Leidenschaft eingebracht.

Aber auch die Generalsekretäre Wolfgang Heide, Jürgen Spieß und Gernot Spies übernahmen Verantwortung im Exekutiv-Komitee. Für Wolfgang Heide war sicher die Teilnahme am großen Lausanner Kongress für Weltevangelisation das „IFES-Bekehrungserlebnis“, denn dort konnte er feststellen, wie stark die IFES an der Leitung des Kongresses beteiligt war. Das wird bei ihm gewirkt haben, denn nach diesem Kongress konnte er, wie viele andere auch, nur begeistert von dieser Erfahrung mit Christen aus aller Welt und von der weltweiten missionarischen

---

369 Vieles von dem, was hier beschrieben ist, ist schon am Anfang des Buches dokumentiert worden, allerdings nicht aus dem Blickwinkel der IFES.

370 Vergleichbar mit dem Rat der SMD.

Dynamik berichten. „Unter Wolfgang Heides Leiterschaft wurde die SMD zu einem wichtigen Teil der weltweiten IFES-Arbeit“, hat Pete Lowman, damals Öffentlichkeitsreferent der IFES, 1983 formuliert.[371]

Vielleicht ist es den internationalen Erfahrungen von Wolfgang Heide zu verdanken, dass in der SMD entstand, was in anderen Ländern schon selbstverständlich und untrennbar mit dem Dienst der IFES verbunden war: Ein neues Arbeitsfeld innerhalb der Studentenarbeit, das sich ausländischen Studierenden in Deutschland widmete, um sie zum Glauben an Jesus Christus einzuladen. Dazu wurde im Jahre 1978 der US-Amerikaner Terrell Smith angestellt; elf Jahre lang blieb er mit seiner Frau Mary in Deutschland und widmete sich mit Hingabe dieser vor der Tür liegenden Arbeit.

Aber auch Jürgen Spieß muss schon früh mit der internationalen Arbeit in Kontakt gekommen sein. Jedenfalls hat er zu seinem Amtsantritt 1984 geschrieben, dass er diese Arbeit als Schwerpunkt seines Dienstes als Generalsekretärs ansehen würde. Dieser Absichtserklärung ist er ja auch treu geblieben. Aber davon war schon ausführlich die Rede.

Von 2007 bis 2015 war Gernot Spies Europa-Vertreter im Exekutiv-Komitee und auch Mitglied im Vorstand der IFES. In diesen Jahren sind auf den Weltversammlungen nicht nur viele neue Mitgliedsbewegungen aufgenommen worden, auch die Verbindungen zwischen SMD und IFES haben sich verfestigt.

Doch das Engagement für die IFES hing nicht nur am Generalsekretär, und der Einsatz für die internationale Vereinigung bestand auch nicht nur aus dem Bereitstellen von in der Tat großen Finanzmitteln. In den 80er-Jahren entwickelte sich die Bereitschaft unter Studierenden und Jungakademikern, sich selbst einzubringen und im Auftrag der IFES Dienste in anderen Ländern zu übernehmen. So reiste Ulrich Schlappa mit seiner Familie 1986 nach Chile aus und engagierte sich in der dortigen IFES-Bewegung. Später war er im IFES-Regionalteam für die Mitarbei-

371 Pete Lowman, The Day of His Power, InterVarsity Press, England, 1983, S.91, gefunden in: U. Schlappa, a. a. O., S. 92.

terschulung in weiten Teilen Südamerikas zuständig. Erst 1999 kehrte er nach Deutschland zurück, um die Leitung der Akademikerarbeit zu übernehmen. Seine Berichte über die Zeit in Chile, u. a. in der Festschrift zum 50-jährigen Bestehen und in verschiedenen Ausgaben von Transparent, zeigen seine Leidenschaft für diesen Dienst. Mit ihm und nach ihm haben sich auch andere SMDler aus Deutschland nach Übersee senden lassen, aber auch nach Sibirien und in andere Länder Europas.

Im Jahre 2001 war es dann Martin Haizmann, der langjährige Leiter der Studentenarbeit, der einem Ruf in die hauptamtliche Mitarbeit bei der IFES folgte. Er absolvierte eine regelrechte IFES-Karriere. Zunächst war er zwölf Jahre Regionalsekretär für Europa und wechselte dann 2013 in das Amt des stellvertretenden Generalsekretärs der IFES, das er bis 2021 innehatte. Zuständig war er vor allem für die „International Ministries“. Mit seiner seelsorgerlichen und besonnenen Art richtete er diesen Dienst mit Sicherheit ermutigend und zusammenführend aus.

Martin und Rose Haizmann auf der Weltversammlung 2011 mit dem damaligen IFES-Generalsekretär Daniel Bourdanné

Zum Ganzen: Wenn man sich ausschließlich mit eigenen Alltagsaufgaben und -problemen befasst, wird man möglicherweise nie etwas wahrnehmen vom Reichtum anderer missionarischer Bewegungen im Inland oder im Ausland. Man wird dann entsprechende Berichte wohl zur Kenntnis nehmen, aber sie berühren nicht, weil sie ja so anders sind als der eigene Horizont. Außerdem wird dann schnell geurteilt, dass kulturelle Grenzen oder andere Milieus verhindern würden, dass sich von diesen Impulsen etwas auf die eigene Arbeit übertragen lassen könnte. Anders ist es, wenn man selbst aufbricht, um Lebensausschnitte der

Nachbargemeinde oder der weltweiten Christenheit vor Ort zu erleben. Da geht dann das Herz auf und kreative Überlegungen wachsen rasant: Was können wir von diesen Bewegungen lernen? Was muss hier einfach kapiert werden, ohne kopieren zu wollen? So ist es mir von Jugend auf gegangen: Reisen bildet nicht nur, es macht die Herzen weit und den Glauben mutiger und hoffnungsvoller, wenn man sieht, wie Christen in anderen Ländern leben und wirksam werden. So ging es mir schon sehr früh beim Anteilhaben an der internationalen Gemeinschaft der Fackelträger in England, Deutschland und Österreich, aber auch beim Entdecken der Gemeindepflanzungs-Bewegung in England, bei Besuchen in der Willow Creek-Gemeinde in Chicago und anderer Gemeinden in den USA, beim Entdecken der sozialmissionarischen Arbeit der Chinesisch Rheinischen Kirche in Hongkong, beim Erleben missionarischer Christengemeinden in Japan und natürlich bei den großen Treffen der Weltevangelisation. Die Konferenz in Lausanne 1974 hat mich für mein Leben geprägt!

Warum schreibe ich das hier? Weil ich auch künftigen SMD-Generationen Mut machen möchte, den Reichtum der IFES zu nutzen. Denn diese Vereinigung ist mehr als ein bürokratisch arbeitender Dachverband. Sie will ja Gemeinschaft sein und lebt das auch. Dabei sind Menschen am Werk, die zwei wichtige Dinge tun: Zum einen wollen sie vernetzen, d. h. sie wollen, dass der Reichtum der einzelnen Mitgliedsverbände auch den anderen zugänglich wird, dass missionarische Methoden, die sich irgendwo bewährt haben, anderen bekannt werden. Und: Sie wollen, dass das Evangelium auch da bekannt wird, wo noch niemand oder niemand mehr mit der guten Botschaft von Jesus, dem Retter der Welt, in Berührung gekommen ist. Die IFES weiß um die eine Milliarde oder mehr Menschen, die das Evangelium noch nie gehört haben und sehnt sich danach, es ihnen bekannt zu machen. Als weltweite Vereinigung hat die IFES junge Menschen im Blick, die als akademisch Gebildete in ihren Ländern später zum Teil großen Einfluss haben werden.

Es hat die SMD immer gefördert, wenn sie die Kontakte zu ihrem Dachverband wachgehalten hat und sich eingebracht hat durch Finanzmittel, Kompetenz und Einsätze im Auftrag der IFES in Übersee oder in ganz Europa. Umgekehrt bereichert die IFES die SMD-Arbeit, indem sie ihren Horizont erweitert, sie in eine weltweite Gemeinschaft einbindet und ihr Perspektiven eröffnet, wie die nach Osteuropa, die die SMD jahrelang bereichert haben. Möge dieses wechselseitige Geben und Nehmen immer lebendig bleiben.

21. Entwicklungen und Klärungen in den 90er-Jahren Wo der Geist weht (und wo nicht)

Aber nun zurück zum „Alltäglichen". Denn natürlich war in all den Jahren die innerdeutsche Arbeit der SMD weitergegangen; sie musste ja auch das Standbein sein und bleiben. Im Jahr 1992 wurde ein neuer Vorsitzender gewählt: Dipl.-Ing. Helmut Simon (1937–2018) löste den verdienten Hans-Günter Langenbach ab.[372] Die Aufbauarbeit für Ostdeutschland setzte sich fort, aber auch im Westen gab es genug Arbeit für die Haupt- und Ehrenamtlichen in der SMD. Die Unterlagen aus den Jahren 1990–1995 zeigen, dass die Arbeitszweige eine blühende Phase hatten.[373] In der Studentenarbeit gab es 12 bis 17 missionarische Freizeiten im Jahr, daneben viele Hörsaalvorträge vor allem mit dem Hochschulevangelisten Roland Werner und mit Jürgen Spieß, Gruppenabende und vieles mehr. Martin Haizmann als Leiter der Studentenarbeit hatte eigentlich genug damit zu tun. Es ist kaum zu glauben, dass er in diesen Jahren auch noch im Auftrag der IFES der Verantwortliche für den Aufbau einer christlichen Studentenarbeit in Sibirien war. Immer wieder liest man in den Unterlagen von seinen Reisen dorthin, oft gemeinsam mit Hartmut Zopf. Aber daneben war offenbar immer noch Raum und Kraft genug, die Hochschularbeit der SMD voranzubringen.

Auch die Schülerarbeit hatte in diesen Jahren großen Zulauf. Man liest von über 40 Sommerfreizeiten pro Jahr, von großen und erfolgreichen

372 Die Wahl erfolgte in der Sitzung des Bruderrates am 6.–8.3.1992.

373 Ein schöner Überblick findet sich im Protokoll der Sitzung des Bruderrates am 9.9.1991.

Schülerkongressen, von über 600 Schülerkreisen im ganzen Land – und damit von viel Arbeit für die zuständigen Reisesekretäre. Doris Oehlenschläger als Leiterin der Arbeit schied 1991 auf eigenen Wunsch aus. An ihre Stelle trat kommissarisch für zwei Jahre Beate Hille, die bereits als Reisesekretärin tätig war. Im Jahre 1994 konnte dann mit Gottfried Bormuth wieder ein Leiter gewonnen werden, der von seiner Landeskirche zumindest für fünf Jahre freigestellt worden war.

1991 fand das erste Doktorandentreffen statt. Rechts: Heinz Schlüter

In der Akademikerarbeit ging es ebenfalls gut weiter; vor allem die Fachtagungen waren gut besucht und entwickelten sich erfreulich. In Ostdeutschland hat Hartmut Zopf ab 1992 die Akademikerarbeit aufgebaut[374]; dabei konnte er auf Menschen zurückgreifen, die schon vor der Wende geholfen hatten. Damals waren etliche Akademiker bereit, beim Aufbau der Studentenarbeit im Osten Deutschlands mitzuwirken. Insgesamt wuchs die Arbeit. Mühe machten nur wiederkehrende Vakanzen in den 90er-Jahren. Heinz Schlüter war Leiter in den Jahren 1990–1995, doch erst 1999 folgte dann Ulrich Schlappa, nachdem er aus Südamerika heimgekehrt war. In der Zwischenphase hat Christoph Rösel als Reisesekretär verstärkt Verantwortung übernommen.

374 Hartmut Zopf beendete damit seine Aufgaben als Leiter der Studentenarbeit Ost. Am 2.2.1992 erfolgte seine Anstellung als Hauptamtlicher der Akademikerarbeit mit dem Auftrag, eine solche Arbeit im Osten aufzubauen. Zusätzlich gehörte lt. Protokoll dieser Bruderratssitzung zu seinen Aufgaben die Begleitung der Reisesekretäre im Osten und die Unterstützung der Bemühungen der IFES um den Aufbau einer missionarischen Studentenarbeit in der damaligen Sowjetunion.

Umgang mit charismatischen Strömungen

Insofern war doch so einiges „normal“, eben SMD-Alltag, Gott sei Dank. Aber zwischendurch mussten auch Probleme gelöst werden, die die ganze Arbeit betrafen. So hatte sich in den 90er-Jahren eine neue Form von geistlichem Leben in den Hochschulgruppen entwickelt, ausdrücklich von geistlichem, also vom Heiligen Geist, geprägten Leben. Zwar war die SMD schon zuvor davon überzeugt, dass es ohne den Heiligen Geist nicht geht; sie verstand und versteht ihre Grundlagen seit jeher so, dass der Geist Gottes in den Herzen der Gläubigen wirkt und die Gaben schenkt, die für die Mission und das Leben als Christ in der Gemeinschaft nötig sind. Aber nun kam eine andere Strömung auf. Sie betonte bestimmte Gaben des Geistes, so die Gabe der Heilung, der Prophetie und der Zungenrede und belebte den Lobpreis als Lebenselement der Anbetung Gottes. Einige von denen, die dieser Strömung verbunden waren, betonten dazu noch, dass es einer besonderen Taufe bedürfte, nämlich der Geisttaufe.

Erstaunlich ist, dass die SMD erst in den 90er-Jahren mit dieser neuen Frömmigkeit konfrontiert wurde. Denn diese Bewegung hatte im Westen Deutschlands schon in den 60er-Jahren Eingang gefunden. Da war der Leiter des volksmissionarischen Amtes der Pfälzischen Kirche, Arnold Bittlinger, im Rahmen einer Studienreise im Jahr 1962 in den USA gewesen und hatte diese Strömungen in Kalifornien kennengelernt.[375] Er war so bewegt davon, dass er sie anschließend in Deutschland bekannt machte.[376] Er fand für diese neue Strömung fruchtbaren Boden, sodass sie sich im evangelischen und im katholischen Raum entfalten konnte. Wolfram Kopfermann, evangelischer Pastor in Hamburg, und Heribert Mühlen, katholischer Theologe in Paderborn, waren zwei der bekanntesten Vertreter und Motoren der neuen „charismatischen Gemeindeerneuerung“(CHARGE). Im Osten war es Paul Toaspern, Pfarrer und Hauptgeschäftsführer der AMD Ost, der sich in den 70er-Jahren

375 Vgl. Hartmut Bärend, Wie der Blick zurück…, a. a. O., S. 168ff.

376 Es war eben der Arnold Bittlinger, der Jahre zuvor in der SMD die Schülerarbeit hauptamtlich begleitet hatte.

für diese neue Bewegung stark machte.[377] In manchen Regionen in der DDR entstanden damals Zentren charismatischer Frömmigkeit.

Sehr unterschiedlich sind diese neuen Bewegungen in Deutschland aufgenommen worden. Im Westen hat es darüber jahrelang viel Streit gegeben: Die Charismatiker verlangten, dass die von ihnen besonders betonten Gaben für die ganze Gemeinde Jesu gelten sollten, die anderen, die Evangelikalen, sahen in dieser Bewegung eher einen Geist von unten und fühlten sich erinnert an einen großen Streit am Anfang des 20. Jahrhunderts. Damals war es im Gnadauer Verband, ein Sammelbecken des deutschen Pietismus, zu schroffen Abgrenzungen gegenüber den Geistbewegungen gekommen, die in der Berliner Erklärung von 1909 schriftlich festgeklopft worden waren.

Hauptkritikpunkt war von Beginn an, dass die Charismatiker oder Geistbewegten offensichtlich nur solche Gemeindeglieder als echte Christen anerkannten, die die prophetische Gabe, die Gabe der Heilung und möglichst auch die Gabe der Zungenrede hatten.[378] Das führte zu Spaltungen, der Vorwurf des Hochmuts kam nicht nur einmal auf.[379] Gelegentlich konnte man meinen, es gäbe Abstufungen der Frömmigkeit, sodass nur die Taufe mit dem Heiligen Geist der eigentliche Eingang in ein erfülltes Christenleben sei. Theologisch bestand die Sorge darin, dass sich Christen vom Platz unter dem Kreuz entfernen und einer theologia gloriae, einer Theologie der Herrlichkeit, folgen könnten. Ich habe damals

---

377 Vgl. dazu Paul Toaspern, Die missionarischen Dienste in der ehemaligen DDR 1959–1989 (hektografiert), S.32f.

378 So sagte damals der amerikanische Prediger John Wimber bei einer Veranstaltung in Köln, dass eine Evangelisation ohne Zeichen und Wunder eine amputierte Evangelisation sei. Dies hat scharfen Widerspruch z.B. bei Johannes Hansen, einem der damals profiliertesten Evangelisten in Deutschland, hervorgerufen.

379 Persönlich bin auch ich von diesen Kämpfen nicht verschont geblieben. Ich erinnere mich noch gut, dass ein leitender Vertreter der charismatischen Bewegung damals zu mir sagte: „Ja, Christ bist du wohl. Aber das Entscheidende fehlt dir." Immerhin, ich wurde als Christ akzeptiert.

gesagt: „Wer sich vom Kreuz wegbewegen will, stößt sich den Kopf am Balken." Denn weiter als zum Kreuz kommt er nicht, und das Leid kann er auch nicht verhindern.

Auf der anderen Seite lässt sich aber sagen, dass die charismatische Bewegung damals durchaus als Bereicherung zu verstehen war und heute noch ist. Die Wiederentdeckung des Lobpreises und die Betonung der Gaben der Gemeinde nach 1Kor 12–14 und Röm 12 gehört zu den Verdiensten derer, die damals diese Geistbewegung in Deutschland eingebracht haben. Ähnliches gilt für die Gabe der Heilung, wenn sie denn keusch und nüchtern im Sinne von Jakobus 5 eingesetzt wird. Zu den Gaben der Prophetie und der Zungenrede (Sprachengebet) hat Paulus in 1Kor 14 schon Entscheidendes gesagt. Also: Mit den Anliegen der damals ganz neuen Bewegung ist auch frischer Wind gekommen. Er hat nur oft nicht zur Erbauung der Gemeinde, sondern eher zu Spaltungen geführt. Da war mehr Lieblosigkeit im Spiel, als es den Damaligen bewusst war. Vieles ist heute anders: Die Zeit der Spaltungen und Spannungen ist vorbei, die Berliner Erklärung ist vom Tisch. Das oben angesprochene Positive ist vielfach aufgenommen worden. Darum kann heute die Nachfolgeorganisation, die „Geistliche Gemeindeerneuerung" (GGE), einen weithin unangefochtenen, segensreichen Dienst tun.

Im Osten ist der Weg der charismatischen Bewegung in die Gemeinde hinein wesentlich friedlicher verlaufen.[380] Aggressionen und Abgrenzungen wie im Westen gab es nicht, dafür war Paul Toaspern, den ich noch gut kennen- und schätzen gelernt habe, zu friedfertig. Auch der Umgang der charismatisch geprägten Christen mit anderen, vorwiegend evangelikalen Gemeindegliedern gestaltete sich so, dass die Einheit gesucht und auch gefunden wurde. Sicher schlossen sich die Christen in der DDR auch eher zusammen, weil sie sich nur gemeinsam gegenüber den totalitären Machtansprüchen des Staates behaupten konnten.

Nun fand die charismatische Bewegung also Eingang in studentische SMD-Gruppen, und das offensichtlich erst in den 90er-Jahren. Eine

---

380 Vgl. dazu Hartmut Bärend, a. a. O., S.145ff.

Erklärung für diese späte Entwicklung habe ich nicht gefunden. Es kann sein, dass die Einigung von SM mit der SMD hier etwas bewirkt hat. Denn in der missionarisch geprägten Studentenschaft in der DDR gab es Verbindungen zu charismatischen Gemeinden noch bis in die Wendezeit hinein. Es war das Anliegen verschiedener studentischer Vertreter der SM, dass diese Frömmigkeitsbewegung auch nach der Vereinigung gepflegt werden sollte. Ob sich dabei aber eine Art Flächenbrand entwickeln konnte? Wohl eher nicht, zumal die Gaben des Geistes im Osten nicht so fordernd und scheidend betont wurden wie im Westen. Vielleicht waren es auch charismatische Erfahrungen im Bereich der IFES, die Eingang in die SMD fanden. Außerdem war die „Geistliche Gemeindeerneuerung" durchaus eine Größe in den 90er-Jahren.

Wie dem auch sei: Der Bruderrat der SMD sah sich im Juni 1993 gefordert, ein „Wort des Bruderrates" herauszugeben, um Klarheit zu schaffen.[381] Solche Veröffentlichungen der SMD hat es sehr selten gegeben. Es musste schon einiges passiert sein, damit sich die Leitung der SMD offiziell äußerte. In diesem zweiseitigen Papier betont der Bruderrat, dass er sich zur Glaubensbasis der Deutschen Evangelischen Allianz bekennt und dass „gerade das Miteinander verschiedener Prägungen (unter diesem Dach) einen wesentlichen Reichtum der SMD-Arbeit ausmacht". Spezielle Prägungen sollen gegenüber den gemeinsamen Zielen der SMD zurückgestellt werden. Gemeint damit war eben der neu entstandene Einfluss der charismatischen Bewegung. Die besondere Erwartung von „Manifestationen des Heiligen Geistes" habe zu Verunsicherungen geführt.

Der Bruderrat ist überzeugt, dass der Heilige Geist allen geschenkt wird, die an Christus glauben. Damit ist nicht gemeint, dass bestimmte Geisterfahrungen eine vorrangige Rolle spielen. Alle haben den Geist empfangen und sind damit – ganz im Sinne von 1Kor 12,12ff mit unterschiedlichen

381 Verabschiedet (einstimmig) wurde das Papier im Rahmen der Bruderratssitzung am 5./6.6.1993. Beraten wurde das Thema schon auf zwei Bruderratssitzungen im Jahre 1992.

Gaben beschenkt worden. Darum gilt, und das ist der zentrale Satz des ganzen Papiers: „Haltungen, bei denen der Glaube anderer Mitarbeiter am Erweis ganz bestimmter Geisterfahrungen oder Begabungen – formuliert oder unausgesprochen – gemessen wird, haben keinen Platz in der SMD." Weiter wird in dem Papier deutlich betont, dass das Wort Gottes verlässlicher ist als unsere Erfahrung und dass besondere Eingebungen eher die Ausnahme sind und am Wort Gottes geprüft werden müssen.

Wichtig ist dann noch der Hinweis, dass die SMD sich nicht als Gemeinde versteht und damit „auf bestimmte Merkmale gemeindlichen Lebens (z. B. die Taufe)" verzichtet. Und dann kommt noch so ein pointierter Satz: „In der SMD ist es nicht möglich, einzelne Gaben so herauszuheben, dass sie das Bild einer ganzen Gruppe bestimmen."

Die in dem Papier vorgelegten Leitlinien werden vom Bruderrat als Verpflichtung formuliert. Er verbindet das mit der Bitte, das Gespräch miteinander zu suchen und die Einheit zu fördern. Soweit der Bruderrat mit seinem Wort an die SMD-Öffentlichkeit. Es ist ein weises Wort gewesen, das sicher auch entsprechend gewirkt hat. Wo Wahrheit und Liebe verbunden sind, werden sich immer Wege zur Einheit finden lassen.

Zusammenleben vor der Ehe?

Es gab noch ein anderes Problem, das fast zur gleichen Zeit verhandelt wurde. Offenbar hat die Dortmunder SMD-Gruppe damals einen Stein ins Rollen gebracht.[382] Sie stellte der Leitung der SMD die Frage, ob die Richtlinien im Blick auf Fragen des Zusammenlebens vor der Ehe noch Gültigkeit hätten. Sie wollte, dass die sehr klaren, aber auch abgrenzenden Formulierungen dazu aus den 80er-Jahren gelockert werden. Damals hatte der Bruderrat deutlich formuliert, dass nur Mitarbeiter sein kann, wer vor der Ehe Enthaltsamkeit übe und sich die sexuelle Gemeinschaft für die Ehe vorbehalte.[383]

382 Vgl. Prot. Bruderratssitzung am 5./6.93 in Mücke, zu TOP 9.

383 Vgl. PORTA Studien 10, 1986, Hrsg. M. Weyer-Menkhoff, Marburg 1986, S. 3–9.

Das Thema war in der SMD nicht neu. Schon Ende der 60er-Jahre hat Hartwig Lücke, der damalige Generalsekretär, ein Papier entworfen und veröffentlicht, das diesen Fragen des vorehelichen Zusammenseins gewidmet war. Durchgängig klar war der Leitung der SMD damals, dass es hier kein Einlenken geben sollte. Das änderte sich auch in all den Jahren bis in die 90er-Jahre nicht, ließ sich aber zunehmend schwer durchhalten. Es wurde gesellschaftlich immer selbstverständlicher, dass Sexualität nicht an die Ehe gebunden war. Da hatte die Studentenbewegung der 68er-Jahre den Weg gebahnt, der auch vor den Toren der Kirche und der freien Werke nicht aufhörte.

Weil diese Öffnung nun auch in Kreisen der SMD zumindest diskutiert worden ist, sah sich die Leitung gerufen, eine „Erklärung des Bruderrates der SMD zu Partnerschaft und Ehe" herauszugeben.[384] Dabei knüpfte sie an eine Äußerung des Bruderrates aus dem Jahr 1986 an.[385] Der Bruderrat stellt fest, dass Christen immer mehr dazu neigten, vor- und nichteheliche sexuelle Lebensgemeinschaften kritiklos zu akzeptieren. Die SMD könne dieser Entwicklung nicht folgen. Sie sehe sich an Gottes Wort und seine Ordnungen gewiesen und sei überzeugt davon, dass im Gehorsam gegen Gott und nur dadurch „unser Leben heilsam unter seinem Segen und anderen Menschen zum Vorbild und Segen gelebt werden kann." Die SMD folge damit dem, was in den nach wie vor gültigen Richtlinien in 1 und 2b entfaltet worden ist.

Diesen Eingangssätzen folgt ein begründender Mittelteil, der sehr überzeugend und einladend den Reichtum der Ehe beschreibt, als gute Gabe Gottes, als Treuebündnis zweier Menschen, das in guten und bösen Tagen hält, als Rechtsbündnis auch in der Öffentlichkeit. Mehr noch: Die

384 Die Erklärung wurde in der Bruderratssitzung am 4.– 6.6.1994 in Siegen beschlossen. Sie liegt mir hektographiert vor.

385 Auch diese Äußerung, die damals als Vorwort in der Porta Studie 10 (Thema der Studie: „Biblische Perspektiven zu Partnerschaft und Ehe") erschienen war (siehe Anm. 350), sollte schon als verbindliche Aussage des Bruderrats gelten; sie ist aber offenbar nicht als solche wahrgenommen worden. Darum nun diese Erklärung.

Ehe sei eine Schutzgemeinschaft für neues Leben und die ganzheitliche Persongemeinschaft zweier Menschen, eines Mannes und einer Frau. In diese Gemeinschaft der Liebe und Treue gehöre die Sexualität; hier könne sie sich entfalten, hier würden die beiden „ein Fleisch". Daraus folge, und das ist einer der Spitzensätze des Papiers: „Voreheliche Geschlechtsgemeinschaft widerspricht den von Gott gegebenen Ordnungen." Damit wird auch deutlich gesagt: „Wer diese Ordnungen für sich nicht bejahen kann oder für sich eine andere Einsicht beansprucht, sollte in der SMD nicht mitarbeiten."

Trotz dieser klaren, aber damit auch abgrenzenden Sätze will die Erklärung zum Gespräch einladen. Es sei dem Bruderrat bewusst, dass „immer mehr junge Mitarbeiter zu uns stoßen, die durch eine ganz andere Normalität geprägt sind." Gerade diese Menschen sollten ausreichend Zeit zum Prüfen und Umdenken haben. Ihnen werde Begleitung angeboten. Aber bei allem Verständnis bleibt klar: „Es wird aber auf Dauer nicht möglich sein, an einer Lebenspraxis wie etwa dem Zusammenleben vor der Ehe festzuhalten und in der SMD mitzuarbeiten."

Es wird leider aus den späteren Unterlagen nicht erkennbar, wie die Diskussion weitergelaufen ist und ob die Gruppen, die nachgefragt haben, mit dieser Erklärung gut leben konnten. Auf jeden Fall ist die Erklärung sehr ausgewogen formuliert und müsste eigentlich eine gute Basis für weitere Gespräche über dieses große Thema gewesen sein. Denn, wie in der Erklärung des Bruderrates deutlich wird: Es geht ja nicht einfach um das Ja oder Nein zum vorehelichen Geschlechtsverkehr, sondern um die Bedeutung und Wertschätzung der Ehe.[386]

Die laufende Arbeit vor Ort

Es geht nun Schritt für Schritt auf das Jahr 2000 zu. Es ist eine Freude zu lesen, wie lebendig und geistlich erfrischend es in all den Jahren bis dahin

386 Das wurde 2021 vom Rat der SMD durch die Herausgabe des Studienheftes zu den Richtlinien der SMD „Berufung leben" und zugehöriges Begleitmaterial für Mitarbeitende so bestätigt.

in den Arbeitszweigen zugegangen ist. Trotz aller Wechsel im Hauptamtlichenbereich, der einerseits so typisch und gewinnbringend für die SMD ist, andererseits aber auch jede gesunde Kontinuität verhindern könnte, blüht die Arbeit weiter. Es waren und sind eben immer wieder die Ehrenamtlichen, die die Arbeit mittragen und großen Einsatz zeigen – und das auf einer Basis, die der SMD Richtung und Profil gibt bis heute.

Mindestens einmal im Jahr legen die drei großen Arbeitszweige ihre Berichte im Rat der SMD vor. Ja genau, auf einmal heißt es „Rat der SMD" und nicht mehr Bruderrat. Im November 1994 stimmt das Gremium mit großer Mehrheit für die Umbenennung. Endlich wurde damit gewürdigt, was von Anfang an in der SMD selbstverständlich war, nämlich, dass Männer und Frauen die Arbeit der SMD gleichermaßen verantworteten.

Und was bekommt der Rat bei diesen Berichten zu hören? Schülerarbeit, Studentenarbeit, Akademikerarbeit – überall gibt es erfreuliche Nachrichten. Natürlich muss hier und dort bereinigt und geklärt werden; das gehört zu einer lebendigen Arbeit dazu. So mussten die Richtlinien in den Bereichen Studenten- und Akademikerarbeit angepasst werden. Es gab verschiedene Fassungen, aber eigentlich nur in Nebensächlichkeiten. In der Schüler- und Studentenarbeit waren Strukturveränderungen dran. Bei der Porta wurden die Lesegewohnheiten der Leser abgefragt, um die Zeitschrift noch effektiver zu gestalten.[387] Und immer wieder entstanden Vakanzen im Hauptamtlichenbereich. Aber alles war im Rahmen, sogar die Finanzen, das Sorgenkind der SMD, besserten sich. Im Osten Deutschlands wuchsen neue Gruppen aus dem Boden, besonders in der Akademikerarbeit kam es zu neuen „Pflanzen". Und man sah weiterhin die großen Herausforderungen in Osteuropa und Russland – und man stellte sich ihnen. Immer wieder staune ich bei der Lektüre der Protokolle und dem Mitteilungsblatt Transparent, mit welchem selbstverständlichen Einsatz vor allem Hartmut Zopf, Jürgen Spieß und Martin Haizmann

387 Vgl. den Konzeptentwurf für die Ratssitzung am 29./30.5.1999.

regelmäßig dorthin aufbrachen, offenbar auch ohne die hiesige Arbeit zu vernachlässigen.[388]

Generation Plus

Es entstand in diesen Jahren sogar ein neues Arbeitsfeld innerhalb der Akademikerarbeit. Es ist vor allem Hartmut Zopf zu danken, dass er im Jahr 1996 angeregt hat, die Seniorinnen und Senioren in der SMD stärker ins Blickfeld zu nehmen.[389] Denn natürlich war die SMD in den vielen Jahren ihres Bestehens älter geworden; vor allem die Menschen selbst, die viele Jahre als Studenten oder Jungakademiker mitgearbeitet hatten, waren, wie man so schön sagt, in die Jahre gekommen. So entstand 1996 die Tagungsreihe „55plus" (heute Generation Plus) – ein Angebot an die, die an der Grenze zum Ruhestand nach wie vor mit der SMD tief verbunden waren. Der Start 1997 gelang offenbar gut, dann ging es mit Horst-Armin Eickel positiv weiter.[390] Inzwischen ist Generation Plus nicht mehr wegzudenken. Zweimal im Jahr treffen sich 60 bis 70 Personen zu spannenden Themen in verschiedenen Tagungshäusern in Deutschland.[391] Ein kleines ehrenamtliches Leitungsteam übernimmt die Vorbereitung und die Durchführung. War es viele Jahre lang Gisela Lumpe, die die Teamleitung hatte, so war es dann Richard Goebel und ihm folgt jetzt Ulrich Schlappa. Zweimal konnte ich bei den Tagungen mitwirken und kann

---

388 Vgl. dazu den schönen Beitrag von Ulrich Schlappa in der Festschrift zum 50-jährigen Bestehen der SMD im Jahr 1999 („Rechenschaft geben von unserer Hoffnung"), S.91ff.

389 Vgl. Ratsprotokoll 9.–10.11.1996.

390 Vgl. Ratsprotokoll 5.7. 1998.

391 So trafen sich z. B. Ende Oktober 2010 70 Personen im Franziskaner-Bildungshaus Frankenthal bei Bad Staffelstein, um über dem Thema „Fremdbestimmung und eigene Entscheidung" zu arbeiten. Referenten waren Dr. Hansjörg Hemminger, Prof. Dr. Ulrich Beutler und Irmgard Weth. Ausflüge zur Veste Coburg und zur Basilika Vierzehnheiligen gehörten dazu. Was für ein tolles Angebot! Vgl. den Bericht von Hartwig Lücke über diese Tagung in SMD-Transparent 4/2010, S. 20 (mit einem Bild des damaligen Leitungsteams!).

nur sagen: eine großartige Einrichtung. Von „alt“ keine Spur. Natürlich alt an Lebensjahren, aber eben typisch SMD: innerlich frisch und jung geblieben. Wenn es Generation Plus noch nicht gäbe, müsste man sofort damit anfangen.

22. Institutsgründung und Jubiläum
Feste arbeiten, feste feiern!

Das Jahr 1999 wurde ein besonderes Jahr. Die SMD bereitete sich darauf vor, das 50-jährige Bestehen der Arbeit angemessen zu begehen. Dazu sollte eine Festschrift entstehen; auch die Herbstkonferenz 1999 sollte dem großen Jubiläum gewidmet sein. Aber das war nicht das Einzige, was dieses Jahr prägte. Auch der Generalsekretär wurde 50 Jahre alt, und es stand die Frage der Verlängerung seiner Dienstzeit an. Hier hat nun Jürgen Spieß selbst eine Entscheidung herbeigeführt: Angesichts von gesundheitlichen Problemen und nach einem dringenden medizinischen Rat teilte Jürgen Spieß den Leitungsgremien der SMD mit, dass er nicht über das Jahr 1999 hinaus als Generalsekretär tätig bleiben könne.[392] Er hatte das Amt schon 15 Jahre lang ausgeübt, und das mit oft sicher auch kräftezehrendem Einsatz. Stattdessen könnte er sich vorstellen, so Spieß, mehr seinen besonderen Erfahrungen und Gaben gemäß an anderer Stelle in der SMD weiter mitzuarbeiten.

Das Institut

Im Rahmen der Vorstandssitzung im September 1998 kam es nun zu einer zündenden Idee. Ob Jürgen Spieß sie schon vorher hatte oder ob sie Frucht der Vorstandsrunde war, lässt sich aus den Unterlagen nicht entnehmen. Wahrscheinlich kam die Idee von beiden Seiten. Jedenfalls wurde überlegt, ob die SMD nicht ein Institut mit Jürgen Spieß als Leiter

392 Erstmalig hat Jürgen Spieß dies dem Vorstand in seiner Sitzung am 6. September 1998 in Kassel vorgetragen. Der Rat befasste sich damit zunächst in seiner Sitzung am 7./8.11.98 in Neudietendorf, dann in den folgenden Sitzungen.

gründen könne, das sich speziell dem Thema „Glaube und Wissenschaft" widmen könnte, mit ausdrücklich apologetischen Aspekten. Eine solche Gründung würde auch gut zum 50-jährigen Jubiläum der SMD passen.

Vor allem der Vorsitzende der SMD, Helmut Simon, hat den Gedanken umgehend aufgenommen und strukturelle Vorarbeiten geleistet. In seiner Vorlage für die Ratssitzung der SMD im November 1998 finden sich schon weitgehende Aussagen zu einem solchen Institut.[393] „Das Institut

- steht unter der fördernden Obhut des Rates der SMD. Die Aufgaben des Instituts legt ein Beirat fest. Dieser Beirat besteht aus dem Leiter des Instituts und aus sieben zu kooperierenden Mitgliedern. Eine Verbindung des Rates mit dem Beirat ist vorgesehen. Das Nähere regelt eine Geschäftsordnung.
- ist nicht eingefügt in den Stellenplan der SMD.
- kann sich in festzulegendem Rahmen der Infrastrukturen der Zentralstelle bedienen.
- erhält ein eigenständiges Budget und ist aufgefordert, mittelfristig zu einer eigenen Finanzierung zu kommen."

Dem folgt eine ausführliche Begründung. Dabei liegt der Schwerpunkt vor allem auf den Erfahrungen und Gaben von Jürgen Spieß, die genutzt werden sollen und mit denen Jürgen Spieß der SMD weiter und nun zugespitzt wertvolle Dienste leisten kann.

Der Rat nimmt diese Überlegungen in seiner Sitzung im November 1998 positiv auf und führt sie weiter. In seiner Sitzung am 15./16.1.1999 in Vöhl (Edersee) beschließt er mit überwältigender Mehrheit: „Die SMD gründet ein Institut mit dem Ziel, den christlichen Glauben im Dialog mit den Wissenschaften, mit Ideologien und mit anderen Religionen zur Sprache zu bringen."[394] In diesem Sinne wird auch beschlossen, dass das Institut den Namen „Institut für Glaube und Wissenschaft" tragen soll.

---

393 Vgl. die Anlage zu Top 6 der Einladung zur Ratssitzung am 7./8.11.1999.

394 Protokoll der Sitzung, zu TOP 5.

Es soll ein Beirat berufen werden, dem laut Beschlussfassung des Rates auch John Lennox und der Vorsitzende der SMD, Helmut Simon, angehören sollen.[395] Jürgen Spieß soll das Institut leiten. Als Gründungstermin wird der 15.10.1999 festgelegt. Martin Haizmann erklärt sich bereit, für die Übergangszeit bis zum Antritt eines neuen Generalsekretärs als kommissarischer Generalsekretär der SMD tätig zu werden (ab 1.11.1999).

Schon im November 1999, wenige Tage nach seinem Antritt als Institutsleiter, kann Jürgen Spieß von ersten Fortschritten berichten: Die Gründung erfolgte wie vorgesehen am 15. Oktober, der Beirat ist konstituiert, ein Logo ist gefunden, ein Vorstellungsprospekt herausgegeben. Der Etat 2000 ist aufgestellt, das Büro ist in der Privatwohnung von Jürgen Spieß eingerichtet worden. Auch eine Homepage besteht schon. Selbst erste Sponsoren haben sich gefunden und positiv reagiert.[396]

Es ist fast atemberaubend zu sehen, mit welchem Tempo hier aus einer Idee Taten wurden.[397] Aber nun war das Institut da und tut bis heute seinen wichtigen Dienst, seit 2016 unter der Leitung von Dr. Alexander Fink, der zuvor fünf Jahre die Akademiker-SMD leitete. Dass das Institut von Anfang an mehr oder weniger eigenständig und unabhängig von den Hauptarbeitssträngen der SMD arbeitet, mag Vorteile haben, bot und bietet aber auch Konfliktstoff im Blick auf Transparenz und Zuordnung. Es braucht viel wechselseitiges Vertrauen zwischen den beiden SMD-Körpern, die einander zugeordnet sind in Freiheit und Bindung. Da kann man, im Bild gesprochen, links oder rechts vom Pferd herunterfallen. Dass das bisher nicht geschehen ist, verdankt die SMD in hohem

---

395 Beschlussfassung im Rahmen der Ratssitzung am 29./30.5.1999 in Marburg. Dort wird auch beraten, ob und in welcher Form das Institut Eingang in die Satzung/Grundordnung der SMD finden kann.

396 Vgl. die Ratssitzung vom 13./14.11.1999 in Erfurt, Top 3.

397 Nur so kann ich es mir erklären, dass in der großen und wirklich gelungenen Festschrift zum 50-jährigen Bestehen der SMD mit dem Titel „Rechenschaft geben von unserer Hoffnung" kein Beitrag über die Institutsgründung zu lesen ist; leider auch kein Hinweis darauf, dass es im Entstehen ist. Immerhin sind die Beschlüsse dazu schon im November 1998 gefallen.

Maße dem neuen Generalsekretär, Pfarrer Gernot Spies, der sein Amt am 1. September 2000 antrat.

Heko 1999: Der damalige SMD-Vorsitzende Helmut Simon, Eva-Maria Semmelroth, Bodo Volkmann und Jürgen Spieß

50 Jahre SMD

Aber noch einmal zurück: Direkt vor der Institutsgründung, nämlich vom 8.–10. Oktober 1999 fand in Marburg eine besondere Herbstkonferenz statt. Natürlich spielte das Institut schon eine Rolle, es wurde ja fünf Tage später gegründet. Im Rahmen dieser Herbstkonferenz wurde Jürgen Spieß als Generalsekretär nach 15 Jahren Dienst gebührend verabschiedet. Eine eindrückliche Würdigung seines Dienstes hat Helmut Simon im Mitteilungsblatt Transparent veröffentlicht.[398] In der Tat, die hat er verdient. Er hat die bis dahin längste Dienstzeit als Generalsekretär abgeleistet, und nicht nur das: Er hat sich völlig in die SMD hineingegeben. Und es wird deutlich, dass Jürgen Spieß das, was er vor seinem Dienstantritt als Arbeitsschwerpunkte genannt hat, konsequent bis zum Schluss durchgehalten hat (Hörsaalvorträge, kompetente Leiter für die Arbeitszweige, internationale Kontakte). Alle drei Punkte hat er befördert. Ein besonderes Geschenk wurden für ihn die großen und immer weiter wachsenden Kontakte nach Osteuropa und vor allem nach Russland; da konnte er gleich zwei seiner drei Anliegen abdecken: Er war beteiligt am Aufbau der osteuropäischen und russischen Studentenarbeit und war auch in eben diesen Ländern ein

398 SMD-Transparent 4/1999, S.3.

gefragter Hochschulevangelist, zu dessen Hörern auch Professoren der jeweiligen Universitäten in Omsk, Nowosibirsk usw. gehörten.

Das Wichtigste bei dieser Herbstkonferenz war aber das 50-jährige Jubiläum. Das muss ein richtig großes Fest gewesen sein; der Rückblick in der entsprechenden Ausgabe von Transparent zeichnet ein lebendiges Bild vom Ablauf.[399] Zunächst fand ein Empfang für alle ehemaligen und gegenwärtigen Hauptamtlichen direkt vor der Konferenzeröffnung statt. Allein dazu waren mehr als 250 Menschen zusammengekommen. Anschließend ging es in der Evangeliumshalle in Marburg erst richtig los: Um die 1.000 Personen hatten sich eingefunden, um dieses Jubiläum zu feiern. Am Freitagabend ging es um „Geschichte und Geschichten". Fritz Laubach, dem ersten Reisesekretär der SMD, und Jürgen Spieß gelang es offenbar überzeugend, an diesem einen Abend die ganze Geschichte der SMD den vielen Teilnehmenden anschaulich nahezubringen. Der Samstag stand unter der schönen Losung „Auf Jesus hören – mit Jesus reden – zu Jesus einladen". Michael Herbst,[400] Professor für Praktische Theologie in Greifswald, und der schon mehrfach erwähnte John Lennox, Mathematikprofessor aus England, waren überzeugende Redner. Dabei hat Prof. Herbst sich besonders der Frage gestellt, was denn in den deutschen Schulen und Hochschulen fehlen würde, wenn es die SMD nicht

399 Ebd. S. 1f.

400 Michael Herbst war von 1996 bis 2021 Professor für Praktische Theologie an der Universität Greifswald. Zusammen mit Prof. Ohlemacher gründete er 2004 das Institut für Evangelisation und Gemeindeentwicklung (IEEG) an dieser Universität. Es bestand dort bis 2022 und hat große Beachtung erfahren. Inzwischen wird es in Halle/Saale und Österreich weitergeführt. Wie kaum ein Zweiter in den vergangenen Jahrzehnten hat Michael Herbst sich der großen Themen Mission, Evangelisation und Gemeindeentwicklung angenommen. Wesentlich ihm ist es zu verdanken, dass diese Themen auch in der deutschen theologischen Wissenschaft Eingang gefunden haben. Seine Werke sind u.a. „Missionarischer Gemeindeaufbau in der Volkskirche", Erlangen, 1985, „Missionarische Perspektiven für die Kirche der Zukunft". Beiträge zur Evangelisation und Gemeindeentwicklung (BEG), Band 1, Neukirchen 2005, und „Kirche und Mission", BEG 20, Neukirchen 2013.

mehr gäbe. Seine Antwort: „Es würde ihnen fehlen, dass Studierende von Studierenden zu Jesus eingeladen würden, und zwar von Studierenden, die mit der Bibel missionarisch arbeiten und die darum ihren Kommilitonen zurufen: ‚Gott hat in Christus die Welt mit sich versöhnt, darum, bitte, lasst euch versöhnen mit Gott.' Das würde fehlen. Darum könnte und sollte die Unternehmensphilosophie der SMD gegenüber allen Versuchen und Versuchungen diese sein: SMD, das sind die, die mit der Bibel zu Jesus einladen.“[401]

Abends muss es dann sehr festlich zugegangen sein. Wie man damals in Marburg 1.000 Personen gleichzeitig in einem Raum an gedeckten Tischen postieren konnte, ist mir ein Rätsel, aber es muss so gewesen sein; vielleicht wurde ja die Evangeliumshalle dafür ausgeräumt?! Jemand hat diesen Festabend dann als eine Art Vorgeschmack auf das große Gastmahl in der Ewigkeit bezeichnet.

Am Sonntagmorgen hat es einen großen Gottesdienst gegeben, in dem auch „das Bekenntnis unserer Versäumnisse, Sünden und Verletzungen der letzten fünfzig Jahrzehnte seinen guten Ort hatte“.[402] Wie gut, dass es diesen Teil gegeben hat! Es ist immer wichtig, dass nicht vergessen wird, dass auf einer solchen Wegstrecke über viele Jahre hindurch oft Menschen auf der Strecke geblieben sind, dass Lieblosigkeit und Besserwisserei auch vor den Türen der SMD nicht Halt gemacht haben.

---

401 SMD-Transparent Nr. 4, Dezember 1999, Einlage (Transparent-Thema) S. III.

402 Ebd S.2.

23. Die Schwelle zum Jahr 2000 und die ersten Jahre danach – Der 11. September

Bei unserem Gang durch die Geschichte der SMD möchte ich wieder kurz innehalten, um einen Blick in das folgende Jahrzehnt zu werfen. Es geht um einschneidende Ereignisse in Politik und Gesellschaft, aber auch um Entwicklungen im kirchlichen Leben, soweit sie für die SMD wichtig waren. Dabei soll auch deutlich vor Augen stehen, was für eine Jahreszahl sich nach dem Jubiläumsjahr 1999 meldete. Das Jahr 2000 war nicht nur das Jahr nach 1999, es war der Beginn eines neuen Jahrhunderts, ja eines neuen Jahrtausends. Deshalb gab es um die Jahreswende auch besonders eindringliche und nachdenkliche Kommentare, die sich nicht nur mit dem Ertrag des vergangenen und den Aussichten des neuen Jahres befassten, sondern die grundsätzlicher angelegt waren und dem Sinn des Lebens angesichts fliehender Zeit überhaupt nachzuspüren versuchten.

Die Jahreszahl 2000

Es ist keine Frage: Die Jahreszahl 2000 hatte für viele Zeitgenossen durchaus etwas Beunruhigendes. Der Blick richtete sich auf das neue Jahrtausend, und damit auf einen Zeitraum, der ein menschliches Leben um ein Vielfaches überschreitet. Von einer Schwelle war viel die Rede, einer Schwelle, die überschritten werden muss und gleichzeitig Einhalt gebietet. So kann auch sein, dass der im Jahre 1999 bewusst vollzogene Schritt der Evangelischen Kirche in Richtung Mission und Evangelisation mit dieser besonderen Zeit zu tun hatte: Nicht nur die missionarischen Herausforderungen angesichts der wachsenden Zahl der Konfessionslosen wurden neu und grundlegend wahrgenommen; auch der immerwährende Auftrag Jesu zur Mission und Evangelisation ist deutlicher als je zuvor ins

Bewusstsein getreten. Die Anregungen im Vortrag von Eberhard Jüngel vor der EKD-Synode 1999 und die Verlautbarungen der Kundgebung machten deutlich, dass es bei dieser neuen Hinwendung zum missionarischen Auftrag der Kirche nicht nur um eine der Not der Zeit gehorchende Wiederaufnahme handelte, sondern auch um eine grundlegende Wiederentdeckung angesichts der besonderen Zeitkonstellation. Mögen diese Erkenntnisse, die damals eine Rolle spielten, nicht in Vergessenheit geraten, wenn dieses Nachdenken über Sein und Zeit wieder an den Rand gerückt wird.

Der 11. September 2001

Das erste Jahrzehnt des neuen Jahrtausends ist dann tatsächlich existentiell höchst dramatisch gewesen. Das Stichwort lautet 9/11. An jenem schlimmen Datum, das sich in die Geschichte eingebrannt hat, am 11. September 2001, kaperten Terroristen mit islamistischem Hintergrund drei Passagierflugzeuge. Zwei davon steuerten sie in die beiden Türme des World Trade Centers in New York, das dann nach kurzer Zeit in sich zusammenbrach und tausende Menschen unter sich vergrub. Eine bisher nicht für möglich gehaltene, entsetzliche Handlungsweise zeigte von einem Augenblick zum andern, welche Stunde geschlagen hat: Seitdem wissen wir, dass wir in einer Zeit leben, die mehr denn je mit einem zerstörerischen Terrorismus rechnen muss, der in der Lage ist, an jeder Stelle dieser Welt Angst und Schrecken zu verbreiten. Damit ist eine neue Art von Unsicherheit aufgekommen, die angesichts der Verborgenheit und Hinterhältigkeit terroristischer Aktionen immer neu geschürt werden kann. Dass auch nachfolgende Kriege keine wirkliche Lösung bringen, mussten die Amerikaner bitter zur Kenntnis nehmen.

Eine weitere große Verunsicherung brachte die große Finanzkrise im Jahr 2008, die in den USA ausbrach und auch Deutschland nicht verschonte. Mit bisher nie gekannter finanzieller Stützung und verschiedensten Anreizen zur Ankurbelung der Konjunktur konnte sie in Deutschland weithin aufgefangen werden; andere Länder kranken heute noch an den Folgen dieser Krise. Das Zutrauen in das Bankwesen und in die dort tätigen Manager ist in der Folge der Krise deutlich gesunken.

Insofern waren die Anfänge des neuen Jahrtausends nicht gerade vielversprechend. Wenn man noch hinzunimmt, dass Themen wie der weitere Umgang mit der Atomenergie gerade in diesen Jahren immer neuen Streit in Deutschland verursachte und dass die Migrationsdebatte gerade erst begonnen hatte, dann wird bewusst, was für gewaltige Aufgaben auf unser Land warteten.

Der bleibende Auftrag der Gemeinde Jesu Christi

Die Gemeinde Jesu Christi hat Teil an den großen Unsicherheiten und Unwägbarkeiten der Zeit, aber sie ist auch eingebunden in die großen Aufgaben, die hier nur angedeutet werden können. Vor allem aber bleibt sie Jesus Christus als dem Herrn der Kirche und seinem missionarischen Auftrag weiter verpflichtet. Seine Botschaft gehört unter die Leute, gerade da, wo Unsicherheiten grundsätzlicher Art entstanden sind. Da kann es nicht mehr nur darum gehen, dass die Kirche ihre Meinung zu den Fragen der Zeit kundtut und sich fachlicher geben will als die profanen Fachleute. Nein, die Kirche, die Gemeinde Jesu, hat der Welt das zu sagen, was sie sich nicht selbst sagen kann! Sie hat den zu verkündigen, der der einzige Trost im Leben und im Sterben ist. Sie hat der Gefahr der „Selbstsäkularisierung der Kirche" (W. Huber) zu wehren, und angesichts der immer stärkeren Abwendung von Bibel, Kirche und Glauben den lebendigen Gott und Vater Jesu Christi zu predigen, der alles geschaffen hat und erhält. Nur dann, wenn die Kirche auf dieser Spur bleibt und diesem Auftrag treu ist, verdient sie es, weiter Kirche genannt zu werden, „kyriake", wie die griechische Urbildung ja eigentlich heißt, „die zum Herrn Gehörige".

Missionarische Aufbrüche

Nun hat sich diese Akzentsetzung in den ersten Jahren des neuen Jahrtausends durchaus gezeigt. Die Fragen nach dem eigentlichen Auftrag der Kirche wurden und werden insbesondere nach der EKD-Synode in Leipzig neu – und im Unterscheid zu früheren Jahren – positiv gestellt. Insbesondere der langjährige Ratsvorsitzende der EKD, Bischof Dr. Wolfgang Huber, hat sich im Nachgang zu dieser Synode oft in diesem Sinne geäußert. Seine fundamentale Sorge, dass die eigene Kirche einer Art Selbstsäkularisierung verfallen könnte, durchzieht seine Schriften und Vorträge. Er hat auch in eindringlicher Weise dazu beigetragen, dass in seiner Landeskirche, der Evangelischen Kirche in Berlin-Brandenburg-schlesische Oberlausitz (EKBO), unübersehbare Akzente in Richtung eines Gemeindeaufbaus in missionarischer Situation gesetzt werden konnten. Die Schriften „Wachsen gegen den Trend" (1998), „Leitlinien kirchlichen Handelns in missionarischer Situation" (2000) und „Salz der Erde – das Perspektivprogramm der EKBO" (2007) sind durchweg unter seiner Mitwirkung entstanden. In ähnlicher Weise sind in der Rheinischen und der Württembergischen Kirche wichtige Akzente gesetzt worden. In Württemberg ist ein synodaler Prozess unter dem Stichwort „Wachsende Kirche" eingeleitet worden, im Rheinland hießen die Verlautbarungen „Auf Sendung. Mission und Evangelisation in unserer Kirche" (2002) und „Vom offenen Himmel erzählen. Unterwegs zu einer missionarischen Volkskirche" (2006). Eine weitere eindrückliche Verlautbarung ist in der Evangelischen Kirche in der Pfalz („Gehet hin in alle Welt. Missionarische Kirche", 2007); die Reihe der Veröffentlichungen in dieser Richtung lässt sich fast beliebig fortsetzen. Dass darüber hinaus auch die Gemeinschaft Evangelischer Kirchen in Europa (GEKE) den missionarischen Auftrag zu einem Leitthema gemacht hat („Evangelisch evangelisieren. Perspektiven für Kirchen in Europa", 2007), zeigt auf, dass die Fragen und Herausforderungen im deutschen Raum auch andere Länder in Europa betreffen.

Mission als Dauerauftrag

Es ist unverkennbar: Die Evangelische Kirche in Deutschland hat in diesen Jahren verstanden, dass Mission und Evangelisation zentrale Aufgaben der Zukunft sein müssen. Die Schwerpunktthemen und Ergebnisse von Synodaltagungen einzelner Landeskirchen seit 1999 bestätigen dies. Es war ein großes Bemühen vorhanden, den missionarischen Auftrag neu zu sehen und anzugehen. Damit trafen sich die Anliegen der verfassten Kirche in so nie da gewesener Weise mit der Berufung der vielen missionarischen Werke und Einrichtungen in Deutschland, auch der SMD.

Allerdings war damit nicht verbunden, dass nun die missionarischen Werke ihre Arbeit aufgeben und der verfassten Kirche hätten übergeben können. Dass das nicht ging und weiter nicht geht, hatte drei Gründe: Zum einen sind den Gemeindeaufbau betreffende Synodalbeschlüsse oft nicht nachhaltig genug bei der Gemeinde vor Ort angekommen – und das ist auch in den vorliegenden Beispielen nicht anders. Zum anderen lassen viele Ausführungen zu Mission und Evangelisation doch Klarheit und Konsequenz vermissen. Synodalentscheidungen und Arbeitspapiere sind in der Regel das Ergebnis eines Gruppenprozesses, und damit auch Kompromisserklärungen, die von kirchlichem Pluralismus geprägt sind und die oft nötige Einseitigkeit vermissen lassen. Schließlich ist die Gefahr immer gegeben, dass sich eine zu häufige Betonung des missionarischen Auftrags der Kirche inflationär auswirken kann. Plötzlich ist dann alles missionarisch – und damit nichts mehr.

Leider muss festgestellt werden, dass diese Gefahr heute mehr denn je präsent ist. Darum müssen Werke wie die SMD weiter ihren Dienst tun und können sich nicht darauf verlassen, dass ihnen Arbeit abgenommen wird. Werke und Verbände wie die SMD können und sollen sich mitfreuen über die damaligen missionarischen Aufbrüche in der Volkskirche. Sie dürfen und werden aber nicht verkennen, dass Mission und Evangelisation im Sinne der Ergebnisse der EKD-Synode von 1999 nur zeitweise und ausschnittweise die Gemeindeebene erreicht haben. Angesichts der steigenden Zahlen bei den Konfessionslosen in Deutschland (inzwischen ist weit mehr als ein Drittel der Bevölkerung konfessionslos, d. h. ohne feststellbare Beziehung zu einer christlichen, aber auch überhaupt zu einer religiösen Vereinigung) bleibt der missionarische Auftrag Priorität.[403]

---

403 Vgl. Ulrich Laepple/Volker Roschke (Hg.), Die so genannten Konfessionslosen und die Mission der Kirche, Neukirchen 2007.

24. Große Renovierungsarbeiten Corporate Design und Strategieprozess

Aber zurück zur SMD und ihrer Geschichte. Das Jahr 2000 war auch für die SMD sehr wichtig, jedenfalls einschneidend. Wir werden es noch sehen. Nach 15 Jahren Spieß mit „ß" kam nun Spies mit „s" am Schluss. 1999 hatte Jürgen Spieß das Amt des Generalsekretärs abgegeben, zehn Monate später übernahm Gernot Spies.

Gernot Spies (2000–2023)

Auch er war kein Unbekannter, als er seinen Dienst begann, vor allem: Die SMD war ihm nicht unbekannt. Gernot Spies ist im Jahr 1957 geboren, sein Vater war Pfarrer in Rheinland-Pfalz, in Namibia und in Berlin. Von seiner Kindheit an wurde Gernot Spies in den christlichen Glauben eingeführt. In der Jugend machte er in Berlin erste Schritte hin zu einem „selbständigen, missionarisch ausgerichteten Christsein".[404] So öffnete sich für ihn ganz organisch der Weg ins Theologiestudium, er studierte in Berlin, Erlangen und Tübingen. Schon nach dem Ersten Theologischen Examen ereilte ihn der Ruf der SMD in die Studentenarbeit. Gemeinsam mit seiner Frau Magdalene, die er im Jahre 1984 heiratete, bereiste er den damaligen Nordbezirk. Ab 1988 war er Vikar in Berlin und wurde dann Gemeindepfarrer in Berlin, übrigens ganz im Bereich der Gemeinde im Märkischen Viertel, die Hans-Heinz Damm viele Jahre zuvor aufgebaut hatte, nachdem er sein Amt als Generalsekretär der SMD abgegeben hatte (1965).

---

404 Vgl. seinen autobiographischen Beitrag in SMD-Transparent 3/2000.

Das Wechseljahr 2000

Nun also wieder die SMD! Gernot Spies kam in einer Zeit des Wechsels. Zusammen mit ihm begann am 1. August 2000 Sabine Kalthoff ihren Dienst als Leiterin der Studentenarbeit. Martin Haizmann, der dieses Amt jahrelang ausübte und zuletzt noch kommissarisch die Gesamtleitung der SMD innehatte, wechselte in die IFES. Auch die Leitungsstellen in den anderen beiden Arbeitszweigen wurden in dieser Zeit neu besetzt. Ulrich Schlappa kam Ende 1999 in die Akademikerarbeit und Thomas Schorsch Anfang 2001 in die Schülerarbeit. Der Studienleiter, Dr. Sven Grosse, der sich um die Festschrift zum fünfzigsten Bestehen der SMD verdient gemacht hatte, wandte sich im Februar 2001 anderen Aufgaben zu. Und dann war da in Marburg auch das neu gegründete Institut mit Jürgen Spieß, dem ehemaligen Generalsekretär als dessen Leiter. Es ist mir ein Rätsel, wie bei diesen gravierenden Wechseln überhaupt ein kontinuierliches Weiterarbeiten in der Zentralstelle und in der SMD insgesamt gewährleistet werden konnte. Denn obwohl sich die SMD zu Recht immer als eine ehrenamtliche Bewegung verstanden hat, so brauchte und braucht sie doch die wenigen Hauptamtlichen, damit die Arbeit inhaltlich und strukturell vorangebracht werden kann. Und hier ging es nicht um einen der Reisesekretäre, sondern um die Leiter aller Arbeitszweige und den Studienleiter.

Es gibt im Leben manchmal solche Zusammenballungen. In der SMD-Geschichte gab es so etwas 1959/1960 schon einmal. Damals konnte man vielleicht vermuten, dass irgendein nicht lösbares Mitarbeiterproblem den Ausschlag gegeben hatte, dass alle Hauptamtlichen fast zur gleichen Zeit die Arbeit verließen. Jetzt, im Jahre 2000, konnte davon keine Rede sein. Vielleicht hätte man die Wechsel damals zeitlich versetzter gestalten können oder sogar müssen, um dem neuen Generalsekretär die Einarbeitung zu erleichtern. Aber nun war es so, und, wie sich zeigen sollte, es ging richtig gut. Die vernetzenden und kybernetischen Fähigkeiten von Gernot Spies zeigten sich schon sehr früh.

Die Protokollnotizen der ersten Arbeitsmonate von Gernot Spies zeigen, dass er mit dieser Situation gut zurechtgekommen ist. Er war ja auch nicht aus dem Schlaraffenland in die SMD gekommen. Er hatte schon jahrelang in Berlin als Pfarrer gewirkt, und das in einer Gemeinde, die in einem sozialen Brennpunkt angesiedelt ist, im Hochhausgebiet „Märkisches Viertel". In dieser Zeit hatte er die Zusammenführung zweier Gemeinden mitgestaltet und auch als Vorsitzender der Evangelischen Allianz in Berlin gearbeitet. Außerdem kannte er die SMD aus eigenen Reisesekretärszeiten. Auch im Bruderrat hatte er schon mitgearbeitet, und zwar als studentischer Vertreter, lange vor seiner Berufung zum Generalsekretär. So ist er mit Schwung und Freude in die Arbeit eingestiegen und hat das getan, was eine seiner besonderen Gaben ist: Er hat viel und gut zugehört, hat mit den Kollegen in der Zentralstelle intensive Erstgespräche geführt und die drei Arbeitszweige durch persönliche Besuche und die nötigen Gremienkontakte kennengelernt.

Gernot Spies war von 2000 bis 2023 Generalsekretär.

Neue Akzentsetzungen

Im November 2000 kam der Rat der SMD zu einer regulären Sitzung in Neudietendorf in Thüringen zusammen. Dabei gab es zwei Besonderheiten: Zum einen, und daran erinnert der Vorsitzende Helmut Simon, wurde an diesem Ort vor ziemlich genau zehn Jahren die Vereinigung der SM mit der SMD vorbereitet. Zum anderen war es die erste Sitzung mit Gernot Spies als Generalsekretär. Mit ihm beginnt nun nach den 15 Jahren mit Jürgen Spieß gewissermaßen ein neues Kapitel. Denn ein Personalwechsel auf Leitungsebene bedeutet ja immer auch eine neue inhaltliche Akzentuierung. Schön ist es, wenn die Arbeit des Vorgängers wertgeschätzt und nach Kräften fortgeführt wird. Unverzichtbar ist es allerdings, dass neue, eigene Akzente hinzutreten – und das kann auch heißen, dass bisherige Schwerpunkte zurückgestellt oder sogar liegen gelassen werden, damit neue reifen können. Jede Zeit hat ihre eigenen Herausforderungen. Damit muss der leben, der die Arbeit bisher getragen hat, das muss aber auch der vollziehen, der neu in die Arbeit kommt.

So zeigten sich auch bei Gernot Spies durchaus eigene Gedanken, bald auch eigene Akzente und Initiativen, die deutlich machten, was ihm besonders am Herzen liegt. War die Arbeit in den Jahren davor eher nach außen gerichtet, wenn man nur an den unglaublichen Einsatz in Osteuropa und Russland denkt, so kamen nun Überlegungen ins Blickfeld, die das Innenleben der SMD betrafen. Nicht dass der missionarische Auftrag klein geredet wurde, aber wir werden sehen: Gernot Spies sah und förderte Prozesse, die mehr der inneren Stärkung und äußeren Erkennbarkeit der Arbeit dienten. So nannte er schon in dieser Novembersitzung drei Punkte, die ihm für die neue Arbeit wichtig sind: Er möchte erstens, dass sich die Arbeit weiter an der Bibel orientiert und nur an ihr. Er möchte zweitens, dass bei Anstellungen von Mitarbeitern das Berufungsprinzip erhalten bleibt, d. h. dass geistliche Kriterien vorrangig bleiben. Und drittens möchte er, dass die Arbeit weiterhin durch Menschen geprägt wird, die ein missionarisches Anliegen haben. Damit sagte er nicht unbedingt Neues, aber er wusste natürlich um andere Entwicklungen im Kontext der Kirche: Dass die Orientierung an der Bibel im Jahr 2000 nicht mehr selbstverständlich ist, dass inzwischen in der Kirche bei der Anstellung von Menschen geistliche Faktoren nur noch selten gefragt sind und dass Mission und Evangelisation auch in der Kirche nicht gerade Priorität haben.

Ein halbes Jahr später setzte er noch drei Punkte dazu. Inzwischen war er schon mehr drin in der Arbeit, hatte viel zugehört und gesehen und formulierte nun, wieder in einer Ratssitzung, dass ihm die Arbeit in Großstädten besonders am Herzen liege, dass er den Internetauftritt der SMD verbessern möchte, und, ein altes Thema: dass ihm die Regelung der Arbeitsbelastung in der Zentralstelle wichtig sei.[405] Es war verständ-

405 Vgl. Ratssitzung 19.–21.6.2001 in Bischofsheim.

lich und gut, dass Gernot Spies nicht gleich ein ganzes „Regierungsprogramm“ vorlegte. Wer mit so etwas antritt, muss aufpassen, dass er nicht ganz schnell untergeht, angesichts von Erwartungen, die er weckt, aber nicht erfüllen kann. Es wird sich zeigen, dass Gernot Spies mit diesen und anderen Punkten, die ihm am Herzen lagen, sehr konsequent umgegangen ist.

SMD und Ortsgemeinde

Es dauerte nicht lang, dann gab es doch eine programmatische Aussage des neuen Generalsekretärs, die mehr beinhaltete als nur einen Hinweis auf das, was ihm wichtig war. Er kam ja gerade erst aus einer erfüllenden Arbeit als Gemeindepfarrer in Berlin, darum lässt sich verstehen, warum ihm ein Thema besonders am Herzen lag. Im Jahr 2001, also gerade mal ein Jahr nach seinem Dienstbeginn, äußert er „Gedanken zum Selbstverständnis der SMD und ihrer Arbeit“ und setzt mit der Überschrift: „Übergemeindlich, aber nicht gemeindelos“ ein klares Ausrufezeichen.[406] Es beschwere ihn, so schreibt er gleich am Anfang, dass SMDler nach ihrer Zeit an der Uni offenbar nicht wüssten, wo ihr Platz sei. Natürlich, eine mögliche und wichtige Tür sei die SMD-Akademikerarbeit, und die sollte auch durchschritten werden. Nur, so Gernot Spies, der eigentliche Platz, das Aufgabenfeld und die Heimat nach der SMD-Zeit könne nur die Ortsgemeinde sein. Voller Leidenschaft schreibt er: „Am Ende der Uni-Zeit geht es doch erst richtig los! Die Gemeinde braucht dringend erfahrene Mitarbeiter. Das Missionsfeld ist größer als die Universität und die Schule. Was könnte aus der SMD an Erfahrung und Potential ‚zurückfließen‘ in die Arbeit der Ortsgemeinden.“[407]

Insbesondere beschäftigte sich Spies mit dem Verhältnis von freiem Werk und Gemeinde. Er machte deutlich, dass freie Werke wie die SMD sein müssen: Sie seien Bewegungen mit besonderen Berufungen. Sie entwickelten exemplarisch Formen gemeinsamen und missionarischen

---

406 Veröffentlicht in Porta 68 (2001), S. 22f.

407 Ebd.

Lebens. Sie seien stark geprägt durch das Engagement Ehrenamtlicher. Aber sie seien nicht besser als Ortsgemeinden. Sie müssten bewahrt werden vor Überheblichkeit. Der Satz: „Wir arbeiten übergemeindlich“ könne ein gefährlicher Satz sein. Stattdessen müsse das freie Werk wissen, dass es immer Teil der Gesamtgemeinde Jesu sei, Teil am Leibe Christi (nach 1Kor 12). Deshalb „steht es SMD-Gruppen auch niemals zu, sich über den Dienst in anderen Bereichen dieses einen Leibes zu erheben oder sich davon abzusetzen.“[408]

Die SMD, so fährt Gernot Spies fort, habe einen „spezifischen Auftrag“, eben den, der in den Richtlinien so besonders betont werde. Es gehe darum, Schüler, Studierende und Akademiker „zur Begegnung mit Jesus Christus zu bringen, damit sie errettet werden.“ Diese missionarische Aufgabe sei ihr Spezialauftrag. Aber sie begründe keine Sonderexistenz, sondern „geschieht immer stellvertretend für und oftmals auch in Kooperation mit Gemeinden und ist damit letztlich Gemeindedienst.“ Daraus folge, dass SMD-Mitarbeiter eigentlich immer von ihren Gemeinden in den Dienst bei der SMD ausgesandt und gesegnet werden sollten, ob sie nun hauptamtlich oder ehrenamtlich tätig seien. Und ihr Dienst bei der SMD solle im Alltag der Ortsgemeinde regelmäßig vorkommen und umbetet werden.

Markant formuliert er: „Eine lebendige Ortsgemeinde ist mehr als eine SMD-Hochschulgruppe.“ Ein Ausschnitt könne nie das Ganze sein, und das Ganze sei die Gemeinde. Die SMD könne und solle Gemeinschaft auf Zeit sein, aber sie brauche den Anschluss an die Gesamtgemeinde. Sie brauche die geistliche Heimat auf Dauer: „Von dort kommen wir her mit unserer Arbeit, und dort sollte sie wieder einmünden. Die Gemeinde ist der Normalfall des Glaubens.“ Außerdem brauche die Gemeinde missionarisch geprägte Mitarbeiter, die ihre reichen Erfahrungen einbringen, nachdem weithin bewusst sei, dass „Deutschland Missionsland geworden ist.“

408 Ebd.

Fast apodiktisch sagt Spies: „Wenn SMD-Arbeit nicht in die Gemeinde hineinführt, dann hat sie ihr Ziel verfehlt.“ SMD und Gemeinde brauchen einander, und miteinander dienen sie der Ausbreitung des Reiches Gottes. Und dann sagt er noch einmal, am Schluss seiner kurzen Abhandlung, dass „die SMD keine Gemeinde und auch kein Gemeindeersatz ist.“ Ihre Lebens- und Arbeitsformen nähmen ausschnitthaft oder zeitweise gemeindliche Aufgaben wahr, aber sie vollzögen sich immer „im Horizont eines größeren, des Reiches Gottes, eingebunden in den Leib Christi, verbunden mit den Ortsgemeinden, angewiesen auf deren Gebet und Unterstützung.“

Das war ein kräftiges Zeichen des neuen Generalsekretärs, der die SMD bereits aus früheren Jahren kannte und nicht vom grünen Tisch aus seine Thesen verbreitet hat. Seit ihrer Gründung flammte das Thema „SMD und Gemeinde“ immer wieder auf. Aber so markant wie hier ist nur selten dazu aufgerufen worden, den Zusammenhang mit dem größeren Ganzen, eben der Ortsgemeinde, aber auch die Dimension des Reiches Gottes insgesamt, nicht zu vernachlässigen oder sogar zu vergessen.[409] Was wäre den Gemeinden im Land geholfen, wenn sie als sendende Gemeinde die missionarische Kompetenz der SMD-Mitarbeiter wahrnehmen und später dann bei sich einsetzen würden. Was wäre den Mitarbeitern der SMD geholfen, wenn sie wüssten, dass nach ihrem Ausscheiden aus der Arbeit bei der SMD eine Gemeinde auf sie wartet, die ihr geistliche Kontinuität und damit Beheimatung für das ganze Leben schenken könnte. Das von Gernot Spies fast beschworene und zu Recht so betonte Miteinander von SMD und Gemeinde ist im Alltag der Ortsgemeinden leider nicht allzu häufig zu entdecken, jedenfalls, was den Bereich der Landeskirche betrifft. Das nimmt dem Thema aber nicht seine Bedeutung, sondern macht es nur noch dringlicher.

409 Am stärksten stand die Thematik sicher in den Jahren 1967–1974 im Vordergrund.

Corporate Design

Aber es blieb natürlich nicht bei Aufrufen und Absichtserklärungen. Im Herbst 2000 kam mit Ute Dumke eine neue Öffentlichkeitsreferentin.[410] Auch sie war in der SMD keine Unbekannte und hatte schon als Reisesekretärin gearbeitet. Mit ihr und Gernot Spies begann nun eine grundlegende Arbeit zur Förderung eines einheitlichen Erscheinungsbildes der SMD nach außen. Dazu wurde erstmalig in der Geschichte der SMD ein Corporate-Design-Prozess eingeleitet. Da ich selbst einen solchen Prozess sowohl im MBK als auch in der AMD mitverantwortetet hatte, weiß ich, welchen Aufwand das bedeutete. Es geht darum, dass eine Einrichtung ein einheitliches Gepräge bekommt, mit einem klar definierten Motto, das das Alleinstellungsmerkmal dieser Organisation deutlich macht und für alle Arbeitszweige verbindlich ist. Dazu kommt natürlich ein Logo, das grafisch und auch inhaltlich gestaltet sein kann. Das alles bildet dann, wenn der Prozess abgeschlossen ist, die Corporate Identity, sodass drinnen wie draußen sofort klar ist, was die SMD ist (Identität!) und was sie will.[411] Ute Dumke stellte das Anliegen sehr anschaulich

SMD-Logos im Wandel der Zeit.

---

410 Im Herbst 2000 wurde sie als Öffentlichkeitsreferentin tätig; der Beschluss darüber fiel offiziell in der Sitzung des Rates am 11.12.11.2000 in Mücke. Ulrich Schlappa, der als Leiter der Akademikerarbeit neu in der SMD tätig geworden war, sollte sie anleiten. Er war in der ersten Hälfte der 80er-Jahre des 20. Jahrhunderts der erste Öffentlichkeitsreferent der SMD gewesen.

411 „Das Corporate Design (CD) stellt die bekannteste Komponente einer Corporate Identity dar und wird nicht selten synonym verwendet, was jedoch etwas kurz greift. Corporate Design betrifft das visuelle Erscheinungsbild des gesamten Unternehmens: angefangen von der Typographie und Gestaltung des Logos, der Visitenkarten, des Briefpapiers über die elektronischen Medien, wie die Unternehmenshomepage, bis hin zur architektonischen und farblichen Gestaltung des Firmengebäudes oder der Geschäftsräume … Dadurch soll das Unternehmen

dar. Sie schrieb: „Der stets neue Wein des Evangeliums gehört auch bei der SMD immer wieder in neue Schläuche! Wie ein Hausbesitzer ab und zu erkennt, dass nun die Zeit reif ist, eine Renovierung oder gar eine Rundum-Erneuerung vorzunehmen, so sind auch wir – insbesondere von unseren Hochschulgruppen – energisch darauf hingewiesen worden, dass mit unserem Erscheinungsbild im aktuellen studentischen Umfeld ‚kein Blumentopf' mehr zu holen ist."[412]

Natürlich war der Rat der SMD nicht kritiklos bereit, sich einem solchen Prozess zu stellen. Die alten Fragen tauchten wieder auf: Dient das nicht dem Selbstlob, wo doch nur das Loben Gottes im Blick sein sollte? Braucht die SMD so etwas? Und was wird das Ganze kosten? Es wurde aber auch gesehen, dass die SMD sich nach außen bisher nicht gerade attraktiv dargestellt hatte und dass es einer stärkeren Erkennbarkeit dessen, was SMD ist, bedürfe. Der Corporate-Design-Prozess sollte nun dazu helfen, dass, in einem anderen Bild gesprochen, das Schaufenster der SMD für vorübergehende Passanten so anziehend wirkt, dass sie in den Laden gehen, um zu merken, dass da wirklich das zu finden ist, was im Schaufenster angeboten wird. Motoren der Aktion waren Gernot Spies und Ute Dumke, beides keine Experten auf diesem Gebiet, aber hoch motiviert. Mit der Grafik-Design-Firma Buttgereit-Heidenreich gewannen sie eine anerkannte Agentur, die den Prozess über den ganzen Zeitraum hinweg kompetent steuerte und begleitete. Auch wenn solch ein Unterfangen viel Geld kostet und über einen längeren Zeitraum hinweg erheblich Zeit bindet, ist er doch unerlässlich. Das wurde allen Verantwortlichen schnell bewusst. So beschloss der Rat der SMD im November 2001 die Einleitung und Durchführung des Corporate-Design-Prozesses, in den alle Arbeitszweige auf breiter Basis mit einbezogen werden sollten. Durch die Entscheidung, sowohl die Stelle des Studienleiters als auch die Zeitschrift Porta auslaufen zu lassen, war die Finanzierung des Prozes-

---

nach außen und nach innen als Einheit erscheinen." Aus: Google, www.corporate-design, Wikipedia.

412 In: SMD-Transparent, Februar 2003, S. 4.

ses gesichert. Ein Jahr später wurden im Rat die Ergebnisse des Prozesses gesichtet und nach intensiver Diskussion weitestgehend übernommen.

Was waren das für Ergebnisse? Entscheidend wurden drei Begriffe, die den sogenannten Claim bilden und von da ab in allen Veröffentlichungen der SMD sichtbar gemacht wurden. Jeder sollte auf den ersten Blick erkennen können, wofür die SMD steht. Der Claim lautet: *denken. glauben. erleben. SMD.* Hier liegt Spannung im scheinbaren Widerspruch von Denken und Glauben. Doch von Anfang war es der SMD wichtig zu betonen, dass der Glaube das Denken nicht ausblendet, sondern dass der Glaube erst recht zum Denken führt. Müsste das dritte Stichwort dann aber nicht „weitersagen“ heißen? Dazu kommentiert die Agentur: „Gerade weil es uns um missionarische Verkündigung geht, wurde der Claim so formuliert. Er soll nicht nach innen gerichtet sein („Weitersagen“ – das ist unser Auftrag!), sondern in Richtung Zielgruppe zugespitzt werden („Erleben“ – Einladung, Hineinfinden, Mitleben). Unsere missionarische Existenz soll eine kräftige Einladung sein, Zugänge zum Glauben an Jesus Christus zu entdecken.“

Noch einige andere Veränderungen brachte der CD-Prozess. Vor allem das Logo wurde neu gestaltet, in kleinen Buchstaben gesetzt und um ein kleines Kreuz ergänzt, das von manchen sicher als ein Plus gelesen wird. Die Agentur bemerkt dazu: „Der Vorteil liegt in der Mehrdeutigkeit. Es ist zum einen das aus der Ratio (denken) stammende mathematische Plus-Zeichen, zum anderen aber auch ein stilisiertes Kreuz (glauben) in seiner ikonografischen Deutung der Vertikalen als Aktion Gottes, die unsere als Horizontale gekennzeichnete Wirklichkeit durchdringt. Beide Deutungsebenen sind Teil unseres Konzeptes.“ Gegenüber dem vorherigen Logo mit den gewichtigen Großbuchstaben SMD wirkt dieses neue leichter und beweglicher. Zugleich wurde entschieden, den Namen „Studentenmission in Deutschland“ in der Außenkommunikation zurückzustellen und nur noch als offiziellen Vereinsnamen zu führen. Immerhin ging es schon sehr lange auch um Studentinnen und vor allem auch um Schülerinnen und Schüler sowie Akademiker. Das drückte sich dann auch in den ebenfalls neu eingeführten Namen der Arbeitszweige und den entsprechenden Arbeitszweiglogos aus. Fortan hieß es nur noch

Schüler-SMD, Hochschul-SMD und Akademiker-SMD. Rückblickend war das eine Entscheidung von großer Tragweite, brachte sie die drei Arbeitszweige nicht nur äußerlich, sondern auch innerlich näher zusammen. Dem CD-Prozess und sicherlich auch der integrativen Kraft des neuen Generalsekretärs Gernot Spies ist es zu verdanken, dass Bestrebungen eines einzelnen Arbeitszweiges nach mehr Unabhängigkeit vom Gesamtwerk, wir hörten bereits davon, schon lange kein Thema mehr sind. Der Prozess wehte wie ein frischer Wind durch die ganze SMD und brachte die Arbeit in Bewegung – und im Blick auf das Erscheinungsbild sehr nach vorne.

Es gab in diesem Zusammenhang allerdings schmerzliche Einschnitte und Abschiede. Wie schon erwähnt, wurde im Herbst 2002 die SMD-Zeitschrift Porta (mit Nr. 70!) zum letzten Mal unter die Leute gebracht. Vierzig Jahre lang (ja, die biblische Zahl 40!) hat sie vor allem im Blick auf die großen SMD-Themen Glauben und Denken eine Fülle tiefgehender und wegweisender Artikel dargeboten, und das regelmäßig unter einem glaubens- und lebensbezogenen Hauptthema. Die SMD ist durch die Porta sehr bereichert worden, und nicht nur sie. Da ist noch einmal Friedhardt Gutsche zu nennen, der die Anfänge dieser Zeitschrift wesentlich geprägt hat. Stattdessen ist das Mitteilungsblatt Transparent neu ins Blickfeld gerückt. Im Rahmen des CD-Prozesses wurde Transparent nicht nur äußerlich aufgefrischt, sondern auch thematisch ganz neu konzipiert. Neben den Berichten aus der Arbeit, die fortan ab der Heftmitte zu finden waren, wurde ein großer thematischer Teil in der ersten Hälfte der Zeitschrift etabliert, die jetzt im A4-Format erschien. Gernot Spies schrieb dazu: „Transparent soll auf diese Weise nicht nur Nachrichtenmagazin, sondern Impulsgeber sein – aus unserer Arbeit, zum missionarischen Zeugnis, für die Freunde der SMD, wo immer sie Verantwortung tragen im Reich Gottes.“[413] Und in der Tat, SMD-Transparent hat sich gemausert und sein hohes Niveau bis heute behalten, auch dank des Redakteurs und

413 SMD-Transparent Februar 2003, S.3.

Öffentlichkeitsreferenten Christian Enders (seit 2007) und seiner Vorgänger Ulrich Pontes (2003–2007) und Ute Dumke (2001–2003).

Streiflichter aus den Arbeitszweigen

Natürlich konnte es in jener Zeit nicht nur um diesen CD-Prozess gehen. In den Arbeitszweigen ging es mit voller Fahrt weiter. Alles, was für den CD-Prozess an Zeit und Kraft nötig war, wurde zusätzlich eingesetzt. So sei hier nur schlaglichtartig und ausschnitthaft dargestellt, was in diesen Jahren von 2001–2003 noch alles geschah:

- Die studikon 2001 war mit 400 Teilnehmenden ein voller Erfolg und ist seitdem ein wichtiger Impulsgeber und Kristallisationspunkt für die missionarische Arbeit der Hochschulgruppen.[414]

- Ebenfalls 2001 wurde die SMD-Stiftung gegründet.

- Im März 2002 beschloss die Delegiertenversammlung die Durchführung von „Big Idea", einer evangelistischen Aktion, bei der 100.000 Markusevangelien im CD-Format an Hochschulen in ganz Deutschland verteilt werden sollten. Damit wurde das missionarische Bibellesen in der Hochschul-SMD neu belebt.

- Helmut Simon gab sein Amt als Vorsitzender im Sommer 2002 aus gesundheitlichen Gründen auf.[415] Er hat über viele Jahre hinweg der SMD einen großen Dienst getan. Sein Nachfolger wurde zum 1. April 2003 Prof. Dr. Hermann Sautter, der selbst viele Jahre lang

---

414 Vgl. Protokoll der Ratssitzung vom 9. bis 10.6.2001 in Marburg. Die erste studikon fand übrigens bereits 1999 als eine Art Probelauf mit 150 Teilnehmenden unmittelbar vor der großen Jubiläums-Heko statt.

415 Helmut Simon war schon Jahre zuvor durch einen Autounfall schwer verletzt worden.

in den Leitungsgremien der SMD mitgewirkt hat und in den 60er-Jahren Reisesekretär gewesen ist.[416]

- Im Februar 2002 begann ein Supervisionsprozess für die Mitarbeitenden der Zentralstelle. Der Generalsekretär hat lange auf diesen Prozess hingearbeitet, damit die latente Arbeitsüberlastung in der Zentralstelle abgebaut werden kann.[417]

Gernot Spies und Hermann Sautter wurden 2009 beim 60. Jubiläum kreativ.

- Im April 2002 wurde Hans Bürki heimgerufen. Die SMD verdankt ihm viel, um nicht zu sagen: Ohne ihn wären die Anfänge der SMD kaum möglich gewesen.

- Im Jahr 2003 konnten in der Schülerarbeit 38 Sommerfreizeiten durchgeführt werden. Ein Schülerkongress (Schüko) sollte 2004 in Erfurt stattfinden.

---

416 Hermann Sautter wurde am 24. 1.1938 in Giengen an der Brenz geboren. Er ist ein deutscher Ökonom, emeritierter Professor für Volkswirtschaftstheorie und Entwicklungsökonomik an der Universität Göttingen. Von 1959 bis 1960 studierte er an der Universität Tübingen und von 1960 bis 1964 an der Universität Hamburg Wirtschaftswissenschaften. In Hamburg legte er sein Diplom ab und promovierte 1970 zum Dr. rer. pol. Von 1978 bis 1992 war er Professor für Entwicklungsökonomik in Frankfurt am Main. Von 1992 bis zu seinem Ruhestand 2003 war er in Göttingen Professor. Er war von 2003 bis 2012 Vorsitzender der Studentenmission in Deutschland (SMD). Sautter ist seit 1966 verheiratet und hat drei Kinder. Vgl. weitere Informationen bei Google/Wikipedia „Hermann Sautter“ (zuletzt überarbeitet 16.5.2020).

417 Beschlussfassung darüber in der Ratssitzung 19.1.2002 in Bischofsheim, vgl. das Protokoll dieser Sitzung.

- An Maßnahmen der Akademikerarbeit beteiligten sich im Jahr 2003 ca. 2.500 Menschen. Besonders beliebt waren und sind die Silvesterfreizeiten.

Der Strategieprozess

Diese Spiegelstrichinformationen ließen sich mühelos fortsetzen. Die inhaltliche Arbeit blühte und passende Mitarbeitende wurden immer wieder gefunden. Das Geld war und blieb ein Problem, das sich aber wunderbarerweise immer wieder gelöst hat. So konnte es weitergehen, und so ist es auch weitergegangen. Ausführlicher aber soll nun ein zweiter Prozess dargestellt werden, der sozusagen organisch auf den ersten, den CD-Prozess, folgte. Man hatte, wie eben dargestellt, die drei Begriffe *„denken. glauben. erleben.“*, aber damit hatte man noch keine inhaltlichen Schwerpunktsetzungen für alle Arbeitszweige und auch keine Handlungsperspektiven. Der CD-Prozess war wichtig, aber er konnte nur ein Doppelpunkt sein. So ging es also weiter, kaum dass der erste Prozess beendet war. Im Juni 2003 beauftragte der Vorstand den Generalsekretär, ein Arbeitspapier für einen solchen zweiten Prozess zu entwerfen, der in Vorstand und Rat weiterbearbeitet werden sollte. Anfangs sprach man von der Entwicklung eines „Unternehmensleitbildes“. Es wurde die Erwartung ausgesprochen, dass sich aus der Klärung der inhaltlichen Schwerpunkte der SMD Leitlinien für finanzielle und personelle Entscheidungen ergeben könnten.[418] Sodann sollte ein Arbeitspapier zum Thema „Gesamtschau der SMD“ entwickelt werden. „Jeder soll sagen können, was er wozu macht.“[419] Dass es dem Rat ernst war mit diesem Anliegen, wird darin deutlich, dass in den Prozess wieder alle Leitungskreise einbezogen werden sollten. Außerdem sollte ein externer Moderator gewonnen werden, der diesen erneuten und nun deutlich stärker inhaltlich ausgerichteten Prozess begleitete. Wieder im Bild gesprochen: Ist die Renovierung der Räume geschafft, steht die Frage an, wofür die

418 Vgl. das Protokoll der Ratssitzung vom 8./9.11.2003 in Bad Blankenburg.

419 Vgl. das Protokoll der Ratssitzung vom 5./6.6.2004 in Marburg.

Räume denn in Zukunft genutzt werden sollen. Offenbar war es die klare Absicht des Rates, dass es nicht einfach weitergehen sollte wie bisher. Zur äußeren Renovierung musste nun die Nutzungsfrage treten.

Damit war ein gründlicher und mehrjähriger Prozess eingeläutet, kurz Strategieprozess genannt. Er sollte drei Fragen beantworten: die Frage nach dem WARUM (Vision), die Frage nach dem WIE (Strategie) und die Frage nach dem WAS (Maßnahmen).[420] Dass dies die ganze Arbeit forderte und in vielen Sitzungen und Sondertreffen behandelt werden musste, lässt sich denken. Aber das Ergebnis lässt sich sehen! In der Ratssitzung von September 2006 werden die „Neun Strategische[n] Prioritäten der SMD" einstimmig beschlossen. Dabei werden die drei Hauptbegriffe aus dem CD-Prozess jeweils dreifach ausgelegt und entfaltet. So ergibt sich die Zahl neun und graphisch damit ein Neuneck.

Wie lauten nun die neun Prioritäten?[421]

GLAUBEN

1. Hören und Beten
2. Menschen für Christus gewinnen
3. Zur Jüngerschaft anleiten

DENKEN

4. Den Glauben denkend verantworten
5. Gesellschaftliche Herausforderungen erkennen
6. Globalität wahrnehmen

ERLEBEN

7. Gemeinsam Glauben leben
8. Lebenserfahrungen verbinden
9. In der Gemeinde leben

420 Vgl. das Protokoll der Ratssitzung vom 12./13.11.2005 in Marburg.

421 Ausführlich dargestellt und kommentiert wurde dieser Strategieprozess in SMD-Transparent 1/2007. Siehe auch Anhang dieses Buches.

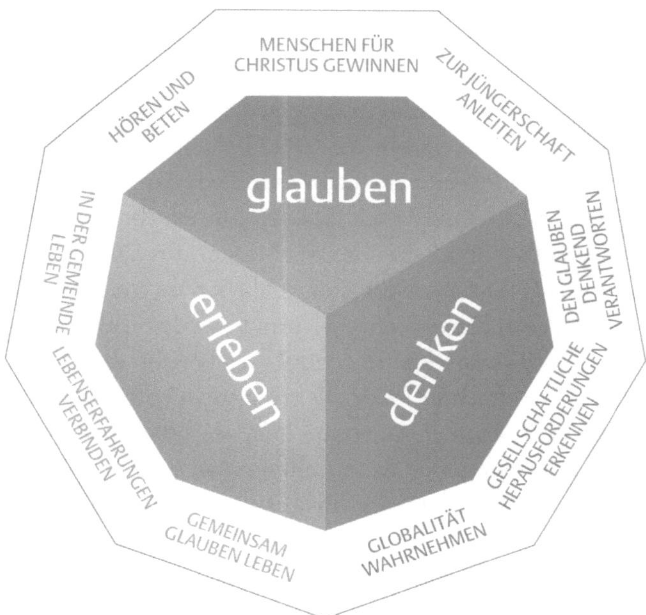

Mit diesen neun Punkten hat sich die SMD zum ersten Male in ihrer Geschichte erstaunlich einprägsame Arbeitsleitlinien gegeben, die immer wieder abgefragt werden können und auch nach außen erkennen lassen, was die SMD sein und was sie tun will. Zugleich kann jederzeit überprüft werden, ob sich hier oder dort Schwachstellen ergeben haben, die ein Nachbessern erfordern. Das Neuneck bietet dabei eine hervorragende Anschauung. Damit hat die SMD als Frucht der intensiven Arbeit ein neues Logo mit Claim sowie ein einheitliches Design, und nun die neun strategischen Prioritäten, die sogar in konkrete Impulse für jeden einzelnen Arbeitsbereich mündeten.

Es war sicher an der Zeit, eine Art Großrenovierung des Hauses SMD vorzunehmen, nach so vielen Jahren intensivster Arbeit nach außen. Dafür waren die Jahre 2000–2006 mit neuem Generalsekretär, neuen Arbeitszweigleitern und neuen Öffentlichkeitsreferenten offenbar ein richtiger Kairos.

Die Grundfrage, die sich stellt, ist, ob künftige Generationen auch weiter erkennen, was für die Leitungsgremien und den Generalsekretär jetzt selbstverständlich war und ist: Dass nach wie vor der missionarische Auftrag die höchste Priorität in der SMD behalten muss. Die Rede von „neun strategischen Prioritäten" kann den Blick dafür verstellen, dass ja diese eine Aufgabe, Menschen zu Jesus zu führen, das Kerngeschäft der SMD ist und bleiben muss. Da das M=Mission für die erste Wahrnehmung nur noch als Buchstabe erhalten geblieben ist, muss bei aller Hochachtung im Blick auf dieses Neuneck immer wieder erklärt werden, dass es innerhalb dieser Graphik eine Zentralaufgabe gibt, die für den unvoreingenommenen Betrachter jedenfalls nicht mehr sofort erkennbar ist.

Damit sei auch deutlich unterstrichen, was die Väter und Mütter dieser Prozesse immer gesagt haben, allen voran Gernot Spies selbst: Die Ergebnisse des Corporate-Design-Prozesses und des Strategieprozesses sind keine neuen Richtlinien. Diese Ergebnisse bleiben den Richtlinien untergeordnet und sind eher zeitgemäße Entfaltungen insbesondere der Artikel 2a und 2b. „Dass sie errettet werden" bleibt der Hauptauftrag der SMD. Damit hatte die SMD Arbeitsleitlinien, die der Einheit dienen und die helfen können, besser zu verwirklichen, was der SMD aufgetragen ist.

25. Entwicklungen, Gefährdungen und Hoffnungen – 70 Jahre und mehr

Gestalt und Geist

Die Arbeit an diesen strategischen Prioritäten hat viel Kraft gekostet. Wie viel das war, zeigt eine Protokollnotiz aus diesen Jahren. Als es um die Frage ging, wie denn nun mit den neun Prioritäten weiter verfahren werden soll, hat ein Teilnehmer der Ratssitzung offenbar ausgerufen: „Wir sind erschöpft." So steht es im Protokoll der Sitzung vom 10./11.11.2007. Umso erstaunlicher ist es, dass die drei Arbeitszweige und auch das Institut, das ja in den Strategieprozess integriert war, in diesen Jahren ausgesprochen positive Meldungen zu Protokoll gaben, gerade was die Inhalte der Arbeit anbelangte. Es ist ganz deutlich, dass die geistlich-missionarische Arbeit nicht gelitten hat. Auch neue Leitungspersönlichkeiten konnten gewonnen werden und haben sich mit Freude und Niveau in die SMD eingebracht.

So übernahm im Jahre 2006 die Lehrerin Kerstin Sulzberger die Leitung der Schüler-SMD.[422] Auf sie folgte 2012 der Berliner Pastor Jürgen Schmidt, der das Amt bis Ende 2022 ausübte. Auf Ebene der Gesamt-SMD beendete

Der Leiterkreis 2011: Anette Kobler, Volker Koenig, Kerstin Sulzberger, Alexander Fink, Gernot Spies

422 Vgl. Ratsprotokoll vom 12./13.11.2005. Kerstin Sulzberger war vorher Reisesekretärin im Team der Schüler-SMD.

Bis zu 1.000 Teilnehmende kamen in den 2000er-Jahren zur studikon, die sich zu einem wichtigen Impulsgeber der Arbeit entwickelt hat.

2007 Öffentlichkeitsreferent Ulrich Pontes seine vierjährige Tätigkeit, ihm folgte der Historiker und Journalist Christian Enders.[423] In der Hochschul-SMD war die Diplomromanistin Sabine Kalthoff zehn Jahre lang verantwortlich für die Leitung; dann ging ihr Weg nach Kanada zum Abschluss ihres Theologiestudiums und später in den weltweiten Dienst für Bibelstudium und Verkündigung bei der IFES. Für sie kam 2011 Pfarrer Markus Heide aus Greifswald, der ebenfalls zehn Jahre blieb und somit für Kontinuität sorgte. Im Jahr 2021 übergab er dann an Hans-Markus Haizmann, der zuvor die internationale Studentenarbeit leitete. In diesen ganzen Jahren kamen aus der Hochschul-SMD ausgezeichnete Zahlen. So fanden sich bei der zweijährlich stattfindenden Studierendenkonferenz (studikon) im Jahr 2007 rund 800 Studentinnen und Studenten zusammen – was für eine Zahl! Auch die Akademiker-SMD berichtet

---

423 Vgl. Ratsprotokoll vom 2./3.6.2007.

von einer großartigen neuen Konferenz namens Akademikon (2007) und von übervollen Silvesterfreizeiten. Dort hatte der Physiker Dr. Alexander Fink im November 2009 die Leitung übernommen[424]; sein Vorgänger Ulrich Schlappa wechselte in ein Pfarramt in der Evangelischen Kirche von Westfalen.

Rundherum erfreulich lief es auch im Institut. Alle Berichte aus diesen Jahren zeigen es an. Vor allem der vom Institut produzierte und auf DVD erhältliche Dokumentarfilm „Faszination Universum" wurde ein richtiger „Hammer".[425] Aber auch im Institut gab es bald eine richtig große Veränderung. Der Pionier, Begründer und erste Leiter, Dr. Jürgen Spieß, ging am 31.1.2015 in den Ruhestand; rund 15 Jahre hatte er das „Institut für Glaube und Wissenschaft (IGUW)" geleitet, und das mit großer Kompetenz und enormem Einsatz. Inzwischen ist es nicht mehr wegzudenken und tut einen wichtigen fächerübergreifenden und apologetisch wirksamen Dienst für die SMD, aber auch weit darüber hinaus. Dr. Spieß ist im Rahmen der Herbstkonferenz 2015 würdig verabschiedet worden. Auf ihn folgte der Physiker Dr. Alexander Fink, der bis dahin die Akademiker-SMD geleitet hat. Unterstützung bekam Alexander Fink ein Jahr später durch einen neuen theologischen Referenten des Instituts, Prof. Dr. Matthias Clausen. Dieser war kein Unbekannter, war er doch zuvor sechs Jahre als Hochschulevangelist im Auftrag der SMD im ganzen Land unterwegs. Professor Clausen hat an der Evangelischen Hochschule Tabor in Marburg mit einer halben Stelle die „Karl Heim-Professur für Evangelisation und Apologetik" inne.

Die Leitung der Akademiker-SMD übernahm 2015 Pfarrer Thomas Drumm. Ihn kannte man in der SMD schon als Reisesekretär der Schülerarbeit, im Jahr 2000 hatte er sogar kommissarisch die Leitung der

424 Vgl. Ratsprotokoll vom 15.3.2009.

425 Ebenso wie der zweite Dokumentarfilm „Mehr als mein Gehirn" wurde er 2019 vom Landesmedienzentrum Baden-Württemberg zum Einsatz im Schulunterricht empfohlen.

Schüler-SMD inne. Jetzt aber kam er aus einer blühenden Gemeindearbeit in der Evangelischen Kirche der Pfalz.

Schließlich gab es auch im Amt des Vorsitzenden einen großen Wechsel. Prof. Dr. Hermann Sautter beendete seinen Dienst am 31.3.2012[426], sein Nachfolger wurde Prof. Dr. Dr. h.c. Paul-Gerhard Reinhard, emeritierter Physikprofessor aus Erlangen, der zuvor schon jahrelang im Rat der SMD mitgewirkt hatte. Er übernahm das Amt des Vorsitzenden nur einen Tag später. Bei der SMD-Herbstkonferenz 2012 wurde Hermann Sautter zusammen mit seiner Frau Helga ausführlich gewürdigt. Er hat sich in der Tat wie wenige andere um die SMD verdient gemacht. Schon in den 1970er-Jahren sind wir ja auf einen seiner so wichtigen Einsätze für die SMD gestoßen![427]

Was für eine Freude, wenn man diese Namen und Zahlen sieht! Überfällige Arbeiten an der Struktur müssen nicht zu Einbußen in der inhaltlichen Arbeit führen. Das gibt es natürlich auch, aber das hat dann meist andere Gründe. Wenn man strukturelle Veränderungen erst dann vornimmt, wenn die inhaltliche Arbeit nicht mehr vorankommt (oder z.B. Kirchenaustritte dazu zwingen), dann allerdings gibt es weitere Einbrüche im Handlungsbereich, oft auch resignative oder sogar aggressive Stimmungen. Das war in diesen Jahren bei der SMD Gott sei Dank ganz anders. Die strukturellen Veränderungen entwickelten sich im Zuge einer blühenden Arbeit und nicht erst nach einem Niedergang.

---

426 Vgl. Ratsprotokoll vom 2./3.6.2012.

427 Kurz vor seinem Ausscheiden schenkte Hermann Sautter der SMD noch ein spannendes Buch, für das er als Herausgeber viel investiert hat und das viele Anliegen der SMD eindrücklich zur Sprache bringt. Vor allem geht es da um das Verhältnis von Glauben und Denken. Der Titel heißt: „Wer glaubt, weiß mehr!? Wissenschaftler nehmen Stellung." Es wurde vom Brockhaus-Verlag, Wuppertal 2008, verlegt und als Veröffentlichung des Instituts für Glaube und Wissenschaft verbreitet.

Religionsfreiheit und Menschenrechte

Natürlich hat sich die SMD nie auf irgendwelchen Lorbeeren oder Erfolgen ausruhen können. Wenn Erfolge da waren, und die gab es immer wieder, dann war das ein Geschenk Gottes, der fähige Mitarbeiter eingesetzt und in ihrem Dienst gesegnet hat. Überhaupt kann man sagen, dass der lebendige Christus bei allen Hochs und Tiefs der SMD seine Hand über der Arbeit gehalten hat. Denn Tiefs hatte die Arbeit auch, wir haben es gesehen. Da waren innere Zerreißproben, z. B. um den Namen SMD, um die Richtlinien oder weil Mitarbeiter uneins waren über den Weg der Arbeit. Da waren auch äußere Anfeindungen, z. B. in der Zeit der Auseinandersetzungen mit der ESG, im Ringen mit der Studentenbewegung und im Blick auf theologische und gesellschaftliche Positionen der SMD, die nicht zum gesellschaftlichen Mainstream passten.

So wurde auch schon früh nach 2000 deutlich, dass der Wind an den Universitäten schärfer zu wehen begann. In seinem Rechenschaftsbericht 2012 teilt Markus Heide mit, dass es immer schwerer werde, in den Hochschulen Räume für Veranstaltungen der SMD zu bekommen. Im Rat werde überlegt, ob ein Krisenmanagement entwickelt werden müsse.[428] Und das alles auf dem Hintergrund einer ständig wachsenden Arbeit mit viel Zulauf! Gott sei Dank hatte sich der oben beschriebene Wind dann wieder etwas gelegt, um allerdings ab 2015 neu aufzufrischen.[429] So musste an mehreren Universitäten das Recht neu erkämpft werden, einen eigenen Platz im Meinungsspektrum auf dem Campus und damit auch einen Anspruch auf Räume und Veranstaltungen in den Hochschulen zu behalten oder neu zu gewinnen. Der Gegenwind ging dabei sowohl von den Hochschulleitungen aus als auch von den studentischen Selbstver-

428 Vgl. Ratsprotokoll 9.–11.11.2012.

429 Vgl. Ratsprotokoll 10.–12.11.2017. Hier berichtet Markus Heide (siehe zu TOP 3) sinngemäß, dass etwa 30 SMD-Hochschulgruppen bei studentischen Selbstverwaltungen oder Hochschulleitungen Probleme (gehabt) haben, den offiziellen Hochschulgruppenstatus zu erhalten. Als Tendenz stellt sich heraus, dass Hochschulen heute unterscheiden zwischen religiösen Handlungen (z. B. Lobpreis und Gebet) und öffentlichen Vorträgen.

waltungsorganen. Dabei war es zum Teil ein antichristlicher oder antireligiöser Reflex, der verkannte, dass auch Atheismus eine Weltanschauung wie die Religionen ist. Zum anderen Teil war es ein fehlendes Verständnis für die deutsche Verfassungstradition einer „positiven Neutralität" des Staates gegenüber Religions- und Weltanschauungsgemeinschaften, die besagt, dass weltanschauliche Neutralität gerade nicht im Ausschluss von Weltanschauungen besteht, sondern darin, allen einen gleichen Platz zuzugestehen. Mal halfen persönliche Kontakte, mal und zunehmend aber auch das unbestreitbare Argument, dass gerade die Universität der Ort ist, an dem die Freiheit der Meinungsäußerung vorherrschen muss!

Um das Thema Religionsfreiheit an Hochschulen öffentlich ins Gespräch zu bringen, entschied der Rat nach einem Konzeptentwurf des Öffentlichkeitsreferenten Christian Enders, anlässlich des 70-jährigen Jubiläums einen Festempfang zu veranstalten. Keine interne Feier sollte das werden, stattdessen wollte man Vertreter aus Politik, Kirche und anderer Werke einladen. Der Ort sollte besonders sein, und der Redner auch. Tatsächlich gelang es, die prachtvolle Aula der Universität Marburg zu buchen, die in der Regel nur universitätsinternen Veranstaltungen offensteht. Als Referent konnte der Menschenrechtsexperte und ehemaliger UN-Sonderberichterstatter für Religionsfreiheit, Prof. Dr. Dr. h. c. Heiner Bielefeldt, gewonnen werden. Er hat sich zum Thema dann auch unmissverständlich klar geäußert.[430] So betonte er, dass „Religionsfreiheit ein Freiheitsrecht ist, das nicht nur aus historischen Gründen Eingang in die internationalen Menschenrechte gefunden hat. Sie gehört zum Kanon der Menschenrechte unverzichtbar hinzu … Die Säkularität des Staates braucht ihrerseits einen kritischen Maßstab, anhand dessen sie sich ggf. als liberal bewähren kann. Diese Funktion übernimmt die Religionsfreiheit, die insofern die Grundlage einer liberalen, offenen, inklusiven Säkularität bildet." Und bezogen auf die SMD

430 So hielt Prof. Dr. Dr. h. c. Heiner Bielefeldt beim Festempfang am 24.9.2019 einen sehr ermutigenden Vortrag; ebenso deutlich erklärte sich auf der Jubiläums-Herbstkonferenz Prof. Dr. Michael Herbst. Der Vortrag von Prof. Bielefeldt ist in SMD-Transparent 1/2020 in Auszügen abgedruckt worden.

und die Probleme im Blick auf die Präsenzmöglichkeiten an den Universitäten, setzt er fort: „Gruppen wie die SMD zeigen vor allem im öffentlichen Raum der Hochschulen und der Universitäten Präsenz. Dafür bietet die Religionsfreiheit als Menschenrecht und als Recht auf öffentliche Manifestation der eigenen Überzeugungen eine starke Berufungsgrundlage. Diesen Raum einzufordern, ist nichts anderes als die Wahrnehmung eines verbrieften Grund- und Menschenrechts. Wenn die SMD also öffentliche Räume an den Hochschulen nutzen will, dann sollte das nicht als Religionsklientelismus abgetan werden. Beim Einfordern öffentlicher Räume geht es nicht nur darum, für den eigenen Glauben Zeugnis abzugeben, vielmehr steht dies zugleich exemplarisch dafür, dass wir eine offene, pluralistische Gesellschaft sind und bleiben wollen. Das Einfordern dieses Raums auch für religiöse Aktivitäten in der Uni ist insofern ein Beitrag zur demokratischen Kultur, die ohne Menschenrechte nicht gedeihen kann. Dies stärkt und befestigt zugleich die recht verstandene Säkularität.“[431]

Das waren und sind starke Worte – und überzeugende zugleich. Es steht zu hoffen, dass diese Aussagen auch an den deutschen Hochschulen neu gehört und berücksichtigt werden. Das Problem ist ja gegenwärtig, dass sich unsere Gesellschaft zunehmend polarisiert und radikalisiert und dass es einen bestimmten Mainstream gibt, eine *political correctness*, der zu widersprechen sehr schwer ist. Denn einem Widerspruch folgt heute in den sozialen Medien leicht ein ganzer Sturm von hasserfüllten und verunglimpfenden Aussagen, die wiederum Polarisierungen fördern, statt dass sie einen offenen Diskurs und die freie Rede fördern würde. Was die SMD hier bisher noch eher im Kleinen erlebt hat und erlebt, erleben Politiker und Kirchenführer im Großen, wenn sie unpopuläre Äußerungen von sich geben. Die so offene und sich ausgesprochen liberal gebende Gesellschaft hat hier ihre erkennbar wachsenden Schwächen, Gefährdungen und Tendenzen zur Intoleranz.

431 Vgl. SMD-Transparent 1/2020, S. 5f.

EXKURS: „Meine" SMD, Teil 2

An dieser Stelle sei etwas über mein besonderes Erleben mit der SMD in den Jahren 2011–2017 eingeschoben, ein zweiter Teil zu „meiner" SMD, nachdem ich ja schon für die Jahre 1964 und 1965 einen ersten Teil vorgelegt habe, als ich noch Student in Heidelberg war. Nun also der zweite Teil, meine Zeit als Mitglied des Rates der SMD, was ich mir angesichts meines Alters damals nicht im Traum hätte vorstellen können. Aber als ich dem damaligen Vorsitzenden Hermann Sautter bei seiner Anfrage fast entgeistert entgegenhielt, dass ich doch mit bald 70 für dieses Amt viel zu alt sei, sagte er nur, dass er noch älter sei. Das gab mir Mut. Dass ich dann über sechs Jahre hinweg der an Jahren Älteste in diesem Kreis war, habe ich kaum mehr gemerkt.

Bischof Hans-Jürgen Abromeit und Hartmut Bärend auf der Heko 2007.

Ich habe diese Jahre als Ratsmitglied genossen, ja sie als unverdiente Gnade empfunden, denn wer wird schon im Ruhestand noch über sechs Jahre hinweg in eine so verantwortliche Arbeit gerufen! Tief bewegt hat mich der geschwisterliche Geist, die Bereitschaft, aufeinander zu hören und die ganze Sitzung auch geistlich zu durchdringen. Es gab jedenfalls keine Sitzung, auf die ich mich nicht gefreut hätte. Dass ich das nach über 30-jährigem Reisedienst immer noch oder wieder sagen konnte, heißt eine ganze Menge. Denn eigentlich hatte ich genug von der Reiserei. In dieser Ratszeit bin ich auch viel inhaltlich für die SMD unterwegs gewesen. Dabei habe ich die Arbeitszweige nicht nur vom Sitzungstisch, sondern live erlebt. So konnte ich an einer Regionaltagung der Hochschul-SMD in Bayern teilnehmen. Was war da für ein Leben, für eine Freude am Wort

Gottes, für eine gute Gemeinschaft unter der Federführung der Regionalreferentin Erdmuthe Schmidt (später Erdmuthe Gubelt), die die erstaunliche Gabe erkennen ließ, viel zu delegieren und doch die entscheidenden Fäden in der Hand zu behalten. Dankbar und ermutigt bin ich aus Nürnberg nach Berlin heimgekehrt.

Zweimal führte mich der Weg zu 55plus. Da fand ich Menschen meines Alters, alte Freunde aus Studentenzeiten, aber auch SMDler, von denen ich bisher nur die Namen kannte. Da gab es ein hochqualifiziertes Leitungsteam, das die Tagungen, die zweimal im Jahr stattfinden, liebevoll vorbereitete. Mein Auftrag war es, themenorientierte Bibelarbeiten zu halten, wie ich es auch meist sonst mit Freude getan habe. Zweimal bin ich bei den großen ACM-Tagungen im Westerwald dabei gewesen – und habe nur gestaunt. Erwartet hatte ich einen überschaubaren Kreis von Medizinern und sah es als besondere Ehre an, dort einmal dabei sein und sprechen zu können. Zu meiner großen Überraschung traf ich aber auf ca. 230 Menschen; davon waren etwa 120 praktizierende Ärzte, 30 oder 40 hatten ihre Ehepartner mitgebracht, aber darüber hinaus waren auch viele Medizinstudenten da. Was für eine Freude und Ehre! Ich hatte und habe gerade von Ärzten in meinem Leben so viel Hilfe erfahren, war auf so großartige Persönlichkeiten getroffen – und nun sollte und konnte ich ihnen etwas zur Stärkung ihres Lebens und Glaubens bringen. Bei meinem zweiten „Auftritt“ in diesem Kreis war mir das Thema freigestellt. In meinem Eröffnungsvortrag sollte ich die gerade angereisten Teilnehmer „abholen“, d. h. nicht überfordern. Da kam mir die Idee, den Vortrag zum Thema „In der Sprechstunde Jesu“ zu halten. Es hat mir Freude gemacht, Szenen aus dem Leben Jesu aufzugreifen, die dem Mediziner helfen können, seinen Dienst noch stärker aus dem Blickwinkel Jesu heraus zu gestalten.

Was für mich und auch für meine Frau besonders spannend war: Wir wurden von Markus Heide eingeladen, an der legendären Studentenfreizeit in Baltrum teilzunehmen, sozusagen als „Special Guests“ unter lauter jungen Leuten. Das war mehr als ungewöhnlich und für uns beide herausfordernd, denn es ist lange her, dass wir mit lauter jungen Menschen über eine Woche lang zusammengelebt haben – und das in einem

Tagungshaus für Jugendliche. Es war eine großartige Zeit auf einer bezaubernden Insel, in der wir beiden Älteren regelrecht gelöchert wurden mit Fragen zu Glauben und Leben, wobei aktuelle Themen wie Liebe, Sexualität, Pornographie und anderes nicht ausgespart wurden. Es war gute Tradition, für diese Mitarbeiter-Schulungsfreizeit erfahrene Christen als Gesprächspartner für die oft jungen Studierenden als Gäste einzuladen. Meine Frau und ich werden diese Tage nie vergessen. Schade nur, dass die Tradition dieser besonderen Freizeit später aufgegeben werden musste.

Es gab noch viele andere Begegnungen dieser Art in den Jahren 2011–2017. Ich konnte ganz viel vom Reichtum der SMD-Arbeit kennenlernen. Auch zu den Hauptamtlichen der Schüler-SMD wurde ich eingeladen. Eine Regionaltagung der Akademiker-SMD konnte ich ebenfalls besuchen und thematisch mit begleiten. Natürlich erlebte ich auch das bunte Treiben bei verschiedenen Herbstkonferenzen und bei den Begegnungen des Rates mit den Hauptamtlichen in Haselbach/Rhön. Und was ich noch gar nicht wusste: Jedes Jahr am ersten Adventswochenende findet in Woltersdorf bei Berlin auch so eine Art Gesamtkonferenz statt, keine Herbstkonferenz, aber doch eine Zusammenkunft von Jung und Alt, von Schülern, Studierenden und Akademikern, bunt gemischt, nun eben mehr aus dem Gebiet der ehemaligen DDR, ganz und gar SMD-verbunden. Da bin ich auch gewesen, wie sonst auch mehrfach mit meiner Frau zusammen, und habe mich über diese so besondere Veranstaltung, die über Jahrzehnte hinweg von Hartmut Zopf verantwortet wurde, sehr gefreut.

Ja, ich hätte nie gedacht, dass ich „auf meine alten Tage“ noch einmal so herumkommen würde und der SMD etwas von dem zurückgeben könnte, was sie mir damals während meines Studiums geschenkt hat. Denn, das habe ich bereits in meinem ersten Teil von „Meine SMD“ geschrieben: Ich weiß nicht, ob ich ohne diese Zugehörigkeit zur SMD in meiner Heidelberger Zeit so durch das Studium gekommen wäre. Die historisch-kritische Forschung „blühte“ überall in Deutschland, natürlich auch in Heidelberg, und hat manche jungen Theologen wieder vom Theologiestudium abgebracht. Ich stand auch davor. So war die SMD mit ihrer geistlichen Klarheit, ihrer Liebe zur Bibel, ihrem spürbaren Gebetsleben, ihrem missionarischen Eifer, ihren reichen Gemeinschaftsangeboten eine

Wohltat für mich. Dazu kam die erfrischende Tatsache, dass sich bei der SMD Studienrichtungen aller Art zeigten und dass die Theologiestudenten zwar eine große Gruppe bildeten, aber nicht allein die geistliche Richtung bestimmten. Es ist eben etwas anderes, wenn sich neben den Theologen z.B. auch Juristen, Physiker, Mathematiker und angehende Lehrer zu Themen des Glaubens äußerten.

Weiter in den Bahnen der Berufung

Nun zurück zur „offiziellen" Geschichte der SMD. Die Jahre bis 2019 waren wie immer in der SMD von viel Arbeit, aber auch von Arbeitsfreude geprägt. Immer wieder steht mir das Wort des früheren Rheinischen Präses Paul Humburg vor Augen, der ja gesagt hat: „Ein Werk ist dann unüberwindlich, wenn es in den Bahnen der Berufung bleibt." So habe ich auch meine sechs Jahre im Rat der SMD erlebt: „Hauptsache ist immer, dass die Hauptsache die Hauptsache bleibt." So hat es einer der Großen der Erweckungsbewegung im ausgehenden 19. Jahrhundert formuliert (T. Christlieb) und auf Christus bezogen – und so blieb es auch in der SMD in den vergangenen Jahren. Bei allem, was auch weiterhin strukturell bearbeitet werden musste, blieben doch die Punkte 2a und b der Richtlinien Zentrum aller Arbeit. Keine Sitzung, in der nicht Gottes Wort ausgelegt wurde, keine Sitzung ohne gemeinsames Gebet, keine Sitzung ohne Ringen um Einmütigkeit, keine Sitzung ohne das Leben aus der Dankbarkeit, keine Sitzung ohne den Blick auf die missionarische Herausforderung. Was hat Gott nicht alles an Gutem für die SMD getan und tat es weiter! Und mit welch treuer Haushalterschaft hat die SMD gearbeitet und tut es weiter.

So habe ich es auch jedes Jahr mit den Finanzen erlebt. Was ich inzwischen in unzähligen Protokollen nachgelesen habe, erlebte ich in meinen Ratsjahren live mit: Das Wunder, dass zum Jahresende der Haushalt doch ausgeglichen werden konnte, einfach weil – oft auch nach Spendenbriefen des Generalsekretärs – plötzlich doch genug Geld da war. Als einmal noch mehr Geld benötigt wurde, einfach, weil vor allem die Arbeit mit Studierenden immer mehr wuchs und darum mehr Mitarbeiter brauchte,

Das gesamte SMD-Hauptamtlichenteam auf der Heko 2016.

da gelang es im Jahre 2016, eine großartige Fundraising-Kampagne zu starten, mit dem Titel „Raum schenken. Gemeinsam weiter wachsen". Eine brillant gemachte Sondernummer von SMD-Transparent bot von Anfang bis Ende anschauliche Informationen über den Stand der Arbeit und die Entwicklung der Arbeitszweige. Das Echo war bewegend: Der Herr im Himmel hatte wieder ein Wunder getan: Das nötige Geld war da, und sogar noch etwas mehr! Vor allem haben viele Spenderinnen und Spender ihre Daueraufträge für die SMD angehoben, sodass sich der Segen der Kampagne auch auf die kommenden Jahre auswirken konnte und kann. In diesem Heft finden sich Zahlen und Fakten über den gegenwärtigen Stand der Arbeit. Hieraus wird umso deutlicher, wie lebendig sich die SMD weiterentwickelt hat – und wie sinnvoll es ist, weiter in diese gesegnete Arbeit zu investieren:

- Was die **Schüler-SMD** betrifft, so wird von ca. 600 Schülerkreisen berichtet. Auch wenn die Bedingungen durch Ganztagsunterricht, sinkende Schülerzahlen und verändertes Freizeitverhalten der Schülerinnen und Schüler schwieriger werden, so gibt diese Zahl besonderen Anlass zur Freude, zumal wieder über 20 Sommerfreizeiten stattfinden konnten. Erwähnenswert sind auch die neuen „Prayerspaces", temporäre Gebetsräume im Schulbereich, in denen Gelegenheit zum kreativen und interaktiven Beten besteht. Außerdem waren viele bereit, als „Schulbeweger" im Schulalltag mitzuwirken. Unter der Losung „sehen. beten. konkret handeln"[432] haben sie ein waches Auge auf einzelne Schüler: Sie sehen konkrete Not, sie üben Fürbitte und sie helfen praktisch, wo es möglich ist. Wenn man bedenkt, dass für die ganze Schülerarbeit acht Hauptamtliche zur Verfügung stehen, dann lässt sich denken, wie viele Mitarbeiter ehrenamtlich beteiligt waren und sind, und das nicht nur im Jahr 2015.

- In der **Hochschul-SMD** hat es seit 1980 ein ständiges Wachstum gegeben. Fanden sich damals 33 SMD-Gruppen an den deutschen Universitäten zusammen, so sind es nun 73 Gruppen. Das bedeutet, dass ca. 3.000 Studierende sich in diesem Jahr 2015 zur SMD gehalten haben. Neun Regionalreferenten waren als Hauptamtliche an der Arbeit, aber Hunderte arbeiteten in den Gruppen als Leiter oder sonstige Mitarbeiter ehrenamtlich. Das ist überhaupt ein Kernmerkmal der SMD: Sie ist und bleibt eine Arbeit, die wesentlich von Ehrenamtlichen getragen wird, und das sind nicht nur angehende Theologen, sondern Studierende aller Fachrichtungen. Das ist ein großer Reichtum bei der SMD, der sich im Übrigen auch alle Jahre in der Zusammensetzung des Rates und der anderen leitenden Gremien der SMD widerspiegelt.

432 Kurzgefasst: SBK, in Aufnahme der Anfangsbuchstaben von Schülerbibelkreis.

- Die **Akademiker-SMD** ist nach wie vor geprägt durch ihre Schwerpunkte Regionalgruppen, Fachgruppen, Freizeiten. Im Jahr 2015 bestanden zehn Fachgruppen. Dazu kommt die Gruppe der Akademiker vor dem oder im Ruhestand (Generation Plus) und die besondere Zielgruppe der jungen Akademiker. Diese Arbeit ist in den letzten Jahren sehr gefördert worden; derzeit gibt es Kreise für Jungakademiker in zehn Städten.[433] Insgesamt lesen wir in der Sonderausgabe von Transparent in diesem Jahr 2015 von 50 Tagungen und Freizeiten im Jahresverlauf, wobei die Silvesterfreizeiten und die Auslandsfreizeiten besondere „Renner" sind. Hier stehen drei Hauptamtliche zur Verfügung. Es lässt sich denken, dass viele Ehrenamtliche bereit sein mussten, an den Freizeiten und Tagungen mitzuwirken.

Diese sehr nüchterne Auflistung der Tätigkeiten der Arbeitszweige der SMD macht eins deutlich: Die Arbeit lebt und blüht und steht unter dem Segen dessen, der vor Jahrzehnten die Berufung für die SMD ausgesprochen hat. Natürlich gilt als die Hauptaufgabe, dass Schülerinnen und Schüler, Studierende und Akademiker zum Glauben an Jesus finden, dass sie gerettet werden, wie es in den Richtlinien an vornehmer Stelle formuliert worden ist. Dass diese Hauptaufgabe nicht in Vergessenheit geraten ist, belegen die vielen Berichte aus der Arbeit, die genau das bezeugen.

Natürlich ging es auch mit den Strukturfragen weiter. Nach den großen Herausforderungen, die zu den neun strategischen Prioritäten führten, kamen nun Einzelbereiche ins Blickfeld:

- Im Jahr 2006 schon hat der Rat sich selbst zum Thema gemacht. Es ging darum, die Arbeitsweise des Rates[434] zu überprüfen und dabei insbesondere das Thema Leitung ins Blickfeld zu nehmen. Was ist speziell die Leitungsaufgabe des Vorstands angesichts der geistli-

433 Vgl. dazu SMD-Transparent 1/2020, S. 19.

434 Vgl. Ratsprotokoll vom 11./12.11.2006.

chen Leitung, die weiter beim Rat liegt? Was ist die Rolle des Leiterkreises? Ergeben sich da nicht Parallelstrukturen? Und wie kann der Rat noch effektiver arbeiten? Es ist gut, dass diese Dinge auf den Tisch gekommen und bearbeitet worden sind. Wie schnell kann es bei unklaren Leitungsstrukturen zu gefährlichem Machtstreben und mangelnden Absprachen der einzelnen Gremien untereinander kommen.[435]

- In der Hochschul-SMD kam es nach intensiver Arbeit eines Strukturausschusses[436] zu einer wichtigen Veränderung: Das Aufgabenfeld der Reisesekretäre wurde bedacht; das Ergebnis war, dass der Begriff „Reisesekretär" gestrichen wurde. Stattdessen heißen die Hauptamtlichen im regionalen Dienst seit Beginn der 2010er-Jahre „Regionalreferenten". Neu eingeführt wurde das Amt des ehrenamtlichen Gruppenreferenten. Dafür sollten und sollen auch in Zukunft kompetente und SMD-erfahrene Ehrenamtliche gewonnen werden, die SMD-Gruppen vor Ort zur Verfügung stehen und damit der Entlastung der Regionalreferenten dienen.[437] Leider hat dieses Modell langfristig nicht überall gut funktioniert, sodass es nach rund zehn Jahren wieder beendet wurde.

- Weiter wurde in mehreren Sitzungen des Rates die wichtige Frage besprochen, wie die Übergänge zwischen den einzelnen Arbeits-

---

435 Zum Einzelnen vgl. Ratsprotokoll vom 7.–8.11.2009.

436 Weitere Ergebnisse der Arbeit des Strukturausschusses gehen so sehr ins Detail, dass sie hier nicht behandelt werden können, wiewohl sie für die SMD wichtig waren und sind, z. B. Wege der Vereinfachung der Prozesse bei Anstellungen, vgl. Ratssitzung vom 6./7.11.2010.

437 Gegenüber den Gruppenbegleitern, die v. a. als Seelsorger und Mentoren zur Verfügung stehen und diesen Dienst oft über viele Jahre versehen, werden die Gruppenreferenten vom LdH für drei Jahre in die Aufgabe berufen und machen auch eine strategische Begleitung der Arbeit vor Ort.

zweigen sinnvoll zu gestalten sind.[438] Wie können Schülerinnen und Schüler für die Hochschul-SMD gewonnen werden, wenn sie mit einem Studium anfangen? Wie gelingt der Übergang von der Universität in die Akademiker-SMD? Und wie können von der SMD geprägte Akademiker einerseits weiter für die SMD einstehen, andererseits aber ihre Beheimatung in einer Ortsgemeinde finden?[439] Das sind spannende Fragen, die alle fünf Jahre neu gestellt werden müssen, denn von gelingenden Übergängen lebt die Arbeit. Das ist in all den Jahren immer wieder geschehen. Die Frage ist nur, ob es dabei auch zu Absprachen und gemeinsamen Planungen kommt. Die Gefahr bleibt groß, dass der jeweilige Arbeitszweig doch nur den eigenen Bereich vor Augen hat. Hier ist der Generalsekretär gefragt, immer wieder die Notwendigkeit der Vernetzung der Arbeitsbereiche ins Bewusstsein zu rücken.

- Wichtig war auch, dass in den Jahren 2014–2016 der Wunsch aufkam, für die Richtlinien eine Art Vorspruch zu finden, sozusagen als Kurzbeschreibung der Anliegen der SMD, sodass nicht immer gleich die Richtlinien vorgelegt werden müssen.[440] So wurden in mehreren Sitzungen folgende Sätze zu den Richtlinien erarbeitet und dann 2016 beschlossen.[441] Sie lauten:

  „Gott wendet sich in Liebe durch Jesus Christus jedem Menschen zu. In der Gemeinschaft mit ihm erfahren wir Würde und Bestimmung. Das motiviert uns, die Liebe Gottes bekannt zu machen und zu Jesus

---

438 Vgl. die Ratsprotokolle vom 9. bis 11.11. 2012 und vom 1./2.6.2013.

439 Inzwischen gibt es ein hierfür sehr hilfreiches Mentoring-Programm der Hochschul-SMD.

440 Der Wunsch tauchte erstmals in der Delegiertenversammlung der Hochschul-SMD 2014 auf. Teilnehmende nahmen Anstoß an Sprache und Ton der Richtlinien und wollten, dass die Dimension der Liebe Gottes stärker ins Blickfeld rückt. Das ist dann im Vorspruch auch entsprechend aufgenommen worden (s. o.).

441 Vgl. Ratsprotokoll vom 11. bis 13.11.2016.

Christus einzuladen. Diese Überzeugung prägt die SMD seit ihren Anfängen. Im Jahr 1951 haben Studierende verschiedener Hochschulgruppen eine erste Fassung dieser Richtlinien formuliert. Sie dienen seither als Grundlage für das gemeinsame Zeugnis der Mitarbeiterinnen und Mitarbeiter und Freunde der SMD.“[442]

2018 übergab Paul-Gerhard Reinhard den SMD-Vorsitz an Susanne Terborg.

- Und noch eine wichtige Personalie stand in diesen Jahren an. Prof. Dr. Dr. h. c. Paul-Gerhard Reinhard beendete im Jahr 2018 seine Tätigkeit als Vorsitzender der SMD. Er hatte dieses Amt sechs Jahre lang in seiner eher stillen, aber geistlich stark prägenden brüderlichen Art ausgefüllt und der SMD damit einen großen Dienst getan. Schon 2004 war er in den Rat berufen worden. So war er ein „Insider“, bevor er das Amt des Vorsitzenden antrat. Ihm folgte 2018 zum ersten Male in der SMD-Geschichte eine Frau: Susanne Terborg, Vorsitzende Richterin am Landgericht aus Hamburg, sie war schon 2015 in Rat und Vorstand berufen worden. 2018 übernahm sie dann das Amt der Vorsitzenden. Es ist sehr gut und weise, dass gerade in diesen gesellschaftlich unruhigen Zeiten eine Juristin an der Spitze der Arbeit steht. Auch sie hatte schon lange SMD-Erfahrung, bevor sie in die leitenden Ämter kam.

442 Ebd.

Das Markustheater

Nicht erst am Schluss der Arbeit zur SMD-Geschichte, sondern eher als Ausrufezeichen und Doppelpunkt sei nun noch ein inhaltliches Projekt vorgestellt, das die SMD seit 2008 bis zum heutigen Tage bereichert hat und irgendwie in besonders schöner Weise die Grundanliegen der SMD spiegelt. Es geht um das Markustheater. Im Jahr 2008 berichtete Gernot Spies über ein besonderes Projekt, das im Rahmen einer Hochschulfreizeit in Baltrum durchgeführt wurde.[443] Es ging um eine ganz spezielle Art, das Markusevangelium vorzustellen. Die Zuschauer sitzen dabei im Kreis in Stuhlreihen hintereinander, gespielt wird in der Mitte und in den Gängen zwischen und hinter dem Publikum. Auf eine besondere Requisite wird verzichtet, das gesprochene Wort steht im Zentrum. Die Laiendarsteller haben vorab die Struktur des Evangeliums auswendig gelernt. Das Projekt, das ursprünglich aus England kommt,[444] wurde seitdem zu einem „Reißer" in der Hochschul-SMD. Hunderte Male wurde das gesamte Markusevangelium mittlerweile aufgeführt, nicht selten im Rahmen von missionarischen Hochschultagen. Beim Jubiläum 2019 war es ein besonderer Höhepunkt der Herbstkonferenz. Die Laienschauspieler trugen das Markusevangelium von Anfang bis Ende in nur 90 Minuten vor. Bei den

Szene aus dem Markustheater

443 Vgl. SMD-Transparent 4/2008, S.2.

444 Genau gesagt stammt es von dem langjährigen IFES-Mitarbeiter Andrew Page (Das Markus-Experiment. Jesus kennenlernen mit dem Markus-Evangelium, 2004, 2. Auflage). Vgl. ebd.

Zuschauern entstand eine wachsende Aufmerksamkeit, eine knisternde Spannung!

Eine wunderbare Möglichkeit, die Botschaft von Jesus Christus unter die Leute zu bringen! Sehr treffend schreibt Gernot Spies zu dem Experiment in Baltrum: „Es kam nicht auf schauspielerische Begabung an, sondern auf den Inhalt. Jeder und jede hatte eine oder mehrere Rollen, alle waren Beteiligte und Zuschauer zugleich. Die Aufführung wurde zu einer eindrücklichen Begegnung mit dem Evangelium, und vor allem mit dem Herrn, von dem dieses Evangelium handelt.“[445] Wenn ich recht sehe, kam hier auf höchst anschauliche Weise zusammen, was für die SMD insgesamt prägend ist: Hier war Denken angesagt, hier wurde lebendig und missionarisch wirksam zum Glauben gerufen, hier gab es etwas zu erleben. Und das Markusevangelium, das kürzeste und das besonders lebendig das Leben Jesu nachzeichnende Evangelium, im Vergleich zu den Evangelien nach Matthäus, Lukas und Johannes, bietet sich in der Tat für so eine schauspielerische Darstellung sehr gut an. Junge Menschen konnten die Bibel kennenlernen, ohne Schwellenangst entwickeln zu müssen. Es war dann nicht mehr besonders schwierig, auch zum Lesen der Texte einzuladen. Inzwischen ist das Markustheater auch über die Hochschul-SMD hinaus immer bekannter geworden. In SMD-Akademikerkreisen, in Gemeinden und in Ortsallianzen ist es vielfach zum Einsatz gekommen.

Es gab weitere missionarische Projekte wie z. B. „Uncover“, das auch aus England kam und 2014 für die Hochschul-SMD fruchtbar gemacht wurde[446]: Das Lukas-Evangelium wurde als graphisch hochmodern aufgemachtes Verteilprojekt in 10.000 Exemplaren angeboten. Dazu gab es ein Studienheft mit sechs Einheiten. Die Vision dahinter war, dass jede SMDlerin und jeder SMDler mit drei Freunden gemeinsam Bibel liest. Viele SMD-Mitarbeitende waren nötig, um auf diesem Wege Kommilitoninnen und Kommilitonen mit dem Evangelium zu erreichen und zum

445 Ebd.

446 Es wurde ursprünglich in der britischen IFES-Bewegung UCCF entwickelt.

Glauben an Jesus Christus einzuladen. Auch hier hat es viel Zuspruch gegeben. Das Projekt wird immer noch genutzt und ist 2019 ergänzt worden durch „Die Biografie", ein Evangelien-Projekt zum Markusevangelium, das mit seinen acht Studieneinheiten sowohl als „Drehbuch" zum Markustheater Verwendung finden kann, als auch zum Lesen mit einem Freund, dem der Glaube bisher fremd ist.

Überhaupt lässt sich sagen, dass den Verantwortlichen in der Schüler-SMD, Hochschul-SMD und Akademiker-SMD so viel Kreatives eingefallen ist, dass man nur staunen kann. Es würde den Rahmen sprengen, wenn ich hier all die Projekte aufzählen wollte.

EXKURS: Mission und Evangelisation

Die Stichworte „Markustheater" und „Uncover" weisen auf eine neue Herausforderung beim Thema Mission hin. Beide Projekte entsprechen dem missionarischen Auftrag der SMD. Sie verfolgen das unaufgebbare Herzensanliegen der Mission, Menschen aller Kulturen zu Jesus Christus, dem einzigen Trost im Leben und im Sterben einzuladen und zum Glauben an ihn zu rufen. Die Mitarbeitenden, die die Projekte verantworten, stehen voll dahinter. Anders geht es nicht. Aber was auch deutlich ist: Die Grundanliegen der Mission, besser gesagt der Evangelisation[447], bleiben erhalten – doch die Formen, die Ausgestaltungen des missionarischen Auftrages, ändern sich.

War das große bundesweite Projekt „Christival" 1993 und in den folgenden Jahren ganz auf die Prediger zugeschnitten (zunächst Billy Graham, dann Ulrich Parzany), so hat sich das in den Jahren nach 2010 geändert. Statt eines Evangelisten tun diesen Dienst jetzt mehrere, Mehrstimmigkeit ist gefragt. Waren früher zumeist Frontalangebote üblich, so spielt heute die dialogische Entfaltung des Evangeliums eine große Rolle.

---

447 Vgl. Hartmut Bärend, Evangelisation, in: Grundbegriffe des Glaubens, hrsg. von Michael Diener u. a., Gießen, 1999, S. 55–67, dort weitere Literatur.

Waren früher die Worte allein Überträger der Botschaft, so treten heute multimediale Ergänzungen dazu und unterstreichen die Wortbotschaft. Dauerte früher eine Ansprache gern 50 Minuten, so ist heute eine kürzere Predigt gefragt. Konnte man früher in Deutschland einen gewissen Grundbestand an biblischem Wissen voraussetzen, so geht das heute leider nicht mehr. Und dazu kommt, dass sich heute mehr als ein Drittel der deutschen Bevölkerung als konfessionslos, d. h. als keiner Glaubensrichtung zugehörig versteht.[448]

Sehr viel hat sich geändert, die Entwicklungen im Blick auf die Digitalisierung, Individualisierung und Globalisierung zeigen das. Die christliche Botschaft wird weiter gehört, daran wird sich nichts ändern – vor allem nicht in Krisenzeiten wie in der, in der wir leben. Aber wir brauchen viel Liebe und Fantasie. Der Mensch wird weiter nach dem Woher und dem Wohin fragen, aber er muss da abgeholt werden, wo er lebt, in seiner Abhängigkeit von digitalen Medien, in der wachsenden Unfähigkeit, länger zuzuhören, in seiner Mobilität und seinem Anspruch der Individualität. Es ist großartig, dass ein großer Reichtum an neuen Formen und Methoden evangelistischer Praxis entstanden ist: mit dem englischen Programm „Church Planting", mit der Fülle der Glaubenskurse, mit der Telefonaktion „Neu anfangen", mit „True Story" für die junge Generation (früher „Jesus House"), mit „Fresh Expressions of Faith"[449], dem großen neuen Aktionsprogramm, das eine Fülle evangelistischer Erfahrungen im Inland und Ausland sammelt und vernetzt – und auch mit dem „Markustheater" und „Uncover" in der SMD. Dazu beigetragen hat unerwartet und ungewollt ab 2020 auch die Coronakrise. Da wurden die digitalen Angebote zwangsweise vervielfacht, weil die meisten Menschen

---

448 Vgl. Ulrich Laepple/Volker Roschke (Hg.), Die so genannten Konfessionslosen und die Mission der Kirche. Festgabe für Hartmut Bärend, Neukirchen-Vluyn, 2006.

449 Vgl. hierzu Michael Herbst (Hg.), Mission bringt Gemeinde in Form. Gemeindepflanzungen und neue Ausdrucksformen gemeindlichen Lebens in einem sich wandelnden Kontext, deutsche Ausgabe, BEG Praxis, Neukirchen-Vluyn, 2006.

eine lange Zeit über großen Freiheitsbeschränkungen ausgesetzt und nur digital erreichbar waren.[450]

Neue Formen gibt es auch bei den Hochschultagen, die sich seit den 80er-Jahren in der SMD verbreitet haben. Bei diesen missionarischen Aktionswochen am Campus gibt es meistens keine Büchertische mehr, dafür aber Kaffeestände und interaktive „Punkte Partys“, um mit Menschen ins Gespräch zu kommen. Die abendlichen Hörsaalvorträge werden durch „Lunch Bars“ erweitert – bei einem kostenlosen Mittagessen gibt es Kurzvorträge. Die Fortsetzung folgt dann, für alle, die es wollen, abends im Hörsaal.

Neben dem großen Reichtum missionarischer Formen steht aber eine große Not: Der christliche Glaube, das wurde schon deutlich, wird immer weniger gefragt. Ja, noch mehr, die unverzichtbare christliche Betonung der Einzigartigkeit Jesu wird stark hinterfragt angesichts der Forderung nach Wertevielfalt. Christinnen und Christen in Schule, Studium und Beruf, und die, die mit ihnen unterwegs sein wollen, um Christus zu bezeugen, müssen sich mehr und mehr mit Apologetik befassen[451], sie müssen viel stärker als früher erklären können, warum sie trotz aller Wertevielfalt Jesus Christus als den wesentlichen Wert des Lebens erleben, verehren und bezeugen.[452] Der Gegenwind ist stärker geworden – aber das wiederum hilft, den eigenen Glauben zu stärken, auch wenn es mehr

---

450 Vgl. zum Ganzen: Michael Herbst, Matthias Clausen, Thomas Schlegel, Alles auf Anfang. Missionarische Impulse für kirchliche Institutionen in nachkirchlicher Zeit, Neukirchen-Vluyn, 2013.

451 Auf die Notwendigkeit, wieder verstärkt Apologetik zu betreiben, hat Prof. Dr. Manfred Seitz schon in den 90er Jahren des 20. Jahrhunderts in einem Vortrag beim MBK in Bad Salzuflen hingewiesen, den ich miterleben konnte.

452 Prof. Dr. Matthias Clausen lehrt an der Hochschule Tabor Evangelisation und Apologetik. Daneben arbeitet er mit im SMD-Institut für Glaube und Wissenschaft. Seine Werke gehen genau in die oben angesprochen Richtung. Vgl. Matthias Clausen, Evangelisation, Erkenntnis und Sprache. Über-zeugend predigen unter nachmodernen Bedingungen, BEG 13, Neukirchen-Vluyn 2010; ders., Warum ich trotzdem Christ bin, Gießen 2021. Vgl. auch: Alexander Garth, Warum ich kein Atheist bin, Asslar 2008.

Kraft kostet als früher.[453] Aber ist uns Christen verheißen, mit unserem Glauben überall anzukommen? Es ist eine besondere Gnade, dass wir in Deutschland, ganz im Unterschied zu vielen anderen Gebieten der Welt, jahrzehntelang in großer Freiheit unseren Glauben leben und weitersagen konnten. Wenn der Widerstand jetzt spürbar wächst, dann bringt das auch bittere Erfahrungen und manche mühsamen Kämpfe, auch mit Institutionen in unserem Land. Sich dem auszusetzen und zu reagieren, setzt neue Kräfte frei.

Dieser kleine Exkurs soll zeigen, dass wir in einer ganz anderen Welt und Zeit leben und dass diese Tatsache neue Herausforderungen mit sich bringt, auf die zu antworten ist. Die SMD hat sich da tatkräftig auf den Weg gemacht. Der Weg muss aber weitergehen.

2019 – Das große Jubiläum

Nun aber zum großen Jubiläum der SMD, dem 70. Geburtstag. Das war ein wirklich würdiges Fest! Zunächst Ende September 2019 der Festempfang für ein geladenes Publikum in der altehrwürdigen Aula der Philipps-Universität in Marburg mit dem Thema Religionsfreiheit und dem hochkaratigen Festredner Prof. Dr. Dr. h. c. Heiner Bielefeld[454]. Es waren Personen aus Kirche, Politik, Medien und Gesellschaft eingeladen, und unter den Vertretern anderer Werke war auch die ESG. Dazu rund 100 Leiterinnen und Leiter von SMD-Hochschulgruppen aus ganz Deutschland. Beim anschließenden Empfang im historischen Kreuzgang konnten diese Studierenden den Funktionsträgern live von ihren Herausforderungen an den Hochschulen berichten. Es war wirklich ein Thema, das die SMD hier zur Debatte stellte. So etwas hatte es bis dahin noch nicht gegeben!

---

453 Vgl. hierzu z.B. das spannende Buch aus überwiegender katholischer Perspektive: Mission Manifest. Die Thesen für das Comeback der Kirche, hrsg. von J. Hartl, K. Wallner und B. Meuser, Freiburg 2005.

454 Heiner Bielefeld war von 2010 bis 2016 UN-Sonderberichterstatter für Religionsfreiheit.

Dann im Oktober die Jubiläums-Herbstkonferenz in der Evangeliumshalle mit rund 600 Besuchern. Da gab es eine wundervoll gestaltete Ausgabe von Transparent, durch die man den Festcharakter dieser Herbstkonferenz schon optisch in sich aufnehmen konnte. Da gab es am Freitagabend einen Festvortrag von Prof. Dr. Michael Herbst, über den sicher noch viel nachgearbeitet wird, denn er zeigte Perspektiven für die SMD auf, die ungemein spannend waren.[455] Da war der Samstagvormittag geprägt von einer großartigen Vorstellung des Markustheaters, und dann der eigentliche Festabend: Da standen die sieben Jahrzehnte der SMD-Geschichte noch einmal auf, wurden für mich ganz wach und lebendig, nachdem ich sie ja schon so eingehend studiert hatte. Zu jedem Jahrzehnt wurden zwei Zeitzeugen aufs Podium gebeten und von zwei fachlich gut vorbereiteten Mitarbeitern interviewt.

Vor allem hat mich die Begegnung mit dem 90-jährigen Bodo Volkmann beeindruckt; wir beide saßen auf dem Podium, um die Jahre 1949–1959 zu repräsentieren. Ich war dabei natürlich nur als Chronist dieser Jahre gefragt und konnte die Anfänge der SMD aus dem Blickwinkel des Geschichtsschreibers darstellen, Bodo Volkmann war Zeitzeuge, und nicht nur das – ohne ihn wäre alles anders geworden oder es wäre gar nicht gekommen. Er hat sich um die Anfänge der SMD, aber auch um die weitere Entwicklung große Verdienste erworben. Es war sehr eindrucksvoll, ihn hier an meiner Seite zu erleben und zu hören, wie er die Anfänge beschrieb, mit staunenswert großer Detailkenntnis, Leidenschaft und Freude.[456] Die neue Vorsitzende der SMD, Susanne Terborg, setzte der Abendveranstaltung mit ihrer Rede beim anschließenden Empfang den Schlussakkord. Am Sonntag ging es dann erkennbar nach vorn: Da

455 Der Vortrag von Prof. Herbst zum Thema „Wie hältst Du's mit der Religion, Deutschland?" kann auszugsweise in SMD-Transparent 4/2019, S. 3–5 nachgelesen werden. Die Audiodatei des Vortrages ist im Downloadbereich der SMD-Website zu finden.

456 Bodo Volkmann ist am 18. August 2022 im Alter von 92 Jahren heimgerufen worden. Ein Nachruf von Gernot Spies findet sich in SMD-Transparent 4/2022, S. 10.

wurden neue Mitarbeiter vorgestellt, es wurden Projekte genannt, die in die Zukunft wiesen, da erlebten wir einen lebendigen Gottesdienst mit einer eindrücklichen Predigt des Generalsekretärs. Ja, das war alles SMD: voller Leben, mit gesunder Frömmigkeit, missionarischer Ausrichtung und erfrischender Gemeinschaft.

Dass es nur wenige Monate später ein winziges Coronavirus schaffen würde, auch bei der SMD über Monate hinweg einen bitteren Lockdown zu verursachen, konnte damals keiner ahnen. Was musste in den Monaten ab März 2020 nicht alles wegen der Coronavirus-Pandemie abgesagt werden! Wie waren die Hauptamtlichen in diesen Monaten gefordert, um die Kontakte zu Schülerkreisen, Hochschulgruppen und Akademikerteams aufrechtzuerhalten. Es ist bewundernswert, dass es doch immer wieder gelungen ist und weiter gelingt, dass die digitalen Möglichkeiten effektiv und kreativ eingesetzt werden konnten. Nur ersetzen konnten und können sie den persönlichen Kontakt nicht.

Irgendwann wird es wieder unbeschwerte Großveranstaltungen geben – ohne Sicherheitsabstand, ohne Maskenpflicht, ohne Singverbot. Da werden wieder große Schülerfreizeiten stattfinden, da werden sich Studierende wieder alle zwei Jahre zu ihrer Großtagung, zur „studikon“, treffen können. Und auch die Herbstkonferenz, die älteste aller Tagungen, die seit 1951 Jahr für Jahr abgehalten wird, muss nicht mehr „nur“ digital stattfinden. Dann wird das Coronavirus keine Aufmerksamkeit mehr bekommen, sondern nur die eigentliche Krone, Jesus Christus, den wir mit Krippe, Kreuz und Auferstehung kennen und bezeugen, und den wir hoffnungsvoll erwarten mit der Krone des Weltenherrschers.

26. Was nachzutragen ist – Ein großer Doppelpunkt

An dieser Stelle wäre das Buch eigentlich zu Ende gewesen. Doch Corona hat vieles ausgebremst, und so musste auch dieses Buch in den Wartestand. Daher muss einiges nachgetragen werden, wobei ich mich hier auf Personalia und die Zentralstelle in Marburg beschränke. Anschließend werfe ich noch einmal den Blick auf die Zeitgeschichte, bevor ich mit einigen Bemerkungen zum Herzstück der SMD-Arbeit abschließe.

Personalia

In Sachen Personalia ist seit dem vorläufigen Abschluss des Buches im Dezember 2020 viel passiert: Gleich drei Leitungsstellen der SMD wurden in dieser so kurzen Zeit neu besetzt. Das lag nicht an irgendwelchen Querelen im Leiterkreis, ganz im Gegenteil. Es lag vielmehr daran, dass die bisher Verantwortlichen eine bestimmte Anzahl von Jahren ihren wertvollen Dienst bei der SMD getan haben und nun mit guten persönlichen Gründen neue Aufgaben übernahmen – oder in den Ruhestand gingen.

- So begann im Jahr 2021 für Pfarrer Markus Heide, den langjährigen Leiter der Hochschul-SMD, ein neues Kapitel in seinem Berufsleben. Er war gefragt worden, ob er die Leitung des Christustreffs in Marburg übernehmen wolle, und er hat zugesagt. Da passte und passt so einiges zusammen. So blieb er zwar in Marburg, aber wurde an anderer Stelle tätig. Er hat zehn Jahre die Hochschul-SMD geleitet, und das sehr professionell und umsichtig. Ich konnte ihn bei der Baltrum-Studentenfreizeit – und nicht nur da – live erleben und schätzen lernen.

- Im Jahr 2022 meldete Jürgen Schmidt, langjähriger Leiter der Schüler-SMD, seinen Abschied an. Seit Januar 2023 arbeitet er als Geschäftsführer des großen evangelistischen Projekts „ProChrist" (Kassel). Auch er hat zehn Jahre lang ungemein wertvolle Dienste für die SMD geleistet und bringt seine Gaben jetzt an anderer Stelle ein. Markus Heide und Jürgen Schmidt können ihr in der SMD gewonnenes Netzwerk nun weiterstricken, denn sowohl der Christustreff wie auch ProChrist sind missionarisch wirksame Arbeiten, die der SMD verbunden sind. Insofern bleiben beide dem missionarischen Dienst in Deutschland erhalten, was für ein Segen für die Gesamtkirche, die leider oft nicht weiß, was sie an solchen Mitarbeitenden hat.

- Die Nachfolge der beiden ist geklärt. Für Markus Heide kam Hans-Markus Haizmann, dessen Eltern keine Unbekannten in der SMD sind. Martin Haizmann war über viele Jahre leitend in der IFES tätig und vorher auch schon Leiter der SMD-Studentenarbeit. Rose Haizmann war sechs Jahre im Rat der SMD und auch im Vorstand. Die Hochschularbeit hat nun ihr Sohn übernommen. Er bringt viel Erfahrung mit, war er doch von 2012–2021 für die internationale Studierendenarbeit verantwortlich.

- Für Jürgen Schmidt hat sich die Nachfolge geklärt. Seine Stelle hat Melanie Harendt eingenommen. Auch sie ist schon reichlich SMD-erfahren. Sie ist in Thüringen aufgewachsen, hat Sozialpädagogik studiert und den Masterabschluss in Psychosozialer Beratung und Meditation gemacht.[457] Seit 2015 verantwortet sie Freizeiten der Schüler-SMD mit, und von 2017–2022 war sie Regionalreferentin der Schüler-SMD in Nordrhein-Westfalen. Was für Voraussetzungen bringen die beiden „Neuen" mit! Da kann man sich nur freuen.

457 Vgl. hier zu SMD-Transparent 4/2022, S. 14.

- Die wichtigste Nachricht am Schluss: Pfarrer Gernot Spies, seit dem Jahre 2000 Generalsekretär der SMD, wird zum 1.7.2023 in den Ruhestand treten. Auf vielen Seiten habe ich versucht dazustellen, was die SMD in diesen letzten 23 Jahren geleistet hat, und an allem war Gernot Spies beteiligt. Es ist hier nicht der Ort und Anlass, sein Wirken ausführlich zu beschreiben. Aber dies sei gesagt, dass es Gernot Spies und seinem Team gelungen ist, das Werk zukunftsfähig zu gestalten. Er selbst hatte dazu noch bei dem ständigen Kommen und Gehen der hauptamtlich Mitarbeitenden fast ununterbrochen mit dem Suchen und Finden neuer Mitarbeiter zu tun, neben allem anderen, was ein Generalsekretär an Leitungsverantwortung, seelsorgerlichen und pastoralen Gaben und an Bereitschaft zu Netzwerk-Aufgaben einzubringen hat. Kein Generalsekretär vor ihm hat länger in diesem kräftezehrenden Amt gewirkt. Dem so stark durch Fluktuation geprägten Werk hat seine lange und stets umsichtige Präsenz sehr gutgetan.

- Auch für Gernot Spies hat sich ein Nachfolger gefunden. Es ist wieder ein der SMD schon lange verbundener Gemeindepfarrer, übrigens wieder aus der Westfälischen Landeskirche kommend, wie schon vor ihm Wolfgang Heide und Hartwig Lücke. Sein Name ist Volker Roggenkamp (Jg. 1970). Er war lange in der Matthäus-Kirchengemeinde in Münster/Westfalen tätig, übrigens viele Jahre an der Seite von Wolfgang Heide. Diese Gemeinde ist seit Jahrzehnten eine Art Heimathafen der SMD-Gruppe in Münster. Ich selbst habe in meiner Zeit an der Universität Münster gerne die Gottesdienste dort besucht. Auch Volker Roggenkamp bringt Erfahrungen mit der SMD mit, vor allem ist er immer wieder bei Hörsaalvorträgen tätig geworden. Was für ein Segen für eine Arbeit, wenn solche geistliche Kontinuität zu erwarten ist. Sicher wird und muss er andere Akzente setzen als Gernot Spies. Entscheidend ist aber, dass er der gleichen Berufung folgt wie alle seine Vorgänger. Und dafür bietet er alle Voraussetzungen.

Eine eigene Zentralstelle

Das ist nun die zweite große Veränderung innerhalb der letzten beiden Jahre. Was sich vorher schon angedeutet hat, wurde Schritt für Schritt Wirklichkeit, man muss sagen, erstaunliche Wirklichkeit, bei der ganz offensichtlich der Herr der Kirche ganz entscheidende Weichen gestellt hat.

Es sei nur kurz gesagt: Die bisherige Zentralstelle im Marburger Philippshaus ließ sich nicht länger halten. Der Nutzungsvertrag mit den Marburger Kirchen war bis zum Jahr 2025 geschlossen worden und wird nicht verlängert. Die Frage war, wie es weitergehen sollte. Andere Büroflächen mieten, ein Gebäude kaufen oder sogar bauen? Da taten sich gleich mehrere Türen auf: Zum einen kamen plötzlich und unerwartet sehr große Spenden, die überhaupt nur das Denken darüber erlaubten, dass vielleicht ein Grundstückskauf mit Neubau möglich sein könnte. Und dann kam ein Angebot von eben diesem Gesamtverband der Evangelischen Kirchengemeinden in Marburg, das erstaunliche Perspektiven öffnete: Das Grundstück der ehemaligen Ortenbergkapelle an der Schützenstraße 39 in Marburg war käuflich zu erwerben. Seit 1963 diente die Ortenbergkapelle der damals schnell wachsenden Elisabethkirchengemeinde in Marburg als zweites Gemeindehaus. Im Zuge eines Reformprozesses wurde entschieden, sie ab Januar 2021 aus der Nutzung zu nehmen, um die räumlichen Gegebenheiten der Mitgliederentwicklung anzupassen. So konnte die SMD das Grundstück erwerben; am 14. September 2022 fand die feierliche Übergabe an die SMD statt. In der diesbezüglichen Pressemitteilung der SMD heißt es:

„Bei der feierlichen Grundstücksübergabe erläuterte Pfarrer Gernot Spies, Generalsekretär der SMD, was ab 2025 auf dem Gelände passieren soll: ‚Die SMD wird zukünftig von hier aus ihre Verwaltungsaufgaben als Verein für mehrere tausend ehrenamtliche Mitarbeiterinnen und Mitarbeiter in ganz Deutschland und rund 50 Hauptamtliche koordinieren. Mit unseren Angeboten für Jugendliche, Studierende und Menschen in akademischen Berufen wollen wir heutigen und zukünftigen Verantwortungsträgern in unserem Land helfen, den christlichen Glauben für sich zu entdecken und auf verantwortungsvolle Weise im Leben umzusetzen.‘

Auf dem Grundstück soll in den nächsten Jahren ein neues Verwaltungsgebäude entstehen, das neben rund 20 Büros auch einen Saal für Veranstaltungen enthalten soll. Zurzeit befindet sich die SMD-Zentralstelle noch im Philippshaus an der Universitätsstraße, wo sie bereits seit 1975 untergebracht ist. Hinter dem neuen Verwaltungsgebäude soll auch ein kleines Wohnhaus für studentisches Wohnen errichtet werden. Die Glocke der alten Ortenbergkapelle soll übrigens in den Neubau integriert werden, denn: ‚Die SMD ist zwar keine Gemeinde, allerdings trifft sich die Belegschaft in der Regel jeden Tag um 12 Uhr zum Mittagsgebet. Und mit Sicherheit werden hier von Zeit zu Zeit auch wieder Gottesdienste gefeiert werden', so Gernot Spies weiter."

Zum 1. Spatenstich für die neue Zentralstelle kam auch die Stadtspitze: Oberbürgermeister und Bürgermeisterin (Mitte).

Am 30. Juni 2023 fand dann der erste Spatenstich für die neue Zentralstelle statt. An seinem letzten Arbeitstag als Generalsekretär konnte Gernot Spies mit einem Spaten in der Hand den Baubeginn und damit eine neue Phase in der SMD-Geschichte einleiten – was für ein besonderer Abschluss seines Wirkens! In der neuen Zentralstelle werden dann mehr als 20 Arbeitsplätze zur Verfügung stehen, denn so viele Personen arbeiten mittlerweile in der gewachsenen SMD-Verwaltung. Buchhaltung, IT, Kommunikation und natürlich die Leitungen und Sekretariate der Arbeitszweige und der Gesamtleitung bilden sozusagen das „Backoffice" für die Arbeit vor Ort. Die Mitarbeiterinnen und Mitarbeiter tragen das missionarische Anliegen der SMD auch geistlich mit, manche von ihnen schon seit über zwei Jahrzehnten. Wie schon erwähnt, kommen sie täglich zum Mittagsgebet zusammen – eine Einrichtung übrigens, die für viele Hochschulgruppen über Jahrzehnte ganz selbstverständlich zum Gruppenleben dazugehörte. In der Zentralstelle ist das Mittagsgebet weiterhin quicklebendig. Geleitet wird die Zentralstelle seit 2010 von SMD-Geschäftsführer Volker Koenig, der sich auch um die Planungen für den Neubau sehr verdient gemacht hat. Das Richtfest ist übrigens für den Jahresbeginn 2024 geplant und der Umzug in die neuen Räumlichkeiten dann für das Frühjahr 2025.

Eine neue Bedrohung: Krieg in Europa (Ukraine)

Ein paar Sätze noch zur Zeitgeschichte, zu neuen Entwicklungen, die unser Land und unsere Welt betreffen und damit indirekt auch mit der SMD-Arbeit zu tun haben. Viel hat sich in der Zwischenzeit getan. Corona ist immer noch da, hat aber seinen Schrecken weithin verloren. Alle Veranstaltungen können ohne Einschränkungen wieder stattfinden – was für eine Erleichterung!

Dafür gibt es seit dem 24. Februar 2022 ein neues, für ganz Europa und weltweit erschreckendes und hochgefährliches Problem. Russland hat ohne Grund sein Nachbarland Ukraine angegriffen. Seit diesem Tage ist ein Krieg entbrannt zwischen diesen beiden Ländern, die sich doch eigentlich so nahestehen. Wie lange dieser fürchterliche Zustand erhalten bleibt, wissen wir nicht. Aber niemand hätte vor zwei Jahren überhaupt daran gedacht, dass es mitten in Europa noch einmal zu einem Krieg kommen kann. Dieser Krieg betrifft leider auch Deutschland und die anderen Länder Europas, denn der russische Präsident Putin hat den Gashahn abgedreht und damit eine riesige Energiekrise hervorgerufen. Wirtschaftlich ist das ganze Geschehen in der Ukraine ein Desaster, für das Land selbst, aber auch für die ganze Welt. Nie ist es uns Deutschen so bewusst gewesen wie jetzt, dass wir uns in den vergangenen Jahren und Jahrzehnten im Energiebereich von Russland so sehr abhängig gemacht haben. Die Bundesregierung versucht umzusteuern, aber das wird viel Zeit brauchen. Viele Menschen hier machen sich bei den stark gestiegenen Energie- und Lebensmittelpreisen große Sorgen. Und die geplagten Menschen in der Ukraine haben es noch viel schwerer. Über eine Million Einwohner sind inzwischen nach Deutschland geflüchtet, viele andere in verschiedene Länder Ost- und Nordosteuropas. Es ist eine große Not durch diesen unsinnigen Angriffskrieg entstanden.

So haben wir nicht nur die Coronakrise, nicht nur die noch viel schwerere Klimakrise, nein, wir haben jetzt auch noch eine massive Energiekrise, die unsere Wirtschaft schwer belastet. So heftig waren die Zeiten meines Erachtens seit Kriegsende nicht mehr. Ich, der ich mitten im Zweiten Weltkrieg zur Welt gekommen bin, bin von dieser schrecklichen Entwicklung vielleicht etwas weniger überrascht. Aber die Nachgeborenen, die überhaupt nie erlebt haben, was Kriege existentiell bedeuten und anrichten können, die machen jetzt sehr viel durch.

Die Losung

Natürlich hat das alles Auswirkungen auf die Arbeit der SMD. Die Energiepreise treffen auch die Fahrt- und Verpflegungskosten bei Veranstaltungen und vieles andere. Die IFES wird sich viele Gedenken dazu machen, wie sie die Geschwister in der Ukraine weiter unterstützen kann. Neue Themen werden bei der inhaltlichen Gestaltung von Tagungen und Freizeiten auftauchen und behandelt werden müssen. Vielleicht werden es wieder ganz zentrale Themen sein, ähnlich wie damals nach Kriegsende in den Jahren 1945–1950, als Themen nach Sinn und Ziel des Lebens – und dabei nach der Bedeutung von Jesus Christus für unser Leben – stark gefragt waren.

Wie auch immer es werden wird und welche Belastungen auch kommen und uns in Atem halten mögen, eins bleibt fest und unerschütterlich wahr: „Die Herren dieser Welt gehen, unser Herr kommt!“ So hat es Gustav Heinemann (1899–1976), deutscher Bundespräsident in den Jahren 1969–1974, schon 1950 auf dem Kirchentag in Essen gesagt, und so glauben und hoffen auch wir es. Darum machen wir einfach weiter mit unserer Arbeit. Gott sei Dank geht das nach Corona wieder auf der Veranstaltungsebene, man trifft sich „in Präsenz“ und erlebt Gemeinschaft, wie sie digital nicht erreichbar ist – so dankbar wir auch gerade in den letzten Jahren für die vielfältigen neuen digitalen Möglichkeiten waren und sind.

Was inhaltlich in dieser Zeit in den SMD-Arbeitszweigen gewachsen ist, das ist Gegenwart und nicht mehr Geschichte. Das können Spätere berichten, wenn es darum geht, die Geschichte der SMD fortzuschreiben. Ich habe mich im Wesentlichen auf die Jahre bis 2020 beschränkt und habe nur nachgetragen, was m. E. unbedingt noch erwähnt werden musste.

Was für ein großes Geschenk Gottes, dass es die SMD mit ihren Arbeitszweigen, Gremien und Netzwerken gibt! Was mehr als 70 Jahre galt, gilt auch für die nächsten 70 Jahre, wenn unser Herr nicht vorher wiederkommt: Der lebendige Herr Jesus wird weiter seine Hand über der Arbeit halten, zum missionarischen Dienst rufen und immer wieder zu Liedern anregen wie zu dem, das jahrzehntelang als das SMD-Lied überhaupt galt. In einer Zeit ohne Internet und Smartphones diente es im ganzen Land als gepfiffene Erkennungsmelodie von SMDlern.[458] Wir würden es heute sprachlich etwas anders formulieren. Aber der Sache nach ist das unsere Losung, und sie wird es bleiben:

„Welch ein Freund ist unser Jesus, o, wie hoch ist er erhöht!
Er hat uns mit Gott versöhnet und vertritt uns im Gebet.
Wer kann sagen und ermessen, wie viel Heil verloren geht,
Wenn wir nicht zu ihm uns wenden und ihn suchen im Gebet.“

Hartmut Bärend, Juni 2023

458 Der Text stammt von Joseph Scriven (1819–1886).

Anhang

Chronik der SMD

ab 1945	Entstehung studentischer Bibel- und Gebetskreise in verschiedenen Orten
1948	Erste überregionale Kontakte der Studentengruppen in Deutschland, maßgeblich koordiniert von **Ernst Schrupp**
1949	Vierwöchiges Sommerlager der IFES in der Schweiz mit 40 Teilnehmenden aus Deutschland
26.10.1949	Zusammenschluss von acht Studentenkreisen zur „Studentenmission in Deutschland" (SMD) in Wiesbaden-Kloppenheim
1949	Einigung über die erste Glaubensbasis
	In Marburg wird eine Studentenbude zur ersten „Zentralstelle".
	Günter Dulon übernimmt ehrenamtlich die leitende Verantwortung.
1951	Erste Herbstkonferenz in Marburg
	Endgültige Festlegung der Richtlinien
1952	Gründung des Bruderrats als geistliches Leitungsorgan
	Eintragung der SMD als Verein
	Umzug der Zentralstelle in das Melanchthonhaus der Ev. Stadtmission, Reitgasse 5

	Erste hauptamtliche Mitarbeiter: **Martin Philipp** (Leitung der Zentralstelle) und **Fritz Laubach** (Reisedienst)
1953	Aufnahme der SMD in die IFES
	Gründung der Akademikergemeinschaft (AGD, ab 1977 Akademikerarbeit, seit 2003 Akademiker-SMD)
1954–1959	Wiederaufnahme der Schülermission (ab 1959 Schülerarbeit, seit 2003 Schüler-SMD), erste Schülerreisesekretäre
1960–1965	Pfarrer Dr. **Hans-Heinz Damm** Generalsekretär
1963	Der Arbeitskreis für Weltmission (AfW) entsteht (seit 2016 SMD-Weltweit).
1964	Offizielle Absprache zwischen ESG und SMD, in der gegenseitige Anerkennung und Unabhängigkeit vereinbart werden
1965–1967	Dr. **Hans Günther Langenbach** Geschäftsführer und Generalsekretär
1966	Wiederbelebung der Schülerarbeit durch Gründung der ehrenamtlichen Schülerarbeitsausschusssitzung (Schausi)
1967–1974	Pfarrer **Hartwig Lücke** Generalsekretär
1968–1974	Prof. Dr. **Hans Rohrbach** Vorsitzender
1974–1982	Pfarrer **Wolfgang Heide** Generalsekretär
1974–1980	Prof. Dr. Dr. **Theodor Ellinger** Vorsitzender
1975	Umzug der Zentralstelle in das Philippshaus, Universitätsstraße 30–32
1975	In der DDR wird **Hartmut Zopf** für den „Studentendienst“ unter dem Dach des Gnadauer Gemeinschaftsverbandes angestellt.

1977	Der Bruderrat verabschiedet eine neue Grundordnung, die den Arbeitszweigen mehr Kompetenzen überträgt.
1978	Entstehung der internationalen Studentenarbeit
1980–1992	Dr. **Hans Günter Langenbach** Vorsitzender
1982–1984	**Rolf Hille** Generalsekretär
1984–1999	Dr. **Jürgen Spieß** Generalsekretär
1.4.1990	Gründung der Studentenmission (SM) in der DDR
2.12.1990	Zusammenschluss von SMD und SM in Woltersdorf bei Berlin
1992–2003	**Helmut Simon** Vorsitzender
15.10.1999	Gründung des Institutes für Glaube und Wissenschaft unter Leitung von **Jürgen Spieß**
1999–2000	**Martin Haizmann** kommissarischer Generalsekretär
2000–2023	Pfarrer **Gernot Spies** Generalsekretär
2002–2003	Ein Corporate Identity-Prozess führt zu einem neuen Auftreten der SMD nach außen; neue Arbeitszweignamen und neue Logos werden eingeführt.
2003–2012	Prof. Dr. **Hermann Sautter** Vorsitzender
2006–2007	In einem Strategieprozess erarbeiten alle Arbeitszweige die „Neun Strategischen Prioritäten“.
2012–2018	Prof. Dr. Dr. h.c. **Paul-Gerhard Reinhard** Vorsitzender
seit 2018	**Susanne Terborg** Vorsitzende
30.6.2023	Erster Spatenstich für die neue SMD-Zentralstelle, Schützenstraße 39
seit 1.8.2023	Pfarrer **Volker Roggenkamp** Generalsekretär

Die Richtlinien der SMD[459]

Gott wendet sich in Liebe durch Jesus Christus jedem Menschen zu. In der Gemeinschaft mit ihm erfahren wir Würde und Bestimmung. Das motiviert uns, die Liebe Gottes bekannt zu machen und zu Jesus Christus einzuladen.

Diese Überzeugung prägt die SMD seit ihren Anfängen. Im Jahr 1951 haben Studierende verschiedener Hochschulgruppen eine erste Fassung dieser Richtlinien formuliert. Sie dienen seither als Grundlage für das gemeinsame Zeugnis der Mitarbeiter und Freunde der SMD.

Richtlinie 1
Die SMD ist ein Zusammenschluss von Christen zum Zeugnis für Jesus Christus unter Schülern, Studierenden und Akademikern.

Richtlinie 2
Das Ziel unserer Arbeit ist

a. durch persönliches und gemeinsames Bezeugen des Evangeliums Schüler, Studierende und Akademiker zur Begegnung mit Jesus Christus zu bringen, damit sie errettet werden;

b. uns gegenseitig zu helfen, unser ganzes Leben von Jesus Christus her zu gestalten und uns zum Gehorsam gegen Gott und sein Wort anzuhalten, damit wir im Glauben als lebendige Glieder seiner Gemeinde wachsen.

---

459 In der Fassung von 2021.

Richtlinie 3
Inhalt unseres Glaubens sind die Grundwahrheiten der Gemeinde Christi in aller Welt. Insbesondere bekennen wir:

a. Gott Vater, Sohn und Heiliger Geist sind eins.

b. Gott allein ist Herr in Schöpfung, Offenbarung, Erlösung und Endgericht.

c. Seit dem Sündenfall sind alle Menschen der Sünde und Schuld vor Gott verfallen und darum seinem Zorn und der Verdammnis unterworfen.

d. Allein der stellvertretende Opfertod des Herrn Jesus Christus, des fleischgewordenen Sohnes Gottes, bringt die Erlösung von Schuld und Strafe und die Befreiung von der verderbenden Herrschaft der Sünde.

e. Der Herr Jesus Christus ist leiblich von den Toten auferstanden und zur Rechten Gottes, des Vaters, erhöht.

f. Die Rechtfertigung empfängt der Sünder aus Gottes Gnade allein durch den Glauben.

g. Die Wiedergeburt ist ein Ereignis im Menschen, das durch den Heiligen Geist bewirkt wird.

h. Der Heilige Geist wohnt und wirkt im Gläubigen.

i. Der Leib Christi ist die eine Gemeinde, zu der alle Wiedergeborenen gehören.

j. Der Herr Jesus Christus wird persönlich wiederkommen.

k. Die Heilige Schrift ist von Gott eingegeben und völlig vertrauenswürdig. Sie ist die höchste Autorität in allen Fragen des Glaubens und Lebenswandels.

Richtlinie 4

Mitarbeiter der SMD kann nur sein, wer des persönlichen Heils in Christus gewiss geworden ist und sich von Gott in die missionarische Arbeit im Sinne dieser Richtlinien gestellt weiß.

Richtlinie 5

Die Arbeit in den verschiedenen Arbeitszweigen der SMD (Schüler-SMD, Hochschul-SMD und Akademiker-SMD) wird von den ehrenamtlichen Mitarbeitern verantwortet und soll von ihrer Initiative getragen sein.

Grundlegend sind dabei das Lesen der Bibel, gemeinsames Gebet und das missionarische Zeugnis. Dieses Zeugnis äußert sich im persönlichen Leben sowie in öffentlichen Veranstaltungen und Freizeiten.

Der überörtliche Zusammenschluss dient der gegenseitigen Stärkung.

Richtlinie 6

Das Verhältnis zu Kirchen, Freikirchen, christlichen Werken und Gemeinschaften gestaltet sich örtlich im Sinne der Evangelischen Allianz.

In der Arbeit der SMD soll nicht die Prägung einer bestimmten Gemeinderichtung vorherrschen.

Unsere Mitarbeiter und alle, die durch ihr Zeugnis zum Glauben kommen, halten wir an, sich einer christlichen Gemeinde anzuschließen und, spätestens nach Ende des Studiums, dort auch mitzuarbeiten.

Richtlinie 7

Mit Ausnahme der Punkte 3 und 7 können diese Richtlinien geändert werden, wenn eine spätere Situation es erfordern sollte.

Wir bitten Gott um ein geisterfülltes Leben und ein brennendes Herz zur Erfüllung unseres Auftrages.

Strategische Prioritäten der SMD[460]

GLAUBEN

1. HÖREN UND BETEN

Gott redet zu uns durch sein Wort. Er schenkt uns seinen Geist, um den wir ihn bitten. Darauf vertrauen wir. Durch sein Wort und durch seinen Geist weckt er Glauben, sammelt er seine Gemeinde und sendet er sie in die Welt. Unsere Aktivitäten sind Antwort auf Gottes Handeln und wollen diesem Raum geben.

Wir wollen deshalb:

- vor allem anderen auf Gott hören durch Bibellesen, Bibelarbeit und Gebet
- auf dieser Basis unser Leben und alle Aktivitäten gestalten

2. MENSCHEN FÜR CHRISTUS GEWINNEN

„Das Ziel unserer Arbeit ist: Durch persönliches und gemeinsames Bezeugen des Evangeliums Schüler, Studierende und Akademiker zur Begegnung mit Jesus Christus bringen, damit sie errettet werden." (Richtlinie 2a)

Menschen, die zu Jesus Christus umkehren und ihn als Herrn der Welt und ihres Lebens anerkennen, finden zu der gottgewollten Bestimmung ihres Lebens. Mit Gott versöhnte Menschen sind frei vom Zwang der Selbstrechtfertigung und können in einer schuldbeladenen Welt zu Anwälten der Versöhnung werden. Weil sie in der Liebe des Leben schaffenden Gottes geborgen sind, verliert der Tod für sie seinen Schrecken. Jesus Christus beauftragt seine Gemeinde, Menschen zu dieser lebens-

460 Von 2007.

erneuernden Beziehung zum dreieinigen Gott einzuladen. Die SMD ist dazu berufen, diesen Auftrag an Schulen, Hochschulen und in der akademischen Berufswelt wahrzunehmen.

Wir wollen deshalb:

- einen missionarischen Lebensstil lernen und praktizieren
- kontextgemäße Formen von Evangelisation entwickeln und umsetzen
- evangelistische Begabungen suchen und fördern

3. ZUR JÜNGERSCHAFT ANLEITEN

„Das Ziel unserer Arbeit ist: Uns gegenseitig zu helfen, unser ganzes Leben von Jesus Christus her zu gestalten und uns zum Gehorsam gegen Gott und sein Wort anzuhalten, damit wir im Glauben als lebendige Glieder seiner Gemeinde wachsen." (Richtlinie 2b)

Wer die Einladung Jesu Christi annimmt, ist zu einem Leben im Glauben berufen. Das Hören auf Gottes Wort und die Öffnung für seinen Geist sollen die Gemeinschaft mit ihm vertiefen. Unser ganzes Leben soll widerspiegeln, dass wir zu Jesus Christus gehören. Unsere Nachfolge soll dafür ein glaubwürdiges Zeugnis sein.

Wir wollen deshalb:

- uns gegenseitig helfen, unsere Beziehung zu Gott zu vertiefen
- an der konkreten Gestaltung von Nachfolge in unserer jeweiligen Lebenssituation arbeiten
- Wertschätzung für überkonfessionelle Zusammenarbeit vermitteln

DENKEN

4. DEN GLAUBEN DENKEND VERANTWORTEN

Denken können ist eine Schöpfungsgabe. Deshalb gehört zu einem verantworteten Leben aus Glauben die Entfaltung intellektueller Fähigkeiten. Der Glaube macht Mut zu einem aus dem Evangelium erneuerten Denken und steht nicht im Widerspruch dazu. Wir sind herausgefordert, die sich ergänzenden Erfahrungsweisen von Glauben und Denken zu entfalten und für Menschen mit intellektuellen Glaubenshindernissen ein kompetenter Gesprächspartner zu sein.

Wir wollen deshalb:

- Themen aus der Lebenswelt von Schülern, Studierenden und Akademikern aufgreifen und geistig-geistlich aufarbeiten
- aktuelle geistige Strömungen offen wahrnehmen und sie vom Glauben her bedenken
- zur persönlichen und öffentlichen Begründung des Glaubens befähigen

5. GESELLSCHAFTLICHE HERAUSFORDERUNGEN ERKENNEN

In Schule und Hochschule, an privaten und staatlichen Arbeitsplätzen sowie im Bereich der Politik wird christlicher Glaube in vielfacher Weise auf die Probe gestellt. Die Relativierung moralischer Grundsätze, eine lustbetonte Lebensgestaltung, eine Absolutsetzung ökonomischer Ziele, ein standortloser Pluralismus, eine Verwertung menschlichen Lebens unter dem Gesichtspunkt der Nützlichkeit – das sind nur einige dieser Herausforderungen.

Wir wollen sie erkennen und dazu Antworten aus der Sicht des christlichen Glaubens entwickeln und einbringen.

Wir wollen deshalb:

- Fragen aus Politik, Wirtschaft und Gesellschaft aufgreifen
- christlich begründete Positionen erarbeiten und kommunizieren
- zur Mitverantwortung ermutigen

6. GLOBALITÄT WAHRNEHMEN

Das Evangelium richtet sich an Menschen in allen Kulturen. Wir erleben uns dankbar als Teil einer weltweiten Gemeinschaft der Gemeinde Jesu Christi. Durch die Globalisierung haben sich die Bedingungen, unter denen wir heute glauben, denken und leben, nachhaltig geändert. Viele Aspekte, die der klassischen Weltmission zugeordnet wurden, finden nun auch in der Mission im Inland ihren Ausdruck. Mit der Entgrenzung von Kulturräumen stellen sich neue Fragen in der Begegnung mit anderen Religionen, und die Einheit der weltweiten Christenheit gewinnt an Profil. In diesem Kontext stellen wir uns der Aufgabe, den weltweiten Missionsauftrag Gottes neu ernst zu nehmen und unseren Glauben in Wort und Tat zu bezeugen. Die SMD will dies in enger Verbindung mit ihren Schwesterbewegungen in der IFES tun.

Wir wollen deshalb:

- Weltmission als wesentlichen Teil unserer Berufung begreifen und fördern
- kulturübergreifende Kontakte in Deutschland knüpfen
- Verbindungen zur IFES suchen und gestalten

ERLEBEN

7. GEMEINSAM GLAUBEN LEBEN

In der persönlichen Lebenspraxis zeigt sich, ob unser Glaube echt ist und ob wir die Fragen unserer Zeit verstanden haben. Eine bewusste Lebensgestaltung aus Glauben wird immer auf einen missionarischen Lebensstil zielen und zur verbindlichen Mitarbeit Mut machen. Dazu hilft uns das persönliche und gemeinsame Bibelstudium, die Eingliederung in eine christliche Gemeinschaft, sowie die seelsorgerliche Beratung und Begleitung. Sie stärken unsere Glaubenshoffnung und ermutigen uns zur Übernahme von Verantwortung in Schule und Hochschule, in der Familie, im Beruf und in der Gesellschaft. Daraus ergibt sich die Aufgabe, Christen zur verantwortlichen Mitarbeit in Gruppen, Gemeinden und im weltmissionarischen Dienst zu befähigen.

Wir wollen deshalb:

- seelsorgerliche Gemeinschaft und Zweierschaften gestalten
- Gaben entdecken und zu deren Entfaltung helfen
- zur verbindlichen Mitarbeit im Sinne der SMD-Richtlinien herausfordern

8. LEBENSERFAHRUNGEN VERBINDEN

Von der Schule, über die Ausbildung an der Hochschule und die berufliche Tätigkeit bis zum Ruhestand durchschreiten wir verschiedene Lebensphasen. Die einzelnen Arbeitszweige bringen Menschen, die sich in der gleichen Lebensphase befinden, miteinander in Kontakt, um den Blick für die jeweils spezifischen Möglichkeiten einer Lebensgestaltung aus Glauben zu schärfen und zur Wahrnehmung dieser Herausforderungen anzuleiten. Die Arbeitszweige können das nur tun, wenn sie ihre jeweiligen Erfahrungen und Kompetenzen gut miteinander vernetzen. Damit bringen sie die Einheit der SMD zum Ausdruck und fördern ein Wachstum im Glauben in den verschiedenen Lebensphasen.

Wir wollen deshalb:

- generationsübergreifende Begegnungen ermöglichen
- arbeitszweigübergreifende Zusammenarbeit fördern
- Bewusstsein für eine bleibende Verbindung zur SMD entwickeln

9. IN DER GEMEINDE LEBEN

Die SMD ist Teil der Gemeinde Jesu Christi und hat den besonderen Auftrag, zum Glauben unter Schülern, Studierenden und Akademikern einzuladen. Sie kann diesen Auftrag nur in angemessener Weise erfüllen, wenn sie ihre Mitarbeiter zur verantwortlichen Mitgliedschaft in Gemeinde und Kirche hinführt.

Wir wollen deshalb:

- in einer örtlichen Gemeinde unsere langfristige geistliche Heimat sehen
- Gemeinden die Berufung der SMD vermitteln
- Gemeinden als Partner unseres Missionsauftrages gewinnen

Personenverzeichnis

Literaturverzeichnis (Auswahl)

Ahrens, Wilfried, Grundlagen der Schülerarbeit, in: Rechenschaft geben von unserer Hoffnung. Festschrift zum 50-jährigen Bestehen der SMD, Marburg 1999, S. 179ff

Bärend, Hartmut, Wie der Blick zurück die Gemeinde nach vorn bringen kann. Ein Gang durch die Geschichte der kirchlichen Volksmission, Neukirchen 2011

Bärend, Hartmut, Evangelisation, in: Grundbegriffe des Glaubens, hrsg. von Michael Diener u. a., Gießen 1999, S. 55–67

Bielefeldt, Heiner, Vortrag in SMD-Transparent 1/2020, S. 3–6

Brandt, Käte, Frauen in der SMD, in: Rechenschaft geben von unserer Hoffnung. Festschrift zum 50-jährigen Bestehen der SMD, Marburg 1999

Brandt, Käte, Viel Steine gab's und immer Brot, 75 Jahre MBK, Bad Salzuflen, 1994,

Bultmann, Rudolf, Neues Testament und Mythologie. Das Problem der Entmythologisierung der neutestamentlichen Verkündigung 1941, in: H.W. Bartsch, Kerygma und Mythos, Band 1, Hamburg 1948

Clausen, Matthias, Evangelisation, Erkenntnis und Sprache. Überzeugend predigen unter nachmodernen Bedingungen, BEG 13, Neukirchen-Vluyn, 2010

Clausen, Matthias, Warum ich trotzdem Christ bin, Gießen 2021

Dilschneider, Otto A., Die Geistvergessenheit der Theologie, in: ThLZ 86 (1961)

Elsässer-Feist, Ulrike, Die Jahre 1968 bis 1974, in: Rechenschaft geben von unserer Hoffnung. Festschrift zum 50-jährigen Bestehen der SMD, Marburg 1999

Ewald, Günter, Die SMD im gesellschaftlichen Umfeld – Entwicklung, Versuch einer Alternative, Perspektiven, in: Porta 25, S. 63ff

Fischer, Martin, Entwicklungen der Christlichen Studentenbewegung, 1951

Führer, Christian, Wir sind dabei gewesen. Die Revolution, die aus der Kirche kam, Berlin 2008

Gandow, Thomas, Jugendweihe – Humanistische Jugendfeier, München 2000

Garth, Alexander, Warum ich kein Atheist bin, Asslar 2008

Gremels, Georg, Alles beginnt ganz klein. Klaus Vollmer im Spiegel seiner Weggefährten, Marburg 2. Aufl. 2012

Gremels, Georg, Unterwegs zur Mitte. Olav Hanssen – Bausteine einer Biographie, Marburg 2005

Haacker, Klaus, Die Geburt der Theologischen Beiträge aus einer Vertrauenskrise zwischen Theologie und Gemeinde, in: Theologische Beiträge 5/Okt. 2020, S. 301ff

Hartl J., Wallner K., Meuser B., Mission Manifest. Die Thesen für das Comeback der Kirche, Freiburg 2005

Heide, Wolfgang, SMD – eine missionarische Bewegung, in: Porta 25, 1978/79, S. 55–59

Heim, Karl, Ich gedenke der vorigen Zeiten. Erinnerungen aus acht Jahrzehnten, Hamburg 1957

Herbst, Michael, Missionarischer Gemeindeaufbau in der Volkskirche, Erlangen, 1985

Herbst, Michael, Missionarische Perspektiven für die Kirche der Zukunft. Beiträge zur Evangelisation und Gemeindeentwicklung (BEG), Band 1, Neukirchen 2005

Herbst, Michael, Kirche und Mission, BEG 20, Neukirchen 2013.

Herbst, Michael (Hg.), Mission bringt Gemeinde in Form. Gemeindepflanzungen und neue Ausdrucksformen gemeindlichen Lebens in einem sich wandelnden Kontext, deutsche Ausgabe, BEG Praxis, Neukirchen-Vluyn, 2006.

Herbst, Michael, Wie hältst Du‘s mit der Religion, Deutschland?, in: SMD-Transparent 4/2019, S. 3–5

Herbst, Michael, Clausen, Matthias, Schlegel, Thomas, Alles auf Anfang. Missionarische Impulse für kirchliche Institutionen in nachkirchlicher Zeit, Neukirchen-Vluyn, 2013.

Hild, Helmut (Hg.), Wie stabil ist die Kirche? Bestand und Erneuerung, Gelnhausen und Berlin, 1974

Johnson, Douglas, A brief history of the International Fellowship of Evangelical Students, Lausanne 1964

Jürgensen, Johannes, Vom Jünglingsverein zur Aktionsgruppe. Kleine Geschichte der Evangelischen Jugendarbeit, Gütersloh 1980

Kupisch, Karl, Studenten entdecken die Bibel. Geschichte der Deutschen Christlichen Studentenvereinigung DCSV, Hamburg 1964

Laepple, Ulrich; Roschke, Volker (Hg.), Die sogenannten Konfessionslosen und die Mission der Kirche, Festgabe für Hartmut Bärend, Neukirchen 2007

Lagershausen, Karl, Frühe und anhaltende Globalisierungstendenzen in der SMD, in: Rechenschaft geben von unserer Hoffnung. Festschrift zum 50-jährigen Bestehen der SMD, Marburg 1999, S. 221f

Lowman, Peter, The Day of His Power, InterVarsity Press, England, 1983

Lücke, Hartwig, Zur Frage der Geschlechtlichkeit und Sexualität. Wie stellen wir uns in der SMD dazu? Verteilheft o. J.

Luther, Martin, Wie man beten soll, Gießen 1983

Mann, Golo, Geschichte des 19. Und 20. Jahrhunderts, Frankfurt/Main 1958

Marquardt, Horst, 25 Jahre Lausanner Bewegung, hrsg. Von der Lausanner Bewegung deutscher Zweig, Stuttgart o. J.

Matthies, Helmut, Ein Blick auf die SMD in der 1968er Zeit, in: Festschrift zum 50-jährigen Bestehen der SMD, Marburg 1999, S. 24ff

Ocker, Markus, Wenn Jugendarbeit „zur Schule geht“: Zum Auftrag von evangelischer Jugendarbeit in einer sich verändernden Schulwelt, Gießen 2019.

Page, Andrew, Das Markus-Evangelium. Jesus kennenlernen mit dem Markus-Evangelium, 2023

Quick, Sieglinde, Karl Sundermeier. Der Orchideenmissionar. Ein Leben für die gute Botschaft, Neukirchen 2014

Rechenschaft geben von unserer Hoffnung. Festschrift zum 50-jährigen Bestehen der SMD, Marburg 1999

Rohr, Richard; Ebert, Andreas (Hg.), Das Enneagramm. Die 9 Gesichter der Seele, 2019

Rohrbach, Hans, Studenten begegnen der Wahrheit. Die Studentenmission in Deutschland, Weg, Entstehung und Ziel, Marburg 1959

Rösel, Christoph, Die Akademikerarbeit in der SMD, in: Rechenschaft geben von unserer Hoffnung. Festschrift zum 50-jährigen Bestehen der SMD, Marburg 1999, S. 197ff

Sattler, Dietrich, Anwalt der Armen, Missionar der Kirche, Johann Hinrich Wichern, Hamburg 2007

Sautter, Hermann (Hg.), Wer glaubt, weiß mehr!? Wissenschaftler nehmen Stellung, Wuppertal 2008

Schelsky, Helmut, Die skeptische Generation, Eine Soziologie der deutschen Jugend, Düsseldorf 1957

Schilling, Jonathan, Mission als Grenzscheide. Studentengemeinde und Studentenmission in den Fünfzigerjahren am Beispiel Tübingens, in: Kirchliche Zeitgeschichte 33 (2020), S. 399–420

Schlappa, Ulrich, Wenn das Pfingstwunder sich wiederholt, in Rechenschaft geben von unserer Hoffnung. Festschrift zum 50-jährigen Bestehen der SMD, Marburg 1999, S. 91ff

Schrupp, Ernst, Leben ist Begegnung. Erfahrungen, Erkenntnisse, Konsequenzen eines Zeitzeugen, Wuppertal 1999

SMD-Handbuch für missionarisches Christsein an der Hochschule, 7. Aufl. 2014

Spieß, Jürgen, Ist Jesus auferstanden? Ein Historiker zur Auferstehung von Jesus Christus, SMD-kompakt, 2020

Spieß, Jürgen, Jesus für Skeptiker, Brockhaus 2013

Stettner, Maria, Missionarische Schülerarbeit, München 1999

Toaspern, Paul, Die missionarischen Dienste in der ehemaligen DDR 1959–1989 (hektografiert), o. J.

Tröger, Eberhard, Anfänge und Ziele des Arbeitskreises für Weltmission (AfW) in der SMD, in: Porta 25, S. 26ff

Volkmann, Bodo, Die Akademikergemeinschaft der SMD, in: Dynamis 26, 1961/1962, S. 20f

Volkmann, Bodo, Erweckung in der Zeit des Umbruchs, in: Rechenschaft geben von unserer Hoffnung. Festschrift zum 50-jährigen Bestehen der SMD, Marburg 1999, S. 41ff

Walldorf, Friedemann, Postkoloniale Begegnung. Die Anfänge der Internationalen Arbeit der SMD in den 50er- und 60er-Jahren, in: Begegnungen und Herausforderungen. Christliches Zeugnis im Kontext des Islam, hrsg. Von Carsten Polenz, u. a., Leipzig 2020, S. 79–98

Zopf, Hartmut, Guten Abend, liebe Mit-Bundesbürger, in: SMD-Contact 49, November 1990, S. 6f

Zopf, Hartmut, Zur Geschichte der Studentenarbeit in Ostdeutschland, in: Festschrift zum 50-jährigen Bestehen der SMD, Marburg 1999, S. 85ff

Über den Autor

Hartmut Bärend (geb. 1942) ist evangelischer Theologe, Pfarrer und ein langjähriger Wegbegleiter der SMD. Während seines Studiums Mitte der 60er-Jahre arbeitete er in der SMD-Gruppe in Heidelberg mit (wo er u. a. den SMD-Chor leitete) und besuchte später einen AGD-Hauskreis.

Nach seinem Vikariat wurde er zunächst Pastor in Berlin, danach wissenschaftlicher Assistent an der Universität Münster und anschließend theologischer Mitarbeiter und persönlicher Referent der Bischöfe Dr. Kurt Scharf und Dr. Martin Kruse in Berlin. Von 1977 bis 1998 war er Direktor der Arbeitsgemeinschaft MBK in Bad Salzuflen und hatte in dieser Zeit gute Verbindungen zur SMD-Schülerarbeit. Von 1998 bis 2007 war er Generalsekretär der Arbeitsgemeinschaft Missionarische Dienste (AMD) der EKD mit Sitz in Berlin.

Nach seinem Eintritt in den aktiven Ruhestand war er von 2011 bis 2017 Mitglied im Rat der SMD. Hartmut Bärend war vielfach Referent auf SMD-Tagungen und in Hochschulgruppen.

Er ist seit 49 Jahren mit Felicitas Bärend, geb. Weigel, verheiratet, die ebenfalls SMD-Prägungen in Heidelberg erlebt hat. Die beiden haben drei erwachsene Kinder, fünf Enkelkinder und leben weiterhin in Berlin.

Hartmut Bärend sagt über seine Arbeit am vorliegenden Buch zur Geschichte der SMD:

„Vieles war für mich Pionierarbeit, aber gerade das hat mich auch gereizt. Ich habe vier Jahre lang intensiv geforscht und geschürft, um die Geschichte der SMD von ihren Anfängen her nachzuzeichnen. Leitend war der Wunsch, die ursprüngliche Berufung der Arbeit kennenzulernen und zu sehen, wie sie durchgehalten worden ist."

denken.glauben.erleben. smd+

Die SMD

Die SMD ist ein Netzwerk von Christen in Schule, Hochschule und akademischer Berufswelt. Wir haben Kontakt zu mehr als 200 Schülerbibelkreisen, sind mit Hochschulgruppen an rund 80 Universitäten und Hochschulen vertreten und bieten etwa 50 Fachgruppen und Netzwerke für Akademiker an. Die SMD wurde 1949 als „Studentenmission in Deutschland" gegründet und ist heute ein freies Werk im Raum der Kirche mit Angeboten für Menschen aller Altersgruppen. Wir fördern einen lebendigen christlichen Glauben, der sich nicht nur auf den Sonntag beschränkt, sondern den ganzen Alltag von Christen durchdringt. Dabei richten wir uns besonders an heutige und zukünftige Verantwortungsträger: Schülerinnen und Schüler, Studierende sowie Akademiker. Auf diese Weise leisten wir einen wichtigen Beitrag für die Zukunft von Kirche und Gesellschaft in unserem Land.

Wir arbeiten überkonfessionell auf Basis der Evangelischen Allianz, eine gute Zusammenarbeit mit den christlichen Kirchen und Gemeinden vor Ort ist uns wichtig. Die SMD ist Mitglied in der Diakonie Deutschland der EKD und in der *International Fellowship of Evangelical Students* (IFES), wo wir mit über 160 Studierendenbewegungen weltweit verbunden sind.

www.smd.org

Tipps zum Weiterlesen

Markus Heide, Fabian Mederacke (Hg.)

Gotteswort im Menschenwort

Die Bibel lesen, verstehen und auslegen

SMD/Neufeld 2021 • 236 Seiten • 14,90 €

Ist die Bibel wirklich Gottes Wort, für mein Leben heute relevant? Wie vertrauenswürdig sind diese Jahrtausende alten Schriften? Ist alles gleich wichtig? Wie kann ich die Bibel richtig verstehen? Und wo fange ich an, wenn ich die Bibel für mich persönlich lesen möchte?

Dieses Praxisbuch ist dein persönlicher Begleiter zu allen wesentlichen Fragen rund um die Bibel.

Stefan Gustavsson

Kein Grund zur Skepsis!

Acht Gründe für die Glaubwürdigkeit der Evangelien

Institut für Glaube und Wissenschaft / Neufeld ²2019 • 188 Seiten • 9,90 €

Immer wieder wird die historische Glaubwürdigkeit der Evangelien in Frage gestellt. Stefan Gustavsson räumt ebenso unaufgeregt wie gründlich Einwände und scheinbare Widersprüche aus dem Weg. Er plädiert dabei für einen Umgang mit den biblischen Schriften, der der allgemeinen Vorgehensweise in den historischen Wissenschaften entspricht, und zeigt, warum man diesen Quellen grundsätzlich vertrauen kann.

Tipps zum Weiterlesen

John Stott

Das Kreuz

Zentrum des christlichen Glaubens

SMD/Francke-Buch • [2]2019 • 528 S.
12,95 €

John Stott erklärt tiefgründig und doch allgemein verständlich die Bedeutung des Kreuzes. In seiner sorgfältigen Studie kombiniert der Autor eine hervorragende biblische Auslegung mit dem fesselnden Ruf an jeden Christen, in der Nachfolge des Gekreuzigten zu leben. Gleichzeitig geht er auf moderne Anfragen an die biblische Lehre des stellvertretenden Sühnetodes ein.

In der englischsprachigen Welt avancierte John Stotts Buch zum Bestseller und wurde zu einem modernen Klassiker.

Jürgen Spieß

Ist Jesus auferstanden?

Ein Historiker zur Auferstehung von Jesus Christus

SMD-Kompakt • [7]2020 • 48 S. • 1,00 €

An der Auferstehung von Jesus Christus scheiden sich die Geister. Für die einen ist Jesus tatsächlich auferstanden, andere sehen im leeren Grab Spielraum für ganz verschiedene Deutungen und Spekulationen, wieder andere halten die Auferstehung für ein Produkt der Fantasie.

Was berichten die Zeitzeugen? Welche Quellen gibt es? Und wie zuverlässig sind die Quellen? Der Autor gibt erhellende Einsichten in dieses spannende Thema.

Dr. Jürgen Spieß ist Althistoriker und Gründer des Instituts für Glaube und Wissenschaft (Marburg).